한국신학의 정체성과 보편성

천병석 지음

 쿰란출판사

Gerhard Sauter 교수님과

Annegrete Sauter 사모님께

감사와 존경을 담아

| 머리말 |

19세기 말부터 우리나라의 역사는 특히 험난한 길로 접어들었다. 하지만 20세기 말에 우리는 누구나 인정하는 정치경제적 발전을 이루게 되었다. 이제 21세기에 이르러 한국은, 한 독일방송의 표현대로, "오랜 문화전통을 지닌 현대화된 나라!"로 주목받게 되었다. 이러한 역사전개를 현실로 경험하면서, 게다가 그 "오랜 문화전통"이 종교적으로 각인되어 있다는 점에서, 한국의 신학자들은 한국에 도입된 새로운 전통인 기독교 신앙과의 관계를 묻게 된다.

1960년 이래 "토착화신학"이라는 이름으로 우리 신학자들이 몰두해 온 주제는 바로 그런 질문들이었다. 그들은 —아시아와 아프리카의 교회들과 마찬가지로— 그들에게 낯설었던 기독교 복음에 적응하면서 자신의 문화적 고유성을 "토착화"라는 구호 아래 숙고했던 것이다. 이때 한국 개신교회는 이미 그 발생 초기부터 예수 그리스도의 복음이 '뿌리 내린', 일찍이 자립적인 교회로 성장된, "토착교회"로 에큐메니칼 영역에서 이해되고 있었던 것이다.

그러나 한국교회 첫 세대의 신앙경험이 토착화신학에 의해 정당하게 이해되고 표현된 것인가 하는 점에는 의문이 있다. 토착화신학은 물론 저 토착화의 현상을 성찰하려고 했다. 하지만 토착화 현상의 본래적인 신앙경험이 이론적으로 성찰되는 가운데, 오히려 동서양의 사유경험에 종속된 것은 아닌가 하는 의구심이 생긴다. 그 사유경험은 무엇보다 종교적이고 철학적으로 규정되어 있어서, 기독교 신앙의 본연이 망각되거나 상실되는 경향을 띠고 있다고 해야 하겠기 때문이다. 이러한 문제제기는 '신학은 무엇인가'라는 본래적인 질문에서부터 되짚어야 할 만큼 포괄적인 논의범위에 속한다. 하지만 한국 토착교회의 신앙경험에 집중하여, 신앙의 합리성의 면모가 드러날 수 있다면 신학적 이론형성을 위한 근거가 마련될 수도 있을 것이다.

따라서 이 책에서 논의되는 주제내용은 한민족의 고유한 역사경험에 관한 것이 아니다. 5,000년 단일민족, 고유언어의 풍부한 종교 문화적 유산에 대해 논하는 것도 전혀 아니다. 우리의 관심은 이제 100년 남짓한 한국교회 공동체에 나타난 예수 그리스도의 대한 믿음에 근거된 역사적 현상을 이해하는 데 있다. 그리고 한국 신학의 목표 또한 이 현상에 관련된 내용을 증언하고 고백하는 데 있다고 여겨진다. 이것이 신앙경험으로부터 토착화 이론을 새롭게 형성하고자 하는 학문적 과제인 셈이다.

한국교회의 토착화 현상이 여러 상황요인들로 복잡하게 중첩되어 있기에 신학적으로 숙고해야 할 사안에 대한 논의를 심화시킨다. 상대적으로 짧은 교회 역사의 시기에 한국교회는 세계교회가 고민하고 해결을 위해 씨름하고 있는 다양한 문제들을 단시간 내에 경험적으로 체득하게 되었다. 이러한 교회적 경험과 이해들은 적절하게 신학적으로 성찰되어야 한다. 하지만 학문적 이론형성에 있어서 그것은 단순한 문제가 아니다. 이를 테면 기존의 신학적 범주 안에서은 한국교회의 신학에 크게 기여한 아주 드문 시도로 볼 수 있다. 그 이론은 한국교회의 짧은 역사에서 가장 오랜 연구사를 지니고 있다는 점에서 뿐 아니라 신학적 논의가 수렴되고 논쟁되고 합의에 이르는 과정, 즉 학문적 검증과정에서 노출된 성과라는 점에서 더 큰 의의가 있다. 윤성범은 다양한 시도들 가운데 처음으로 체계화된 이론을 제시했다면, 김광식은 토착화의 논의를 학문적으로 한층 고양시킨 단계를 보여준다. 이러한 시도들을 토착화 신학의 모범사례로서 한국신학의 정체성과 보편성을 추구하는 작업이었다고 할 수 있다. 이제 필자는 신학적 정체성과 보편성 추구의 신학적 정당성을 질문하면서, 신앙적 합리성에 기초해서 새롭게 탐구하고자 한다.

이 책은 본래 Bonn 대학에서 Gerhard Sauter 교수의 지도로 작성된 필자의 학위논문인, 『**Zur Entwicklung und Begründung der koreanischen Indigenisierungstheologie**』(Peterlang, 2002)을 우리말로 옮기고, 표현을 다듬고, 내용을 보완한 것이다. 종교개혁 500주년을 앞두고 한국교회와 신학의 진정한 모습이 어떠해야 할지를 다시 한 번 숙고하는 계기로 삼고자 했다. 장차 한국신학이 동서양의 사유경험을 넘어서는 한국교회의 고유한 신앙경험으로부터 새롭게 정립될 수 있기를 소망한다.

이 책에는 한국교회인물연구소 고무송 목사님의 부단한 격려, 쿰란출판사 이형규 장로님과 오완 과장님의 배려와 정성 그리고 부산장신대 학우들과 동료교수님들의 도전과 교감이 가득 배어 있다. 이분들께 충심으로 감사드린다. 그리고 무엇보다 지금 이 논문을 처음 썼을 때와 마찬가지로 Sauter 교수님 부부의 잔잔하고 깊은 사랑과 경건을 잊을 수 없다.

2016년 1월 15일 천 병 석

| 목차 |

머리말 · 4

I. 토착교회: 한국신학의 기원 · 12

1. 한국교회의 탄생 · 12
1.1. 토착화의 개념과 그 역사 · 13
  1.1.1. 한국에서의 용어 사용 · 13
  1.1.2. 외쿠메네에서의 개념 · 17
1.2. 토착적 기독교회의 형성 · 22
  1.2.1. 선교정책과 신학교육 · 22
  1.2.2. 각성운동과 교회형성 · 28
  1.2.3. 구령운동과 선교 현실 · 33

2. 초기교회 신앙유형 · 38
2.1. 재림대망의 목회 · 38
  2.1.1. 목회자 길선주 · 38
  2.1.2. 종말론적 각성 · 41
  2.1.3. 각성과 종말론 · 45

2.2. 사회정치적 참여 · 49

　2.2.1. 정치가 윤치호 · 49

　2.2.2. 사회참여적 회심 · 52

　2.2.3. 선교와 사회적 책임 · 57

2.3. 종교문화적 변증 · 61

　2.3.1. 신학자 최병헌 · 61

　2.3.2. 종교문화적 성찰 · 64

　2.3.3. 신학과 문화 · 68

3. 요약과 질문: 신앙경험의 합리성 · 74

3.1. 초기 한국교회의 신앙경험 · 74

3.2. 신학적 과제로서의 신앙합리성 · 79

II. 성(誠) 신학: 토착화신학의 형성 · 86

1. 토착 이론의 탐색 · 86

1.1. 단군신화론: 첫 번째 논쟁 · 88

　1.1.1. 논쟁의 발단과 전개 · 89

　1.1.2. 단군신화의 해석 · 93

1.2. 이론적 기초 · 104

　1.2.1. 방법서설 · 104

　1.2.2. 삼 단계 토착화론 · 112

　1.2.3. 정체성 문제로서의 토착화 · 116

2. 성(誠)의 신학의 형성 · 120

2.1. 두 번째 논쟁: 성(誠)의 신학 · 121
2.1.1. 논쟁의 발단과 전개 · 122
2.1.2. 성(誠) 신학의 내용 · 129

2.2. 방법론적 기초 · 149
2.2.1. 영 이해와 기술 · 149
2.2.2. 직관적 변증법과 성(誠) 변증법 · 153

2.3. 유교적 사유경험에서 본 종말론 · 159
2.3.1. 선교실천의 원리로서의 성(誠) · 160
2.3.2. 유교적 사유경험과 종말론 · 163

3. 요약과 질문 · 169

3.1. 정체성 문제와 유교적 사유경험 · 169
3.2. 유교적 합리성과 신앙경험 · 173

III. 성령의 역사: 토착화신학의 전개 · 179

1. 토착화의 재론 · 179

1.1. 언행일치 · 180
1.1.1. 탈소외동기 · 181
1.1.2. 토착화신학 개요 · 187

1.2. 성령의 역사 · 195
1.2.1. 성령의 역사로서의 토착화 · 196
1.2.2. 신학적 해석학에 대한 연구 · 204
1.2.3. 보편성 문제로서의 토착화 · 216

2. 해석학과 토착화 · 226
2.1. "기독교인인 동시에 이방인" · 227
2.1.1. 조화전개와 분석종합 · 228
2.1.2. 기독교인인 동시에 타종교인 · 230
2.2. "신토불이": 사중적 단일성 · 236
2.2.1. 神土不二: God and Earth · 237
2.2.2. 身土不二: Body and Earth · 240
2.2.3. 信土不二: Faith and Earth · 243
2.2.4. 新土不二: Novum and Earth · 246
2.3. 해석학적 사유경험에서 본 성령론 · 250
2.3.1. 이론적 공리로서의 성령의 사역 · 251
2.3.2. 해석학적 사유경험과 성령론 · 257

3. 요약과 질문 · 261
3.1. 보편성 문제와 해석학적 사유경험 · 261
3.2. 해석학적 합리성과 신앙경험 · 267

IV. 반성: 토착화신학의 정당성 · 272

1. 동양적 사유경험과 토착화 문제 · 272
1.1. 동양적 사유경험의 본질 · 273
1.1.1. 동양사상의 동기와 이상 · 274
1.1.2. 언어지평에서의 동과 서 · 284

1.2. 동양적 사유의 합리성 · 294

    1.2.1. 농양적 사유경험의 개방성 · 295

    1.2.2. 사유지평에서의 동과 서 · 302

    1.2.3. 사유합리성 문제로서의 토착화 · 308

2. 토착화 신학의 재구성을 위하여 · 313

2.1. 토착화 신학의 문제 · 314

    2.1.1. 인식계기: 문화 아프리오리 · 315

    2.1.2. 논의주제: 동양적 구원론 · 323

2.2. 신앙합리성 · 331

    2.2.1. 신앙과 인식 · 332

    2.2.2. 바울의 신앙경험 · 335

2.3. 성령론과 종말론 · 339

    2.3.1. 복음과 성령 · 339

    2.3.2. 소망의 근거 · 344

3. 요약과 결론 · 347

3.1. 요약 · 347

3.2. 결론 · 351

참고문헌 · 359

I. 토착교회: 한국신학의 기원

1. 한국교회의 탄생

　"토착화"의 개념을 정의하기란 결코 용이한 일이 아니다. "민중신학"과 "토착화신학"을 마치 한국에서 고유하게 작업한 신학처럼 생각하는 사람들이 있을지 모르나, 범지구적으로 볼 때는 각각 해방신학과 지역신학들의 일반경향에 부합하고 있음을 부인할 수 없다. 20세기 초에 에큐메니컬 영역에서 알려졌던 Indigenization의 개념이 퇴색되었지만, 일군의 한국 신학자들은 이 단어의 개념내용을 주제화하는 신학경향을 지속적으로 발전시켜왔다. 선교사들을 통한 초기 신앙형성의 시기를 제외하면, 토착화 신학의 역사는 한국인들의 독자적인 신앙고백의 관점에서 세 단계로 나누어 볼 수 있을 것이다: 1907년 독립적인 교회의 성립, 1962년 토착화 신

하이 시작, 1984년 토착화 신학의 재론.

1.1. 토착화의 개념과 그 역사

1.1.1 한국에서의 용어 사용

1) Indigenization이란 개념은 영어권에서 어원적으로 식물학이나 지리학에서 사용되는 indigenous라는 단어에서 왔다. 사전적 설명에 따르면 '특정한 지역이나 환경에 기원하거나, 생산되고 자라거나, 천연적으로 살고 있는'[1] 이라는 뜻으로 규정하고 있다. 한국어로는 '토속적인'이라는 말로 번역될 수 있다. 독일어로는 einheimisch라고 할 수 있다. 그러나 하나님 나라의 복음이 특정한 장소에 토속적이라고는 할 수 없기 때문에, 신학적 맥락에서는 이 단어 의미 그대로 사용되기는 어렵다. 복음은 하나님의 아들, 예수 그리스도의 복음(막 1:1)이고, 하나님 나라의 선포로서 무엇보다 하나님의 복음(막 1:15)이기 때문이다. 그리스도의 나라는 이 땅에 속한 것이 아니다(요 18:36).

따라서 indigenous의 명사형 Indigenization의 의미 속에는 본질상 선포된 복음뿐 아니라 듣는 사람의 실존도 관련된다. 이런 뜻에서 Bolaji Idowu는, "Indigenzation은 본래적으로는 그렇지 않은 것을 토속적으로 만들거나, 토속적으로 되

---

1) "Indigenous", in: Webster's New Encyclopedic Dictionary, New York 1993, rev. edition 1995, 510.

게 하는 것을 전제 한다"고 말한다.2) 그래서 Indigenization은 독일어로 einheimisch sein(토속적임)이 아니라 einheimisch werden(토속적으로 됨)을 뜻한다. 바로 이 개념이 한국에서 전개된 토착화 신학을 영어나 독어로 Indigenzation theology 혹은 Indigenisierungstheologie라고 할 때의 의미에 상응한다고 할 수 있다. 한국어 '토착화 신학'에서의 '토착화'라는 말 또한 "토양에 뿌리를 내림(Wurzeln in den Boden schlagen)"이라는 뜻으로 쓰이기 때문이다.

Indigenization의 개념을 한국어 '토착화'라는 개념에 일치시켜 사용한다고 하는 것은 이 글에서 중요한 의미를 지닌다. 아시아나 아프리카의 다른 지역에서는 이 용어가 상당히 다른 의미로 이해되고 있기 때문이다. 그런 지역에서는 기독교가 제국주의적 침략과 함께 전파되었기 때문에, 점증하는 민족의식과 더불어 또한 "콘텍스트"의 개념을 정치적으로 이해하는 신학자들에 의해, 이 용어는 매우 부정적으로 이해되고 있다. 하지만 한국교회 선교역사상의 독특성은, 당시 식민세력인 일본과 무관한 북아메리카 교회를 통해 선교가 이루어졌고, 더욱이 그 선교사들이 식민통치 아래 고통당하는 한국인들과 고난을 함께 했다는 점에 있다. 이런 선교 초기의 경험을 지닌 한국교회가 자신의 특징을 규명하려는 노력들 가운데, '토착화'라는 개념은 자연스럽게 신학적 의미를 지닌 표현으로 자리 잡게 되었던 것이다.

---

2) B. Idowu, "Inigenisierung", in: J.G. Davies(편), A Dictionary of Liturgy and Worship, London 1972, 198.

2) 60년대에 한국 신학사들이 기획적으로 "한국신학"을 구상하려 했을 때, "토착화"라는 말은 그런 다양한 노력들에 대한 총괄개념으로 이해되었다. "토착화"라는 용어를 처음 사용한 논문은 '창조설화의 토착화 소고'라는 부제를 가진 장병일의 것이었다(1961.12).3) 그러나 그 개념을 체계적이고 학문적으로 전개한 사람은 유동식이었다. 그는 '복음의 토착화와 한국에서의 선교의 과제'(1962.10)4) 논문에서 토착화를 기독교적 주체성 안에 있는 복음적 진리가 세속화되는 과정으로 묘사했다.

"토착화는 초월적인 진리가 일정한 역사적 상황 속에 적응하도록 자기를 변화시키는 것을 뜻한다. 그러나 역사적 현실과 타협함으로써 진리가 자기를 잃는 것이 아니라, 도리어 자기의 독자성과 초월성을 가지고 자기의 의도대로 새롭게 창조해 나간다."

유동식의 논문을 통해서 궤도에 진입한 토착화 논쟁은 처음부터 '주체'로서의 복음이 '상황'으로서의 선교적 토양에 대해 맺고 있는 관계의 문제로 파악되었다. 이 문제는 초기 토착화 신학자들 사이의 "토착화" 논쟁을 규정한다.

"토착화의 재론"(1984.6)5)이라는 논문에서 김광식은 신학적 토착화를 신학의 토착화와 엄밀히 구별하면서 복음화의

---

3) 장병일, "단군신화에 대한 신학적 이해; 창조설화의 토착화 소고", in: 「기독교사상」, 1961.12, 70-77.
4) 유동식, "복음의 토착화와 한국 선교의 과제", in: 「도와 로고스」, 대한기독교출판사 1978, 45.
5) 김광식, 「토착화와 해석학」, 대한기독교출판사 1987, 13-34.

1. 한국교회의 탄생 • 15

사건을 성령의 역사로 주제화했다.

> "신학의 토착화는 서구신학을 한국적 상황 속에서 어떻게
> 수용할 수 있는지를 문제 삼는 것이다. 그러나 신학적 토착
> 화는 그리스도교 신학이 복음의 토착화라는 성령의 역사로
> 서의 복음화의 사건을 학문적으로 성찰할 때, 그 학문적 성
> 찰의 대상이 되는 신학적 사물로서의 사건을 의미한다."

김광식은 선교와 교회형성 사이의 관계를 더 이상 "토착
화"로 보지 않고, 토착화를 성령의 역사로 보아 해석학적으
로 접근하고, 그와 함께 문화현상을 체계적 신학적으로 파
악하고자 했다.

3) 그러나 '토착화'의 개념은 보다 오래된 역사를 가지고 있
다. 1927년 한국인으로서 처음으로 그 개념을 사용한 사람은
백낙준이었다. '한국교회 토착화의 모퉁이 돌 the cornerstone
of the indigenization of the korean church'[6]이라는 말과 함께
선교를 수행한 나라들에 대비해서 한국교회의 독립성을 표현
하고자 했다. 그가 대한 예수교 장로회 독노회의 출현을 토착
화라고 부른 것은, 다만 네 개의 서로 다른 장로교단들의 제
도적인 통폐합에 관련된 것만은 아니었다. 백낙준은 무엇보다
토착화 현상을, 한국교회를 전체를 휩쓸었던 1907년의 대각성
운동에서의 성령의 역사로 이해했다.[7] 이런 운동으로부터 -
선교사들은 이것을 'A Great Awaking', 'A Genuine Change',

---

6) L.G. Paik, The History of the Protestant Missions in Korea, 1832-1910,
   Pyungyang 1927, 161.
7) op. cit., 367-378.

'The Great Revival', 'The Korean Pentecost' 등으로 표현했는데 - 한국장로교총회(the Presbytery of the presbyterian Church of Korea)가 생겨났다.8)

1907년은 한국교회사에 있어서 "한국교회의 신앙형태를 구형한 대전환점"이다.9) 당시에 일어난 사건은 한국교회의 원경험이라고 할 수 있다. 이 경험은 가능한 한 상세히 묘사되어야 한다. 왜냐하면 토착화 신학뿐 아니라 민중신학도 이러한 역사적 경험에 토대해 있으면서도, 이 원경험에 대한 신학적 평가에 있어, 민중신학에서는 진지한 신학적 성찰 없이 다만 사회정치적으로만 비판되고 있고10) 토착화 신학에서는 다만 문화 종교적 전제에로만 소급되고 있기 때문이다.11) 이 시기에 형성된 신앙형태와 신학이 대부분의 한국교회에 거의 변함없이 보전되어 왔기 때문에, 이러한 과정이 상론되고 신학적으로 분석되어야 한다.

1.1.2. 외쿠메네에서의 개념

---

8) 참조. 「기독교대백과사전」 16권, 기독교문사 1985, 214.

연도	장로교	감리교	연도	장로교	감리교
1900	14,509	6,405	1912	127,288	30,674
1905	37,407	18,140	1920	153,915	31,675
1907	72,968	33,319	1935	323,974	53,634
1909	119,273	38,390	1960	1,168,615	300,088
1910	140,470	37,035	1970	1,293,331	289,024
1911	144,261	37,035			

9) 민경배, 「한국기독교회사」, 대한기독교출판사 1987, 260.
10) 주재용, 「한국 그리스도교 신학사」, 대한기독교서회 1998, 15-17.
11) 유동식, 「한국신학의 광맥」, 전망사 1990, 39.

1) 1962년 8월에 서울에서 시행된 D. T. 나일즈[12] 박사의 강연, "성서연구와 토착화 문제"는 한국의 신학자들에게 토착화에 대한 관심을 일깨웠고, 그 문제에 대한 논쟁으로 이끌었다. 개념사적으로 본다면, 나일즈는 J. 리치가 인용한대로 W. 클락의 책, '토착교회' (The Indigenous Church)에 기초한 이해를 지니고 있었다.[13] 여기서 indigenous의 의미는 '태생적인'과 동일한 의미에서의 '토속적인'과 다르지 않다. 이런 의미에서 1928년 예루살렘에서 모인 "신앙과 직제" 위원회는 '신생교회'의 특성에 대해서 질문하고, '옛 교회'에 관련하여 그리고 기독교의 전통과 관련하여 그 내외적인 독립성에 대해 묻고 있다.

"토착교회는 무엇을 뜻하는가? 교회는 선교사역을 통해서 발전해 온 그대로, 그들의 고향에 있는, 그들이 사랑할 수 있고, 소유권을 느낄 수 있는 제도로서 그 구성원들에 의해 인식되고 있는 바의 그 교회인가? 옛 교회와의 친교의 상실 없이, 필요한 재정적 도움이 단절되는 고통 없이, 그 나라들과 국민들의 천성과 특징의 관점에서 기독교 생활을 잘 표현할 수 있을 정도로 조직의 자유가 있는가? 그러한 자유는 복음 메시지의 해석에 있어서 얼마만큼 확장될 수 있는가? 어느 정도까지 신약성서에 묘사된 바대로의 교회의 비전이, 기독교인들의 마음과 뜻을 사로잡고 있는가? 얼마만

---

12) D. T. Niles는 스리랑카 감리교회의 감독이었다. 참조, C. C. Kim, "The Problem of Indigenization", in: Theological Education and Ministry, Reports from the North East Asia Theological Educators Conference, Nov. 28th-Dec. 2nd 1966, Seoul 1967, 62.

13) J. Ritchie, Indigenous Church : Principles in Theory and Practice, New York 1946, 13.

큼이나 역사적 기독교는 교회의 전 세세적 진교와 더불어 신생교회의 회원들에게 가치 있게 여겨지고, 친교를 잘 유지하도록 호소하고 있는가?"14)

2) 60년대의 '토착화'라는 말에는 이미 다른 음조가 들어 있었는데, 이것은 특히 북·남아메리카에서 알려진 신학의 "상황화"의 영향 아래서, 신학의 출현에 대한 설명을 그 사회문화적 '정황'으로부터 이해하려는 시도이다.15) 당시 에큐메니컬 영역에서 널리 퍼져 있었던 종합개념인 "상황신학"은 해방신학, 흑인신학, 민중신학과 특히 경제적, 사회정치적 갈등 경험에 관련된 지역신학들을 포괄하고 있다. 처음에 '상황화'라는 말은 아시아의 신생교회들에 있어서는 옛 표현인 '토착화'라는 말과 동일시되었다. 그러나 나중에 아시아기독교협의회'(CCA)16)가 '토착화'를 문화 종교적 맥락에 관련시키자17) 그 개념은 이제 제3세계 신학자연맹'(EATWOT)18)에 의해 넓은 의미의 '상황화'라는 용어 아래 귀속되고 말았다.
그러나 한국교회에서 '토착화'라는 말은, —이미 정의하고

---

14) International Missionary Council, Reports of the Meeting of the International Missionary Council at Jerusalem, March 24th-April 8th 1928, I-III, London 1928.

15) "상황"의 개념과 그 의미변화에 대하여: N. Slenczka, "Kontext und Theologie -Ein kritischer Versuch zum Programm einer 'kontextuellen Theologie'", in: NZSTh 35, 1993, 303-331. -P. Beer, Kontextuelle Theologie, Überlegungen zu ihrer systematischen Grundlegung, Paderborn 1995. -G. Sauter, Zugänge zur Dogmatik, Elemente theologischer Urteilsbildung(UTB 2064), Göttingen 1998, 325-332.

16) Y.K. Hao, Christliche Konferenz Asiens, EKL3 1, 695.

17) 토착화 신학과 상황신학의 구별을 위하여, 참조, G.H. Anderson 편, Asian Voices in Christian Theology, Maryknoll, New York 1976, 4.

18) J.R. Chandran, Dritte-Welt-Theologen-Konferenzen, ³EKL 1, 941-943.

있었던 것처럼 – '뿌리내림'으로, 상황신학의 대변자들에 의해 옹호되는 바와 같은 이데올로기 비판적으로 착색된 의미와는 아무런 관련이 없다. 한국 토착화 신학자들은 선교로부터 야기된 복음의 영향사에 우선적인 관심이 있었다. 기독교 복음이 토속적인 종교, 문화 그리고 정치에 돌입한다는 관점에서 이해되었던 것이다. 이러한 토속적 환경들이 복음의 선포를 주도적으로 규정하거나 부분적으로 대체할 수 있으리라고 여겨지지 않았다. 물론 한국교회의 초기 상황을 알지 못하는 상황신학자들로서는, 한국의 그 고유한 상황들과 그로부터 획득된 경험들이 그들의 신학 활동에 대한 인식을 유도하는 것으로 간주하고 싶을 것이다. 과연 초기 토착화 신학은 한국의 토속적인 문화와 전통적인 종교들을 가치있게 평가하였다. 하지만 그 의미는 복음의 수용을 위한 전이해가 된다는 의미에 국한되어 있었다. 이러한 해석학적 문제제기가 60년대의 한국 토착화 신학자들의 관심을 지배하고 있었다. 이 문제는 나중에 성령론적으로 고양되었는데, 복음화는 복음의 현실화로서 '성령의 사역'에 닻을 내리게 되었다.

3) 한국에서의 '토착화'의 이러한 의미는 미국과 유럽에서의 언어용법과 분명하게 구별된다. 이를테면 J.O. 부스웰은 다양한 '상황화'로 나누어 이해한다: "증인의 상황화, 교회와 그 리더십의 상황화 그리고 세계의 상황화". 토착화 개념과 관련해서는 다만 '교회와 그 리더십의 상황화'가 해당될 것이다.[19] 그러나 1907년의 한국교회의 신앙경험을 이러한 범

주에 맞추고자 할 경우, '자주적인 신앙고백'이라든지 '선교 현상의 신학적 성찰'과 같은 토착화의 중요한 의미내용들이 간과될 수밖에 없을 것이다.

토착화에 관련된 유럽학자들의 개념사용을 간략히 살펴보면, D. 리츨은 서구신학으로부터 제3세계의 신학을 구분하려는 목적으로 "토착화 신학 Indigenous Theology"이라는 개념을 사용한다.[20] T. 준더마이어는 '토속화 Einheimischwerdung', '토착화 Indigenisierung' 그리고 '상황화 Kontexualisierung' 같은 개념을 거론하면서도 '문화적응 Inkulturation'이라는 개념을 선호한다.[21] W. 게른은 "문화간 신학 Interkulturelle Theologie"이라고 명명하는, 제3세계의 최근 신학적 흐름들의 틀 안에서 한국의 민중신학을 다루고 있다. 하지만 정작 문화에 관련된 토착화 신학에 대해서는 무관심하다.[22]

H. 발덴펠스는 한국의 민중신학과 토착화 신학을 언급하고 있다. 후자에 대해서: "토착화(Totchakhwa) 신학은 한국에서 미리 발견될 수 있는 문화와 전통종교들 그리고 그로부터 생겨난 필수적인 문화적응의 계기들에 집중되어 있다"[23]고 하면서 토착화를 문화적응과 동일시하고 있다.

---

19) J.O. Bouswell, "Contextualization: Theory, Tradition and Method", in: D.J. Hesselgrave 편, Theology and Mission, Grand Rapids, Michigan 1978, 87-111.

20) D. Ritschl, "Westliche Theologie im Licht der Kritik aus der Dritten Welt. Kritisches zum Begriff 'Indigenous Theology'", in: EvTh 39, 1979, 451-465.

21) T. Sundermeier, "Inkulturation und Synkretismus", in: EvTh (52) 1992, 192-209, 194.

22) W. Gern, "Entwürfe interkutureller Theologie. Über neue Literatur am Beispiel Asiens", in: PTh 79(1990), 559-582.

23) H. Waldenfels, "Nordostasien", in: Einleitung in die Missionsgeschichte. Tradition, Situation und Dynamik des Christentums, K. Müller/W. Ustorf 편, Stuttgart/Berlin/Köln 1995, 131-142.

한국의 토착화 신학은 남아시아의 "토착신학 Indigenous Theology"과 동일한 의미가 아니다. 이 '토착신학'에서는 복음과 복음의 실현으로서의 정황 사이의 긴장이 강조된다. K. Koyama는 '토착신학'을 책임적인 수용을 찾고 주어진 구체적 상황 안에서 기독교 복음이 뿌리내리는 신학적 반성으로 정의한다. 토착신학의 논의에서 기초적인 것은 인간성의 다양한 문화적, 종교적, 경제적 그리고 이념적 상황들 속에서의 기독교 선포의 역사적 과정이다.24)

1.2. 토착적 기독교회의 형성

1.2.1. 선교정책과 신학교육

1) 한국에서 기독교 복음이 수용되는 형태를 살펴보고자 한다. 우리가 유의해야 할 시기는 1885년 4월 5일 첫 선교사들인 언더우드와 아펜젤러(Horace G. Underwood, Henry G. Appenzeller)가 도착한 날로부터 1910년 일본의 점령에 이르기까지이다. 당시에 한국교회는 놀라울 만큼 급성장했다. 한국교회의 신앙이해와 거기서 연유한 태도는 이 25년간 선교적 성공과 실패 가운데 그리고 한국 민중의 입장과의 연대 가운데 형성되었다. 당시에 형성된 것이, 1910년부터 1945년 사이의 일본점령기 동안에, 그리고 1945년에서 1953년까지

---

24) K. Koyama, "Indigenous Theology", in: A. Richardson/J. Bowden 편, The Westminster Dictionary of Christian Theology, Philadelphia 1983, 291-295.

22 • I. 토착교회 : 한국신학의 기원

의 공산주의와의 갈등과 선쟁, 휴전에 이르는 과정에서도 보전되었다. 하지만 이러한 험난한 역사로 인해 한국 신학자들은 자신의 고유한 생각을 전개할 가능성을 전혀 갖지 못했다. 60년대에 와서야 비로소 한국 신앙인으로서의 자신의 정체성에 대한 반성을 도모하였을 따름인데, 이러한 반성조차도 부분적으로만 저 25년간 형성된 신앙경험에 관련될 수 있을 뿐이다.

2) 선교사들의 기구조직과 선교정책은 한국교회와 신앙의 형성에 결정적인 영향을 미쳤다. 한국에서의 선교의 초두에 이미 다양한 국가에서 파송된 선교사들과 교회들 사이의 불필요한 경쟁과 갈등을 피하기 위해 그들은 공동 활동을 위한 기구의 필요성을 느끼고 있었다. 미국과 호주에서 온 장로교 선교사들은 1889년 "연합선교협의회 The United Council of Missions of American and Victorian Mission"를 조직했다. 이 기구가 1893년 "장로회 지도원리를 따르는 선교협의회 The Council of Mission Holding the Presbyterian Form of Government"라는 이름으로 바뀌면서, 한국의 고유한 장로교회의 설립을 목표로 하였다.

선교협의회의 과제는 일면 선교지역을 분할하는 것이었고, 일면 선교전략을 확정하는 것이었다. 1893년 1월 이 기구의 첫 번째 모임에서 '선교 협의회'는 한국에서의 개신교 선교의 원칙들을 다음과 같이 채택하였다.[25]

---

25) C. C. Vinton, Presbyterian Mission Work in Korea, in: The Missionary Review of the World 6(1893), 671-675.

1. 고위계층보다는 노동계층의 회심을 목표로 하는 것이 더 낫다.
2. 여성의 회심과 젊은 기독여성의 훈련에 특별히 힘써야 하는데, 어머니들은 다음 세대에 매우 중요한 영향을 끼치기 때문이다.
3. 지방마을에서의 초등학교 운영이 기독교 교육에 매우 효과적일 것이다. 그리하여 우리의 남학교에서 젊은이들을 잘 교육하고, 그들을 교사로 보내야 할 것이다.
4. 교육받은 원주민 목회에 대한 우리의 희망도 동일한 곳에 놓여 있으며, 지속적으로 염두에 두어야 한다.
5. 하나님의 말씀은 사람이라는 수단이 없는 곳에서도 회개시킨다: 고로 우리는 모든 노력을 기울여 가능한 한 빨리 명확한 성서번역을 사람들 앞에 내놓는 것이 가장 중요하다.
6. 모든 문자 작업에서, 한문에서 벗어나 순수한 한글을 사용해야 한다.
7. 진취적인 교회는 자급하는 교회여야 하고, 우리 회원 간의 의존비율을 줄이고, 자급하는 그래서 개인의 기부비율을 늘리도록 해야 한다.
8. 한국인 대중은 그들의 동족에 의해 그리스도에게로 이끌려야 한다: 우리가 직접 대중에게 설교하기보다는 소수의 전도자들을 철저히 훈련시켜야 할 것이다.
9. 의사들의 봉사는 동일한 환자를 병실에서나 환자 집에서 장기간 치료가 가능할 경우, 최상의 기회로 바뀔 수 있다. 고로 마음에 깊이 새길 수 있는 가르침과 모범을 주는 기회로 삼아야 한다. 약제적 활동은 상대적으로 효과가 없다.
10. 지방에서 와서 오랫동안 치료를 받은 환자들은 그들의 고향을 방문해서 양육되어야 한다. 그들의 애정 깊은

돌봄의 경험은 전도자에게 쉽게 넓은 문을 열어주기 때문이다.

초기 한국교회의 선교정책은 신앙형태와 교회지도자의 지적인 수준과 교회와 신학 사이의 관계에도 큰 영향을 끼치게 되는데, 우선 이 정책은 "세 가지 자립성"의 원칙에 이론적 바탕을 두고 있었다: "자급 Self-Support", "자치 Self-Government", "자립선교 Self-Propagation". 이것은 헨리 벤 (Henry Venn 1796-1873)과 루퍼스 앤더스(Rufus Andreas)가 제창한 표어인데, 그들은 자치하며, 자급하며, 자립선교 하는 교회를 만드는 것이 모든 선교의 목적이라고 하였다.26) 런던의 교회선교사회(Church Missionary Society) 총무인 헨리 벤은 특히 "선교의 안락사 Euthanasie der Mission"를 말했다: 선교는 교회가 탄생하자마자, 이 지역에서 사멸해야 한다. 선교사들은 복음을 아직 들어보지 못한 지역으로 가야 하며, 그들이 설립한 교회들은 자립하도록 풀려나야 하는데, 이들 스스로 성령의 지도 아래서 교회의 모든 기능들을 형성할 수 있어야 할 것이다.27)

3) 이러한 이론에 입각한 한국에서의 선교전략은 어떤 결과를 가져왔는가? 이러한 선교정책은 한국교회의 형성과 발전뿐 아니라, 한국 근대 시민사회의 형성에도 기여하였다고 할 수 있다. 새로 생겨난 교회들을 스스로 독립할 수 있게

---

26) P. Beyerhaus, Die Selbständigkeit der jungen Kirchen als missionarisches Problem, Wuppertal-Barmen [3]1967, 46.

27) S. Neil, Geschichte der christlichen Mission, Erlangen 1975, 175.

했고, 각기 그들의 지체들에 대한 책임감을 일깨웠으며, 당시까지 한국문화에는 낯설게 남아 있었던 근대적 의미의 "개인"의 발견이 이루어지게 되었다. 교육정도가 낮았던 노동자 계급과 여성들에 착념하여, 이들의 일반교육과 사회활동을 통한 근대 시민사회의 형성이 가능하게 된 것이었다. 이 과정에서 특히 한글의 사용과 한국인 설교자의 양성은 매우 중요한 역할을 수행했다. 한국의 개신교회는 이러한 선교정책에서 비롯된 것이며, 민경배 교수의 주장대로, 한국의 근대시민 사회 또한 이로부터 형성되었다고 볼 수 있을 것이다.[28]

그러나 선교사들의 교회 내적인 신학교육에 있어서는 시민사회형성이라는 대외적 기여를 염두에 두고 볼 때 심각한 대조를 이루고 있다. 그것은 미국 남장로교 소속 W.D. 레이놀즈가 1896년 확정한 7가지 원칙들을 통하여 분명해진다. 그것은 다음의 세 가지 사항으로 간략히 요약될 수 있다.[29]

1. 목사는 무엇보다 "충만한 성령의 사람들"이어야 한다.
2. 그들의 믿음은 하나님의 말씀과 기독교의 가장 중요한 사실과 진리에 근거해야 한다.
3. 그들은 평균적인 교육수준에 상응해야 한다. 즉 그들이 그 때문에 다른 사람들에게서 멀어지거나 질투심을 일으키지 않도록 너무 많이 교육받아서는 안 된다.

교인들은 대부분 낮은 계층에 속하였기 때문에 목사들의

---

28) 민경배, op. cit., 195.
29) W.D. Reynolds, "The Native Ministry", in: The Korean Repository for May 1896, 200.

26 • I. 토착교회 : 한국신학의 기원

교육수준이 교회회원의 그것에 상응해야 한다는 선교사의 요구는 한국교회로 하여금 장기간 지적으로 답보상태에 머물러 있게 만들었다. 그밖에 북미 선교사들은 "매우 보수적이고 근본적인 신학을 배경으로" 지녔었고 "완고하고 종파주의적인 도덕관"을 가지고 있었다. "그들은 기초적인 인문학 지식이나 일반적 지식수준 앞에서조차 치명적으로 두려워하였다."30) 세계선교사회의(International Missionary Council)가 1910년에 처음으로 에딘버러에서 열렸을 때, 한국 지성인들과 교회 지도자들도 자주 주의를 일깨웠던,31) 한국교회의 신학적 결핍이 비판되었다.32)

앞에서 논의된 선교정책은 단지 장로교회들에만 통용된 것이었다. 감리교회는 비록 문서적으로 확정되지 않았지만 나름의 입장을 지니고 있었다. 그들은 노방전도의 선교전통을 이어받았다. 그런 점은 장로 교인들과 본질적으로 구별되지 않는다. 그러나 근대식 교육, 여성교육 그리고 의료선교의 영역에서 다른 이들이 넘어설 수 없는 수준을 견지하고 있었다.33) 신학교육에 있어서도 그들은 장로교인들 보다 훨씬 더 주의를 기울였다. 장로교인들은, "젊은이들을 교육한 후에 다시금 고향교회로 보내기 위해, 활기찬 선교적 기독교인을 양성"34)하는 데 목표를 두었던 반면에, 감리교인들은 양질의 일반교양을 얻게 하기 위해 노력하였다. 신학

---

30) 민경배, op. cit., 274.
31) The World Missionary Conference, Report of Commission I, Edinburgh 1910, 411.
32) Paik, op. cit., 217.
33) 민경배, op. cit., 196-199.
34) Ibid., 197.

1. 한국교회의 탄생 • 27

교육에 있어서의 양 교단의 차이는 시간이 흐르면서 더욱 심화되었다. 이것이 60년대의 토착화 신학이 주로 감리교 신학자들에 의해 수행된 이유 가운데 하나이며, 교회개척에 있어 상대적으로 앞서지 못한 반면, 신학의 학문적 논의에 있어서만은 첨단을 걷고 있는 이유이다.[35]

1.2.2. 각성운동과 교회형성

1) 한국에 온 선교사들은 그들의 의도에 반하여 일본의 침략으로 빚어진 한국의 정치적 혼란 속에 빠져들게 되었다. 청일전쟁(1894-1895)에서 이긴 후, 일본은 무엇보다 민비의 잔혹한 살해를 통하여 한국에 대한 지배를 확고히 하고자 하였다. 1905년 러일전쟁 후에는 한국의 주권을 포기하는 보호조약에 서명할 것을 고종에게 강요했다. 고종이 신뢰하던 개신교 선교사들은 이 어려운 시기에 의연히 그의 곁을 지켰다.[36] 그로 인해 미국 선교사들은, 러시아의 남진 정책에 대항하여 일본과 공동보조를 취하고 있는 그들의 정부에 역행하는 결과를 초래하였다.[37]

1895년과 1907년 사이의 정치적으로 어려운 상황 속에서 교인의 수는 엄청나게 증가하였다. 이를테면, S. 마펫과 G. 리가 활동하던 1907년의 평양에서 전주민의 3분의 1이 주일 예배에 참여하였다.[38] 이런 성장은 종교적 동기만으로는 설

---

35) 주재용, op. cit., 15-17.
36) 민경배, op. cit., 204-210.
37) Ibid., 204-215.
38) Ibid., 219.

명할 수 없다. 선교학자 K.S. 라토렛은 이 시기의 불행을 통하여 생겨난 정서적 충격을 교회의 급속한 성장의 원인이라고 규명하고, 한국인들이 국가의 약소함에 대한 대안을 기독교에서 찾았다고 설명하였다.[39) 대한매일신보는 다음과 같이 썼다.

"아제의 소여흔 희망은 천주와 기자 예수 그리스도의게 재흔니 연즉 속히 경성흐야 두를 거흐고 생기를 발흐야 작업흐고 희망흐며 위국흐야 생흘지어다."[40)

그래서 기독교는 이제 민족의식을 지지하는 것으로 인식되었고, 교회 건물은 자주 저항운동의 모임 장소로 사용되었다. 일본은 선교사들이 세운 교회와 학교들을 저항운동의 본거지로 간주하고 박해하였기 때문에 이 점에 있어서도 선교사들은 일본과 갈등을 초래하였다. 대다수의 선교사들은 교회가 너무 과도히 정치적 욕구와 뒤섞인다면, 교회의 영적인 본질이 위협받을 것이라고 확신하였다. 그래서 그들은 한국교회에서 정치적 목표의 색채를 제거하고, 땅에 속하지 않은 희망에로 향하도록 지도하고자 하였다. "선교사들이 이 1907년 대부흥을 지도하고 결실하게 된 원리와 목표는 한국교회의 '비정치화' 그것이었다."[41) 동시에 천년왕국설이 한국교회에 자리를 잡았고, 그것은 이미 많은 선교사들의

---

39) K. Scott, The Great Century. A History of Expansion of christianity IV, New York 1944, 426.
40) 대한매일신보, "경고 한민, 기서", 1905. 12. 9 (민경배, op. cit. 재인용 223).
41) 민경배, op. cit., 259.

1. 한국교회의 탄생 • 29

기존의 신학과 활동방향에 익숙하며 이를 더욱 장려하는 것
이었다.[42]

2) 1907년의 각성운동은 두 가지 연원을 지닌다. 하나는
선교사들의 기도모임이었다. 1903년 R.A. 하디는 원산의 저
녁모임에서 '성령충만'을 경험하였다. 그는 그의 동역자들
앞에서 선교활동에 있어서의 그의 실패와 선교에 대한 그릇
된 동기를 고백하였던 것이다. 1906년 8월에 하디는 선교사
들에 의해 평양에 초청되었다. 동시에 뉴욕에서 온 한 목사
가 인도와 웨일즈에서의 대각성의 소식을 평양의 교회에 전
하였다. 교회는 성령의 동일한 은혜를 갈망하였다.[43] 다른
하나의 연원은, 국가적 불운에 대한 회개와 하나님의 은혜
를 갈망할 수밖에 없는, 한국 기독교인들의 경건에서 찾을
수 있다. 이런 경건이 길선주가 평양에서 처음으로 도입하
였던 새벽기도에서 자리를 잡았다.
1907년 1월 6일 평양 장대현 교회에서는 선교사들과 한
국 교인들이 성서연구와 저녁집회로 모이는 열흘간의 사경
회가 시작되었다. 저녁집회는 복음적인 설교로 진행되었는
데, 바로 이 집회 중 한 날에 대각성이 일어났다. 영국인
L.W. 세실은 '런던 타임스'에 그 사건에 대해 다음과 같이
보도하였다.

"그가 '나의 아버지여'라는 말을 했을 뿐인데 밖으로부터 밀

---

42) C. R. Rutt, James Scarth Gale and his History of the korean People, der
Royal Asiatic Society 편, Seoul 1972, 64.
43) G. Lee, "How the Spirit Came to Pyeongyang", in: KM3 (1907), 33-37.

어딕치는 강한 힘이 모임을 압도하는 듯하였다. 유럽인들은 그 현상을 전율이라 표현했다. 곧 참석한 모든 사람들이 가장 통렬한 의미의 정신적 고통에 사로잡혔다; 각자 앞에 자기 죄가 자신의 삶을 비난하면서 드러나는 것 같았다. 그들의 추함이 알려지자 양심이 해소될 기회를 얻으려 간청하면서 일어나 뛰어오르고 있었다. 다른 사람들은 침묵하였으나, 고통으로 회개했고, 그들의 악행을 고백하게 하는 힘을 견디려고 애쓰면서 주먹을 휘두르고, 머리를 땅에 대고 찧었다. 저녁 여덟시부터 새벽 다섯시까지 같은 일이 반복되었다. 그리고 선교사들이 고백된 일련의 죄들에 충격받고, 그런 기적을 행하는 힘의 현존에 놀라면서, 그들이 그토록 사랑했던 한국인 제자들의 정신적 고통에 대한 동정심으로 눈물지을 수밖에 없었다. 저녁집회는 끝났으나 다수의 한국인들은, 어떤 이들은 기도하면서 다른 이들은 엄청난 영적인 갈등 속에서 온 밤을 지새웠다. 다음 날 선교사들은 그 물결이 걷히고, 거룩한 말씀의 위로하는 가르침으로 어젯밤의 상처가 싸매어지기를 고대하였으나, 또다시 동일한 고통, 동일한 죄의 고백이 터져 나왔고, 그 양상은 수일간이나 계속되었다."[44]

저녁집회를 이끌었던 선교사들 중 한 사람의 또 다른 증언은 공동기도의 경험을 묘사하고 있다.

"짧은 설교 후에, 이길함(Graham Lee) 선교사가 그 모임에 온 몇 사람들에게 기도를 청했다. 그러자 많은 이들이 기도를 시작했고, 이 선교사가 '그처럼 기도하기 원한다면 모두 기도하자'고 말하자 모든 사람들이 함께 큰 소리로 기도하

---

44) Paik, op. cit., 370.

1. 한국교회의 탄생 • 31

기 시작했다. 그 사태를 묘사하기 어렵다. 혼란이 아니라 영과 혼의 거대한 하모니, 즉 기도의 거부할 수 없는 박동으로 감명을 받은 영혼의 어울림이었다. 그 기도는 내게 많은 물이 쏟아지는 폭포처럼 들렸고, 하나님의 보좌를 두드리는 기도의 대양처럼 느껴졌다."[45]

그 사경회 후에 회개운동이 여러 교회에 퍼졌다. 특히 평양뿐 아니라 전국에 있는 학교와 대학에도 번져 나갔다. 이 시기에 갈급한 심령들은 도처에 준비되어 있었다. 평양에서의 불씨를 통해 각성의 큰 불로 옮겨 붙기만 하면 되었다.[46] 각성운동은 또한 집중적인 성서연구를 통해 추진되었다. 선교사들은 성서를 깊이 있게 읽는 것에 높은 비중을 두었는데, 이를 통해 많은 이들의 삶의 방식이 바뀌었고, 그로 인해 비기독교인들에게 매력으로 작용하였기 때문이었다.[47] 성서 교육을 통해 각성경험의 진정성이 열매로 드러나게 되었고,[48] 한국 기독교인들은 다른 나라들에서도 "각성된" 사람으로 인정되었을 뿐 아니라, 그들의 모범으로 칭송되기도 했다.[49]

3) 그 공과에 대한 다양한 평가에도 불구하고 1907년의 각성운동은 한국교회의 신앙형태를 결정적으로 구형한 사건으로 인정받고 있다.[50] 그것은 선교사들의 신학과 직무를

---

45) W.N. Blair, The Korean Pentecost, 403. (Paik, op. cit., 371. 재인용)
46) Methodist Episcopal North Report for 1907, 409. (Paik, op. cit., 372)
47) Journal of the 25th Delegated General Conference of the Methodist Church in 1908, 861. (Paik, op. cit., 374. 재인용)
48) W.G. Cram, "A Genuine Change", in: KM3 [1907], 68.
49) J.Z. Moore, "The Great Revival Year", in: KM3 [1907], 118.

명시한 선교정책의 결실이었다. 그것은 또한 각성의 물결이 한국의 모든 교회를 뒤덮고 신생교회의 경건을 규정했다는 점에서 한국개신교회의 미래를 위한 "청사진"이었다.

성서연구와 저녁집회에서는 장로교, 감리교 그리고 여타 교파의 교인들이 교단의 구별없이 함께 모였다. 1907년 이후 평양에서는 장로교와 감리교의 협력사업이 나타났다. 이를테면 병원을 공동운영하고, 교육사업을 연합으로 진행하는 것 등이 가능하게 되었다. 하지만 이러한 협력관계는 오래가지 못했다.[51]

가장 큰 성공은 위에서 언급한 독립적인 장로교 노회의 설립이었다. 1907년 9월 17일에 "대한국 예수교 장로회 노회"가 탄생했다. 평양의 장대현 교회에서 네 장로회 선교회와 그들의 총회가 인준하였다. 이 독노회의 활동을 바탕으로 1912년에는 "대한 예수교 장로회 총회"가 조직되었다. 설립 당시 이 총회는 7개 노회, 52명의 목사, 125명의 장로 그리고 44명의 선교사들로 구성되었다. 1893년 선교정책에서 구상된, 독립교회로서의 "토착교회"가 한국 장로교라는 형태로 구현된 것이었다.

1.2.3. 구령운동과 선교 현실

1) 민경배는 1907년 회개운동의 결과 생겨난 한국교회의

---

50) The World Missionary Conference, Report of Commission I, Edinburgh 1910, 77. 참조, G.H. Jones, "The Growth of the Church in the Mission Field", in: The International Review of Mission I 1912, 416.
51) 민경배, op. cit., 266.

1. 한국교회의 탄생 • 33

두 가지 특징을 언급했다. 그 하나는 "교회의 지향이 이제 나라의 독립이나 구국의 이념에서 겨레와의 운명적 공감에로 전향하게 되었다"[52]는 것이다. 교회는 더 이상 저항운동이 되려는 의도 없이 억눌린 민중의 고난에 참여하였다. 이때 감내의 고통은 고난당하는 하나님의 종(사 53장)을 환기시키는 신앙의식을 일깨운다. 이러한 의식은 회개에 호소하고, 지속적인 자기점검과 삶의 치유, 윤리적 훈련 등으로 구체화되어 사회 안에 교회를 통한 도덕적 기풍의 심화에 기여하게 된다. 다른 하나의 특징은 첫 번째의 특징에 맞추어 한국교회의 신앙유형이 나타났다는 것이다. 그것은 "신앙내연에서 자동적으로 외연참여하게 된다는 '신앙원형'의 설정"이다.[53] 그런 '안으로부터'와 '밖으로'의 관계는 교회로부터 정치적 저항을 기대하던 많은 사람들을 실망시켰다. 그런 사람들은 1907년 각성운동 이후에 교회에 등을 돌린 경우가 많았다. 그렇기 때문에 오히려 비정치화를 추진하던 선교사들로서는 만족스러웠을 수도 있었을 것이다. "이제 교회는 깨끗이 청소되었고, 닦고 새롭게 되었다".[54]

2) 하지만 교회의 비정치화는 완벽하게 이루어질 수 없었다. 적어도 기독교적 삶의 지침에 있어서 선교사들과 한국교인들 사이에 긴장이 생겨났다. 이것은 1909년의 "백만인구령운동"과 1911년 105인의 피고인들에 대한 재판으로 말

---

52) 민경배, op. cit., 263.
53) Ibid., 263.
54) W.N. Blair, God in Korea, Philadelphia 1957, 71. (민경배, op. cit., 259. 재인용)

34 • I. 토착교회 : 한국신학의 기원

미암았지만, 한국교회의 니름의 신앙적 특성이 노출되는 계기였다고 할 수 있다.

"백만인 구령 운동은" 선교사들이 정성들여 준비한 첫 복음화 운동이었다. 남감리회 선교사들이 발의로 "올해 한국에서 백만의 영혼을 그리스도에게로!"라는 구호와 함께 전 한국교회의 연합사업으로 채택되었던 것이다. 당시 20만으로 추정되던 기독교인의 수를 고려하면 이것은 과장된 것이었다. W.T. 레이드나 R.A. 하디는, 1907년에 국가적 위기가 교회성장의 동인이었듯이, 1910년의 일본에의 합병을 통해 '절망과 수치'를 겪었기에 이 높은 비율이 쉽게 달성되리라고 생각했다. 그래서 선교사들은 "지금이 최상의 순간이다" 혹은 "지금은 한국의 위기의 시간이다"고 주장했다.[55] 그래서 세계적인 부흥설교가 T.W. 채프만이나 C.M. 알렉산더와 같은 사람들이 초청되었다. 한국의 동역자들은 목표를 달성하기 위해 매우 노력하였으나,[56] 그 동기가 너무 "인간적"[57]이었기 때문에 이 운동은 실패하고 말았다. 장로교와 감리교의 교인수가 백만 명으로 성장하는 것과는 거리가 멀었다. 그 운동은 한번도 20만 명을 돌파하지 못했고,[58] 이 운동을 제안했던 감리교는 오히려 교인수가 줄어들었다. "선교사들 주도의 운동이 한국교회에서 잘 먹혀들어가지 않는다는 최초의 역사가 여기 기록된 것이다."[59] 그때부터 한국

---

55) J.S. Gale, The Missionary 43, (Paik, op. cit., 385. 재인용)
56) "The Million Souls' Movement and Its Results", in: KM 7(1911), 5. (Paik, op. cit., 386 재인용)
57) 민경배, op. cit., 287.
58) 각주 8번 참조.
59) 민경배, op. cit., 287.

1. 한국교회의 탄생 • 35

교회는 철저하고 포괄적인 신학교육 없이, 정치적 상황을 이용한 대중동원을 통해 교회의 성장을 도모하는 근본주의 전통을 노정하게 된다.

3) 105명의 피고인에 대한 재판절차는 기독교인들을 박해하기 위해 꾸민 일본 식민정부의 연극이었다. 조선 총독부는 교회지도부가 테라우치 총독 암살음모에 개입했다는 허위구실로 1911년 10월부터 157명으로 추정되는 사람들을 체포하였다. 고문으로 죽거나 무죄혐의로 풀려난 사람을 제외한 123명이 법정에 섰고, 그 중 105인이 기독교인이었다. 재판과정에서 검사의 유일한 증거물은 피고들의 진술서였고, 그나마 견딜 수 없는 고문에 의한 허위자백에 기초한 것이라는 것이 밝혀지고 말았다. 그럼에도 불구하고 피고들은 5년에서 10년 사이의 형을 언도받았다.[60]

한국 기독교인과 교회지도부가 전혀 정치적 목적을 갖지 않고, 가능한 비정치적 입장을 고수했음에도 불구하고, 일본 식민정부에게는 어쩔 수 없이 눈의 가시처럼 여겨졌을 것이다. 당시 교회를 관통하는 민족적인 분위기는 고유문화의 자부심에서 나온 것도 아니고, 민족주의적인 우월감에서 나온 것도 아니었다. 다만 한국과 한국인들이 약하고 비통에 차 있고, 절망 가운데 있다는 사실에서 나온 것이었다. 교회는 민족과 함께 고난을 겪었고 그 운명에 가담하였다. 그래서 억눌린 자들에게 희망과 삶의 용기를 불어넣어 줄 수 있었다. 이 모든 것은 1907년의 각성운동과 이어지는 몇 해 동

---

60) Ibid., 288.

안의 심화과정 없이는 생각할 수 없었을 섯이다.

이 기간 동안에 장로교인들이나 감리교인들은 일체가 되었었다. 다만 감리교인들이 그들의 활동범위를 넓혀서, 전통종교와 문화유산을 수용하고 폭넓은 사회봉사를 수행하며 이것들을 신학적으로 성찰하려는 경향을 지녔다고 한다면, 장로교인들의 신앙형태는 각성운동을 지속적으로 수행하기 위해 성서연구와 기도를 통한 개인적인 경건의 형성에 집중하는 형태로 발전하였다고 할 수 있다.

2. 초기교회 신앙유형

한국교회는 상대적으로 빨리 자치 기구를 세우고, 재정적으로 독립했을 뿐 아니라, 신학적으로도 나름의 방향을 모색하였다. 물론 선교사들은 계속해서 한국 그리스도인들의 신앙과 생활에 지대한 영향을 미쳤다. 하지만 선구적 그리스도인들은 일찍이 그들에게 전달된 기독교가 낯설게 남아 있어서는 안 되고, 한국의 다양한 종교문화와의 생산적인 상호작용 가운데 전개될 수 있겠는가를 숙고하였다. 초기교회 상황에서 어떤 학문적으로 유의미한 결실을 기대할 수는 없을 것이다. 그럼에도 불구하고 첫 한국인 목회자들과 교회지도자들의 성서적 통찰과 신앙고백에서, 그리고 그들의 활동 가운데 나중에 한국 신학의 대표적인 모델로 발전되어 간, 특별한 단초들이 드러난다. 그런 의미에서 최병헌

(1858-1927), 윤치호(1865-1945) 그리고 길선주(1869-1935)는 선구자들이라 할 수 있다. 한국의 첫 번째 그리스도인에 속하는 이들의 언행은 60년대 이후 한국신학에서 전개될 그 신학내용의 범주와 영역을 미리 가늠해 볼 수 있게 해준다.

2.1. 재림대망의 목회

2.1.1. 목회자 길선주

마포 삼락(S.H. Moffet)이 길선주의 유고 선집 제1권 서문에서 길선주 목사에 대해 소개하고 있는 바와 같이,[61] 그는 탁월한 목회자요, 영향력 있는 부흥사요, 민족 지도자이다. 교회 내뿐 아니라 사회적으로도 영적으로 정치적으로 큰 영향력을 끼친 사람이었다. 1907년 대 부흥기의 주도적 인물이었다는 것은 위에서 살펴본 바와 같지만, 그가 큰 정치적 영향력을 지녔다는 것은 부흥회를 통해 교회를 비정치화 하려 했던 선교사들의 입지와는 전혀 다른 경향인 것이다. 이

---

61) 길선주, 「영계 길선주 목사 유고선집」, 대한기독교서회, 1968, 4. "길선주 목사는 한국 교회의 가장 뛰어난 지도자 가운데 한분이었다. 계속해서 출판될 책은 동양종교에서 진리를 찾으려고 애쓰시던 끝에 최후로 그리스도교에 귀의하게 된 그의 전기가 포함되어 세상에 나타나게 된 것이다. 그는 장로회신학교 제1회 졸업생이었고 맨처음 한국교회의 목회목사로 장립되어 전국에서 가장 큰 평양 장대현교회 위임목사가 되었다. 그는 한국교회 총회장에 피선되었다. 그러나 이보다는 그는 전도자이었는데 1907년 대부흥이 일어난 그 당시에 있어서 이 전도자의 나라가 낳은 가장 영향력 있는 전도자이었을 것이다. 그의 힘과 재능은 기성교회에 제한되지 아니했다. 1919년 독립운동 당시 그는 한국독립선언서에 선두로 날인한 두 사람 가운데 한 분으로 나라의 영웅이 되었다."

경향은 "내연 외연" 신앙의 형식에 따라 그 당시 상황이 열 악했기 때문에 생겨난 측면이 있지만, 그보다는 그의 유일하고 한국 최초의 신학적 저술이라고 할 "말세학"에 기초한 그의 독특한 종말론적 윤리사상에서 비롯된 것이라 할 수 있다. 부흥운동의 특성인 성령을 통한 하나님과의 직접적 교제 즉 내적 경험을 한국교회의 비정치화와 직접 관련시킬 수는 없다. 물론 1907년의 부흥 운동과 1910년의 백만 구령 운동을 신앙의 내면화 과정으로 보는 유동식은 길선주를 그런 신학 사조의 대표적 인물로 보기도 한다.[62]

그러나 그는 정치적 현실로부터 도피하지 않았다. 105인 사건에서 그는 일제의 고문의 후유증으로 그의 큰아들을 잃었을 뿐 아니라, 1919년 한국독립선언에서 민족 대표 33인 가운데 한 사람으로 서명했고 2년간의 옥고를 치렀다. 길선주의 정치적 입장은 정치적으로 판단될 수 있는 성질의 것이 아니다. 그것은 자신의 명백한 신학적 입장을 지니고 있었기 때문이다. 길선주는 1896년 가을에 회심을 경험하고 29세 때 선교사 이길함(Graham Lee)에게 세례를 받고 1902년에 장대현 교회 장로가 되었다. 그 이듬해 1903년 평양 장로회신학교에 입학, 1907년 최초의 한국 장로교 목사로 안수받았다. 1903년 선교사 하디(R. Hardy)를 중심으로 원산에서 일어난 각성운동을 길선주는 평양에서 일으키고 그것을 주도하였다. 주재용에 의하면, 길선주는 '성서 중심'과 '경건생

---

62) 유동식, op. cit., 56. "요컨대, 기독교의 본질을 개개인의 구령운동에서 찾고, 하나님의 절대성을 그의 말씀인 성서에서 찾는 근본주의적인 보수사상의 전통이 형성되었다. 그리고 그 기초를 놓은 지도적 인물이 길선주 목사였다".

2. 초기교회 신앙유형 • 39

활 중심'을 한국교회의 신앙형태로 성격지어 놓은, '한국교회 건설의 개척자이다'라고 한다.[63] 매일 새벽마다 일찍 일어나 교회에 나가 기도하고 묵시록을 암송하는 것으로 하루 생활을 시작했다. 그의 성경연구에 대한 열의는 대단한 것이었다. 그는 요한계시록을 만독하고 요한1서를 500독 했다고 한다. 지적한 바와 같이 이미 한국교회의 전통이 된 새벽기도가 그에게서 시작되었을 뿐 아니라, 교인들로 하여금 반드시 자기의 성경과 찬송가를 함께 들고 다니게 한 전통도 그에게서 비롯되었다. 그는 성서연구에 있어 어떠한 역사적 비평이나 학문적 참고도 배제한 채 '성서를 성서로' 해석하는 문자적 해석방법론을 고수했다. 이런 그의 성서관은 한국기독교 역사 초기부터 한국교회가 성서를 '성경'으로 높이 존중하며, 성경공부에 열중하는 전통 수립에 기여하였다. 길선주는 교인들에게 청교도적 경건생활을 철저히 실천하도록 강조했다. 금연, 금주와 주일성수를 교인들로 하여금 실천적 지표로 삼게 했으며 높은 윤리의식을 지니고 엄격한 도덕적 삶을 살아가도록 가르쳤다. 그래서 길선주의 신학은 현실을 도피하는 개인 신앙 차원이 아니라 식민지 상황 속에서 그리스도인들에게 그 시대를 견디며 삶을 영위해 갈 수 있는 영적인 위로와 힘, 그리고 희망을 제시해 줄 수 있었다. 그것은 그의 말세론이 고난의 현실을 떠나 타계 지향 일변도의 신학이 아니라, 현세 속에서 현세를 극복하게 하는 윤리의 신학이었기 때문이다.

---

63) 주재용, op. cit., 37.

2.1.2. 종말론적 각성

60년대 이후의 토착화 신학은 길선주의 종말론적 신학에 주목하지 않았고 주목할 수도 없었다. 그 신학은 복음을 받아들일 수 있는 조건으로서의 한국 전통문화에 부심한 나머지 한국 초기 목회자의 독특한 신학적 시도를 적절히 포착할 수 없었다. 한국 마지막 왕조인 이씨왕조 500년간의 통치이념이요 국가종교였던 유교는 역사가 시작과 끝이 있다는 사고방식을 전혀 알지 못한다. 유학과 도교에 심취했던 길선주가 종말론을 자신의 신학사상의 지주로 삼았다는 그 사실 자체가 이미 초대 한국교회의 신앙적 자기이해와 전통적 사고 사이의 단절을 보여주는 가장 뚜렷한 증거이다. 즉 이 종말론적 인식은 문화적 아프리오리로 설명될 수 있는 것이 아니다. 신앙경험을 통한 새로운 신학적 자기이해, 이것이 토착화 신학의 진정한 출발점이어야 했다. 그런 의미에서 길선주의 신학은 과거와의 단절을 가장 뚜렷이 보여주며 근본적인 신앙경험을 통해 새로운 자기이해를 가능케 하는 대각성 운동의 신학에 가장 어울리는 신학이라고 할 수도 있겠다.

길진경 목사는 그 부친의 유고집을 편찬하면서, "그리고 말세학을 제1집에 넣게 된 것은 고인의 평생에 즐기시던 것으로 역작이라 할 만한 묵시록 강의의 핵심인 것이다. 동시에 말세를 달리고 있는 현대에 주고 싶어 하시던 고인의 신앙을 소개하지 않을 수 없음으로 해서이다. 그는 말년에 주의 재림을 간절하게 기다렸을 뿐 아니라 재림이 급박함을 느낀 그는 전국을 순회하면서 재림을 외쳤고 또는 자신의 죽음을 위해 삼 년을 계속 기도한 결과 소원이신 그대로 강서노회 집회 마지막 날 설교를 끝내시고 마지막 기도를 다 하시고 강단에서 거꾸러지셨다."[64] 길선주가 종말론에 집중한 것은 그야말로 생사를 건 비장한 것이었다. 이런 진지한 종말론적 신앙의 자세는 과거와의 단절을 첨예하게 하는 한국 초기교회 신앙형태의 일면을 보여준다.

천년왕국적 종말론을 주장하는 사람들이 대부분 땅위에 이루어질 지상 낙원에 초점을 맞추는 반면, 길선주의 종말론은 그리스도의 재림에 그 핵심을 두고 있다. "우리의 신앙은 예수 그리스도의 십자가에 터를 닦고 우리 소망을 내세 영원한 안식 세계를 바라보는 만큼 주의 재림은 말세학의 중심이요 또한 초점이다."[65] 따라서 그는 무천년설(어거스틴 이래 주장되어 온 상징설)은 비성서적 내지 불신앙적이라고 보고 거부한다. 그리고 후천년설은 불합리하다고 본다. "예를 들어 말한다면 환자의 병이 다 나은 뒤에 의사의 소용이 없으며 세상이 광명하다면 빛을 요구할 필요가 없는 것이다. 세상이 병들었으므로 의사 되시는 예수를 갈망하는 것이요 시대가 암흑함으로 빛이신 예수께서 오셔서 광명한 천년왕국을 건설하실 필요가 있는 것이다."(23) 즉, 전천년왕국설이 그의 주장이다. 그의 전천년왕국설의 이론적 입지는 대각성 운동의 영향이라기보다는 오히려 미국의 근본주의에 빚진 바 크다고 보여진다.

---

64) 길선주, op. cit., 12.
65) Ibid., 23. "말세학"은 이 책 21-141쪽에 실려 있다.

42 • I. 토착교회 : 한국신학의 기원

길선주의 종말론의 관심은 이론적인 데 있지 않고 신도들의 신앙생활에 있었다. 그는 목회자였지 신학자는 아니었다. 종말론을 다루는 그의 방법론은 '성경에 나타난 비의를 논증적으로 기록하여'라는 말에 담겨 있다.66) 학문적 논구가 아니라 성서의 내용을 현실의 증거를 통해 예증하는 데 있다. 이 책의 내용은 12장으로 이루어져 있는데, 첫 두 장은 서론과 총론이고, 그리스도의 지상재림(9장) 이전에 재림의 징조(3장)와 신자들의 형편(4장)이 고찰되고, 부활증거(5장), 공중혼인잔치(6장), 칠년대환란(7장) 그리고 교회의 환란면제(8장)가 사실적으로 기술된다. 그리스도의 재림 이후 천년세계(10장), 마귀를 놓아 줌(11장) 이어서 변화무궁세계(12장)로 전개됨을 서술하고 있다.

이 책의 중심내용은 성서에 의거하여 예수 재림의 징조를 예시하는 데 있다. 주의 재림은 그 내증으로 29건, 외증으로 6건을 들고 있다. 이를테면, 많은 사람이 왕래함으로 증거라는 항목을 보면, '다니엘아, 이 말을 간수하고 이 글을 봉하여 말세까지 두라, 장차 많은 사람이 왕래할 것이요, 또 지식이 더하리라'(단 12:4)라는 말씀을 풀이하여 배, 비행기 자동차 등 운송기관과 도로 수로 항로의 발달을 통해 인류의 왕래가 빈번해진 것을 알 수 있는데, '이 모든 인종들이 왕래하는 것을 보면 하나님이 다니엘에게 하신 말씀과 같이

---

66) Ibid., 23. "말세학은 성경을 근거로 한 기독교 교리 가운데 하나로서 인간과 세계의 종말 상태를 연구하여 학적으로 논하는 것을 의미하는 것이다. 그런데 이에 대하여 여러 가지 그 이론이 있지마는 저자는 그 교리상의 이론을 떠나서 성경에 공개된 비의를 논증적으로 기록하여 여러 신도들의 신앙생활과 내세를 기다리는 성도들의 간절한 소망에 이바지하려고 하는 바이다."

말세가 가까움이 분명하다'고 풀이한다.(43) 이와 같이 '너희가 귓속말로 한 것이 지붕 위에서 전파되리라'(마 10:27)는 예언은 전화와 라디오의 발달을 말한 것으로 설명한다. 과학의 발달은 재림의 임박함을 나타내는 징조가 된다.(41)

여러 가지 징조를 통해 그는 재림의 시기를 확정하지 않지만 곧 있을 것이라고 본다. 그는 말하기를, "마 24:36에 그 날과 시는 아무도 알지 못한다는 말씀을 가지고 그 역시 알 수 없는 것이라고 돌려 버리지마는 이는 신자들에게 주님이 오실 시기를 감추어 알지 못하게 한 것이 아니라 다만 그 모든 징조를 보고서 급박한 주의 재림을 암시하여 준비시키는 목적으로 하신 말씀이다. 만일 주께서 신자에게 도적같이 오신다면 여러 해 동안 주를 믿은 것이 헛것이 될 것이다."(26) 주의 재림에 초점을 맞추는 길선주의 천년왕국론은 그렇기에 기다림의 자세를 묻는 신앙윤리의 종말론이다. '예수께서 속히 오실 것을 확신하고 준비하는 것은 신자의 마땅한 본분이다. 이러한 신앙에서 간절한 기도가 생기고 성경을 깊이 연구하려는 열심도 나고 전도하지 않고는 견딜 수 없는 열정이 일어나는 것이다.'(27) '이와는 반대로 주님의 구원을 심상히 여기는 불철저한 교훈은 도리어 신자들의 뜨거운 신앙을 냉각시키고 범죄의 길을 열어 줄 뿐 아니라 천국의 소망을 흐리게 하는 크고도 무서운 해독을 주는 독약이다.'(27) 이것은 천년왕국에 초점을 두는 대부분의 천년왕국론이 지상 내 역사적인 이 왕국의 도래를 위한 정치나 선교상의 혁명적 행동을 유발하는 윤리를 가지고 있는 것과 뚜렷이 대조되는 점이다.

그래서 그는 종말론적 구원을 다음과 같이 말하고 있나. "구약시대에 모든 선지자들이 율법을 지킴으로 구원을 얻은 것이 아니라 허락하신 메시아가 오실 것을 믿고 바람으로 구원을 얻은 것과 마찬가지로 신약시대의 성도들도 또한 성경의 말씀을 지켜 행하는 동시에 허락하신 그리스도께서 다시 오실 것을 믿고 바람으로 구원을 얻을 것이다."(28)

2.1.3. 각성과 종말론

한국교회 대부흥운동의 신학적 자각은 선교사들에 의해 전수된 미국 대각성운동의 영향권 아래 있다. 18~19세기에 신생 미국교회를 휩쓴 대각성운동은 교파를 초월해서 전 개신교를 기독교의 미국화로 각인시켰다. 1734-1744년 동부 구식민지에 파급된 제1차 각성은 조나단 에드워즈(J. Edwards 1703-1758)와 횟필드(G. Whitefield 1714-1770)에 의해 대표된다. 에드워즈는 칼빈주의적 예정론에 소급하면서 인습적인 기독교 대신에 개인적인 신앙과 구원 확신의 공개적 고백을 통한 생동적인 신앙을 설파하였다. 횟필드는 유랑설교자로서 생동적인 신앙을 위해 보다 강력한 감정적 경험을 강조하였다. 1797-1805년에 있었던 제2차 각성은 예일 대학의 드와이트(T. Dwight 1752-1817)로부터 시작하여, 서부로 움직이는 이주자들과 동행하는 "개척자의 종교로서의 갱신주의"(Revivalism as the Religion of the frontier)"가 되었고,[67] 개종설교와 각성참여자들에 대한 목회적 돌봄을 통해 찰스 피

---

67) G.A. Benrath, "Erweckung/Erweckungsbewegungen I", TRE 10,208.

니(C.G. Finny 1792-1895)는 이 운동의 가장 유명한 대표자가 되었다. 세 번째 대각성의 물결은 19세기 후반에 무디(D.L. Moody 1837-1899)를 통해 일어났는데, 그는 특히 대도시의 대중을 상대로 큰 성과를 올렸다.

미국의 대각성운동은 18세기의 천년설적 종말론과 깊이 연결되어 있었다. 천년왕국사상은 천 년간의 지상천국이 이루어진다는 내용을 가진, 계시록 20장 1-6절에 토대한 역사이해이다. 이는 중세의 요아킴(Joachim de Floris 1132-1202)에서 비롯되는 뿌리 깊은 역사를 갖고 있다. 물론 초대교회 내지 유대교에도 지상천국의 모티브가 발견되지만 개신교 신학에 직접 영향을 준 것은 요아킴의 천년기적 시대구분이다. 대륙신학에서는 이 사상을 부정적으로 평가하는 전통이 있다. 루터 이후 이런 신학적 경향은 인간적 이상을 정당화하는 유대 내지 모슬렘 사고로 거부되어 왔고, 특히 독일 개신교사에서 이 사상에 토대한 혁명전쟁과 재세례파의 영향 때문에 이 경향은 한층 더 강화되었던 것이다. 그러나 신학과 성서연구가 상대적으로 결여된 영미권의 신학, 특히 그들이 세계사의 주인공이라고 확신할 만한 역사적 분위기에 도취되어 있던 영미의 교회는 그들의 세기를 지상천국이라고 확신하는 사조가 널리 퍼져 있었다. 물론 이러한 경향은 가톨릭을 반기독교라고 적대시하는 종교개혁 이래의 개신교 전반의 분위기에 의해 암묵적으로 후원 받았다고 볼 수도 있을 것이다.

J. 에드워즈와 다른 미국인들은 대각성 운동을, "마침내 천년에로 인도될 복음의 승리행진의 한 단계로서, 천년왕국

의 전조"로 이해했다. 이러한 이해는 영국의 휘트비(D. Whitby 1688-1726), 독일의 벵겔(J.A. Bengel 1687-1752), 홀란 드의 비트링가(C. Vitringa 1693-1726) 그리고 J. 에드워즈 등 의 작업을 통해 알려진 것이었다. 이들의 공통적인 가르침 에 따르면, 주의 재림이 있기 전에, 천년왕국, 즉 지상교회 의 평화와 번성의 오랜 시기가 있다고 한다. 교황제도의 몰 락, 성령의 새로운 부음, 유대 민족의 개종과 회복 그리고 세계복음화 등에 의해 이미 시작된, 이런 파국 없는 점진적 인 파루시아의 경향은 후천년설(Postmillennialism)로 요약된 다. 즉 천년왕국 이후에 주님의 재림이 있다는 주장이다. 이 런 후천년설적 종말론이 미국에서 일어난 모든 단계의 대각 성운동과 깊이 연결되어 있었다.[68]

그러나 대각성운동의 영향 하에 교육된 미국 선교사들이 한국에 나왔을 때, 미국 본토에서는 근본주의라는 주목할 만한 신앙사조가 출현하고 있었다. E. 샌든에 따르면 근본주 의는 본래 미국의 천년왕국적 종말론 운동으로부터 생겨났 다고 한다.[69] 근본주의자들을 비판하는 사람들은 이들을 "밀러파(Miiller group)"라고 하는데, 당시 뉴욕의 농부였던 윌 리엄 밀러(William Miller 1782-1849)는 1843년 혹은 그 이 전에 재림이 있을 것이라고 선언하여 많은 호응자들을 얻 었으나, 그 예언이 실패하자 그 운동은 해체되었으며 천년 왕국이론은 비난의 대상이 되었다고 한다. 그러나 1870년 대에 들어서 이 관심이 되살아나, 1872년에 시작된 '나이

---

68) R. Bauckham, Chiliasmus, TRE 7,741.
69) E. R. Sandeen, The Roots of Fundamentalism: British and American Millenarianism 1800-1930, London 1970.

2. 초기교회 신앙유형 • 47

아가라성서모임'(Niagara Bible Conference)에서 하나의 운동으로 집약되고 체계화되었다. 이 집회는 1899년까지 계속되었고, 이들의 운동은 1902년 '미국성서리그'(the American Bible League)를 설립하고, '근본적인 것들'(The Fundamentals)이라는 제목을 가진 12권의 팸플릿 발간을 통해, 다른 성서무오옹호자들과 협력하였을 때 그 정점에 이르렀다. 근본주의자들은 교회와 사회의 조건들이 경악할 상태에 이르기까지 타락하고 있다는 것과 그리스도의 재림 이외에는 어떤 것도 기독교인을 구원하거나 이 지상의 운명을 개선할 수 없다는 확고한 신념을 갖고 있다. 이런 입장을 전천년설(Premillennialism)이라 부른다.

이 천년왕국운동은 아메리칸 드림의 환상이 처음으로 깨지기 시작했을 때, 즉 노동의 불안정, 사회적 불만, 가톨릭의 점증하는 이민 등에 부딪혔을 때 성장하기 시작하였다. 그러나 '아메리칸 드림'의 상실 이외에도 성서에 대한 진지한 관심이 전천년운동에 자리 잡고 있었다. 많은 미국 프로테스탄트들은 19세기 성서비평의 결과를 받아들이고 그들의 신앙을 성서의 권위에 대한 새로운 이해 위에서 견지하는 것이 가능하다고 생각했으나, 기독교 세계의 배교와 사회의 타락이 마지막 세대에 있을 것이 성서에 예언되어 있고, 그 유일한 구제책이 그리스도의 재림이라고 성서를 축자적으로 믿은 전천년왕국론자들은 그렇게 할 수 없었다.

길선주에게서 보는 전천년설적 종말론의 윤리는 대각성운동의 영향이라기보다는 천년왕국론의 영향을 받은 미국 근본주의의 성격을 가지고 있다. 성서의 무오성에 대한 강조와 더불어 전천년설적 종말론은 근본주의 신학의 근본특징인 것이다. 길선주의 종말론은 미국의 대각성운동의 후천년설적 종말론과는 그 성격이 다르다. 천년왕국 자체보다, 그보다 먼저 있을 주의 재림을 기다리는, 즉 전천년설의 종말론은 지상교회의 평화와 번성에 관심이 없다. 길선주는 한국의 대각성운동의 주요 인물이었으나 고난받는 민족의 현실 앞에서 각성운동의 신학이었던 후천년설적 낙관주의를 인정할 수 없었을 것이다. 각성운동의 정서적 특성을 주의 재림에 대한 기대로, 즉 신앙윤리적으로 방향 잡았다는 점에서, 즉 후천년적이 아니라 전천년적 종말론과 성서이해가 장차 한국교회의 신학적 기본 특성으로 깊이 각인되었다는 점에서, 초기 한국교회의 신앙경험의 독특성이 있다.

2.2. 사회정치적 참여

2.2.1. 정치가 윤치호

유동식은 한국신학사에 대한 그의 책에서 윤치호를 다음과 같이 소개하고 있다.

"국가 존망의 위기에 직면한 한국의 엘리트들 속에는 그리스도교 신앙에 입각해서 현실사회를 구원해야 한다는 신념을 가진 이들이 있었다. 그 중 전형적인 인물이 좌옹 윤치호였다. 한국의 사회참여의 신학사상은 윤치호에게서 시작된다. 그는 한국 최초의 남감리교 신자요, 한인으로서는 최

초로 신학을 공부한 미국 유학생이었다. 그리고 정치와 교
육과 사회운동을 통해 기독교의 복음을 증거한다는 선교신
학을 실천한 최초의 한인이었다."70)

윤치호는 이조말기의 고급관리였던 아버지의 도움으로 일
찍 외국의 문물에 눈을 떴다. 1881년 그는 신사유람단의 수
행원 자격으로 일본에 가서 신학문과 영어를 배웠다. 1883
년 초대 주한미국 전권대사 푸트(L.H. Foote)의 통역관이 되
어 귀국하여, 한미수호조약의 비준 및 교환에 통역으로 활
약하였고 주한 미국공사관의 통역관으로 근무했다. 그러나
그는 1884년 갑신정변의 실패로 부친이 유배당하자 1885년
상해로 망명 겸 유학의 길을 떠났다. 푸트의 소개장과 상해
주재 미국 총영사의 주선으로 그는 미국 남감리회에서 경영
하는 '중서서원'(Anglo-Chinese College)에 입학하였다. 이곳에
재학 중 기독교인이 되기로 결심 1887년 4월 3일 지도교사
본넬(W.B. Bonnel)에게 세례를 받았다. 1888년 10월 졸업 후
미국에 유학 밴더빌트 대학을 졸업하고, 1890년 에모리 대
학에 수학하던 중, 남부지역 순회강연을 통해 한국을 소개
하는 한편 남장로교와 남감리회 선교사를 한국에 파송하는
핵심역할을 하였다.71)

---

70) 유동식, op. cit., 46.
71) 민경배, 「한국기독교회사」, 대한기독교출판사 1987, 154-156., 미국 남장
로교가 한국에 선교사를 파견하게 된 계기는 무엇보다 안식년을 맞은
언더우드가 1891년 10월 내쉬빌에서 개최되었던 '신학교 협의회'에서 열
정적인 설교와 선교보고를 통해서 젊은 신학생들의 한국선교 의욕을 불
태웠기 때문이다. 이때 북장로교의 선교사였던 언더우드는 윤치호를 연
사로 대동하였고, 선교사 지원자들은 있었으나 정책과 재정문제로 파견
을 어려워하던 남장로교 선교부에게 거금을 마련하여 기부함으로서 남
장로교의 한국선교가 가능하게 됨. 한편, 미국 남감리회가 한국에 선교

1894년 갑오경장으로 그의 부친이 다시 관직에 복직되자 그도 이듬해 2월 귀국한다. 이때부터 윤치호의 정치활동이 시작된다. 그는 외무부와 교육부의 관리로 일했다. 1896에는 전권공사 민영환의 수행원으로 러시아 니콜라이 2세 대관식에 참여한 후, 1897년 초까지 파리에서 불어 공부를 하고 귀국했다. 1898년 그는 중추원 부의장에 임명되기도 했지만, 무엇보다 독립협회의 회장과 독립신문의 사장으로서 구국운동에 정열을 쏟았다. 그해 10월 독립협회 주최로 만민공동회의를 개최했다. 이것은 자유민권사상을 고취하고 자주독립을 외치는 한국 최초의 민중시위 운동이었다. 결국 일제의 압력에 의해 위험시된 독립협회는 국왕으로부터 해산 명령을 받게 된다. 이로 말미암아 윤치호는 1899년 이후 군수 등 지방관리로 좌천되었으며, 1904년 외무협판으로 다시 기용되어 제1차 한일협약 체결에 기여하였다. 그러나 1905년 일본과 을사보호조약이 체결된 후 외교권의 박탈로 외무부가 해산된다. 한국인으로서 더 이상 정치활동이 불가능하고 그의 관직생활도 끝난다.

그는 멸망해가는 민족의 운명에 직면하여 민족을 계몽하는 정치적 활동이 나라를 사랑하고 민족을 구원하는 선교라

사를 파송하게 된 것은 윤치호의 역할이 보다 결정적인 것이었다. 윤치호는 1893년 에모리 대학 총장 캔들러에게 200여 달러의 기금을 보내 한국선교를 간청하였고, 이를 계기로 중국 북청주재 남감리회 선교사 핸드릭스(E.R. Hendrix) 감독과 리드(C.F. Reid) 목사가 1985년 10월 내한하여 정황을 살피고, 1896년 리드 목사가 정식으로 파송되었다. 1897년 5월 2일 장년 24인 유아3인으로 처음으로 남감리회 교회가 설립될 때 윤치호가 집 한 채를 기부하여 예배당으로 사용했고, 이것이 나중에 광희문 교회가 되었다. 이것이 남감리교의 한국선교의 시작이었다. 역할을 하였다.

고 이해했음에 틀림없다. 이는 그가 평생 기록한 일기가 증명해준다. 그러나 결국 그는 정치활동을 통한 민족선교의 불가능성을 체험했을 뿐이다. 특히 1911년 이른바 105인 사건으로 3년간 옥고를 치른 이후로, 그는 더 이상 독립운동에 가담하지 않았고, 1919년의 3.1 운동에도 공개적으로 참여를 거절했다. 그러나 1905년부터 그는 교육을 통한 선교에 전념하고 교회의 연합과 일치를 통해 한국 선교가 이루어져야 할 것을 강조하였다. 그는 에모리 대학 총장이었던 캔들러(W.A. Candler)와 협의하여 1906년 개성에 '한미서원'을 설립하고 그 원장이 된다. 그리고 교회지도자로서 일선에 서서 활약하였다. 1908년 세계 주일학교 연합회 한국지부장이 되었고, 1910년 미국 남감리회 평신도협회 총회에 참석하고, 미국 선교부의 초청에 의해 영국 에딘버러에서 열린 첫 세계선교회의(IMC)에 참여하여 피선교지에서의 선교협력 문제를 논의했다. 1905년부터 교회연합기관인 YMCA의 이사였고, 1916년부터 1920년까지는 총무로서 그 발전에 크게 기여하였다. 특히 1930년 한국에서 미국의 남북 감리교가 연합하게 된 것은 교회일치와 연합운동에 앞장섰던 그의 공로였다.

2.2.2 사회참여적 회심

1887년 3월 22일에 쓴 세례받기 10일 전의 그의 신앙고백에는, 인간의 심각한 죄악성, 내세를 위한 깨끗한 영적 생활의 추구, 성서의 궁극적 진리에 대한 순종, 하나님의 사랑,

그리스도의 구주 됨, 그리고 예언의 성취 등에 대한 감격과
신뢰가 새로운 경험의 내용으로 묘사되고 있다. 그 가운데
서 특히 주목되는 것은 다음의 표현이다. "이제 저는 다음과
같은 소망을 가지고 세례를 받고자 합니다. 제가 지닌 시간
과 재능이 얼마든 간에 그것을 이 종교에 대한 지식과 신앙
을 개발하는 데 쓰고자 합니다. 그리하여 하나님께서 원하
시는 대로 저 자신을 위하여 또한 형제들을 위하여 유익한
삶을 살고자 합니다."[72] 그의 회심에 있어서 이런 윤리적 구

---

72) 이덕주, 조이제 엮음, 「한국 그리스도인들의 신앙고백」, 한들 1997. 27f.
재인용. 이 고백문은 미국 선교잡지 The Gospel in All Lands 1887년 6월
호에 실려 있다.

A Synopsis of what I was and What I am

I had not heard of God before I came to Shanghai-For / I was born in a heathen
land. / I was brought up in a heathen society. / I was taught in heathen literature.

I continued in sin, even after having been informed of the Divine Religion-For /
Sensual gratifications were preferred to sober and godly life. / I reasoned that human
life being short, one must be allowed to enjoy as much / pleasure as he is able. / I
thought that "a whole man does not need a physician", i.e., I was contended with /
My own righteousness, as If there were any in me. The more I thought I was /
righteous, the more debased I became.

From the early part of 1886 to the close of the same year I found myself
walking in a / Different path from that which I had pursued-For / I became
conscious of my wickedness and of the necessity of preparing a pure soul / For the
future world, which I never before believed in. / I discovered the utter impossibility
of having a truly sinless life by any human help. / I lately read over the four
principal confucian books, and found many good proverbs. / But since no one is
bound to obey them, and since they-the maxims-cannot satisfy the / demands of the
soul, I failed to find what I sought for. / I attempted to shake off many evil
practice, and in some measure succeeded in doing / away with some of the leading
sins which I loved like honey. / This effort was helped by the Bible, other religious
books and religious lectures.

The obstacles to my conversion-were / The fear of persecution and mockery. /
The liability of making adversaries of former friends. / The frequent attacks of doubt
and other temptations. /

I desire to be baptized, for the hope-That / I may bend my time and talents,
whether they be five or one, on improving my / knowledge and faith in the religion,
so that I may, God willing, live a useful / life for myself and for my brethren. / I
may when night comes, have no need of seeking for salvation at the gate of death, /
as many do. / I may thereby be acknowledged as a different man from what I was,
/ and lessen the number of temtations into which one is liable to be led when

체성은 근대 조선의 역사적 신앙의 특수성을 보여 주는 것이다. 그는 기독교가 이 겨레의 구원과 발전의 원동력이라 확신하였고 그런 차원에서 선교를 이해했다.

민경배는, 윤치호의 일생을 지배한 사상이요 삶의 방향을 다음과 같은 윤치호 자신의 말로 요약한 바 있다: "내게는 이행해야 할 선교가 하나 있다. 내 생은 이 의무에 어느 만큼 충실하게 부응해 사느냐에 따라 그 성패가 가늠될 것이다. 그 선교란 내 겨레를 위해 복음을 전파하고 교육을 하는 일이다."[73] 그는 비참한 국가 운명에 직면하여 직접 관리가 되어 정치활동에 참여하여 국가를 구원하고, 교육사업을 통하여 민족을 일깨우는 것을 바로 그의 선교로 생각했다. 이러한 그의 절실한 소망들이 그가 남긴 일기에서도 자주 발견된다. "시간이 지나면 조선도 다른 나라들과 마찬가지로 문명한 나라가 될 것이다. 우리 천만 겨레들도 어느 날엔가는 자유에 대해서 말하고, 자유를 누릴 날이 올 것이다. 그리고 오늘의 세대가 당하던 예속의 아픔을 웃음으로 회고할 날이 올 것이다.…그렇다. 이 모든 꿈은 꼭 실현될 날이 오고야 말 것이다."[74] "이제 다가올 세기, 서기 2000년의 조선

---

hestands / midway, undecided which way to go.

I believe-That / God is love. / Christ is the Savior. / If the prophecies concerning this physical world have been so literally fulfilled, / those concerning the future world must be as true.

March 23, 1887
Tchi Ho Yun

73) 민경배, "초기 윤치호의 기독교 신앙과 개화 사상", in:국학기요, I, 연세 대학교 국학대학원, 1978. 172.
74) 윤치호의 일기 1893.4.8., (민경배, Ibid., 재인용)

은 발전과 개선을 거듭해 오늘의 조선에 비해 완전히 새로운 존재가 될 것이다.…아, 300년 후 이 달라진 모습을 보기 위해 이 조선에 다시 돌아오고 싶구나."75)

윤치호의 사상과 신앙, 그리고 그의 영향력을 단적으로 보여주는 것은 1908년 그가 편찬한 찬미가이다. 이것은 모두 15장으로 된 찬송가로서 그 대부분은 미국 교회의 찬송가를 번역한 것이다. 그 가운데 윤치호가 직접 작사했다고 하는 애국가가 세 편 들어 있는데, 그 중 하나인 14장이 지금 한국인들이 부르고 있는 국가의 노랫말이다. 4절 가운데 1절만 살피면 다음과 같다.76)

"동해물과 백두산이 마르고 닳도록 하느님이 보우하사
우리나라 만세
(후렴) 무궁화 삼천리 화려강산 대한사람 대한으로 길이
보전하세

이 곡은 1908년 교회에서 불려진 이래, 한국민족을 말살시키려는 일제치하의 저항운동 혹은 다수 민간층으로 암암리에 급속히 파급되었다. 이 노래는 이 어려운 시기에 자신들의 민족적 정체성을 유지하기 위한 새로운 표현이 되었고, 이 표현 속에 자연스럽게 하느님이 우리 대한민국을 보호하신다는 고백이 녹아 있었다. 기독교의 하나님을 말하는

75) 윤치호의 일기 1900.12.30., (민경배, Ibid., 재인용)
76) 이 곡조는 1935년 안익태에 의해 작곡되어 -그 때까지는 올드랭사인 (Auld Lang Syne)곡에 붙여 불렸다- 미국에 있는 교민들과 상해의 임시정부 그리고 광복군에 의해 불려지다가 1948년 대한민국 정부 수립과 함께 국가로 채택되었다.

2. 초기교회 신앙유형 • 55

것이 분명한 "하느님"이라는 말이 수천년간 이교 국가였던 나라의 애국가 속에 들어갈 수 있었다는 것은 거의 불가사 이한 일이다. 흔히 이 일을 설명하기 위해 대체로 두 가지의 근거가 제시되기도 한다. 그 하나는, 기독교가 한국의 대안 종교가 되었다는 것이다. 당시 한국에 있던 유교나 불교나 도교 등은 더 이상 한국인들을 위한 구원종교로서의 기능을 감당할 수 없었다는 것, 즉 종교 공백상태에서 새로운 박력 으로 기독교가 민중에게 미래를 기약할 수 있는 희망을 제 시했다는 것이다.

그 둘은, 하느님 개념이 지닌 토속성이다. 한국 가톨릭교 회는 중국선교에서 사용되었던 상제 혹은 천주라는 전통종 교적 신명을 그대로 한국선교에 사용하였는데, 개신교는 민 중의 언어요 순수 한국말인 하나님을 자신들의 종교를 위한 신명으로 사용하였다. 다시 말해서 불신자에게 하나님이라 는 표현이 거부감을 일으킬 이유는 없었다는 것이다. 그들 의 무의식층 속에 들어 있는 언어였기 때문이다. 이 한국어 신명의 문제는 최병헌, 윤성범, 김광식 등에 의해 토착화 신 학의 신론의 문제로 다루어지기도 하고, 동일한 이유에서 해방 이후 애국가를 바꾸어야 한다는 주장이 타종교의 대표 자들로부터 간간이 제기되기도 했다. 찬송가가 어떤 경로로 애국가로 수용되었든 간에, 중요한 것은, 대한민국의 애국가 가 윤치호가 펴낸 교회용 찬송가를 통해 알렸다는 데 있다. 이는 이 시기의 기독교가 민중의 독립에의 염원과 얼마나 닿아 있었나 입증해 주고도 남음이 있다.

2.2.3 선교와 사회적 책임

북미의 '대각성운동'은 많은 사람들과 여러 지역을 휩쓰는
집단운동의 양상을 띠고 있지만, 본질적으로 이 운동에서
각성은 우선적으로 개개인의 '회심'을 의미한다. 각성은 바
로 가족이나 사회를 통한, 개인적 결단 없는 인습적인 기독
교로부터의 단절을 의미한다는 것이다. 그래서 각성 운동의
회심이나 개종에 있어서는 개인의 결단이 매우 중요하다.
그 결단은 명시적이고 공개적으로 표현되어야 한다. 흔히
각성은 예수를 따름에 있어, 마태복음 10장 34절에서처럼,
자기를 둘러싸고 있는 사회나, 환경에서 지지되는 방식을
통해서 하나님의 요구에 부응할 수 있을 것이라는 환상을
깨뜨린다는 것이다.[77] 그러므로 안락한 태도와 기존의 교회
를 부인하는 이 각성운동에 있어서의 공동체 의식이란, 이
런 개인적 각성 경험을 지닌 사람들 간의 유대의식일 뿐, 산
위의 마을 혹은 빛과 소금으로서의 대사회적 긴장관계 속에
서의 공동체 의식과는 거리가 멀다고 할 수 있다. 그러나 각
성운동은 처음부터, 선교적인 힘으로 이해되었고, 아직 잠자
고 있는 비기독교적 세계를 일깨우는 선교를 그들의 특별한
사명으로 간주하고 있었다. 이 선교는 각성운동의 모범을
따라 추진되었다. 이는 존 모트(John R. Mott 1865-1955)가
'이 세대 안에 세계의 복음화를!'이라는 구호에 잘 드러나 있

---

77) R. Deichgräber, "Erweckung/ Erweckungsbewegungen II", TRE 10. 222. R.
Deichgräber에 따르면 기독교 서구에서의 각성운동은 이중적 저항과 싸
워야만 했다고 한다. 그 하나는 "수면상태의 안락함과 무책임성을 고수
하려는 거부하는 태도"에 관한 것이고, 다른 하나는, "그 당시의 (대중-)
교회를 포함한 기존의 교회형태"에 대립하게 되었다는 것이다.

는 바와 같다. 이와 같은 열정들이 모여 1910년 에든버러에서 세계선교협의회(Internationale Missionskonferenz)가 창설되었던 것이다.[78) 윤치호가 이 협의회에 참석하고 또한 이후에 선교적인 노력에 힘을 쏟았을 때, 그리고 앞에서 언급한 것처럼, "내게는 이행해야 할 선교가 하나 있다"라고 "선교"에 대해 언급했을 때, 그는 적어도 부분적으로 각성운동의 의미에서 이것을 이해했을 것이다.[79)

각성운동과 이로 말미암은 1910년의 세계선교협의회는 1948년 세계교회협의회 창설에 주도적인 역할을 하였다. 하지만 1917년 소비에트공화국 출현 이후의 상황에서 이데올로기적인 이유로, 세계선교협의회의 북미지역 복음주의 선교운동의 대부분은 세계교회협의회에 참여를 거부하게 된다. 각성운동을 특징짓는 개인주의적 성격은, 그 운동이 언제나 세계에 전파되어야 한다고 주장함에도 불구하고, 세계교회협의회의 에큐메니칼한 방향을 수용할 수 없었던 것이다. 틸리히는 이러한 운동들이 요구하는 "철저히 개인주의적 경향"에서 "정서적 자기구원"의 위험을 보았다. 이 위험은 틸리히의 견해로는 가톨릭의 "성례전적 자기구원"과 개신교 정통주의의 "교리적 자기구원"과 함께, 유의해야 할 개종 경험인 것이다. 이런 각성운동은 "진정으로가 아니라 인위적으로 생산된 감

---

78) H. Martin, Beginning at Edinburgh. A Jubilee Assessment of the World Missionary Conference 1910, Edinburgh 1960, 3-13.

79) R. Deichgräber, op. cit., 222. "그렇기 때문에 사람들은 모든 각성운동은 언제나 동시에 선교운동이었고, 현대의 프로테스탄트 선교운동들은 각성의 후손이며 그래서 그 기원인 이 각성에서 분리할 수 없다고 한다." 각종 비기독교 국가에서의 선교 내지 협의기구들의 설립과 국제기구에서의 점증된 제3세계 교회의 참여 등도 모두 이 운동의 영향의 결과라고 할 것이다.

정들에 대한 갈망을 일깨운다. 이것은 복음주의자들을 통하여, 그리고 개종과 구원 경험들에 대해 나름의 가능성으로 인위적 지향을 통해 빈번하게 일어난다."[80]

그러나 과연 틸리히가 경고한 이 각성운동의 위험이 윤치호에게도 해당된다고 할 수 있을 것인가? 물론 그는 세례청원을 위한 신앙고백에서, "이전에는 결코 믿지 않았던 내세를 위한 순수한 영혼의 준비의 필요성"을 자각하고, "밤이 왔을 때 죽음의 문턱에서 더 이상 구원을 찾을 필요가 없기를 소망"한다고 말했다.[81] 그러나 이것은 전혀 자기중심적으로 여겨지지 않는다. 그에게 내세를 위한 자기 영혼의 준비는, 민족의 계몽과 사회적 책임에 대한 그의 노력과 자연스럽게 결합되어 있기 때문이다.

1907년 이래 한국의 각성운동에서 특히 이 감정적 요소는 한국인들의 회심에 있어서 매우 중요한 역할을 했다. 그것은 그들이, 5000년 역사에서 수많은 외침을 당했지만, 공통의 언어와 문화를 지닌 단일 민족으로서 한 번도 경험해 보지 못한, 심각한 정체성 위기에 봉착했기 때문이다. 1910년 일제의 강제병합 이후에 한민족은 자신의 정체성을 말살하려는 위험 앞에 완전히 무기력하게 남아 있었다. 이 위로받지 못할 비통한 정황이 각성운동의 열기에 휩싸이게 된 것이다. 한국에서의 각성운동은, 다른 모든 사람들과 구별해서 "회개한 사람"만이 구원받고, 다른 이들의 곤경을 전혀 돌아볼 필요가 없다고 생각하는 북미식 대각성운동과 맥을 같이

---

80) P. Tillich, Systematische Theologie II, Stuttgart 1958, 94ff.
81) 이덕주 조이제, op. cit., 27f.

할 수는 없었다. 민족의 운명 앞에 눈을 감는 방식으로 한국 초기교회의 집단적 자의식을 형성하는 방향으로 나아갈 수는 없었던 것이다.

오히려 한국교회 그리스도인들은, 윤치호가 생각하고 행동했던 바와 같이, '각성'은 단지 종교적인 일이요 정치적 문제로부터는 거리를 두어야 한다는 북미 선교사들의 확신에 저항하였다. 그래서 한국의 각성운동은 단순히 미국적 '대각성운동'의 연속으로 간주될 수는 없는 것이다. 물론 그 운동이 민족적 정체성 위기에 관한 문제에 충분히 유의한 것은 아니었다. 개인적 각성과 정치적 근대화 사이에서, 근대화의 동기로 인한 개종으로 교회가 혼탁하게 된 사실 또한 부인할 수 없기 때문이다.

대각성운동의 신학의 기본특징은 각성으로 말미암은 회심을 명확하게 하는 것이다. 이것이 특히 뿌리 깊은 전통문화와 종교를 가지고 있는 민족에 전달될 경우 그 믿음의 행위 자체가 생사를 건 모험이 될 수도 있다. 자의식의 변화에 있어서의 이런 정체성 위기는 균형잡힌 신앙형성을 가로막고 오히려 자기중심적 성향을 지니게 할 수도 있다. 이 위기가 한국의 각성운동이 지닌 신앙경험을 위태롭게 하였으나, 결코 한국교회의 신앙경험의 표식인, 내연외연(內燃外延)"을 벗어난 것은 아니다. 물론 이 '내연'하는 불의 열기가, 60년대의 토착화 신학이 지적하는 바와 같이, 기존의 많은 종교적 전통들과 관념들을 파괴하고 단절시켰다는 것도 염두에 두어야 한다.

개종된 '정서적 자기구원'이 "거룩한 것의 변화시키는 힘"에 기인한다는 것이 틸리히가 뜻하는 바라면,[82] 한국교회 초기의 그리스도인들에게 그 "거룩한 것"은 미래세계에 대한 약속과 요청이었던 것이다. 이것은 '거룩하다'고 경외되어 온 지금까지의 모든 것들과의 단절을 의미한다. 그렇기에 여기에서는 역사적으로 변화된 것과 그 일이 어떻게 발생했는지가 중요하다. 윤치호는 그의 백성을 위하여 이 변화를 기대하였고, 나중에 70년대의 민중신학이 추구했던 바와 같은 사회혁명적 이념을 발전시키려 함 없이, 민족을 위해 헌신하였던 것이다. 그러한 사회참여적 신학과는 달리, 윤치호는 어떤 역사적 상황으로부터 도출된 자기이해를 신학적 판단 형성의 기준이 되게 할 여지를 남겨두지 않았다.

2.3 종교 문화적 변증

2.3.1 신학자 최병헌

"기독교의 진리를 받아들이는 동시에 이 진리의 빛에 비추어 우리의 전통문화 특히 불교와 유교의 의미를 찾고 한국문화 전체의 구원 문제를 생각하려는 거시적 입장에 선 사람들이 있었다. 그 중 전형적인 인물이 유학 출신의 탁사 최병헌이다. 이미 언급하였듯이,[83] 실은 최병헌에게서 한국

---

82) P. Tillich, op. cit., 96.
83) 유동식, op. cit., 31., 그가 '이미 언급한' 부분은 "한인에 의한 신학활동은 1900년에 창간된 '신학월보'에 한 평신도였던 최병헌이 참가함으로써 시작된다. 한국인으로써 신학을 연구한 첫 사람은 윤치호였다 … 그는 1888-91년 사이에 미국 밴더필트대학 신학부에서 공부했다. 그러나 정치와 교육행정가로 일생을 마친 그는 신학논문을 남기지 않았다. 따라서 한국신학사는 1900년으로부터 시작된다고 보아야 한다."

신학의 출발을 보게 된다."[84]

"1901년에 최병헌은 신학월보에 '죄도리'라는 신학 논문을 발표했는데 이것은 한국인이 쓴 최초의 신학 논문이다"[85]

최병헌은 한학에 열중했던 선비로서 과거시험을 통해 관리로서의 진출에 뜻을 두었으나 실패하고, 선교사 존스(G. H. Johnes 1867-1911)의 어학선생이 된 것을 계기로 선교사들과 교분을 갖기 시작했다. 1888년에는 정동에 있는 아펜젤러(H. G. Appenzeller) 목사를 방문하여 처음으로 한문성경을 입수하고 연구하기 시작했다. 다음해에 그는 아펜젤러가 설립한 배재학당의 한문부 교원으로 취임했다. 그리고 그가 깊이 감명을 받으며 읽던 성서를 한글로 번역하기 시작했다. 마침내 그는 1893년 2월 8일 오랜 망설임 끝에 세례를 받고 정식 입교하게 된다. 예상대로 그의 입교로 인해 가문과 친지로부터 많은 비난과 핍박을 받게 되었지만 그의 입교는 외부로부터의 전도라기보다는 그 스스로 성서를 읽고 결단한 자발적인 복음 수용이었다.

1894년에는 일반인들도 서적을 접할 수 있도록 서점 겸 사설도서관인 대동서시를 열고 1897년 2월 2일 아펜젤러와 함께 한국 최초의 기독교 신문인 조선 그리스도인 회보를 발간하고, 역시 아펜젤러가 주도적인 역할을 하던 성서번역위원회의 번역위원으로서 신약성서를 완역할 때까지 1898년부터 1900년까지 함께 일했다. 1900년부터는 존스 박사와 함께 한국 최초의 신학지인 신학월보를 발행하기 시작했

---

84) 유동식, op. cit., 53.
85) 기독교대백과사전 XIV권, 기독교문사 1984. 797.

다.86) 이때 그는 아펜젤러가 시무하던 정동교회의 전도사로
일했으며, 1900년 9월 아펜젤러가 제 2차 안식년으로 귀국
했을 때 최병헌이 단독으로 정동교회를 섬긴 것을 계기로
교역 능력을 인정받아, 1902년 한국 개신교 사상 처음 목사
가 된다.87) 그리고 그해 6월 성서번역위원회에 참석하기 위
해 해로로 목포로 가던 중 불의의 배 침몰 사고로 순직한
아펜젤러의 후임으로 1922년 은퇴하기까지 12년간 정동교회
의 담임목사가 된다.

최병헌은 교회의 담임목사였음에도 불구하고 학문적인 작
업을 게을리하지 않았다. 1907년부터 신학월보에 '성산유람
기(聖山遊覽記)'라는 논문을 연재했는데 이것을 1912년에
'성산명경(聖山明鏡)'이란 이름으로 출판하였다. 1916년에 창
간된 신학 월간지 신학세계의 편집진의 한 사람으로 창간호
부터 5년간 '종교변증론'이란 이름으로 논문을 게재하였고,
이를 모아 1922년 '만종일련(萬宗一臠)'이라는 단행본을 펴
냈다. 이 책들은 최병헌의 신학적 관심을 보여주는 바, 동양
종교와 기독교와의 관계를 논하는 일종의 비교종교론적 변
증서이다. 정동교회 은퇴 후에는 협성신학교의 교수로 추대
되고, 비교종교학과 한국문화를 강의했는데, 이 책들은 강의
교재로 사용되었다.

---

86) 신학월보는 1910년 한일합방이 있기 전까지 계속 간행되었다.
87) 유동식, op. cit., 73-74. 장로교의 목사 안수는 길선주 등 1907년이 처
   음이지만 감리교는 최병헌이 처음이다. 물론 1901년 안수를 받은 북감
   리교의 김창식과 김기범이 있었지만 그들은 세례식과 결혼식만을 집례
   할 수 있는 집례목사로 임명된 데 불과했다. 등단 설교 교회 담임 할
   수 있는 목사로는 최병헌이 처음이었다.

2. 초기교회 신앙유형 • 63

2.3.2. 종교문화적 성찰

최병헌이 기독교에 접하고 오랜 성서연구 후에 쓴 첫 신학 논문은 1901년의 '죄도리'이다. 인간이 죄인이라는 성서의 근본내용은 최병헌뿐 아니라 인간의 도덕적 수양과 자기완성을 근본교리로 가르치는 유교적 정신으로 편만해 있는 동양사회의 근본적 걸림돌이 아닐 수 없었다. 이는 이미 윤치호의 신앙고백에서도 찾아볼 수 있지만 그가 이 문제로 고심하고, 정리된 답변을 제시한 것은 신학적 이해의 핵심에 도달하였다는 것을 의미한다. 이글은 객과 주인 사이의 대화체로 되어 있다. 객은 주인과의 사이에서 일곱 번의 질문과 반론을 제기하고 그때마다 주인은 성서에 근거해서 대답하고, 객은 결국 여덟 번째의 진술에서 죄도리에 대한 이해에 도달한다는 것이다. 상호적 대화에서 객이 제기한 질문과 반론은 최병헌이 답을 주고자 했던 동양에 낯선 개념인 죄에 대한 이해와 그의 변증적 의도를 보여준다. 이해의 도달에 이르는 객의 질문들을 축약하면 다음과 같다.

"1. 죄라 하는 것은 무어시뇨? […] 2. 그런즉 죄가 근본 어디로 좃차 왔으며 뉘게로부터 생겼느뇨? […] 3. 그렇치 않다 죄란 것은 법을 범하는 자와 상관이 있던지 증인이 되었으면 그 죄가 내게도 미치기 쉽거니와 아담이 선악과를 먹을 때에 아담의 아들같이 참관한 이가 없고 몇 천 년 후 세 사람들은 더고나 상관이 업거늘 엇지 아담의 죄로 지금 사람까지 죄가 있다 하느뇨 만일 대대로 죄가 될 것 같으면 천 백대 후손들은 점점 죄가 더욱 무거워 수단일업실가 하노라. […] 4. 그러면 노아와 아부라함과 모세 같은 선지 성인도 다 아담의 자손인즉 원죄가 잇실지라 죄인들을 하나님께서 어찌 부르셨느뇨? […] 5. 원죄의 내력은 이미 들었거니와 자기가 짓는 죄는 무슨 까닭이뇨? […] 6. 성신을 좇는 것은 무슨 표적이 잇느뇨? […] 7. 이제 죄를 좇는 자는 죽고 성신을 좇는 자는 구원을 얻는다는 이치는 들었거니와 이 세상 사람들이 모두 죄인이라 어떻게 성신을 친할 수 있느뇨? […] 8. 객이 주인의 말씀을 자세히 들은 후에 황연히 다다라 가로대 내가 이제는 죄의 근본 내력과 죄를 지으면 어떻게 되는 것과 구세주를 믿으면 죄를 엇더케 속하고 구원을 얻는 것을 알겠노라 하고 혼연히 물러 가니라."[88]

객의 여덟째 진술은 결국 기독교 신앙 핵심에 해당한다. 최병헌은 유교적 전통에 낯선 죄론을 통해 직접 성서에 계시된 기독교 신앙의 핵심을 설명하고자 했다.[89]
한문으로 쓰인 그의 대표작 '만종일련'에서는 동서고금의 약 25가지의 종교들이 기독교의 입장에서 망라되고 있다. 하지만 그가 집중적으로 논하고 있는 종교는 유교 불교 도교이다. 최병헌은 각 종교들을 일정한 기준에 따라 평가하

---

88) 이덕주 조이제, op. cit., 34-37
89) 1907년에 쓰기 시작한 성산명경에서도 그의 이러한 근본의도는 관철되지만 변증대상의 관심 영역이 넓어지고 더욱 구체화된다. 유 불 선의 세 종교의 구도자들이 기독교도와 만나서 참 진리에 대한 개방적인 대화를 나누고 상호교리에 대한 오랜 대화 끝에 유불선 삼인은 기독교의 가르침의 탁월성을 인정하여 차례대로 개종하게 된다는 이야기가 실려 있다. "유불선 삼교에서 공부하던 자라도 만일 성신이 인도하야 예수교인과 상종하면 마암이 교통하야 밋난 제자가 될 수 있음이라."(「聖山明鏡(성산명경)」 1911. 80) 이런 이야기체의 내용들이 더욱 체계화되고 취급범위도 넓어져서 학문적으로 다루어진 그의 대표작이 '만종일련'이다.

2. 초기교회 신앙유형 • 65

고자 하였다. "종교의 이치는 삼대 관념이 있으니, 하나는 유신론의 관념이요, 둘째는 내세론의 관념이요, 셋째는 신앙적인 관념이라. 어느 교를 막론하고 이 삼대 관념에 하나라도 이지러진다면 완전한 도리가 되지 못할 것이다."90) 유신론과 내세론과 신앙론의 관점에서 보자면 유교는 불완전한 유신론과 신앙관이 있으나 내세관이 없고, 불교는 내세관과 신앙관이 왜곡된 형태로 있으며 무신론이고, 도교는 세 교리를 다 갖추고 있는 듯하나 모두 불완전하고 왜곡되어 있다고 한다.

> "어떤 종교는 우주 만유의 주재자를 높이며 종교라고 일컬으나 표면상으로 상제를 모시는 체하고 기실은 다른 우상을 숭배하는 다신교에 가까웁고, 내세의 관념이 없으며, 어떤 종교는 내세의 관념도 있고 신앙도 있으나 자의의 도와 자기만이 독존한다고 하여 만유의 주재인 척하며 계에 참여하고 묘체에 들어가서는 무아경 무아상 무중생상 무수자상이라고 하니, 나도 없고 상대방도 없다는 사람에게 윤리를 말하는 것이 합당하지 못하고, 있는 데서 나와 없는 데로 들어가며 초탈하여 날아올라간다는 사람에게 상대방 사랑하기를 자기와 같이 하는 의를 말한다는 것이 참으로 어렵다고 하겠도다."91)

기독교는 '천하의 진종교로서', 동양의 세 종교가 지니지 못한 진리를 지니고 있다는 것이 그의 변증의 틀이라면 그 핵심 내용은 그리스도의 구원의 사역에 있다.

---

90) 최병헌, 「만종일련」, 박혜선 역, 성광문화사 1985. 22.
91) Ibid., 168f.

66 • I. 토착교회 : 한국신학의 기원

"이것으로 말하건대 공자와 같은 분으로 하여금 기독의 리를 보았더라면 반드시 믿고 따르실 것이요, 석가로 히여금 자기를 덜어 상대방을 이롭게 하는 선과를 맛보았더라면 숲속에서 고행하며 6년 풍상에 헛수고를 아니 하였을 것이다. 만일 참된 종교의 교지가 이익만 구하며 상대방을 사랑하고 구원할 줄 모른다면, 기독이 괴로운 바다와 티끌 세상에 강생하실 이치도 없고 십자가에서 어려움을 받을 일도 없다고 하는 바이다. 아멘"92)

물론 최병헌에 의해 참된 종교 판단의 기준으로 제시된 세 관념영역은 신학이론적으로 엄밀한 개념도구로서 설정된 것은 아니다. 다시 말해 기독교 신론이나 종말론 혹은 신앙론에 대한 신학적 논의나 서술을 거쳐 타종교의 그에 상응된 부분을 검토하여 대비 서술한 것이 아니다. 단지 신학적으로 아직 반성되지 않은 신앙생활의 차원에서 한국의 재래종교들과 비교할 때 어떤 두드러진 차이들이 관찰되는지를 포괄적으로 설명한 것이다. 그렇기 때문에 그의 진술들을 가지고 직접 기독교 교의학의 어떤 부분에 대한 새로운 기여를 기대한다는 것은 무리한 일이다. 그것은 길선주나 윤치호에게서도 마찬가지이다. 이들은 단지 이런 소박한 신앙적 진술들은 그리스도를 받아들이고 나서 어떤 자기이해, 세계이해 혹은 신이해의 변화가 있었는지를 즉 옛 이해와 새 이해 사이의 위기의 성격을 규명하고, 어디가 자신의 신앙을 변증해야 할 영역인지, 나아가 어디가 자신의 소명의 장소인지를 보여 주었다는 점에서 의미가 있다.

---

92) Ibid., 172.

최병헌의 변증론은 또한, 이전의 그의 시각이었고 아직도 그 시각에 머물러 있는 다른 사람들의 종교문화적 아프리오리에 도전함으로써, 자신의 새로운 기독교 신앙을 변증하고자 하는 시도로 이해될 수 있다. 그래서 그의 종교문화적 성찰은 한국 전통종교들과 기독교가 장차 어떤 관계가 설정될 수 있는지에 대한 토론을 불러일으킨다. 한국 종교전통을 거부하고 다루려 하지도 않는 당시 기독교 지식인들의 분위기에서, 최병헌의 시도는 무엇보다 한국문화에 대한 그 전통사상의 실체와 기여를 인정하고, 이 전통 종교와 문화를 자신의 신학적 연구대상으로 삼았다는 점에 독특성이 있다.

2.3.3 신학과 문화

최병헌은 명백히 학자풍이었다. 처음으로 도서관을 운영하고, 신문과 잡지를 발간하고, 논쟁적인 글을 썼을 뿐 아니라, 또한 많은 한시를 써낸 유명한 시인이기도 했다. 유교, 불교, 도교는 물론 각종 종교이론에 대해 학문적으로 박식했을 뿐 아니라, 이것을 기독교 신앙의 관점에서 분석, 비교, 비판할 수 있었다. 미국적 각성운동으로부터 여러 선교사들을 통해 초대 한국교회에 전달된 학문적 신학에 대한 경멸은 최병헌에게 아무런 영향을 끼치지 못했다. 그러나 그가 이렇게 학문적이라고 해서 그가 신학적이었다고 할 수 있는가 하는 것은 별개의 문제이다. 그의 주된 관심은 한국인의 정체성을 이루고 있는 전통종교적 아프리오리를 기독교 신앙에 입각하여 변증적 차원에서 다루고자 했을 따름이다.

68 • I. 토착교회 : 한국신학의 기원

이것이 한국 토착화 이론들이 지향하던 바와는 명백하게 다른 점이다.

최병헌의 시도는 변선환이 다음과 같이 말했을 때 간과되었다: "60년대 초 토착화논쟁을 일으켰던 감리교신학자 윤성범, 유동식은 그처럼 에큐메니칼 하였던 기독교 변증의 선구자 탁사 최병헌의 사상적 계승자이다…탁사는 협소한 교회중심 선교나 배타적 개종주의 선교가 아니라 만인을 그리스도에게 초대하는 열려진 문화선교(신의 선교), 포괄적인 호교론을 전개한 자랑스러운 감리교 신학자였다."93) 최병헌은 토착화신학자들이나 종교신학자인 변선환의 주장과는 달리, 문화현상을 신학의 본질로 보고자 하지 않았다. 신학전반을 문화의 문제로 보려는 60년대의 한국 토착화 신학자들에게는 최병헌의 학문적 관심과 시도가 문화선교의 문제로 여겨질 수밖에 없었을 것이다. 최병헌의 시도를, 그가 기준으로 내세운 세 가지가 교의학적으로 신론 종말론 신앙론의 차원을 지닌다 해도, 단지 신론의 차원에 있어서만 그것도 매우 제한적으로, 신학적 기여를 인정할 수 있을 것이다. 물론 그는 한문에 통달하였던 까닭에 한문성경에 나오는 하나님 명칭인 '상제(上帝)', '천주(天主)', '상주(上主)', '천(天)' 그리고 '신(神)' 등을 분별없이 사용하고 있는데, 이는 그의 신학이 아직 학문적으로 성찰되지 않은 측면을 나타내주는 것들 가운데 하나이다. 그러나 그는 또한 이러한 용어로 지시되는 신 개념의 내용을 그대로 수용하지는 않는다는 것을

---

93) 변선환, "濯斯 崔炳憲 목사의 土着化 사상", 「한국그리스도 사상」 1집, 1993. 195f.

2. 초기교회 신앙유형 • 69

밝히고 있다. 즉 유교에서 경외하는 상제는 기독교의 하나
님과 내용적으로 동일하지 않다는 것이다.

"詩書論孟의 書를 究覽ᄒ건대 人神의 關係가 敬畏崇祀에 不
過ᄒ고, 上主의 친애ᄒ신 恩典과 應許의 立約이 無ᄒ며, 天
國의 臣民과 永生의 理가 無ᄒ니, 此ᄂ 吾主 예수의 代贖救
靈ᄒ신 理를 不知不聞흠이라"(11) "古昔賢聖의 敬畏上主흠
은 有神論의 觀念이 有흔 듯ᄒ나 예수敎의 天父라 慈悲ᄒ신
主라 흠이 無ᄒ고 但以尊嚴이오 不以親愛ᄒ였스니 上主와
密接의 關係가 無하다."(27)[94]

그리고 그의 이러한 관점은 중국선교에서, 중국에 전래하
던 상제나 천주가 곧 기독교의 하나님이라고 내용적으로 동
일시해버린, 그래서 결국 교회 내적으로는 전례 문제로 비
화되고 선교차원에서는 실패할 수밖에 없었던, 천주교의 중
국선교의 경험을 내용적으로 처음부터 넘어서고 있다. 이와
같이 중국 고전을 꿰뚫어 보는 최병헌의 신앙적 통찰력이
있었기에 한국교회는 그들의 신명을 그보다 먼저 선교되었
던 중국교회나 일본교회로부터 받아들이지 아니하고, 독자
적으로 하나님 혹은 하느님이라고 고유한 한국말로 부르도
록 결의하였을 것이다.
　하나님 칭호가 단지 선교목적으로 문화적 적응을 위한 개
념으로 고안되어서는 안 된다는 것을 마테오 리치(Mateo

---

94) 최병헌, 「만종일년」, 조선야소교서회 1922. 10f. "且儒家에서 敬畏ᄒᄂ
上帝는 ... 天地를 管理ᄒ시ᄂ 造花의 主宰를 稱홈이니 耶蘇敎會에 獨一
無二ᄒ시며 全知全能ᄒ신 華和上主와 一이시오 堯舜禹湯과 周之文武는
上帝를 敬畏홈이 猶太의 大衛왕과 所羅門과 畧同ᄒ고 孔孟程朱는 猶太
의 先知者와 希臘의 哲學者와 同一한 理想이 多흔지라."

Ricci 1552-1610)의 중국선교에서 보여주고 있다. 마테오 리치는 예수회 소속 선교사로서 16세기 말 중국에 도착 중국어와 사회, 풍속, 문화를 연구하였으며 그 토대 위에서 기독교를 선교하고자 했다. 그는 1603년 "천주실의"를 출간하여,[95) 가톨릭 신앙을 중국 고전과 연관하여 밝히고자 하였다. 여기 사용된 이름 '천주'는 기독교의 하나님을 지칭하는 말이다. 이 말은 리치가 이미 1583년부터 그의 선임자 루지에리(Michael Ruggieri 1543-1607)와 함께 기독교의 하나님을 나타내기 위한 고유명사로 사용하고자 채택된 용어였다. 이것을 가지고 그들은 중국인들이 그들의 고전에서 상제라고 표현하던 지고자와 동일시하고자 하였다. "중국 고전을 읽어보니 상제와 (기독교의) 천주는 이름만 다를 뿐이다."[96) 그러나 이들은 곧 어려움에 부딪히는데 기독교의 하나님인 천주와 중국의 상제 사이의 불일치가 빈번하게 드러났기 때문이다. 그래서 리치는, 주희가 세운 12세기의 신유교인 주자학이 고대 중국의 진짜 유교와는 다른 것이라고 해명하고, 후대의 유교는 불교의 영향으로 신에 대한 지식이 어두워지거나 불행히도 무신론자가 되어버렸다고 했다. 그래서 본래적인 용어로 되돌아가야 한다는 것이었다. 그밖에도 리치는 도교의 "삼청(三淸)" 개념을 삼위일체적으로 이해했으나,[97) 그 신들 가운데 하나인 옥황상제는, 후기 유학의 영향

---

95) 이 책의 원제목은 "De Deo Verax Disputatio"이다. 한문역은 동아시아 각 국에 급속히 유포되었다. 조선에서는 이미 17세기 초에 전래되어 실학 자들에 의해 연구되었고, 1684 일어로, 1758 만주어로 번역되었다.

96) Jacques Gernet, Chrisus kamm bis nach China. Eine erste Begegnung und ihr Scheitern, C. Mäderviragh, München 1984. 33.

97) 김경빈, 천주와 하나님, in: 「해석학과 토착화」, 한들 1999, 401. 이 도교

2. 초기교회 신앙유형 • 71

아래 비인격적 '천'으로 바뀌어 추상적 개념이 되어 있었다. 게다가 도교의 '무' 개념은 리치에게 "존재의 절대적 대립"으로 간주되었다.98) 이로써 천주교는 도교를 배척하고, 후기 유학도 공격의 대상으로 삼았다. 이런 모든 태도의 근거는 초기 유교적 '상제' 개념과 기독교적 '신' 개념의 일치라는 확신에서 비롯되었다. 그러나 이는 유교적 '천' 혹은 '상제'의 개념이 기독교적 하나님 개념과 본질적으로 다르다는 사실을 간과한 데서 온 것이었다. 실상 리치가 발견하고 사용한 개념인 '천주'는 불교에서 고대로부터 존재해 온 여덟 신적인 존재 중의 하나인 '인드라(Indra)'를 의미하는 것이다. "중국불교에서는 신적 존재들 중의 하나인 '인드라', 즉 하늘과 창공, 대기와 번개의, 그리고 비와 전쟁의 신을 훌륭하게 표현하기 위하여 천주라는 호칭을 사용하였다."99) 리치는 결국 불교의 신적인 존재의 이름으로 불교와 싸워야 했고, 당대의 유학자들로부터도 오해를 불러 일으켜야만 했다. 이러한 사례는, 다른 종교나 문화에 고착되어 있는 개념들을 받아들일 경우에, 내용의 차이를 무시한 단순한 번역이, 선교 사역에서의 언어 사용에 충분하지 않다는 것을 보여준다. 그것들을 무심코 받아들이면 문화 적응은 일어나겠지만, 선교는 더 이상 불가능할 수도 있을 것이다.

의 삼청이란 먼저 만물 기원인 원시천존, 둘째로 세상을 주재하는 옥황상제, 그리고 어느 날 옥황상제가 자리를 물려준 세 번째 인물 금관옥진천존이 그것이다.

98) Jacques Gernet, op. cit.. 290-294. 릿치에게 '존재' 개념은 매우 중요하다. 자연적 이성의 도움으로, 기독교의 하나님과 동일시되는 존재에 도달할 것이기 때문이다.

99) 김경빈, op. cit. 403.

예수회가 받아들인 천주라는 명칭의 사용은, 리치 사후에 다른 선교사들에 의해 문제시되었고, 다양한 선교기구들 간의 경쟁으로 "전례논쟁"을 치른 끝에, 1742년 교황 베네딕트 XIV세에 의해 예수회의 선교전략을 금지명령과 함께 막을 내렸다. 교황청은 이후에도 수차례 칙령을 통해 "상제"와 "천주"라는 명칭의 사용을 금지하였다. 그러나 그 사이에 이 명칭들은 이미 동양의 가톨릭교회 안에 깊이 뿌리내리게 되었고, 중국의 한학서적들을 통해 천주교를 받아들인 조선의 경우에도 마찬가지였다. 최병헌은 이미 그의 만종일련에서 가톨릭과 개신교의 다른 점을 지적하고 있거니와, 그의 한학에 통달한 지식으로 일찍 상제와 하나님은 다른 존재라는 것을 알려주었다. 당시 이 문제는 한자 문화권에 개신교가 선교되기 시작한 19세기 말의 중국 개신교 선교사들의 경우에도 합의에 도달하기 어려운 난제였다. '상제' '천제' '신' '천주' 혹은 '지신(至神)' 등으로 다양하게 사용되었고 이 문제를 논의하기 위해 모인 1890년 5월의 상해 총회에서 어떤 합의점도 찾지 못한 채 결렬되고 말았던 것이다.100) 그러므로 한국 초대 교회의 '하나님' 칭호 문제는 한국교회가 전통종교와 관련하여 해결해야 했던 어려운 숙제 가운데 하나였다. 성서번역 위원이기도 했던 최병헌은 신학용어의 사용과 결정에 있어서, 전통 종교문화와 관련된 신학적 문제를 제기하고, 그 내용을 적시했다는 점에서 중요한 공헌을 하였다.

---

100) Ibid., 406.

2. 초기교회 신앙유형 • 73

3. 요약과 질문: 신앙경험의 합리성

3.1. 초기 한국교회의 신앙경험

지금까지 진술을 우선 두 가지 방식으로, 즉 서술 순서와 내용전개에 따라 요약하고자 한다. 전체적으로 I장에서는 한국교회에서 60년대 이래 "토착화 신학"이라는 고유한 이름으로 정립되기 시작한 토착화 신학을 그 의미에 맞게 살펴보기 위해서 한국교회와 신학의 발아 장면들이 서술되어야 했다. 토착화라는 이름은 한국에서는 한국교회 성립(indigenous church)을 나타내는 말로 처음 사용되었고 (1.1.1), 세계교회들 사이에서는 이미 20세기 초반 선교학상의 개념으로 일반적으로 통용되던 용어였으나, 콘텍스트를 강조하는 에큐메니컬 경향에 밀려 역사의 무대에서 퇴장하기 직전 (1.1.2), 자기 정체성을 묻기 시작했던 한국 토착화 신학자들에 의해 받아들여졌던 것이다. 고로 토착화 신학은 자기 콘텍스트와 긴장을 보이기는 하지만 자기 콘텍스트를 정당화하려는 신학 경향들과는 근본적으로 다른 성격을 지니게 된다.

한국교회의 출현은 선교사들의 헌신적인 노력과 선교정책 상의 배려와 선교본부의 지원에 힘입은 것이었다. 그러나 복음의 씨가 발아할 무렵의 한국의 기후와 토양은 참담한 것이었다. 근대화라는 도전 앞에 그토록 견고하게 보이던 정신적 지반들(유교적 정치이념과 문화유산)이 완전히 무너지고, 사회적 뇌성(신념체계와 사회체제의 위기)과 정치적 벼락(러시아, 중국을 꺾은 일본에 의한 합병)을 동반한 폭우가 쏟아지고 있었다. 이 악천후와 황무지에 선교사들에 의해 실려 온 미국 각성운동의 신학은 개인에게 분명한 결단을 촉구하고 파급력을 가진 대중동원 방식의 선교실천에 이론적으로 기여하였다 (1.2.1). 이 선교지침은 한국의 갈급한 영혼들에게 적극적인 반응을 얻었고 짧은 시간 내에 "기적 같은" 성장으로 독립적인 한국교회의 싹을 틔울 수 있었다 (1.2.2). 그러나 이 각성운동의 열정은 첫 신앙경험의 발아 계기는 될 수 있었지만, 험악한 삶의 현실 속에 더 든든히 뿌리를 내리고 가지를 뻗게 하는 밑거름으로는 역부족임을 경험하게 된다(1.2.3).

이 시기에 한국인들에 의한 어떤 독창적인 신학 작업을 기대할 수는 없었다. 그들은 다만 그들이 새로 얻은 믿음에 기초해서 신앙고백적으로 살고자 하는 몸부림만을 보여 줄 뿐이었다. 그러나 이 원초적인 몸부림이야말로 장차 한국교회 신학의 경향을 뚜렷하게 보여주는 밑그림이었다. 동일한 각성운동의 체험에서 나온 이 원시적인 율동은, 본 장에서 대표적 사례를 통해 살펴본 바로는, 그들이 긴장관계를 지닌 현실성의 영역에 따라, 세 가지 서로 다른 유형으로 분류될 수 있다. 목사였던 길선주는 (2.1.1) 회심 이후 일관해서 종말론에서 기독교 신앙적 삶의 현실성을 발견하였다 (2.1.2). 종말론이 각성운동의 신학 배경을 형성하기는 하지만 그의 종말론적 윤리는 천년왕국이나 말세가 아니라 주의 오심에 대한 기다림이라는 점에서 대조를 이루는 것이었다 (2.1.3). 최초로 신학을 공부했던 윤치호는 (2.2.1) 민족의 고난에 동참하는 사회선교에서 자신의 소명을 발견하였다 (2.2.2). 그것은 각성운동의 개인주의적 성격을 넘어선 새로운 신앙적 현실의 영역이었다 (2.2.3). 중국고전에 정통했던 최병헌은 (2.3.1) 자신의

3. 요약과 질문: 신앙경험의 합리성 • 75

새로운 기독교 신앙이 전통종교의 어떤 가르침보다 월등한 진리라는 것을 설득력 있게 변증하고자 했다 (2.3.2). 전통문화에 담겨 있는 종교성, 특히 그 신이해에 있어 그의 신학적 비판은 한국 신학의 학문적 가능성을 보여주는 것이었다 (2.3.3).

내용적 요약에 앞서 일부 토착화 신학자들의 초기 한국교회의 신앙적 자기이해에 대한 오해 내지 무시를 언급해 두고 싶다. "서양에서 실려 온 화분을 깨어버리라"고 도전한 나일즈의 강연에 자극받아 1960년대의 토착화 신학이 자신의 정체성 질문을 시작했을 때, 유동식이 무엇보다 최병헌의 종교문화적 관심에서 그 모범을 찾은 것은 납득할 만한 일이었다. 그러나 나일즈의 주장과 유동식을 비롯한 초기 토착화 신학자들의 생각은 신학적 판단에서 많이 벗어나 있었다고 여겨진다. 나일즈와 유동식은 초기 한국교회 발전과정에서 과연 무엇을 보았던가? 서구와 동양의 주체성 싸움이었던가 아니면 복음 선포를 통해 전개된 하나님의 행동인가? 토착화 이론이 신학적 의미에서 '주체성'에 토대한 이론을 세우고자 했다면, 그 시도는 민족문화나 전통종교에서가 아니라 오히려 초기 한국교회 그리스도인들의 신앙경험에 초점을 맞추어야 했을 것이다. 그리스도인으로서, 자국의 문화적 전통뿐 아니라, 외래의 각성운동과의 단절도 보여주는 신앙고백적 행동에서 토착화된 교회의 주체성이 더 잘 드러나겠기 때문이다. 우리가 살펴본 한국 초기교회 지도자들은 그리스도의 복음을, 깨어버려야 할 화분 안에 있는, 그래서 자신의 고유한 화분에 옮겨질 수 있는 것으로 보지 않았다.

그들이 국가의 운명과 역사에 내적으로 분리되지 않았고, 그 백성들과 깊이 결합되어 있었지만, 자신들의 문화적 자기주장에 관심을 기울인 것은 아니다. 그들은 신앙의 현실성을 추구했던 것이다. 그들의 삶과 활동은, 화분에 담기는 복음에 대한 이야기가 아니라 복음에 의한 신앙경험이 초래한 현실의 변화와 그 결과를 보여주고 있다. 그렇기에 초기 토착화 이론가들은 신앙경험의 내용과 결과를 오해 내지 무시한 채, 나일즈의 강연에서 드러난 당시 제3세계 '젊은 교회'의 자의식의 확산과 더불어, 문화적 자기정체성에 집중함으로써 오히려 토착화신학의 신학적 방향을 오도하고 있는 것처럼 보인다.

이제 내용적으로 요약하자면, 초기 한국교회 지도자들은 그들의 신앙경험을 어떻게 신학적으로 전개했는가 하는 것이다. 그들의 신앙경험으로부터 한국신학 형성의 가능성을 찾고자 하는 것이다. 길선주의 종말론과 윤치호의 신앙고백 그리고 최병헌의 죄도리만을 살펴보아도, 그들의 새로운 자기이해와 신앙고백적 행동은 전통적 옛 세계관과의 단절을 분명히 드러내준다. 유교는 역사가 시작과 끝이 있다는 사고방식, 인간이 죄인이라는 자기이해, 인간에게 다가오시며 구원하고 심판하며 행동하시는 하나님을 전혀 알지 못한다. 길선주의 종말론은 신앙적 자기이해의 전통적 사고와의 단절을 뚜렷이 보여준다. 이 종말론적 인식은 문화적 아프리오리로 생겨날 수 있는 것이 아니다. 신앙경험을 통한 새로운 신학적 자기이해, 하나님의 약속과 미래에 대한 소박한 신뢰, 그로 인한 사상적으로 전혀 낯선 세계에 대한 믿음을 통한 전폭적 수용, 이것이 그의 목회 활동의 진정한 출발점이었다.

유교에서의 정치적 활동은 수기치인의 연장으로서 개인과 가문 나아가 국가와 세계 삶의 전 영역에 걸친 사회적 인격완성의 개념에 닿아 있다. 개인과 사회 사이의 수평적 차원이 중요하다. 윤치호에게 있어서 역사참여는 사회적 인격완성이 아니라 하나님의 선교 명령의 과제로서 신앙고백적 행동으로 이해되었다. 특히 최병헌의 논문에서 구체화된 인간이 죄인이라는 새로운 인간 이해는 다음과 같은 윤치호의 과거의 자기이해와의 대비 속에서 명백히 보인다: "저는 스스로 의롭다 여겨 어떤 하자도 없다고 여겼습니다. 의롭게 여기면 여길수록 더 타락하고 말았습니다." 나아가 "장래에 올 세상을 위하여 선한 영혼을 준비해야 할 필요를 느꼈습니다. 전에는 장래를 믿지 않았습니다"[101]에서는 길선주와 같은 종말론적 미래에 대한 소망이 나타나 있다. 따라서 그의 정력적인 사회적 활동은 신앙경험을 통한 새로운 신학적 자기이해에서 출발한다고 보아야 한다.

최병헌이 한국 전래 종교와 사상의 문제를 자신의 연구영역으로 삼았음에도 불구하고, 그에게 스스로 한국적이고자 하는 의식이 결여되어 있었다는 것은,[102] 그의 종교 문화에 대한 관심이 한국적인 것을 찾기 위함이 아니라, 새로 얻은 신앙의 자기이해를 증언하는 변증에 있었다는 것을 말해 준

---

101) 이덕주, 조이제, op. cit., 26-28.
102) 김광식, 토착화와 해석학 77. 변선환은 최병헌을 토착화 신학의 선구자로 보고 싶어 하지만 김광식의 견해는 다르다. "그러나 [최병헌은] 아직 의식화 되지 못한 사상에 머물러 있었다, 그러나 토착화 신학자들은 스스로 한국적이고자 노력하였다."

다. 하나님에 대한 이해를 '상제'외 대비시키는 것뿐 아니라, 첫 개신교 신학 논문으로서 '죄도리'를 쓴 것은, 복음의 하나님과 죄에 대한 이해의 문제가 전통적 사고에 가장 낯선 기독교 이해의 핵심이었기 때문이다.

한 마디로 초기의 이 세 가지 신앙적 자기이해의 모델들은, 각기 나름대로의 익숙한 전통종교를 배경으로 갖고 있었음에도 불구하고, 과거의 익숙함으로 도피한 것이 아니라, 새로운 자기이해에 기초해서 낯선 사안에 대한 신앙적 답변을 제시했다는 점에서 공통점이 있다. 초기 한국 기독신앙인들은 목회와 정치와 신학 어떤 장소에서든지 동일한 신앙경험의 내용을 그들의 삶의 자리에서 고백적으로 실천했던 것이다.

3.2. 신학의 과제로서의 신앙합리성

한국 초기교회 사람들이 그리스도인이 되고, 그들의 신앙에 대해 답변하게 되었을 때 자각된 것은 복음의 '낯섬'이었다. 한국에 온 북미 선교사들이 가져온 것은 복음의 소식이지 서구문화의 일부가 아니다. 물론 선교사들이, 문화를 규정한 많은 것들을 거부했다 하더라도, 자국의 문화에 영향을 받았다. 대부분 미국 선교사들에게 익숙한 각성운동 또한, '문화'라는 말을 넓은 의미에서 이해한다면, 미국적 문화에 속한다. 하지만 그 선교사들이 신생 한국교회에 압박하려 했던 '비정치화'는 윤치호와 같은 한국 그리스도인들에게

3. 요약과 질문: 신앙경험의 합리성 • 79

는 받아들여지지 않았다. 그것은 억압받는 백성들의 상황에서의 신앙고백에 어긋난다고 보았다. 최병헌이 기독교적 죄론에서, 기독교 신앙이 동양적 사유방식에 얼마나 낯선 것인가를 보이고자 했을 때, 어떤 문화적 차이를 입증하고자한 것이 아니었다. 이 낯섬은 자기를 관철한다. 즉 인간적실존에 부딪히고 나아가 삶의 방식과 사고에 작용하는 것으로 충분하다. 길선주의 설교와 목회에서 세계의 어둠에 빛을 비추시는 예수 그리스도로 말미암은 구원이 중심에 서있다. 이 구원은 미래세계에 대한 소망을 만들어 낸다. 이 소망은, 어둠에 살고 있는 사람들에게, 비록 그들이 많은 것들을 소망한다 할지라도, 여전히 낯설게 남아 있다.

이 낯섬의 경험은 초기 한국 기독교인들의 신앙경험에속한다. 그것은 당시에 신학적으로 숙고되지는 않았으나, 무엇보다 회심을 통해 생겨난 "새로운 나"가 그의 옛 생활에서 분리된다는 것은 자각되었다. 하지만 이러한 분리가 "옛세계"로부터 멀어짐이나 옛 세계로부터 도피를 뜻하지는 않는다. 오히려 새롭게 된 존재가 옛 세계 속에 들어간다. 이제 이 옛 공간에서의 새 생명의 활동은, 이전의 삶에 대한전제와 생활방식에 더 이상 의존되어 있지 않다. 임마누엘의 신앙경험이 그리스도인의 생활공간에 부여된 공간적 의미를 내부로부터 변화시킨다. 그리고 이 공간을, 그들에게이전엔 폐쇄되어 있었던 미래를 향해 개방시킨다. 이것이한국 그리스도인들이 살던 세계 안에서, 그리스도 고백에로의 부름으로 이해되었고, 동시에 이 부름은 이전과는 다른삶의 양식 -이를 테면 집중적인 성경공부나 기도, 적극적인 봉사와 전도- 에서 구체화되고, 특히 길선주, 윤치호, 최병헌과 같은 특정한 직업적 과제로 나타나는 것이다.

이 세 사람은 초기교회에서 신앙의 자기이해를 유형적으로 보여주었다. "신앙의 자기이해"라는 표현이 적절한 것은, 회심에 의해 인격적 결단으로 이행된, "새로운 나"와 "옛 생활" 사이의 차이를 표시해주기 때문이다. 이것은 물론 개인적 자아가 자신의 과거를 반성하고 이 과거를 그 사이에 획득한 자아에 대립시키는 것을 의미하지는 않는다. 한국의 대부흥운동이 미국으로부터 개인적인 결단과 헌신에 대한 강조를 물려받았을지라도, 한국 그리스도인들은 그것을 개인주의적으로 이해하지 않았다. 그런 이해를 가로막은 것은 강력한 사회적 연대감, 특히 기독교 신앙에 대한 결단으로 인해 갈등을 초래할망정, 해체되지 않는 가족적 유대였다. 신앙공동체로서의 교회의 성장은 오히려 한국사회 체제의 위기에 대항하는 역할을 할 수 있었다. 하지만 더욱 중요한 것은 신앙의 자기이해가 하나님과 함께하는 삶의 현실에 그리고 이러한 현실의 자기운동 안에 뿌리내리게 되었다는 것이다. 이것을 마르틴 루터의 용어로 표현해도 된다면, 신앙이 그 안에 살아있는 생동적인 현실이 "extra nos"이고, 그럴 경우에만 그 구원은 "pro me"가 된다. 그런 점에서 우리는 한국에서의 신앙의 자기이해가 살아계신 하나님이 선교와 교회의 성장에서 역사하셨고, 그리로부터, 자기 안에 고착되어 유폐되었던 전통종교들의 세계를 진동시키는 엄청난 역동성이 생겨났다는 것을 지시한다고 말할 수 있을 것이다.

이러한 지시가 더욱 분명해지기 위해서는, "신앙의 자기이해"뿐만 아니라 "신앙합리성"에 대해 언급할 필요가 있다. 기독교 신앙에는 한 특별한 인식이 결합되어 있다. 칼 바르트는 "신앙은 인식을 뜻한다"라고 썼다. "기독교 신앙은 비합리적(irrational), 반합리적(anti-rational), 초합리적(super-rational)이지 않고, 올바로 이해된 합리적(rational)"이기 때문이다."[103] "기독교 신앙은 이성의 조명이다. 그 안에서 예수 그리스도의 진리 안에 사는 인간들이 자유롭게 되고, 바로 그와 함께 그들의 현존재의 의미와 모든 사건의 근거와 목적을 알게 된다."[104] 신앙합리성은 신앙의 인식내용이다. "합리성"이라는 개념은 이성개념보다 더 적절한데, 그것이 폭넓은 의미를 지니고 있어서, "신앙과 이성"의 싸움에 말려들 필요가 없기 때문이다. 그래서 하버마스는 "담화의 활용기반에 놓여 있는" 그래서 "이해지향적 행동"을 가능케 하는, 즉 "합리화"로 파악될 수 있는 "합리성 능력(Rationalitätspotential)"을 말한다. 이것은 "공동적인 것으로서의 그리고 실제적 행동에서는 문제 없이 전제된 배경지식으로서의 생활세계에" 연관된다.[105]

신앙합리성은 생활세계에 국한되지는 않지만 양자 사이에는 많은 접촉점이 있다. 그래서 기독교적 담론과 행동을 위한, 하나님과 함께하는 생활에서 현실의 자기운동은, 생활세계가 이해지향적 행동을 위한 것과 유사하게, 문제 없이 전제되어 있

---

103) K. Barth, Dogmatik im Grundriß, Zurich 1947, ⁷1987, 26.
104) Ibid., 25.
105) J. Habermas, Theorie des kommunikativen Handelns I: Handlungsrationalität und gesellschaftliche Rationalisierung, Frankfurt am Main 1985, 455. 하버마스는 여기서, 다양한 사회적 행동유형들의 입증을 통해 확장시키고자 하는, 막스 베버의 합리화이론으로 소급한다(225ff.).

다. 이 자기운동은 전체적으로 하나님의 활동괴 그의 약속의 "임마누엘"이다. 이러한 자기운동을 성찰하는 신학적 합리성은 인간들을 위한 그리고 인간들을 향한 하나님의 행동에 몰두한다. 이 행동은 또한 그들이 살고 있는 세계와 그들이 소망하는 세계를 포괄한다. "그래서 신학이라는 말이 그의 대상이 지니는 바로 이 결정적인 차원 - 자유롭게 반응하는 사랑을 불러일으키는 하나님의 자유로운 사랑, 감사(eucharistia)를 불러일으키는 하나님의 은혜(charis)를 가시화하지 않는다면, 이는 정확히 말해서 그 신학이라는 말의 표시에 충분하지 못한 것이다. '신인간학(Theoanthropologie)'이 그 안에 누가 그리고 무엇이 관련되어 있는지를, '인간신학(Anthropotheologie)'과 혼동됨 없이, 더 잘 말해 줄 것이다.106) 그와 함께 바르트는 한국교회를 위해서도 언제나 중요하게 간직되어야만 했던 신학적 합리성의 차원을 제시하고 있다.

신앙의 합리성은 무엇인가? 이 질문을 부각시키는 것은 무엇보다 신학의 학문성의 과제를 위해서이지만 또한 토착화 신학 검토를 위한 준비로서 필요하기 때문이기도 하다. 토착화 신학자들의 시도를 진지하고 올바르게 이해하고자 한다면 이 문제 즉 신학적 합리성에 대한 긴장을 유지하는 일이야말로 최대의 관건이 된다. 왜냐하면 이 토착화 신학자들은 동양적 정신의 정화라고 할 수 있는 일종의 다른 합리성과 대항해서 씨름해야 했기 때문이다.107) 이 동양적 정

---

106) K. Barth, Einführung in die Evangelische Theologie, Zurich 1985, 18. 신앙 합리성의 과제를 신학적으로 다룬다고 하는 것은 칼 바르트에게, 신학을 더 이상 하나님 개념을 빌려 인간 삶을 얘기하는 것(Anthropotheologie)이 아니라 인간 삶에 관련된 하나님의 역동적 행동들을 증언하는 학문(Theoanthropologie)으로 이해한다는 것을 의미한다.

3. 요약과 질문: 신앙경험의 합리성 • 83

신문화는 단순히 신앙과 이성 사이의 양자택일의 문제로 간주될 수 없는 독특한 성격을 지녔다. 동양적 사유경험은 나름의 논리와 인간과 세계와 신에 대한 나름의 관념을 지녔기 때문이다. 앞으로 다루게 될 윤성범의 토착화 신학이 최병헌과 차이가 있다면, 그것은 무엇보다 그가 이 동양문화적 합리성을 뚜렷이 부각시키고 기독교 신학을 위하여 매우 의미 있는 연구대상으로 간주했다는 데 있다. 이것은 오늘날 동양의 '신생교회'의 기독교인들의 독특한 고민을 반영한다. 즉, 이들의 동양적 사유경험은 이들에게 단순히 이교사상으로 무시되어 버릴 수 없는 사상적 역사적 무게를 갖고 있다는 것이다. 5000년을 중국사상과의 교류관계를 통해서 동양문화의 진수를 알고 있는 사람들 앞에 복음을 증언해야 할 한국 토착화 신학자들의 고민과 과제도 바로 여기 있었던 것이다. 그런 의미에서라도 동양문화적 합리성은 신앙적 합리성과 구별되어야 하고 또 이 신앙적 합리성은 이성을 매개로 정화된 서구철학의 합리성과도 명확히 구별되어야 할 것이다.

우리는 토착화 신학자들의 시도를 통해서 오히려 동양문화의 합리성에 대한 진술을 잘 이해할 수 있게 된다. 그들은 이 일종의 동양적 합리성을, 나름대로 파악한 서구적 합리

---

107) 실상 동양종교를 다룬다고 하는 것은 그것도 신학적으로 다루고자 하는 것은 어려운 과제가 아닐 수 없다. 시간적으로만 보더라도 기독교 신학의 역사는 2,000년 남짓인 반면에 동양문화의 정수를 이루는 중국 철학은 공자에게서 정리되었다 하더라도 어림잡아 3,000년 이상의 역사를 갖고 있고, 게다가 기독교와 유대교 사이의 사상적 단절과는 달리 공자는 오히려 자신의 가르침의 이상을 그 이전의 역사에서 찾고 있기 때문이다.

성에 대비시켜 신학과 관련된 자신의 대등한 권리를 주장하고자 했다. 토착화 신학을 검토하면서 동양정신의 정화가 어떻게 신학적으로 정당화될 수 있을 것인지에 대한 긴장과 시금석을 지니고 있지 못하면 우리의 신학적 이해는 곧장 동양사상의 바다에 빠져 버리게 될 것이다. 이것은 철학과 신학의 상호관계를 통해 발전해 온 서구신학과는 근본적으로 다르다. 오히려 토착화 신학자들이 감당했던 일은 기독교 초기의 신학자들이 이교사상과 대항해서 싸워야 했던 과제들과 비교될 수 있을지도 모른다.

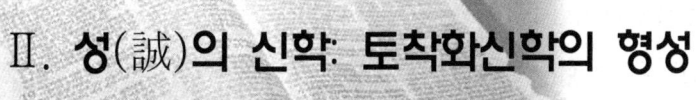

II. 성(誠)의 신학: 토착화신학의 형성

1. 토착 이론의 탐색

감리교 전통에서 최병헌의 종교변증론적 신학의 관심을 이어받은 1960년대의 토착화 신학은 적어도 세 측면으로 전개되어 왔다.108) 이 시기의 대표적인 학자들은 샤머니즘을 통해 접근한 유동식(1922-), 유교연구를 통해 접근한 윤성범 (1916-80), 불교연구를 통해 접근한 변선환(1927-95)을 들 수 있다. 샤머니즘이 한국 종교문화의 정신적 바탕을 이룬다면, 불교와 유교는 국가종교 내지 정치철학으로서 각각 약 500

---

108) 김광식, 「토착화와 해석학」, 77ff. 김광식은 1960년대 이후의 신학적 시도를 중시한다. 이제 겨우 100년 남짓 된 한국교회 역사에서 1900-1945년까지는 선교사들을 통한 각종 미국신학이 소개 수용되었을 뿐이고, 1945- 1960년 사이에는 이렇게 수용된 신학이 교파별로 고착 되는 현상이 일어났다면, 60년대 이후에야 비로소 자기 정체성에 대한 질문을 안고 신학했으며, 그런 점에서 60년대와 70년대에 나타난 토착 화 신학과 민중신학은 한국적이라 할 수 있다는 것이다.

년간씩 고려시대(918-1392)와 조선시대(1392-1910)를 통해 한
국민족의 심성을 깊이 각인시켜 놓았다. 이 항목에서는 토
착화 신학에 대한 윤성범의 논의에 국한해서 이론 형성 문
제와 관련된 그의 신학적 접근을 살펴보고자 한다. 그는
1960년대와 70년대에 두 차례에 걸쳐 토착화 신학 논쟁을
일으킨 토착화 신학의 선구자이다. 60년대에 처음 일어난
다양한 토착화 제안들은 대개 토착화의 필요성의 강조와 개
념 규정의 범위를 넘지 못했다. 그러나 박봉랑의 말대로 윤
성범의 토착화론의 "구체적 방향과 프로그램의 문제로 제시
되었다"109)는 점에 의의가 있다.

우선 윤성범에 대한 간략한 소개가 필요하다. 그는 일본
도시샤대 신학부를 마치고(1938-1941), 귀국 4년간 목회한
후(1945 안수), 1946년부터 줄곧 감리교 신학대학 교수로
활동했다. 1953년부터 1955년까지 제네바의 에큐메니컬 대
학과 바젤대학에서 수학하고, 한국인으로서는 최초로 유럽
에서 신학박사학위를 받았다(1960).110) 또한 바르트에게서
직접 배운 제자로서 바르트의 생애와 신학을 한국에 소개
하였고,111) 국제 종교사학회 실행위원으로 이 회에 참가했
으며(제10회 1960 서독, 제11회 1965 미국, 제13회 1975 영
국), 1970년 한국종교사학회장, 1977년 한국기독교학회장을

---

109) 박봉랑, "기독교의 토착화와 단군신화-윤성범교수의 소론과 관련하여
　　삼위일체적 해석의 신학적 문제성을 중심으로", 「사상계」 1963, 7,
　　172.
110) 바젤에서 교회사가 E. Staehelin에게서 쓴 그의 박사논문은 "Der
　　Protestantismus in Korea 1910-1945"였다.
111) 이때 바르트와의 서신 교환이 K. Barth, "An Dekan Sung Bum Yun". in:
　　Gesammte Ausgabe, V. Briefe 1961-1968, Zürich 1975, 367에 나와 있다.

역임했다. 저서로는 「기독교와 한국사상」(1964), 「한국적
신학—성의 해석학」(1972), 「성의 신학」(1976), 「효」(1977)
등이 있다.

1.1. 단군신화론: 첫 번째 논쟁

윤성범이 토착화 신학 논쟁을 불러일으킨 사건은 단군신
화에 대한 그의 해석에 있다. 단군신화는 한국의 건국신화
로서 거기에서는 한국인들의 독특한 신이해가 담겨 있다.
이것의 가치를 재발견함으로써 그는 한국인의 종교적 독특
성을 찾고자 한다. 그가 착안한 것은 그 신화에 나오는 신에
대한 한국인들의 표상이다.

어떤 민족 혹은 언어권에 속하여 있든지 간에 자신들이
믿는 신앙의 대상에 대한 언어적 표상을 가지고 있을 것이
다. 모든 언어가 자신의 언어로 하나님을 표상한다. 히브리
어의 엘-엘로힘, 독일어의 Gott, 불어의 Dieu, 영어의 God,
극동아시아의 두 강국 중국, 일본 역시도 신명을 가지고 있
다. 상제·신(가미)이 그것이다. 그러나 윤성범의 견해에 따
르면, 이 모든 신명들이 전래하는 다신론적 개념으로부터
차용된 것이라면 한국기독교인들이 신명으로 차용한 하나님
은 전혀 다신론적 개념이 아니라는 데 그 특징이 있다는 것
이다. 그리고 하나님이란 말은 그런 내용을 언어표현에 이
미 지니고 있다는 점에서 히브리어의 야훼보다도 월등한 개
념으로 보고자 하는 것이 그의 지론이다.[112]

88 • II. 성(誠)의 신학: 토착화신학의 형성

1.1.1. 논쟁의 발단과 전개

윤성범은 1963년 5월 "환인 환웅 환검은 하나님이시다 - 기독교 입장에서 본 단군신화"라는 제목의 글을 썼다. 이 글은 한국인의 하나님 이해에 대한 글로 그의 신론의 예비적 작업에 해당한다. 그리고 곧이어 6월에는 "복음의 토착화에 대한 전이해"를 써서 토착화를 전이해의 문제로, 즉 복음을 받아들이는 사람의 주체성의 문제로서 다루고자하는 견해를 밝혔다.

윤성범은 한국의 건국신화인 "단군신화"에 등장하는 환인 환웅 환검이라는 삼신사상은 삼위일체의 잔해로 한민족에게 남겨 진 것은 아닌가 하는 가설에서 출발하고자 한다.[113] 따라서 이것은 결정적인 진술은 아니고, 하나의 해석학적인

---

112) 단군신화는 한국의 건국신화로서 지금도 10월 3일을 개천절로, 경축일로 지키는 것은 이 문헌자료에 기초하고 있다. 그러나 윤성범의 관심은 어떤 민족주의나 쇼비니즘에 있지 않다. 그는 하나님과 같은 어근을 갖는 한민족, 대한민국, 한글을 이런 주장과 결부시키지는 않는다. 윤치호의 애국가나 최병헌의 종교변증론에서 보듯 이 신화의 내용이 자연스럽게 신론을 둘러싼 논쟁으로 비화될 소지는 있었다. 그것은 첫째, 성서의 '야훼'를 하나님이라고 불렀을 때 지니는 한국인들의 친화성에 기인하고, 둘째로는 그로 말미암은 기독교 신앙의 동양적 신개념과의 차별성에 기인한다. 신학자들은 이런 선교적으로 유리한 상황을 확보할 수 있었던, 어떻게 보면 우연한 사안을, 단군신화라는 민족신화가 성서의 하나님을 보다 더 잘 받아들이게 했을 것이라는 가설로 연결하고 싶었을 것이다. 윤성범의 시도는 그런 가설들 가운데 하나이다.

113) 윤성범, "환인 환웅 환검은 하나님이다 - 기독교 입장에서 본 단군신화", in:「사상계」1963. 5, 258-270. 그는 단군신화의 삼신 사상이 기독교의 성부 성령 성자라는 삼위일체 신론과 유사한 것으로, 6세기경 페르시아로부터 중국 당나라에 널리 퍼진 경교(Nestorius)의 영향으로, 한민족의 건국신화 속에 삼신 사상이 삼위일체의 잔해로 남아 있지 않을까 하는 가설을 상정한 것이다. 이 글은 그의 신론의 예비적 논문으로 하나님 개념의 세계사적 성격, 성의 신학에서의 신론으로 이어진다.

시도에 불과하며, 하나의 가정이며 추론에 지나지 않는 것이다. 그러나 이러한 시도는 그에게 커다란 신학적 의미를 지닌 것이다. 그것은 이 가설을 통해서 그가 지향하고 있는 바가 있기 때문이다. 즉 "단군신화가 내포하고 있는 종교적 의미가 기독교의 빛 아래서 천명하게 드러날 때에만 우리 민족은 정신적으로 소생할 수 있지 않겠는가 생각해 본다. 진정한 의미에서 우리 민족이 종교적인 대각성이 일어나야만 살 수 있다고 믿는다"[114]고 한다. 그리고 결론 부분에서 자신의 방법론과 관련된 진술을 덧붙인다. "끝으로 이러한 종교적 유산을 도로 찾았다고 해서 그것으로 다 된 것은 아니다. 그것은 어디까지나 하나의 잔해에 불과한 것이다. 어느 의미에서는 그것은 어디까지나 형식이요, 내용을 받아들일 수 있는 수용성에 불과한 것이다. … 복음의 진리가 이러한 형식에 담길 때에는 종교적인 올바른 이해에 도달할 수 있을 것이라고 생각한다."[115]

윤성범의 이 단순한 가설에 불과한 주장에 다양한 비판이 잇따랐다. 그 가운데 박봉랑은 동년 7월 "기독교의 토착화와 단군신화 -윤성범 교수의 소론과 관련하여 삼위일체적 해석의 신학적 문제성을 중심으로-"에서 윤성범이 사용한 삼위일체의 '잔해'라는 개념을 중심으로 그의 첫 비판을 개진했다. 박봉랑은 'vestigium trinitas'에 대한 바르트의 언급을 근거로 맹렬히 공격하였다. 윤성범의 시도는 '하나님과 구별되는 피조물의 실재에서 기독교 계시의 삼위일체의 analogia를

---

114) Ibid., 210.
115) Ibid., 271.

찾는 것'을 의미한다는 것이다.116) 한 마디로 박봉랑의 비판
은 접촉점에 대한 문제에 있었다. 윤성범이 삼위일체론에
대한 'analogia entis'의 의미로 삼위일체의 흔적을 찾고 있다
는 것이다. 그렇기 때문에 "윤성범의 토착화 신학의 프로그
램이 신학의 원리를 범하고 있다"는 것을 지적하고자 했다.

그러나 다음 달 윤성범은 그의 답변에서 인간적인 신화에
서 출발해서 삼위일체론을 설명하려는 것이 아니고 삼위일
체론의 빛에서 단군신화를 보기 때문에 자신의 시도는 박봉
랑의 의미에서도 정당하고, 그렇기 때문에 오히려 하나님
관념의 세계사적 성격을 찾을 수 있다고 하였다. 뿐만 아니
라 단군신화 해석은 그의 토착화론과 직접 관련이 없다고
한다. "그러나 애닯게도 나의 단군신화 해석은 기독교 토착
화와는 직접적으로는 아무 관련이 없는 것이다. 왜냐하면
단군신화를 우리나라 고유의 창조설화나 개국설화로 보지
않고 진정한 의미의 기독교 삼위일체론의 잔해로 보기 때문
이다."117)

그러자 박봉랑은 9월에 윤성범의 가설과 주장 사이의 논
리적 모순을 다시 논박하였다. "또한 윤 박사는 단군신화를

---

116) 박봉랑, "기독교의 토착화와 단군신화-윤성범 교수의 소론과 관련하여
삼위일체적 해석의 신학적 문제성을 중심으로-", 「사상계」 1963. 7,
180. "그것은 계시에서 취한 하나님의 형태로서가 아니라 하나님의 계
시를 떠나서 그 자체의 피조물적인 구조에서 이 실재가 삼위일체 하
나님 개념의 구조에 어떤 유사성을 보여 준다는 것, 따라서 삼위일체
의 모사(copy)로 보려는 것으로 순수 존재의 유추, 피조물 속에서 삼위
일체 창조자 하나님의 흔적을 찾으려고 하는 것이다. 이것은 있을 수
없다."
117) 윤성범, "하나님 개념의 세계사적 성격 -박봉랑 박사의 비평에 답함-",
「사상계」 1963. 9, 226.

1. 토착 이론의 탐색 • 91

삼위일체 하나님 인식의 수용형식, 연결점, 전이해라고 주장하면서(물론 가설로서) 이것은 기독교의 토착화의 프로그램이 아니라고 한다"[118]는 것이다. 그리고 '단군신화는 하나님의 삼위일체 인식계기가 될 수 없다'는 것을 재확인하고, '기독교 계시의 유일한 소스는 성서이며 계시가 삼위일체 하나님의 근원'이라고 강조했다. 그러나 이러한 비판과 도전은 윤성범에게 적중하지 않은 것처럼 보인다. 윤성범이 말하는 토착화론은 박봉랑의 비판 내용과는 다른 구도를 지니고 있었기 때문이다.

또 다른 중요한 비판은 전경연에 의해 전이해의 개념을 중심으로 제기되었다. 윤성범의 위의 두 논문들에 대해 전경연은 그해 8월, "소위 전이해와 단군신화 - 윤성범 박사의 논문 '환인 환웅 환검은 하나님이다'를 비판한다 - "를 썼다. 윤성범이 토착화의 문제를 전이해로 보게 되면, "그러면 토착화의 문제는 기독교나 복음을 토착화 시키겠다는 의도가 아니고 성서와 기독교의 교설을 이해하기 위한 전이해의 문제로 된다"[119]고 지적하고, "윤박사의 의도는 단지 전이해에서 그치려는 것이 아니고, 단군신화나 율곡사상 따위에서 '신학적 사고 양식'을 찾으며, 민족의 정신적 소생의 원리를 찾으려는 것이다"[120]라고 비판한다. 그러나 윤성범은 답변에서 "서구적 전통과 한국적 전통은 다 같이 복음의 귀한

---

118) 박봉랑, "성서는 기독교 계시의 유일한 소스 -윤성범 박사의 대담에 답함-", 「사상계」 1963. 10, 240.
119) 전경연, "소위 전이해와 단군신화 -윤성범 박사의 논문 '환인 환웅 환검은 하나님이다'를 비판한다-", 「기독교 사상」 1963. 8/9, 28. 여기서 그는 불트만의 전이해 개념과 그에 대한 바르트의 비판을 소개한다.
120) Ibid, 28.

보배를 간직할 수 있는 '그릇'에 지니지 않는나. 새 술은 새 부대에 넣어야만 될 것이나. 이 새 가죽부대의 준비는 우리 쪽의 책임이지, 결코 하나님의 책임이 될 수 없는 것이다. 기독교 토착화의 문제도 이 점에서 다루어야만 될 것이다"[121)고 했다.

이와 같은 논쟁들에서 윤성범은 이미 준비된 자신의 방법론적 토대위에서 반박을 제기했었다. 논쟁이 상호 간에 적중하지 못했던 측면들은 비판자들이 그 점에 유의하지 못했던 데에도 그 원인이 있을 것이다. 그는 이미 1961년의 "신학방법 서설"을 통해 그는 자신의 토착화론의 방법론적 측면을 정리했고, 1964년의 "한국교회와 토착화론"에서 그의 토착화론의 원리를 밝혔다. 이런 전체적 조망으로부터 윤성범이 단군신화 논쟁에서 전개한 논지를 더 잘 이해할 수 있을 것이다. 이제 윤성범의 "환인 환웅 환검은 하나님이다"는 논쟁의 불씨가 된 논문을 그 자체대로 가능한 한 면밀하게 살펴보고, 위의 두 논문을 차례로 분석하고자 한다.

1.1.2. 단군신화의 해석

"기독교적 입장에서 본 단군신화"는 토착화 논쟁의 발단이 된 윤성범의 그 논문의 부제이다. 이 논문은 네 부분으로 이루어져 있다. 1. 전제, 2. 하나님 개념, 3. 단군신화의 해석학적 고찰, 4. 결론[122). 논점을 중심으로 정리하면 다음과 같다.

---

121) 윤성범, "단군신화는 Vestigium Trinitatis이다-전경연 박사에게 답함", 18.
122) 결론 부분은 이미 제시되었기에 여기서 이 부분의 검토는 생략한다.

1. 토착 이론의 탐색 • 93

1) 전제. 윤성범이 제시하는 전제는 단군신화 해석과 관련하여 또 주체성 문제와 관련하여 각각 두 가지 측면에서 살펴 볼 수 있을 것이다.[123]

우선 그는 단군신화를 하나의 설화로 보고, 여기에 기독교적 해석을 가하고자 하다. 신화가 무시간적 비역사적 성격을 지녔다면, 설화는 역사적 시간적 성격을 띤다고 한다. 설화는 현실적으로 어떤 종교적 의미와 가치를 지녔기 때문이라는 것이다.[124] 그 해석의 첫째 전제는 "그러므로 우리는 단군신화를 있는 그대로 해석하려는 것이 아니라, 기독교인의 입장에서 단군신화를 검토해 봄으로써 그것의 본래적인 의미를 파악하려는 것이다."[125](25a)

그러나 윤성범은 기독교의 삼위일체론적 신관이 단군신화의 삼신일체론적인 그것과 근사하다고 해서 그것들을 동일시할 수 없다고 한다. 단군신화가 지닌 종교적 계기는 도리

---

123) 박봉랑, "성서는 기독교 계시의 유일한 소스 -윤성범 박사의 대답에 답함", 「사상계」 1963. 10, 240. 그리고 그의 이런 전제는 비단 단군신화 해석에서의 전제일 뿐 아니라, 성을 다룰 때나 한국의 문화나 종교를 다룰 때도 통용되는 일반적인 전제라는 점에서 가설적 의미의 전제가 아니라 공리로서의 전제, 즉 방법적인 원리인 것처럼 보인다. 박봉랑의 지적은 바로 이 점을 겨냥하고 있었다.

124) "환인 환웅 환검은 곧 하나님이다 -기독교 입장에서 본 단군신화", 「사상계」 1963. 5, 258. 설화가 역사적 시간적이라고 하는 이유는 그것이 고증적으로 해결될 역사적 사건이 아니고, 현실적으로 어떤 종교적 의미와 가치를 지녔기 때문이라는 것이다. 그런 의미에서 단군신화는 설화에 해당한다는 것이다. 그리고 그는 기존의 고고학적인(김재원), 문화유형적인(최남선), 언어학적인(양주동) 연구들이나 비교종교적인 혹은 자연종교적인 고찰로는 종교 아프리오리만 발견할 수 있을 뿐, 설화로서의 단군신화의 의미가 드러나지 않는다고 논증한다. 따라서 "단군신화는 그 성격상을 보아 종교적 해석을 가함으로써만 그것의 올바른 이해에 이를 수 있다고 생각한다."

125) Ibid., 259.

94 • Ⅱ. 성(誠)의 신학: 토착화신학의 형성

어 어떠한 진정한 종교 밑에서 "잔존한 설화"에 불과하기 때문이다. 여기서 해석의 두 번째 전제가 언급된다. "그러므로… 이것의 생명이 유지되기 위해서는 그 잔존형식에 채울 수 있는 본질적, 종교적 내용이 충당되어야만 될 것이 분명하다. 이것을 나는 기독교에서 찾으려는 것이다."126)

다음으로 한국의 문화적 주체성은 특히 단군신화의 신론에서 두드러지게 나타나 있으며, 이것이 곧 기독교를 성공적으로 받아들이기 위한 주체성이 된다고 한다. 토인비나 최남선과 같은 학자들이 지적한 바와 같이, 한국문화의 독립성은 전통종교에 분명히 나타나 있고, 특히 삼위일체론적인 단군신화에도 잘 나타나 있다는 것이다. 중국과 한국은 많은 공통점이 있기도 하지만 본질적인 다른 특성이 있는데, 그것은 바로 신관의 차이에서 절정에 이른다고 한다. 여기서 주체성에 관련된 첫 번째 전제가 있다. "이러한 사실들이 밝혀짐으로써 우리는 우리의 고유한 문화를 올바로 의식하게 되며, 뿐만 아니라 우리가 당연히 가져야 될 주체성을 도로 찾을 수 있으리라고 생각한다."(260)

한국이 문화적 차이를 무시하고 자기 정체성의 확인 없이 중국 유교를 받아들였을 때의 혼란을 지적하면서 "기독교도 이러한 예에서 벗어나지는 못할 것"이라고 한다. 여기에 주체성의 두 번째 전제인 기독교신앙을 위한 주체성이 언급된다. "기독교는 세계적 종교이지만은 이것을 받아들이는 우리의 주체성이 결여되어가지고는 아무런 성과도 기대할 수

---

126) Ibid., 260 이런 전제들은 "3. 단군신화의 해석학적 고찰"에서 이루어진다.

1. 토착 이론의 탐색 • 95

는 없는 것이다. 한국적인 사고양식, 표현양식은 비록 형식적이기는 하지만은 그것의 의의가 중차대한 이유는 여기에 있는 것이다."127)

그래서 이 논문에서의 그의 주제는 한 마디로 "토착화의 문제"로서, 기독교 진리의 내면성과 한국문화의 주체성이 어떻게 조화되고 합류되는가에 있다고 하겠다.(260)

2) **하나님 개념.** 윤성범은 우선 하나님 개념의 생성 과정을 상승설과 쇠퇴설 두 가지로 구별하여 소개한다.128) 그는 중국의 신관을 상승설로 한국의 것은 쇠퇴설로 대비시킨다. 중국의 종교는 상승설인데, "전체로 보아서 도덕의 영역을 전적으로 초월하지 못했기 때문이다. 고대 중국의 천, 상제, 제 등의 사상이 언뜻 보면 유일신론과 같이 생각될지는 모르나, 그들의 신관념으로 볼 때는 천즉리(天卽理)에 불과한 것으로 볼 수밖에 없는 것이다."129) 반면에 한국인의 고유한 신관념은 쇠퇴설 혹은 강하설인데, "자연이나 이성이나 도

---

127) Ibid., 260. 이러한 전제들은 "2. 하나님 개념"에서 다루어진다.

128) Ibid., 261. 하나는 Nathan Soederblom 등의 진화설 혹은 상승설 (Evolutionstheolie od. Euhemerismus)이고, 다른 하나는 W. Schmidt 등으로 대표되는 강하설 혹은 쇠퇴설(Dekadenztheorie)이다. 진화설은 19세기의 과학적 역사상에 근거하고 있고, 강하설은 근원적인 높은 유일신 신앙(근원적 유일 신론)에서 시작했지만은 점차로 낮은 상태로 떨어져 범신론적인, 혹은 다신론적인 형태로 쇠퇴하는 것을 말하는 것이라고 한다.

129) Ibid., 261. 윤성범은 여러 가지 학자들의 연구 결과를 예증으로 인용하고 있다. 육당과 양주동 등의 한국학자들 외에도 N. Soederblom, O. Franke, M. Eliade 등의 연구가 수용되고, 특히 Aegerter의 말이 인용된다: "엄격한 의미에서 중국의 종교는 하나의 문화(une civilsation)요, 이것의 양식은 하나의 예의작법(une etiquette)에 불과하다(64)", "중국의 종교적 이상은 공리적이며, 도덕과 정치의 혼합물로밖에는 표시할 수 없다(70)." (Emmanuel Aegeter, Les Grandes Religion, Paris 1956)

덕을 통해서 접근 불가능하다는 섬에서"130) 부정의 방법을 통해서 계시된 하나님으로 나타날 수 있었는데, 한국사에서는 다른 영향들로 인하여 "점차로 그 유일성을 상실해 버리고 다신론적인 경향으로 떨어졌다"는 것이다.(263)

다음으로 윤성범은 하나님으로 표상하는 한국인의 신관념을 여러 학자들의 견해와 어원학적 설명을 통해 밝히고자 한다. 그는 유일신관으로 보고자 하는 게일, 클라크, 헐버트 등의 견해를 소개한다.131) 그리고 백세명, 홍이섭, 한갑수 등의 논의에 비추어 한국어에서 사용되는 '한' 개념을 규명한다.132) 그리고 나서 윤성범은 어원학적으로 '한' 이라는 말을 검토한다.133) 한국어가 속해 있는 우랄 알타이어 족 언어

---

130) 박종홍, "부정에 관한 연구", in:「인문사회과학 논문집」, 제8집, 서울대학교, 147.

131) 윤성범, op. cit. 263. Dr. Gale은 한국 사람들이 믿는 하나님은 한 큰 분(The One Great One)이라고 한다 (James S. Gale: Korea in Transition, 78ff). 동일한 내용을 Dr. Clark는 그의 샤머니즘 연구에 관한 항목에서 반복하고 있다 (C. A. Clark, Religions of Old Korea, p. 115). Dr. Hulbert는 한국인의 순수한 종교관념은 외국에서 수입한 종교적 숭배와는 관계없이 하나님은 우주의 최고 지배자시며 잡다한 귀신을 초월한 신으로 유대교의 '여호와'와 일치한다고 보고 한국인은 엄밀한 일신교도(Monotheist)라는 원시적인 일신교설을 내세우고 있다고 한다(조지훈,「현대인 사상강좌 4」, 298).

132) 백세명은 하나님, 하느님, 하늘은 모두 하나(一)라는 말에서 유래했다고 본다. 그러나 홍이섭은 문헌학적 자료를 바탕으로 하날 하나님은 하날님의 변화형이라고 한다. 따라서 하나님은 하나와 님의 결합어가 아니다. 한갑수는 '하나'라는 요소는 형용사(많다), 관형사(많은, 뭇, 여러 모든), 접두사(대, 정, 성, 강)로 쓰일 수 있으나 한 혹은 한만이 하나의 뜻으로 쓰인다고 한다.

133) 한국에서도 이 말이 관직명으로 사용된 경우가 있었거니와(신라 법흥왕 7년 520년경 17관급 중 제일급에 해당하는 직명들이 곧 각간, 이벌간, 이벌찬, 우벌찬, 서불한, 서발한이 그것이다.) 몽골제국의 4왕국의 공통된 접미사로 쓰이고(1206년경 몽골제국의 4왕국인 이루한, 킵차크한, 챠카타이한, 오고타이한이 그것이다.) 몽골어, 터키어나 헝가리어에

들 외에서도 한국어의 '한'이라는 말에 상응하는 말들이 발견된다는 것이다.134)

'한' 개념에 대한 이런 일반적인 검토를 마친 뒤에 윤성범은 스스로 질문을 제기한다: "그러면 기독교에서 채용한 하나님은 어디로부터 근원된 것인가?"(264) 그는 '하나'라는 개념은 단순히 자연 발생적으로 위에서 언급된 어원들 가운데서 성립된 것이라고 말할 수 없다고 한다.135) "하나는 자기한정 없이는 하나로 될 수 없다. 여기서 자기한정은 자기부정과 같은 의미가 있으며 긍정의 길에 의해서가 아니라 부정의 길을 통해서 하나라는 인식이 일어나게 마련이기 때문이다. 이런 자기부정, 자기한정은 이미 하나의 생명적 과정들을 전제로 하기 때문에 님의 존칭사를 붙이기 전에도 벌써 생명적인 혹은 인격적인 작용자를 염두에 두지 않을 수

서 Khan, Chan, Hahn 등의 일련의 말들은 옥스퍼드 대사전에 따르면 great, grend, ruler, King, governer, Prince, Lord, ranking person 등의 뜻으로 나타난다고 한다.

134) K. Lokotsch, Etimologisches Wörterbuch der europäischen Wörter orientalischen Ursprungs, 1927, 64 칭기즈칸에서와 같이 지배자 혹은 황제의 이름으로(혹은 한국과 같이 나라 이름으로) 남아 있는 예에서 보듯, 러시아어, 루마니아어, 몽골어, 불가리아어, 한국어 등에는 han이라는 어원이 그대로 남아 있고, 체코어, 독어에서는 chan으로, 프랑스어에서는 kan 혹은 kahn으로 다소 변음되어 나타난다고 한다.

135) 윤성범의 논증의 독특성은 여기에 있다. 그는 자기 주체와 관련된 일반학문적인 논의의 깊이에 통달하지만 단순히 그리로부터 결론을 도출하고자 하지 않는다는 것이다. 그에 대한 많은 오해는 바로 이러한 그의 불필요하게 보이는 긴장관계 형성으로부터 생겨났다고 할 수 있다. 그러나 그것은 문화를 매개로 신학을 전개하기 위해서는, 즉 문화를 일면 부정의 계기로, 일면 긍정의 계기로 사용하려는 그의 신학 방법에 있어서는 불가피한 과정이라 아니할 수 없다. 그리고 이 부정과 긍정의 계기를 평가하는 시금석은 기독교 신앙의 올바른 수용과 결부된 주체성에 있다.

없다는 것이다"고 한다.(264) 하나라는 자기 한정적 개념 속에 이미 인격개념이 늘어 있다는 것이다.136)

윤성범은 윤치호의 한국인의 신명으로서의 하나님 개념의 기원에 대한 언급을 비판적으로 수용한다. 앞에서 살펴 본 바와 같이 나중에 애국가가 된 그의 찬송가 속에서 하나님이라는 호칭을 사용한 윤치호는 말하기를:

"하나님이란 말은 순수한 조선말로 조선어와 같이 오랜 말인 줄 생각한다. 이 하나님이란 말은 포학, 불결의 관념에 물들어 본 일이 없는 성결한 말이다. 대궐에 앉은 제왕이나, 두옥에 사는 농부를 막론하고 하나님께 도움과 복을 빌 때 그들은 누구에게 무엇을 구하는지 안 것이다. 그러나 하나님이란 말은 하날과 님의 혼성어이므로 하나님은 어떠한 인격적 실제를 가리키는 것이요, 다만 하날에 존칭사 님을 붙인 것뿐이라고 반대할 이가 있을지도 모르나, 그러나 님이라는 존칭사를 인격이 없고 생명이 없는 것에게는 붙이지 않는 것을 기억하면 그런 반대는 타지되고 말 것이다."137)

윤성범은 하나님 개념이 합성어라는 윤치호의 해석을 분명히 거절하지만, '님'에 대한 해석은 탁견으로 받아들인다. 한국인의 심성에는 이미 당신이라고 2인칭적으로, 즉 하나님이라고 부를 수 있는 신개념을 지니고 있었다는 것이다.

---

136) 그와는 달리, 전경연은 하나님의 인격 개념을 심판과 은총의 체험에서 찾는다. "이런 결론은 한 언어분석에서 온 것이며 아무 실질적 증거에 의한 것이 아니다. 인격신의 개념은 인간이 심판을 받는다는 체험과 하나님 편에서 난 은총 체험의 뒷받침 없이는 있을 수 없다." 전경연, op. cit., 26.

137) 윤성범, op. cit., 264. 참고, Hugh Miller, "조선어 성경의 유래", in: 「아빙돈 단권주석」, 53.

그는 한걸음 더 나아가 신명에 존칭사 '님'이 사용되는 것은 그 님을 kyrios, Herr, Lord라는 뜻과 동일시 할 수 있다고 본다. "한국어의 하나님은 사랑이나 빛이나 생이나 기쁨과 같은 속성이 있기 전에 먼저 주님이라는 사실을 명심할 필요가 있는 것이다."(265)

윤성범은 하나님이라는 한국적 신명이 삼위일체 하나님을 가장 잘 표현해 줄 수 있는 개념이라고 생각한다. 그렇기 때문에 인격적으로 그리고 유일신적 개념을 동시에 지니고 있는 하나님이란 부름말은 플라톤주의의 무인격적, 중성적 존재자인 일자나 하나(Das eine), 도생일 이생삼 삼생만물 (道生一 二生三 三生萬物)을 말하는 도교에서의 도개념이나 불교의 공(空)개념이나 천즉리에 불과한 중국 천주교의 상제개념에 비할 바가 못 된다고 한다.138) "이 세상에서 한국의 신관, 곧 하나님보다 더 명백하게 기독교의 신을 부를 수 있는 명칭이 또 어데 있겠는가?"(266) 이스라엘 민족의 신명인 야훼 Jahwe조차도 유일신을 전제하지만 그 표현 자체에는 한 분이란 의미가 들어 있지는 않다는 점에서 하나님보다 못하다고 한다. El이나 Elohim은 물론 독일어 Gott, 영어의 God 등의 신명은 다신론적 개념에서 차용하여 신명을 삼았다는 점에서 하나님 개념보다 못하다는 것이다. "그런데 한국의 신개념인 하나님은 그 자체로서 '유일하신 인격적인 신'을 의미하고 있으니 이 얼마나 굉장한 그리고 자랑할 만한 사실인가?"(266) 기독교 신관은 수적인 유일신론이 아니기에, 인격

---

138) Ibid., 266 왓손 박사가 이미 "중국의 유학자는 하나님을 무인격적인 이성과 동일시하는 경향이 있는 데 반해서 한국의 유학자들은 인격적인 하나님을 발견해 내었다"고 지적했다는 것이다.

적인 하나님을 고려하게 되면 신학적으로 언제나 다시금 삼위일체 하나님을 전제할 수밖에 없다는 것이다. 그래서 윤성범은 단군신화의종교적 의미를 '순전히 형식적인 면'에서 다루고자 한다는 것이다.(267)

3) **단군신화의 해석학적 고찰.** 이제 윤성범은 "단군신화의 중요한 몇 가지 사실을 기독교의 삼위일체론과 비교해 봄으로써 단군신화의 종교적 의미를" 찾고자 한다.(267) 다섯 가지의 관찰들이 제시될 수 있다고 한다.[139]

윤성범이 첫째로 지적하는 것은 단군신화에 등장하는 3신 환인 환웅 환검은 모두 남성적으로 표현된다는 점이다. 기독교 삼위일체론에서도 아버지-아들-영이 모두 남성으로 alius-alius-alius이지 결코 중성 aliud-aliud-aliud로 표시될 수 없

---

139) 일연, 「삼국유사」, 이가원, 허경진 옮김, 한길사, 2006, 64-67. "옛날에 환인(천제를 이름)의 서자 환웅이 항상 뜻을 인간 세상에 두거늘, 아버지가 아들의 뜻을 알고 천부인 세 개를 주어 세상에 내려 보내서 세상 사람들을 다스리게 하였다. 환웅이 무리 삼천을 데리고 태백산 꼭대기의 신단수 밑에 내려와서 여기를 신시라 이르니, 이 이가 환웅천황이란 어른이다. 그는 풍백, 우사, 운사를 거느리고 곡, 명, 병, 형, 선, 악 등 무릇 인간 360여 가지 일을 맡아서 세상을 다스리고 교화하였다. 그때에 곰 한 마리와 범 한 마리가 있어 같은 굴 속에 살며 항상 환웅에게 빌되 원컨대 사람이 되어지이다 하거늘 한번은 신이 쑥한 자루와 마늘 20톨을 주고 말하되 너희가 이것들을 먹고, 백일 동안 햇빛을 보지 아니하면 곧 사람이 되리라 하였다. 곰과 범이 이것을 먹고 근신하기 37일 만에 곰은 여자의 몸이 되고 범은 삼가지 못하여 사람이 못 되었다. 웅녀는 그와 혼인해 주는 이가 없음으로 또 신단 아래서 축원하기를 아이를 배어지이다 하였다. 환웅이 이에 잠깐 변하여 결혼해서 아들을 낳으니 단군왕검이라 하였다. 땅의 사람들이 그의 출생을 기뻐하였고, 그는 나중에 인간의 모습으로 한반도의 첫 번째 왕이 되었다. 그는 수도를 평양에 두었고, 그 나라의 이름을 "조선"이라고 불렀다. 나중에 수도를 태백산 위의 아사달로 옮겼고, 1500년간 다스렸다. 그 직을 마친 후에 그는 산신령이 되었다."

다고 한다.140) 따라서 환인은 아버지 하나님에, 환웅은 성령 하나님에, 환검은 아들 하나님에 대응될 수 있다고 한다. 그리고 환웅을 성령으로 보는 시각을 헐버트의 the Spirit King 에서 빌려오고,141) 이를 마리아의 수태고지에 관련시킨다.142) 그러므로 "단군기사에서 보는 출생은 인간의 출생이 아니고 하나님과 인간세계의 중보자로서, 말하자면 기독교에서 말하는 구세주의 출생인 것이다. 이것이 무(巫 하늘과 땅을 연결하는 사람을 뜻함)자의 근본 의미인 것이다. 단군이 샤먼 [巫堂]인 이유도 여기에 있다 할 것이다"라고 한다.

두 번째의 윤성범의 지적은 웅녀의 인내심과 순종에 관련되어 있다. 범은 참을성이 없다고 한 것은 불순종적, 불신앙적 태도를 말해 준다고 한다. 웅녀가 웅녀 됨은 그녀가 신의 명령대로 순종한 신앙심에 중대한 요점이 있다고 한다. 마리아에게서도 신앙의 순종을 빼버리면 한갓 비천한 여자에 지나지 않는다.143) 웅녀의 존재가치를 신의 명령을 받아들

---

140) K. Barth, Kirchliche Dogmatik Ⅰ, 1, p. 384.
141) 윤성범, op. cit. 268The fist wish of her heart was maternity, and she cried, "Give me a son." Whang-ung, the Sprit king, passing on the wind, beheld her sitting there beside the stream. He circled round her, breathed upon her, and her cry was answered. She cradled her babe in moss beneath that same pak-tal tree and it was there that in after years the wild people of the country found him sitting and made him their king. This was the Tang-gun, "The Lord of the Pak-tal Tree." He is also, but less widely" known as Wang-gum (Herlbert's History of Korea, edit. By C. N. Weems, Ⅰ, 1ff)
142) "마리아가 천사에게 말하되 나는 사내를 알지 못하니 어찌 이 일이 있으리이까. 천사가 대답하여 가로되 성령이 네게 임하시고 지극히 높으신 이의 능력이 너를 덮으시리니 이러므로 나실 바 거룩한 자는 하나님의 아들이라 일컬으리라 (눅 1:34ff)."
143) "마리아가 이르되 주의 여종이오니 말씀대로 내게 이루어지이다 하매

이는 수용성, 즉 신앙 밖에 다른 것을 상정하지 않는다는 의미에서 단군신화의 독특성이 있다는 것이다.

세 번째로 윤성범은 단군신화를 교의학의 신론에 대비시켜 본다면 동방교회의 전통에 더 가깝다고 한다.[144] 그 질서관계에 있어 환웅은 환인에게서 나오고 환검에 우선하기 때문이다. 그러나 삼위 사이의 질서는 중세기의 문제일 뿐이고, 여기서 단군신화가 삼위일체론적으로 중요한 것은, 환인 환웅 환검에서의 공통요소인 '환'이 '한'의 표음으로서, 세 인격체의 통일성을 지시한다는 데 있다. 이 인격체가 한국의 기독교 신명이자 전통적 신명인 '하나님'이라는 말에 이미 표현되어 있다는 사실이다.(271)

네 번째는 환인이 주어서 환웅이 가지고 인간세계에 내려왔다는 천부인(天符印) 세 가지에 대한 것이다.[145] 윤성범은 이 세 가지를 각각 삼신에 관련시키고자 한다. 즉 거울은 환인, 칼은 환웅, 그리고 곡종은 환검에게 각각 귀속시킬 수 있다고 한다. 윤성범은 또한 이것을 기독교 신학과 관련하여 거울을 믿음으로, 믿음은 아버지 되시는 하나님과의 관계이기 때문에, 곡종을 사랑으로, 칼을 소망으로 성령 되시는 하나님께 관련된 것으로, 아들 하나님과의 관계를 나타내는 것으로 보고자 한다. 믿음, 소망, 사랑 "이 세 가지는

천사가 떠나가니라"(눅 1:38).

144) Ibid., 269f. 동서방교회의 분립의 중요한 이유의 하나도 이 질서관계, 즉 "filioque" 논쟁에 있다고 본다면, 성령이 아버지와 아들로부터 나온다는 서방교회의 전통보다는, 아버지께로부터 나온다는 동방교회 전통이 단군신화의 신관에 상응한다는 것이다.

145) Ibid., 270. 육당 최남선은 이것을 천주(태양신)의 성덕을 표상하는 것으로, 광명의 표상인 '거울'과 그 위력의 표상인 '칼'과 그 은덕의 표상인 '곡종'으로 설명하였다.

1. 토착 이론의 탐색 • 103

하나님의 성덕에 해당되는 것으로 우리에게 은사로 주신 것이다."(270)

다섯째는 단군신화의 형성연대에 대한 문제이다. 윤성범은 기독교적 입장에서 단군신화는 아무리 늘려 잡아도 2,000년을 넘지 못했으리라 본다. 기독교는 제 3, 4세기경에 서역지방으로 전해지고, 제 6, 7세기경에는 경교(Nestorius파)가 중국에 비로소 들어왔다. 하지만 언어문화적으로 한국은 중국의 영향을 받은 것이 아니기 때문에 윤성범은 단군신화가 기독교가 서역과 중국에 들어오기 이전에 이미 만몽제민족 사이에서 기독교의 영향을 받아 형성된 설화라고 본다. 그리하여 "단군신화는 제4세기를 전후하여 기독교 사상의 영향 아래서 이루어진 설화(Sage)라고 추론할 수 있는 것이다."(270)

1.2. 이론적 기초

1.2.1. 방법서설

단군신화 논쟁에 들어가기 전 1961년 그는 자신의 신학방법을 "한국신학 방법 서설"이라는 제목으로 그 윤곽을 밝혔다.146) 이는 고유한 한국어로 감론, 솜씨론, 멋론의 세 부분으로 진행된다. 이런 구상은 어떤 기술자가 이를테면 재봉사가 옷감들(감)을 가지고 자기의 손기술(솜씨)로 옷을 잘 만

---

146) 윤성범, 「기독교와 한국사상」, 대한기독교서회 ¹⁰1993(1964), 11ff.

104 • Ⅱ. 성(誠)의 신학: 토착화신학의 형성

들었을 때 나타나는 아름다움(멋)을 생각하면 우선은 이해하기 쉽다. 그러나 윤성범은 이 과정 하나하나마다 세심한 주의를 기울여 신학적 연관성을 설명코자 한다.

1) **감.** 감은 신학적 취급재료로서의 대상을 말한다. 이 대상은 두 가지로 이루어지는데, 그 하나는 하나님의 말씀인 '복음'이다. 이는 동시에 신학의 핵심이다. 다른 한 가지는 '자리' 혹은 장이다. 이는 전이해, 정황, 혹은 교회에 비교될 수 있기는 하지만,[147] 전혀 다른 뜻을 지닌다.

그는 '자리'의 문제를 일단 한국의 신앙적 현실과제와 결부시킴으로써 논의의 의도와 중요성을 부각시키고 있다. 그가 직시하고 있는 당시 교회의 문제 상황은 근본주의와 사회참여적 민족주의의 경향으로 말미암은 것이다. 하나는 신학 무시 내지 맞지 않는 수입신학이 문제이고, 다른 하나는 민족의식이라는 비신앙적 동기가 문제이다. 그는 한국교회의 혼란은 개나 돼지처럼 주체의식 없이 하나님의 은혜를 받았다는 데에 있다고 본다.[148] 그래서 "복음을 받아들이는 데 있어 자리의 문제가 얼마나 중요한가를 여기서 알게 되

---

147) 그는 여기서 각각 불트만의 전이해, 틸리히의 정황, 바르트의 교회를 언급하고 있다.

148) 윤성범, 「기독교와 한국사상」, 125. 그는 예수님의 말씀을 당시 상황에 대비시킨다: "거룩한 것을 개에게 주지 말며 너희 진주를 돼지 앞에 던지지 말라 저희가 그것을 발로 밟고 돌이켜 너희를 찢을까 염려하라"(마 7:6). "한국교회는 지금 바야흐로 이 물고 뜯고 하는 개나 돼지 꼴을 나타내고 있지 않은가? 복음이 우리의 마음 속에 들어가면 말짱하고 온전하고 얌전한 사람이 되는 것이 원칙일 텐데, 이와는 달리 복음을 받았다는 인간이 도리어 정신 나간 일을 하고 있으니 예수께서 말씀하신 것이 한국의 오늘의 형편을 두고 하신 것 같이 생각된다."

1. 토착 이론의 탐색 • 105

는 것이다."(19) 여기서 윤성범이 말하는 자리는 우선 복음
을 받아들이는 사람의 주체성과 깊이 관련되어 있는 것처럼
보인다.

다음으로 그는 신학적 문제로서의 자리를 설명한다. 희랍
에서 연원된 학의 개념으로 논할 경우 소재와 형상, 내용과
형식의 분석적 지식이 가장 위대한 진리일 것이라고 한다.
윤성범은 바르트, 불트만, 틸리히 모두 그 이론들의 분석적
측면이 결여되어 있다는 지적과 함께 특히 틸리히를 길게
논하고 있다. 틸리히의 정황은 일상성이 아니라 문화적 'a
priori'를 말하고자 하지만 그것이 분석적으로 심화되지 못했
고, 복음과의 관계에 있어 상관관계의 방법에 불과하지 솜
씨의 차원에 못 미친다는 것이다.149) 문화적 아프리오리는
과거, 현재, 미래를 꿰뚫는 무엇으로서 이러한 문화적 아프
리오리에만 복음이 담길 수 있다고 한다. 윤성범에게 자리
는 결국 솜씨의 차원을 전제한 문화적 아프리오리를 뜻한다
고 하겠다.

감은 소재와 형상 곧 복음과 자리의 문제이다.150) 윤성범
은 이제 한국신학의 과제로서 복음과 문화-아프리오리의 관
계를 말한다. 한국 문화 아프리오리는 불교, 유교 혹은 중국

---

149) Ibid., 16-17. 만일 틸리히의 정황이 문화 아프리오리 차원에 이르지 못
하고, 단지 시간적 단면을 뜻하게 된다면 그것은 다시 일상성으로 떨
어지고, 그의 공동관계의 방법은 신앙과 불신앙의 공동관계에 불과하
게 된다고 한다.

150) Ibid., 18. 재료로서의 감은 소재와 형상을 전제한다. 옷감에 있어서 소
재(천의 성분)와 형상(천의 형태)의 관계는 긴밀한데, 이것에 대한 자세
한 설명은 하나의 커다란 인식론적 진술을 필요로 하고, 한국신학방법
론의 본론에 해당할 것이기 때문에 여기서는 생략되겠으나, 조직신학
에서 다루어진 다면 창조론에서 취급할 문제라고 한다.

사상의 연장인 것만은 아니다. 단지 우리 것이라고 해서 문화적 아프리오리가 되는 것도 아닐 것이다. 그래서 그것은 오히려 현실 생활 속에서 살아 움직이는 문화적 향기로 의식할 수 있는 것이라고 한다. 그는 문화 아프리오리가 기독교 신학에서 말하는 구속사에 가까운 형식을 갖추고 있다고 보고 싶어 한다(22-23). 그래서 "복음을 새 술에 비한다면 새 가죽부대는 한국 민족의 고유한 문화적 a priori에 해당한다고 볼 수 있는 것이다"(24). 여기서 새 것이라는 말은 '우리 민족의 긴 역사적 전통 속에서 그 본래적인 이념이 새롭게 의식되어지는 것'을 뜻하며, '옛 모습에서 벗어나 새롭게 나 자신을 발견한 그러한 상태'를 말한다. 문화적 아프리오리는 결국 복음을 받아들일 만한 새 부대, 이상적인 자리라는 것이다.

복음과 자리의 문제로서의 감은 또한 '내용'과 '형식'의 관계를 말한다. 윤성범은 한국신학의 수립에 있어서, 그 관계를 불가분리적인 것으로 본다. 복음이 내용이라면 자리인 문화적 선험성(a priori)는 형식이고, 그 역도 마찬가지라고 한다. 그러나 양자는 동시에 어느 하나로 될 수 없다는 것이다. 시간과 공간의 관계에서처럼 필연적인 연관 가운데 있기 때문이다. 물론 복음을 재래종교와 동일시 할 수는 없다. 재래종교가 구속사적 표현을 지녔다 하더라도 그 표현양식이 생명적 일 수는 없기 때문이다. 그러나 "만일 이러한 생명력을 가지고 있으면 이것을 구태여 문화 아프리오리에 다가 넣어야 할 필요는 없을 것이다. 왜냐하면 이것은 복음과 동등한 것이 아닐 수 없기 때문이다."(26) 그렇다면 문화 아프리오리와 복음의 차이는 구속사에서의 역할의 차이인 것 같다. 구원하는 능력이 있으면 그것은 복음이지 더 이상 문화 아프리오리가 아니다. 문화 아프리오리는 복음의 자리로서 인식계기일 뿐이기 때문이다.

2) **솜씨**. 지금까지 살펴 본 복음과 자리로서의 관계에 대한 설명은 단지 출발점에 불과하다. 이제 윤성범의 설명은 이 두 계기가 어떻게 유기적으로 결합되어 단순한 존재적 성격에서 세련된 형태로 발전될 수 있을까 하는 문제로 이어진다. 그는 우선 전통적인 신학개념들과 더불어 '솜씨'를 자리매김하고 있다.

복음과 자리에 관한 것이 창조론에 해당한다면 솜씨는 속죄론에 해당한다고 말한다. "속죄란 자연적인 어떠한 관계가 이율배반의 모순에 빠져 헤어 나오지 못하게 된 것을 제삼자가 나타나서 이러한 모순을 지양하는 그 과정이라고 본다면, 이것을 우리는 솜씨라는 말로 표현할 수 있을 것이다."(27) 그래서 솜씨는 동시에 칭의론적 역할을 하게 되는데 "솜씨는 그 이전에 있던 감으로서의 위치를 전부 거부해 버릴 뿐만 아니라 이것을 되살리는 역할을 하게 되는 것이다."(27) 그러므로 솜씨는 감에 속해 있지 않은 이들을 매개 손질하는 제삼자로서 중보자에 비유된다. "솜씨는 소재와 아이디어 사이에서 이리저리 양자 사이를 동요하며 양자를 조정하고 손질하는 것이다. 이것을 우리는 신학에서 중보자라고 부르기도 한다. '참 하나님-참 사람'(vere Deus vere homo)은 이런 중보자의 성격을 말하고 있는 것이다."(28-29)

다음으로 그는 한국문화의 특징을 솜씨와 관련하여 규명한다. "한국문화를 단적으로 표현하자면, 감으로서는 지극히 작은 것이지만 이것을 맵자하게 다스린 솜씨에 그 특성을 부여하고 싶은 것이다. 한국적 문화 아프리오리는 그 솜씨에 있다고 해도 과언이 아니라고 생각한다."(32) 여기서 윤성범은 한국의 문화 아프리오리가 솜씨라고 한다. 위에서 솜씨를 속죄론, 칭의론, 중보자에 비교할 수 있다고 하는 말과 모순되는 것처럼 들린다. 솜씨에 대한 개념규정이 달라져 있는 것이다. 그래서 "이 중요한 솜씨를 기억하고 한국문화를 볼 때에는 하나의 절대에 가까운 진리의 일면을 가지고 있다고 할 것이다. 이 절대에 가까운 면이 곧 복음을 받아들일 수 있는 자리가 된다는 말이다."(32) 여기서 솜씨는 자리, 즉 감의 영역에 관련된다. "하나님의 말씀이 한국적인 문화 아프리오리인 이 솜씨에 담겨질 때에 비로소 말씀은 빛을 발하게 될 수 있는 것이다."(32) 그는 솜씨를 전통적 조화의 기술로서 자리의 맥락에서 파악하고 있는 셈이다. "이 조화는 신학적으로는 화목 또는 화해에 해당한다고 말할 수 있을 것이다. 우리 한국 사람이 이러한 조화의 미를 소유하고 있음은 잘 알 수 있는 사실이며 동시에 조화의 덕을 가지고 있는 유일한 민족임도 잘 알고 있다."(32)

윤성범이 솜씨를 조화와 관련하여 때로는 중보자로 때로는 자리의 문제로 혼동스럽게 말하는 것을, 내재와 초월의 서구신학적 맥락에서는 이해하기 어렵다. 오히려 복음을 복음되게 하기 위한 인식 혹은 그런 수용태세에 대한 소박한 질문으로 이해해야 할 것이다. 제자로서의 대가를 생각해 보지도 않고 값싼 복음을 헐값으로 얻어 그리스도의 이름을 욕되게 하는 세태에 대한 비판이 여기에 담겨 있다. "그런데 이 조화의 덕이 초월성을 잃어버릴 때에는 기회주의자가 되기 쉽고 사대주의에 떨어지기도 쉬운 것이다. 만일 우리가 이 조화의 덕을 유지할 수 있는 단 하나의 방법은 우리가 우리의 주체의식을 가지고 있을 때 만인 것이다."(33)

그래서 조화의 덕이라는 이 초월적 문화 아프리오리를 담고 있는 주체성은 구원을 얻기 위한 하등의 접촉점이 아니다. 이 점을 단군신화 논쟁에서 야기된 일련의 논쟁 중에 윤성범이 말하고자 했던 것이다. "이렇게 본다면 한국적인 솜씨란 결국 한국의 문화 아프리오리에 다름없으며 이러한 문화 아프리오리로서의 솜씨는 하나의 표현 양식은 될지 모르나 생명적인 내용이 될 수 없음이 분명하다. 그러므로 이러한 문화 아프리오리에 말씀이 담겨질 때에 비로소 한국문화 아프리오리는 말씀이 자랄 수 있는 자리로 나타나게 된다는 말이다. 만일 이 문화적 선험성을 형식이라고 한다면, 말씀은 내용이 될 수밖에 없는 것이다. 진정한 의미의 솜씨장이는 예수 그리스도이시다. 그만이 말씀과 자리를 포괄하고 손질해서 생명적으로 할 수 있는 것이다."(32f)

3) 멋. "멋이란 솜씨로 인해서 일어나는 하나의 아쥐메트리(Asymetrie)의 미적 표현을 이름 한다."(33) '감' 논의에 적용된 방법이 '분석'이었다면, '멋'론에서는 종합에 강조점이 주어지고 있다. 윤성범은 신학의 강조점이 마땅히 여기 있어야 한다고 주장한다. 그러나 멋은 솜씨 없이는 생각할 수 없

기 때문에 단순한 종합에 불과한 것이 아니다. 그는 멋을 구원론에서 예수 그리스도의 중보자적 사역인 속죄로서의 솜씨를 통해서만 구원의 확실성이 보장될 수 있는 것과 비교한다. 때문에 멋은 구속사에서 그 전모가 드러나게 된다는 것이다. 그는 이것을 구속사의 곡선으로, 즉 오스카 쿨만의 "무한히 가는 선"으로 표현할 수 있으나 직선이 아니라 곡선으로 특징짓고자 한다. 구속사로서의 멋의 선이 자유스러운 곡선인 것은, 멋이 솜씨를 통해서만 일어나는 생명의 약동이기 때문이다. "말씀과 문화 아프리오리는 솜씨에 의하여, 곧 그리스도에 의하여 좁혀짐으로 생명적이 될 수 있으며 이러한 생명적인 것이 비로소 약동될 수 있게 됨은 당연한 사실이 아닐 수 없다. 이러한 생명적인 약동이 멋에 해당하는 부분이다. 이것은 구원의 현실이요, 구원의 장래를 내증하고 있는 것이다."(37)

윤성범은 이제 '멋'론을 성령론의 자리에 위치시키고자 한다. 솜씨가 그리스도의 영역이라고 하다면, 솜씨로부터 좇아나오는 자유스러운 곡선은 성령의 활동의 영역이라는 것이다. 그는 이것을 특히 성서해석과 신학에서 발생하기 쉬운 두 가지 오해와 관련시킨다. 하나는 불트만의 전이해의 역할이다. "불트만의 전이해도 성서이해의 한 계기에 지나지 않는다. 이러한 전이해가 곧 직통으로 이해로 상승할 리가 (이해를 유발하는 것도) 만무한 것이다. 또 이 전이해로 인해서 말씀의 본래적인 뜻이 이해된다고도(말씀의 본래적인 뜻에 도달할 수 있는 것도) 말할 수 없는 것이다. 이러한 견해는 다 솜씨를 전제하지 않고 말씀과 문화를 종합해 보려

1. 토착 이론의 탐색 • 111

는 태도인 것을 알 수 있다."(37f)

둘째는, 한국문화 아프리오리 또한 신학이해의 한 계기가
될 수는 있으나, 그것이 신학 이해의 전체는 될 수 없다고
한다. 여기서 윤성범이 말하는 토착화 프로그램의 전모가
밝혀진다. "진정한 말씀의 이해는 단순한 말씀으로는 안되
고, 그것이 문화 아프리오리에 담겨지고, 따라서 솜씨에 의
하여 곧 그리스도의 구속의 작용으로 생명화되고 다시금 멋
에 의하여, 곧 성령에 의하여 약동화되는 데서 가능한 것임
을 알게 된다."(57)

1.2.2. 삼 단계 토착화론

토착화 프로그램에 관련된 윤성범의 본래적 의도를 밝혀
주고 있는 것은 "한국교회와 토착화론"이라는 논문이다.[151]
"그러면 우리는 토착화를 어떻게 이해해야 되겠는가?"(89)
그는 이 문제를 세 단계로 나누어 고찰하고 있다.

1) **주체성**: 제 일 단계는 '주체성'의 문제이다. "거룩한 것
을 개에게 주지 말며 너희 진주를 돼지 앞에 던지지 말라."
(마7:6a) 여기의 거룩한 것과 진주는 복음을 의미하고 있다.
이렇게 거룩하고 귀한 복음을 주체성이 없는 아무에게나 던
져서는 안 된다는 것이다. 윤성범은 은혜를 은혜 되게 하지
못하는 본회퍼가 말한 바, '값싼 은혜'를 경계하고 있다. "만
일 주체의식이 없는 인간이 은혜를 받는다면 그는 곧 그것

---

151) 윤성범, "한국교회와 토착화론", in: 「기독교와 한국사상」, 83ff.

112 • II. 성(誠)의 신학: 토착화신학의 형성

을 가지고 혈육의 도구로 사용하게 될 것이다. 곧 자기자랑, 자기교만, 자기주장 같은 혈육의 종이 되고 말 것이다."(93)

주체성은 복음이 복음 되게 하기 위해 필요한 것이다. 주체의식이 어떠함은 차라리 차후의 문제다. "다메섹 골짜기에서 주님은 똑똑히 사울아, 사울아 부르신 것이다. … 그가 설사 죄인의 괴수일지라도 좋다. 좌우간 중요한 것은 주체의식이다."(91) 그렇다면 하나님의 주체성과 수용자의 주체성 사이의 관계가 질문될 수 있다. 윤성범은 말한다. "여기에 주체성이 둘이 있는 것은 두말할 것 없다. 주시는 이와 받는 자, 이렇게 둘의 주체가 있는 것이다. … 그러나 여기서의 주체성이란 하나님의 주체성을 능가하는 성질의 것이 아니다. … 신자로서의 주체성은 언제나 하나님의 이니셔티브에 종속되어 있다는 것을 잊어서는 안 될 것이다. 신자는 '나와 당신'의 관계가 더욱더 뚜렷해지는 것을 특징으로 삼고 있다."(92)

2) **수용성**: 제 이 단계는 '수용성'의 문제이다. "새 포도주를 낡은 가죽 부대에 넣지 아니하나니 그렇게 하면 부대가 터져 포도주도 쏟아지고 부대도 버리게 됨이라, 새 포도주는 새 부대에 넣어야 둘이 다 보전되느니라"(마 9:17). 윤성범에게 새 포도주는 복음을 의미한다. 그리고 새 가죽부대는 새로운 복음을 담아 가지고 감당해 나갈 수 있는 인간 쪽의 수용능력을 의미한다고 할 것이다.152)

---

152) Ibid., 94. "이것은 무엇을 뜻하느냐 하면 아무리 복음이 새 포도주와 같이 싱싱하다 할지라도 이것을 받는 인간 쪽이 새 가죽부대와 같이 감당해 나가기 어렵게 되고 보면 새 복음도 쏟아지고 우리 인간은 분

그렇다면 "어떻게 새 가죽부대가 될 수 있는가?" 윤성범은 주체의식의 전도를 말한다. "현재 가지고 있는 비본래적인 낡아빠진 주체의식에서 앞으로 있을 본래적인 새로운 주체 의식으로의 전도"가 필요하다는 것이다.(97) 그리고 그는 이 것을 귀한 복음을 받는 한국민족의 정신적인 자세, 즉 예절의 문제에 관련시킨다. "역사적으로 볼 때 한국민족이 가지고 있었던 것 중에 가장 좋았던 상태에서 새 복음을 받아들이지 않으면 안 된다는 말이다. 완고하고 형식주의에 빠져버린 유교사상과 이러한 옛 습관과 사고형식에다가 새 복음을 받아서는 안 된다는 말이다."(97)

그렇다면 윤성범이 말하는 복음을 위한 새 가죽부대는 절대적 새것이 아니고 상대적 새것, 우리가 가진 것 중에서 제일 좋은 것을 의미하는가 하는 질문이 제기될 수 있다. 그러나 그 답변은 분명치가 않다. 동시에 그는 "우리는 우리 쪽의 옛 모습을 깨끗이 벗어버려야 할 것이다. 그렇지 않고는 복음을 받아들일 수 없는 것이다"[153] 라고 말하기 때문이다. 그러나 우리의 옛것을 벗어버려야 한다고 하면서 주체성과 수용성을 강조하는 것은 -여기에 그의 토착화론이 지닌 애매성과 독특성이 있다- 논리적이지 않은 것처럼 보인다. 그래서 그는 이 문제를 제 삼 단계에서의 논의로 유보시킨다.

3) **토착화**: 세 번째 단계는 "복음의 토착화"의 문제이다.

열되고 갈라지게 될 것이라는 말이다."

153) Ibid., 97. "그렇다고 우리는 Mateo Ricci의 천주실의에서 볼 수 있는 바와 같이 기독교의 진리를 중국의 유교사상과 관계시킴으로써 양자 간의 어떠한 존재의 유비 'analogia entis'를 찾아보려는 그러한 태도와는 엄밀히 구별해서 생각지 아니하면 안 될 것이다."

"한 알의 밀이 땅에 떨어져 죽지 아니하면 한 알 그대로 있고 죽으면 많은 열매를 맺느니라."(요 12:24) 여기서의 밀은 복음을 의미한다고 한다. 한 알의 밀로서의 복음은 어떤 민족의 종교 문화적 토양에 심어져서 일단 죽어서만 새로운 싹이 나고 자라 많은 열매를 맺게 된다는 것이다. 이 비유에서 윤성범이 취하고 싶은 관점은 복음 변질 가능성이다.154) 토착화 이론이 전통종교에 대한 논의로 이루어지는 것은 바로 이런 변질 가능성을 예방하기 위해서이다.155)

그래서 윤성범의 토착화론에 있어서는 이러한 복음의 씨가 '변형(metamorphose)'의 위험을 무릅쓰고라도 자란 뒤에 그 열매가 기독교적인 열매인지 아닌지가 중요한 관건이 된다고 한다. 그래서 윤성범의 토착화 이론은 그 스스로 요약하고 있는 바, '복음을 받아들인 경우에 있어서 얻어질 결실에 대한 자기반성'이다. "이 복음의 진리가 한국민족이면 한국

---

154) Ibid., 99, "우리는 복음도 경우에 따라서는, 다시 말하면 그 복음의 씨가 떨어지는 토양 여하에 따라서 변질될 수 있다는 사실을 인정하지 않을 수 없는 것이다. 아무리 좋은 종자라도 토양에 따라 그 크기와 모양이 달라지면 동시에 질적인 변화를 가져올 수 있다는 것을 여기서 알 수 있다."

155) Ibid., 101. "우리가 전통 종교를 열심히 연구해야 될 이유는, 소극적으로는 기독교의 진리와 재래종교의 그것과의 명백한 종차를 그어 놓으려는 데 있다 할 것이다. 이와는 달리 적극적으로는 이러한 재래종교 아래서 자라온 우리들의 사고방식을 명백히 의식함으로써 기독교의 복음의 씨를 올바른 토양에다 받아들이자는 데 더 큰 의의를 발견하게 되는 것이다." "말하자면 우리가 가지고 있는 마음 바탕이 돌짝 밭이라면 우리는 복음의 씨를 심기 전에 먼저 돌을 추려내야만 할 것이고, 만일 비료성분이 부족한 경우라면 우리는 먼저 부족한 비료를 충분히 제공하여서 우선 옥토를 만들어 놓아야만 좋은 복음의 씨를 심어도 무방할 것이다. 이렇게 돌을 골라내고 비료를 주고 하는 것은 우리 쪽 책임이다."

1. 토착 이론의 탐색 • 115

민족의 마음 밭에 들어가서 자라난 것을 보니까 다른 민족이 거두어 놓은 결실과 동일한 것이라는 확실한 증거가 나타남으로써만 복음의 토착화 문제는 그 마지막 목표에 도달한 것이라고 말할 수 있을 것이다. 복음의 결실이 좋은 열매가 아니고 변질된 열매가 되어 버렸다면, 이 토착화는 잘못된 토착화라고 단정해서 좋을 것이다. 여기서 우리는 복음의 개체성과 함께 동시에 보편성을 인정하게 되는 것이다. 이러한 복음의 주객관적 결실을 토착화는 문제 삼게 되는 것이다."(101f)

1.2.3. 정체성 문제로서의 토착화

지금까지 살펴 본 윤성범의 세 논문에서 윤성범은 자신의 토착화 이론이 복음의 능력이나 하나님 행동에 관련된 것이 아니라, 복음을 받아들이는 수용자 측, 즉 주체성의 차원에서 복음을 받아들이는 자세의 문제로 다루고자 했다는 것이 분명하다. 복음의 핵심적 표현인 성육신론과 비교해 볼 때, 윤성범의 토착화론은 인간적 작업에 관계된 것이다.[156] 그

---

156) 윤성범, "'Cur Deus Homo'와 복음의 토착화" in: 「기독교사상」 1966, 12, 26-33.에서 자신의 이 입장을 다시 한 번 명백하게 했다. 성육신의 교리는 성육신이, 곧 1) 하나님 자신의 행위라는 것, 2) 육신으로 오신 이 속죄자 예수가 (하나님과 세상의 매개자가 아니라) 곧 창조자 하나님과 동일하신 분이라는 것, 3) 그로 인해 하나님의 신성이 인성으로 변질됐다는 것을 의미하는 것은 아니라는 것, 그리고 4) 하나님의 인간이 되셨다는 것은 역사나 이해를 통해 인식되는 것이 아니고 성령을 통해 믿음으로 알려진다는 것을 말해 준다는 것이다. 그리고 바로 그렇기 때문에 복음의 토착화는 이 성육신 사건의 모델과는 상관이 없다는 것을 강조한다. 비록 성육신 모델이 (즉, 특정한 지역에 떨어진다는 점과, 영원이 유한으로, 보편이 특수로 전도된다는 점에서) 복음

것은 신학의 일이고 교회의 과제이다. 복음 자체의 선포나 그에 대한 해명이나 설명이 아니다. 그 적용에 대한 얘기도 아니다. 복음이 관심이 아니라, 그 복음을 받아들이는 일과 관계된 이론이요, 복음의 수용론일 뿐이다.

여기서 윤성범은 복음이라는 용어 사용에 있어 모순된 주장을 제기하고 있는 것처럼 보인다. 감으로서 복음과 자리는 솜씨의 대상에 의해 다스려져야 할 것으로 변질 가능하다는 것이 그의 논점이다. 이는 그의 "한국교회와 토착화론"에서도 확인되는 바이다. 그러나 성육신론은 변화될 수 없는 것이기에 토착화론과 다른 것이라고 한다. 그렇다면 "Cur Deus Homo와 복음의 토착화"를 대비시킨 데에서도 알 수 있듯이, 성육신론은 그의 토착화론, 즉 솜씨의 처리대상으로서의 복음에 속하지 않는단 말인가? 성육신이 복음이 아니라면 그의 복음은 무엇인가? 그는 적어도 복음이라는 그의 다양한 개념사용에 대해 해명했어야만 했다.

그의 많은 비판자들의 오해는 바로 여기에서 비롯되었다. 앞에서 살펴본 대로 박봉랑과 전경연은 윤성범의 주장을 삼위일체의 흔적 내지 접촉점 혹은 전이해의 문제로 보고자 하였다는 데에 그 공통점이 있었다. 그들의 눈에는 윤성범의 인간적 주체성에 대한 강조가 복음에 대한 위협으로 보일 수밖에 없었다. 그러나 논쟁 기간 내내 복음이나 그 영향력에 대한 추구는 윤성범의 주 관심사가 아니었다. 이를

의 토착화 과정과 유사성을 지니고 있지만, 성육신 사건은 유일회적 하나님의 행동이라는 점에서, 이것은 "즉 하나님의 행위와 인간의 행위가 합해서 이루어지는 토착화 과정과는 그 차원이 다르기 때문이다"라고 한다. 그러므로 "육신을 입으신 그리스도가 변질이나 변형될 우려가 있는 씨의 과실과 같은 것은 아님은 분명하다."

테면 한국적 문화 아프리오리를 자리의 문제로서 규정하는
동시에 또 솜씨의 차원에 속하는 것으로 해명하는 데에서
보여주는 섬세함이 복음에 대해서는 전혀 보여지지 않는다.
윤성범의 주장은 토착화를 복음의 주체성의 관철에 관한 이
론으로 이해하는 유동식의 이론과는 전혀 다른 강조점의 방
향을 지니고 있었던 것이다.157)

그의 관심이 복음의 수용과 주체성에 한정되어 있는 한,
복음이라는 개념은 그에게 일종의 총합개념(Sammelbegriff)
이었다고 여겨진다. 특정한 신학전통을 의미하든, 기록된 말
씀을 의미하든, 성육된 말씀을 의미하든 간에 이 주제에 대
한 논의는 그의 토착화론의 직접 관심사에서 벗어나 있었
다. 그에게는 자신의 비판자들이 자신의 관심사가 아닌 것
을 가지고 자기를 공격하는 것처럼 보였고, 자신의 독특한
주장인 한국문화의 아프리오리에 대한 이론은 존중되지 않
은 것처럼 보였다. 그래서 그는 자신의 단군신화 해석이 자
신의 토착화론과는 아무런 직접 관련이 없다고 강한 어조로
말할 수 있었다. 즉 그의 관심은 주체성의 확인과 수용성의
과정에 있는데, 단군신화는 오히려 삼위일체론의 잔해로서
객관적 계시 차원에 해당되기 때문이라는 것이다.158)

---

157) 전경연, "그리스도교 문화는 토착화할 수 있는가? -민족전통과 그리스
　　도교 신앙-", in:「신세계」1963. 3, 207-213. 유동식의 토착화의 원리가
　　복음의 자기부정과 그 주체성의 관철이라는 성육신 모델적이라면, 그
　　래서 그의 토착화 이론은 복음의 본질 규명과 한국적 바탕의 파악과
　　복음의 한국적 해석이라는 절차를 통해 수행되는 것으로 주장된다. 그
　　러나 이에 대한 전경연의 비판은 토착화 논의가 복음의 자기부정이
　　아니라 민족전통이 자기부정과 신앙고백적 표현에 초점을 맞추어야
　　할 것이라고 주장하였다.
158) 박봉랑,「신학의 해방」, 대한기독교서회 1991. 824-827. 이 점에서 있

118 • Ⅱ. 성(誠)의 신학: 토착화신학의 형성

윤성범의 의도에 충실하게 그의 토착화론을 살펴보자면, 토착화 과정의 삼 단계는 곧 피선교지의 입장에서 기독교 선교가 올바로 수행되는 과정에 골몰하고 있다. 그러나 그는 한국교회가 계속 숙고해야만 했던 초기의 신앙경험에는 전혀 집중하지 않았다. 선교가 성공하려면 어떤 요소가 주된 역할을 하며, 어떻게 이 과정들이 진행되어야 하는지를 보이고자 했다. 윤성범의 "문화적 아프리오리"는 그런 점에서 중요하지만, 그러나 결정적인 것은 아니다. 선교는, 그가 생각하듯이, 복음과 함께 도입되는 어떤 낯선 문화가 선교받은 나라의 문화와 만나는 것이 아니다. 그렇지 않다면 복음은 "옛 문화"에 맞서는 "새 것"일 수 없을 것이다.

윤성범이 신약성서에서 "새 술은 새 부대에"라는 예화를 끌어와서, "새 술"로 복음을 의미하고자 했을 때, 그 "새 부대"는 새 문화가 아니라, 받아들일 준비가 되어 있는 지금까지의 문화였던 것이다. 또한 윤성범이 씨의 비유를 사용했다면, 그 씨를 담는 토양은 지금처럼 그대로 머물러 있어서는 안 되고, "새롭게" 준비되어야만 한다. 어떤 내용의 준비가 필요할 것인지에 대하여, 윤성범은 우리가 지금까지 살펴본 논문들에서 암시하고 있다. 하지만 이 준비를 민족의 고유한 종교전통에 대한 비판적 작업을 통해서 추구하는 것이 그에게 중요할 뿐이다. 한국 선교의 시작과 초기 한국교

어 김광식은 윤성범이 자신의 의미전달에 맞게 표현하려면 바르트로부터 차용한 용어 vestigium trinitas를 버리고 residua를 사용해야 했다고 논증하고 있다. 김광식, 「토착화와 해석학」, 한들출판사, 49-50 그러나 윤성범은 이 용어를 의식적으로 사용하였고, 나중의 이 논쟁에 대한 박봉랑의 회고에서도 나타났듯이 이 용어문제에 있어서의 혼돈은 논쟁의 주안점이 아니었다는 것을 지적한다.

1. 토착 이론의 탐색 • 119

회에서 이 준비가 가능했는지는 그의 관심 밖에 있다.[159]

윤성범은 복음을 '감'에 속한 '자리'로 파악하고, '솜씨'의 작업 재료인 '감'으로 보고자 했다. 이때 복음의 내용인 성육신은, 복음을 솜씨의 대상으로 삼는다는 윤성범의 토착화 신학의 주제가 아니다. 만일 그가 "복음의 토착화"를 말하고자 한다면, "기독교적 사신(Christliche Botschaft)"을 통한 "복음"이라 하거나, 혹은 "기독교적 문화"로 바꾸어 표현하는 것이 더 적합할 것 같다. 윤성범의 이론은 선교실천을 위한 문화적 필수조건에 집중하고, 한국인의 정체성 문제가 주된 역할을 하는 선교상황과 씨름하고 있다. 그러나 복음 자체는 상황에 종속되지 않는다고 하겠다.

2. 성(誠)의 신학의 형성

1970년대에는 한국 신학자들이 전반적으로 자기정체성을 묻고자 하는 경향이 이념적, 실천적 문제의식으로 전환되고 극단화되었다. 60년대에 이 경향이 전통문화와 전래종교에 머물러 있었다면, 이제 서구신학은 제국주의적 관념적인 것으로 간주되었고, 그 신학 자체의 변경과 대안을 목표로 삼는다는 민중신학이 대두되었다. 그런 의미에서 70년대는 민

---

159) 물론 윤성범은 "Cur deus homo와 복음의 토착화" 말미에서 한국교회 초기의 네비우스 방법을 토착화운동의 기원으로 언급하고, 길선주를 그 대표적인 인물로 본다. "그의 과감한 한국화 운동은 네비우스 방법의 절정"이었다는 것이다. 여기서 윤성범은 길선주의 신학내용이 아니라 다만 그의 네비우스식 선교방법에 주목하고 있을 뿐이다.

중신학의 시대였다. 그러니 그린 정치신학적 열풍 속에서도 토착화신학의 관심이 사라진 것은 아니었다. 오히려 질적으로 심화되었다고 할 수 있다. 윤성범은 그의 「성의 신학」(1972)을 통해서 자신의 이론을 완성했다면, 김광식은 그의 「선교와 토착화」(1975)를 써서 토착화를 해석학의 학문적 과제로 다루기 위한 기초를 마련했다. 윤성범의 "성(誠)의 신학"은 이전에 프로그램으로 제시된 그의 토착화 이론을 체계적으로 신학화한 것이라 볼 수 있을 것이다.

2.1. 두 번째 논쟁: 성(誠)의 신학

단군신화 논쟁에서의 미해결 문제는, 윤성범의 단군신화론이 토착화 프로그램이 아니고, 게다가 성육신이 토착화의 모델도 아니라면, 과연 무엇이 윤성범의 토착화 신학일 것인가 하는 것이다. 그는 마침내 유교철학의 '성'(誠)이라는 개념을 신학적으로 이론화함으로써 '성(誠)의 신학'을 제시했다. "성(誠)을 한국적 신학의 근본 계기로 삼아 보려는 것이 본 논문의 요지이다. 이 개념은 바로 동양사상의 핵심이며 동시에 한국사상의 노른자위 같은 것이기 때문이다."160) 그뿐 아니라 그에게 있어서 '성'은 철학적으로는 후기 하이데거의 '언어'에 해당하고, 신학적으로는 바르트의 '하나님 말

---

160) 윤성범, 「성의 신학」 서울문화사, ²1975, 16. 이 성은 철학이나 종교 또는 학문 일반에만 적용될 뿐만 아니라 음악, 시가, 심지어는 미술 공예에까지 영향을 끼치고 있으며 마침내는 가장 근본적으로 우리의 윤리와 사회문제 해결의 핵심적인 계기가 되어 있다는 말이다.

씀론'에 상응하며, 성서적으로는 요한복음의 말씀이해에 해당한다는 것이다. 특히 율곡에 의해 진술된 성 개념은 곧 하나님 의 말씀에 해당하고, 이는 유학의 원조인 공자 사상의 형이상학적이고 철학적인 진리개념과도 큰 차이가 있다는 것을 강조하고 싶어 한다.161) 그러나 윤성범의 이러한 시도는 이전의 논쟁 못지않은 반발에 부닥쳤다. 우선 그의 성 개념을 정리하고, 그의 기본구상을 살펴보고자 한다.

2.1.1 논쟁의 발단과 전개

윤성범의 성 개념에 대한 설명은 1970년 10월에 발표된 논문 'Theology of Sincerity An Attempt to form a Korean Theoloy'에 잘 드러나 있다.162) 'Sincerity as Pre-Understanding' 이라는 이름이 붙은 이 논문의 첫 부분에서, 복음의 내용을 이루는 계시라는 말은 동양인에게 낯설기 때문에,163) 그는

---

161) Ibid., 22 "율곡은 성 없는 인간의 모습을 비관적으로 보았다. 율곡은 현대신학 특히 바르트의 교의학의 중심이라 할 수 있는 인간의 겸비 (Demut, Humilitas)를 잘 알고 있었다고 할 수 있다. 성(참 말씀 혹은 하나님 말씀) 없는 인간의 절망적인 모습을 잘 알고 있었던 것 같다." 그러나 주관적 기쁨과 객관적 기쁨을 말하지만 부정의 모습에는 초연한, 초주관적 정적의 경지를 말하는, "공자의 경우에는 아무런 부정의 길(via negativa)도 찾아볼 수 없다."고 한다.

162) 윤성범, 'Theology of Sincerity An Attempt to form a Korean Theology' 1970년 10월 북동아 신학 저널에 발표된 이 글은 「기독교 사상」 1973. 1과 「한국종교문화와 한국적 기독교」 in 윤성범 전집, 서울 1998에 재수록 되었다.

163) 윤성범, 「한국유교와 한국적 신학」 in: 윤성범 전집, 서울 1998, 361-362. "Revelation is the content of the Gospel. However, how can Western theology be understood in an alien cultural and spiritual tradition? The concept of revelation is entirely alien to us Oriental people. The term,

동양인들에게 익숙한 성이라는 개념을 통해 복음을 더 잘 이해할 수 있게 하고자 한다는 의도를 밝힌다.164) 다음으로 Theology as Sincerity라는 둘째 부분에서는 성 개념에 해명이 이루어진다.

성(誠)이란, 한자어는 본래 말(言)과 이루어짐(成)의 합성어이다. 성은 말씀이 이루어진다는 뜻이다. 윤성범은 말하기를, "이 개념의 뜻은 예수의 죽음의 순간에 하신 말씀 '다 이루었다'에서 나온다. 이 개념은 고로 칸트의 용어대로 한다면 '신적인 오성'과 유사하다. 성은 '참다운 말씀'으로 생각될 수 있다. 독일어, 행동-말씀 혹은 말씀-행동은 성의 범주 아래에 있다고 할 것이다."165) 그렇기에 그는 성을 '성취된 말'로 규정한다. 그리고 말씀으로 하나님이 세상을 창조하신 것, 예수가 광야에서 마귀의 시험을 물리치신 것, 많은 병자

"revelation," is a word for word translation from Greek, without doubt. Therefore, it is no wonder that the term, "revelation," is an alien concept to our Oriental people. If it is so, is there any possibility of finding any adequate and applicable concept, which has been used in the tradition of three Oriental cultures (Chinese, Korean and Japanese), instead of this term, "revelation"? As a matter of course, it is natural that the Oriental concept substituted for the concept, "revelation" must be proved as a category which is authenticated in form and concept. Is it possible to find an Oriental category which could be used instead of the ambiguous concept of Western theology, "revelation"? From this viewpoint, I prefer to take the term, "sincerity", as a key concept. (The Chinese pronounce the word as ch'eng, the Korean as Sung the Japanese as sei or makoto. I am going to use sung.)

164) Ibid., 363. "My Proposal is simply that the Gospel should be reinterpreted through the preunderstanding Sung for our Korean people. It means also, in reverse, that the key concept, Sung(sincerity), should be reinterpreted in the light of the Gospel. I am sure that the proclamation of the Gospel will become more meaningful for my people because of the concept of Sung."

165) Ibid., 363-364. Rudolf Bultmann : Das Evangelium des Johannes, 1957, 5.6

를 고친 것 등의 예를 통해서, 성은 결국 요한복음 서언의
말씀, "태초에 말씀이 계셨다. 이 말씀이 하나님과 함께 계
셨다. 이 말씀이 곧 하나님이셨다"에 상응하다고 하며, 결국
말씀이 육신이 되셨다는 이해도 성 개념으로 포괄된다는 주
장에 이른다.(364) 윤성범이 성에 대한 다른 독일어 번역들
'Wahrhaftigkeit', 'Treue', 'Ehrlichkeit' 보다도 "Redlichkeit"를 선
호하는 것은, 언어(Rede)의 가능성을 통해서 신학적 계시개
념을 매개하기 위해서라고 한다.166)

윤성범은 이 개념의 계시 신학적 관련성을 「중용」과 율곡
의 「성학집요」를 통해 밝히고자 한다. 중용에는 "성자 천지
도 사성자 인지도야"(誠者 天之道 思誠者 人之道也)라는 말
이 있다. 그는 이 말을 '성자'는 계시, 나아가 하나님을 의미
하는 것으로, '사성자'는 신앙 나아가 신자를 의미하는 것으
로 해석한다.167) 그리고 그가 신학에 대한 가장 완벽한 표현
이라고 보는168) 바르트의 3중적 하나님 말씀론을 율곡이 성

---

166) Ibid., 365-366. "In German Sung(Sincerity) is translated as Redlichkeit. Of
course, the word Wahrhagtigkeit which means truth or Treue may look
closer to the meaning of Sung. However, Redlichkeit seems more significant
for the reason that Redlichkeit can be interpreted as the possibility of
Word(Rede) or the source of the Word. The Word 'Redlichkeit', therefor,
implies more fully the theological thinking that God is the source and the
owner of the Word, and that only in Gott is there the possibility of the
word.

167) Ibid., 366 "In the Confucian writing, The Mean, we find the saying:
'Sincerity is the way of heaven; doing sincerity is the way of human being.'
Mencius replaced the doing of sincerity with thinking of sincerity is the
equivalent of revelation, and the thinking of sincerity or doing of sincerity.
Sincerity is the equivalent of faith. Thus, we may interpret the Confucian
sung (fulfiled Word, True Word) as God himself, and the one who practice
sung as the believer."

을 지(志), 리(理), 기질(氣質)의 셋으로 나눈 것에 상응하는
것으로 본다.169) 이 율곡이 말한 것 "이무성즉불격(理無誠則
不格: 이가 있어도 성이 없으면 격에 맞지 않는다), 여지무
성즉불립(如志無誠則不立: 만일 뜻이 있어도 성이 없으면
설 수 없다), 기질무성즉 불능변화(氣質無誠則 不能變化: 기
질이 있어도 성이 없으면 변화할 수 없다)"는 곧 그에게 성
신학의 가능성이 된다.170) 그래서 윤성범에게 율곡의 철학
은 성의 신학으로 정의될 수 있다. 성은 인간이 자기의 본성
에 되돌아갈 수 있는 유일한 길이고. 성 안에서만 비본래성
에서 본래성에로의 전환이 가능하기 때문이다.(367)

"따라서, 성은 하나님이 초월적인 것과 마찬가지로 초월적
본성을 지닌다는 것에 유념해야 할 것이다. 물론 성은 성령
의 활동으로서 내재적일 수 있다. 그러나 그런 내재는 인간

---

168) 윤성범, 「성의 신학」, 16-17. "본래 희랍어의 신학, 즉 테올로기아라는
말은 'das Zur Sprache-kommen Gottes'이라는 뜻을 가지고 있다. 폴 틸리
히는 그의 상관방법에 입각하여 하나님과 인간과의 공동작업으로 보
고 있다. 그런데 하나님에 대한 가장 신학적으로 완벽된 표현은 '말
(spracher, 로고스)'을 삼중적으로 이해하여 삼위일체 신론적으로 전재시
킨 칼 바르트의 입장에서 찾아 볼 수 있다."

169) 윤성범, 「Theology of Sincerity」 366-367. "Karl Barth distinguishes, the
Word of God written, the Word of God proclaimed, the Word of God
revealed(Kirchliche Dogmatik, Bd, Ⅰ, p. 399ff). We find another similar
interpretation of the Word and the Writing of Yul Gok (a great Confucian
scholar of Korea, 1536-1583), Sung hak chip yo(the compendium of the
Holy Learning)".

170) Ibid., 367. "For Yul Gok Sung is not simply a ri(reason or principle), but
the ontological ground itself. Just as the Platonic ideas, Sung is recognized
by him as a kind of objective realm of truth, and also as the cause of
creation, redemption and salvation. Although Yul Gok did not develop the
principle of sung metaphysically, he established it firmly as the defining
principle of man."

존재에 대해 타자로 인식될 것임에 틀림없다. 그러므로 인
간은 성의 내주이다. 그리스도는 성의 현상들이고 그 현상
들의 전체성이 말씀이다. 그래서 그리스도는 인격으로서 우
리를 만난다. 인격적 하나님의 개념이 보다 이성적인 신유
학 안에서도 발견되지 않고, 다만 율곡에게서만 인격화되어
있다. 그러므로 하나님의 동양적 개념은 성 자체라고 말해
야 할 것이다."(368)

「성의 신학」 제1장은 그 책의 프롤레메고나에 해당한다.
여기서는 특히 해설을 덧붙인 자신의 방법론적 전제를 10항
목으로 밝히고 있다. 그 가운데 이전의 특징인 수용자 측의
주체성을 나타내는 세 번째 항목의 입장을 더욱 관철한, 혼
합주의의 옹호로서 새로이 강조된 아홉 번째 항목이 그의
성의 신학의 특징을 잘 나타내 주고 있는 것처럼 보인다.171)

---

171) 윤성범, 「성의 신학」, 12-16. 그 가운데 여기서는 자리에 대한 이전이
강조를 재확인해 주는 세 번째와 아홉 번째 내용을 우선 자세히 밝혀
두고, 보다 직접적으로 방법론에 관계된 일곱, 여덟 번째 조항은 나중
에 언급될 수 있을 것이다. 그 10가지 사항은 다음과 같다. 1) 한국인
의 성 개념은 서구신학에서 말하는 계시와 동등한 성격을 가지고 있
다. 2) 성의 신학은 종래의 모든 독단적인 철학의 입장을 지양하고 조
화를 전제한 종합적 입장을 목표로 삼는다. 3) 그리스도교 신학에서
말하는 복음은 그 핵심을 그리스도에게 다 두고 있음은 더 말할 나위
가 없다. 그러므로 그리스도의 절대성, 유일회성이 강조된다. 그런데
복음을 종자와 같은 것으로 본다면 이 종자는 좋은 토양을 전제해야
만 좋은 결실을 예기할 수 있다. 이러한 토양은 폴 틸리히의 정황일
수도 있고, 좀 더 구체적으로는 인간의 마음 바탕이며, 윤리와 종교와
학문 등, 말하자면 문화 일반이라 할 수 있다. 이러한 인간적인 세계
와 관계하고 있는 복음은 종자와 같이, 토양을 전제한다는 의미에서
상재적임을 면할 길 없다. 즉 아무리 종자가 좋고 절대적이라 할지라
도 토양이 좋지 못하면 결국 종자 자체가 변형될 수도 있다는 것이다.
결국 복음의 열매는 종자와 토양의 결합에서 이루어지기 때문이다. 그
러므로 이 복음이 변형되지 않고 보존할 책임이 바로 신자에게 부과
되어 있다는 말이다. 복음이 아무리 절대적이라 하더라도 신자의 책임

"아홉 째, '성의 신학'은 동양인 특히 한국인에게 기독교 진리를 가장 올바로 이해시키기 위한 공작에 지나지 않는다. 그러므로 기독교 진리와 대비되거나 근사한 종교적 현상들을 면밀히 연구하고 검토하는 것을 전폭적으로 허용한다. 이러한 의미에서 니버의 구분법을 빌린다면, 통일주의의 성격을 띠게 될지 모른다. 계시와 자연, 그리스도와 문화의 관계에서는 일단은 그렇게 되지 않고는 불가능한 것이 분명하다. 문제는 이러한 혼합에서 어떠한 열매가 맺혀야 되느냐가 중요하다. 통일주의를 떠나서는 복음의 씨가 토양에 토착될 수가 없기 때문이다."172)

성의 신학에 대한 옹호와 비판이 크게 일어났다. 반대자들 가운데 이종성은 무엇보다 이 혼합주의 방법론을 두 가

이 부과되지 않는 한, 그 절대성이 보존되지 않을 뿐 아니라, 인정되지도 않을 것이다. 4) 이상의 인간의 마음 바탕이 한국적 신학의 가장 큰 관심사라고 한다면... 인간 교육의 중요성을 재강조 하지 않을 수 없게 된다. 이 점에서 볼 때 유교의 전통은 인간교육의 하나의 훌륭한 범례가 된다고 볼 수 있으며, 이것은 신앙의 전이해가 아닐 수 없다. 5) 신학의 보편성에 대한 문제이다. 한국적 신학은 한국인의 성이라는 특이성 가운데서 기독교 진리를 이해함으로서 세계교회 신학에 기여해야 된다. 이렇게 해서 세계교회 신학에 일원이 됨으로 한국적 신학의 보편성은 확립된다. 6) 성의 신학은 하나의 미래학이다. 7) 성의 신학은 종말론적이다. 다시 말하면 모든 우리의 유산인 전이해를 교육에 의하여 전적으로 쇄신하여, 진리를 받아들일 수 있는 바탕으로 삼을 뿐만 아니라, 다음 여덟 번째에 논할 생산적 결과를 지향하고 있기 때문이다. 8) 성의 신학은 종합적인 방법을 지향하고 있음 물론이려니와, 특히 기독교적 서구적 전통과 우리의 고유한 전통을 본질직관 할 수 있는 현상학적 방법을 택한다. 9) 성의 신학은 동양인, 특히 한국인에게 기독교 진리를 가장 올바로 이해시키기 위한 공작에 지나지 않는다. 10) 성의 신학은 엄밀한 의미의 '성서의 비종교적 해석'이나 '세속화' 문제에 깊은 관심을 갖는다.
172) Ibid., 15-16. 그가 말하는 니버의 도식은 1. Syncretism 2. Development 3. Transformation이다.

2. 성(誠)의 신학의 형성 • 127

지로 문제 삼았다. 하나는 개념 문제이다. 윤성범이 혼합이라고 하지만 이는 혼합이 아니라 혼동이라는 것이다. 혼합은 양자를 조화, 절충하여 제삼자를 만드는 것을 의미하는데, 성을 계시로 본다거나 신으로 본다거나 기독으로 보는 것은 단지 혼동에 지나지 않는다는 것이다. 또 하나는 윤성범이 바르트에 충성하면서 이 글을 썼다는데, 과연 바르트가 혼합 내지 절충주의를 인정했겠는가를 반문했다.[173]

김의환은 "성신학에 할 말 있다"에서 우선 윤성범의 혼합주의적 전제설정을 문제 삼았다. "그러므로 우리의 작업은 샤머니즘적인 한국신화의 테두리 안에서나 인본주의적인 유교의 성 사상의 틀 속에서 기독교 진리를 받아들임으로써 토착화 신학을 꾀할 것이 아니라, 오히려 한국적 문화를 기독교 진리의 심판 아래 두어서 진리가 한국문화의 기저선까지 뚫고 들어가 마침내 기독교화 된 새로운 문화 수립을 꾀함이 지당할 것이다"라고 했다.[174] 다음으로는 '성' 개념과 그에 따른 해석방법에 대해 비판했다. '성' 개념이 과연 유교사상의 중심인지를 물었다. 그리고 "성은 곧 하나님 말씀이며, 참 말씀이며, 그리고 말씀이 육신이 되심을 표시한다"는 윤성범의 주장에 대해, "맹자와 율곡에 있어서의 성은 사람의 말을 이루는 수신적 의미에서 쓰인 것이지 "하나님 말씀"을 이루는 구원적 의미는 전혀 없는 것이다"라고 반박했다.[175]

---

173) 이종성, "복된 말씀" 72.12. 이 논문이 「한국의 신학사상」, 기독교사상 편집부 편, 대한기독교서회 1983, 138-140.에도 실려 있다.
174) 김의환, "성신학에 할 말 있다", in: 「기독교 사상」 73.3. 이 논문이 「한국의 신학사상」, 159-167.에도 실려 있다. 그리고 자신의 방법을 한국적 토착화가 아니라 성서적 토착화라고 부르고자 했다(163).

128 • II. 성(誠)의 신학: 토착화신학의 형성

이종성의 논문에 대해시 윤성범은 "성의 신학이란 무엇인가"를 써서 자신의 입장을 다시 한 번 확인했고,[176] 김의환의 글에 대해서는, 김광식에 의해 '성 신학에 가능성 있다'는 제목의 반박문이 나왔다.[177] 그러나 무엇보다 윤성범은 '성의 신학 서론에서 성의 방법론적 구조를 알기 위해서는 그의 논문 '바르트의 영 이해와 기술의 문제'(1969)를 참조하라고 일러주고 있다.[178] 단군신화 논쟁에서와 마찬가지로 성의 신학 논쟁에 있어서도 그는 방법론적인 작업을 우선적으로 수행했던 것이다. 그리고 이 방법론상의 연속성과 통일성이 그의 신학적 작업내용을 특징짓고 있는 것이다. 성의 신학의 구도와 내용에 대해 개괄적으로 살펴 본 다음 성 신학의 방법론적 기초를 이루는 "영과 기술의 문제와 윤성범의 방법론"을 그에 대한 김광식의 언급과 더불어 살펴보고자 한다.

2.1.2. 성(誠) 신학의 내용

이 책은 서론과 부록을 가진 일곱 장으로 이루어져 있다. 프롤레메고나 (제1장)를 제외하면 크게 두 부분으로 나누어진다. 삼위일체론적 전개구도를 가진 첫 부분은 신론(제2장), 기독론(제3장), 성령론(제4장)으로 이루어진다. 이는 동일한

---

175) Ibid., 165.
176) 윤성범, "성의 신학이란 무엇인가?", in: 「기독교사상」 73. 2. 이 논문이 「한국의 신학사상」, 138-149.에도 실려 있다.
177) 김광식, "성신학에 가능성 있다", in: 「한국의 신학사상」, 168-179에 편집되어 있다. 본래 「기독교사상」 73. 4.에 실렸던 글이다.
178) 윤성범, 「성의 신학」, 12.

2. 성(誠)의 신학의 형성 • 129

하나의 유교적 개념 '성'을 가지고 신학적으로 설명된다. 성은 하나님의 말씀이며, 그리스도의 화신이며, 또한 성령의 사실인 것이다. 둘째 부분인 인간론(제5장), 윤리론(제6장), 문화론(제7장) 역시 '성' 개념을 가지고 전개된다. 성 개념은 초월과 내재를 동시에 말하는 개념이요 윤성범의 신학 원리이기 때문이다.

1) 성의 초월성

a. 신론 '1. 서언'에서 윤성범은, 이전에 그의 신학이 지닌 선교적 목표를 언급 적이 있지만, 이제 그 신학을 수행하는 전략에 대해 더 구체적으로 말한다: "그리하여 계시라는 낯선 개념 대신에 성이라는 친근한 개념을 대치하여 신학적 제 문제를 해석해 나간다면 동양천지는 온통 이 성의 개념 하나로서 기독교의 진리의 접촉점과 출발점을 삼을 수 있으리라 믿는다."(36) 낯선 개념을 친근한 개념으로 대치하는 전략이 그것이다. 윤성범은 유교적 개념인 성 뿐만 아니고 불교의 원음(둥근 소리, 원만한 소리)나 일음(한 소리)도 훌륭한 종교적 개념으로서 신학적 용어로 채택될 수 있다고 본다. "그러므로 우리가 성이나 원음과의 둘 중의 하나를 취사선택하는 것은 오직 두 용어의 사용 정도 혹은 이해 정도에 달려 있다고 보는 것이 좋겠다. 전자, 즉 성은 동양인에게는 가장 보편화되고 가장 친숙한 개념임을 알 수 있다."(37)

신론의 전개에서 나머지 내용은 성의 신학의 근거를 세우려는 것이라기보다는 그 근거 내용이 다양한 측면에서 비교적용되는 예를 나열한 것이라 할 수 있다. "2. 성의 입장에서 본 제 신관의 평가"에서는 철학적으로 그리고 종교학적으로 평가가 이루어진다. 우선 야스퍼스의 "계시에 직면한 철학적 신앙"의 삼대 신관념의 분류에 따라, 즉 유일신,179) 인격신180) 그리고 성육신181)을 평가한다. 이는 몰트만의 "회

---

179) Ibid., 38-40. 첫째, 유일신 개념은 다양한 현상으로부터 벗어난 어떻게든 하나의 통일을 희구하는 인간의 본능과 같은 "하나에로의 의지"에 기인한다. 그것은 그리스의 자연철학자들이나, 고전철학자들, 심지어 불교의 '일체즉일', '일즉일체'의 도식에서도 찾아 볼 수 있는 바와 같이 "일(一)과 다(多)"의 문제라는 것이다. 이 '하나'를 규정하는 방식은 대개 존재론적으로 이루어지며, 잘못하면 비실제적인 공허한 개념으로 떨어지기 쉽다고 한다. 신학에서 이것은 "세계나 우주 또는 역사로부터 신 증명"의 방식으로 나타난다. 그리고 이 유일한 절대자가 인간 역사 속에 들어왔다고 생각할 경우, 독재적 교권주의(Despotismus)나 열광주의(Fanatismus)로 떨어지게 마련이라는 것이다. 이럴 경우 "성으로서의 하나님 개념은 이러한 주객전도의 불성실과 교만을 알려주는 하나님으로 나타나게 된다. ... 즉 율곡의 말대로 '이무성즉불격'(理無誠則不格)의 경우가 여기에 해당한다고 볼 수 있다. 이것은 바로 율곡의 서구적인 존재론에 대한 반박이기도 한 것이다."

180) Ibid., 40-46. 둘째, 인격 신 개념은 정적인 신에 대한 수정이요, 일보진전인데 구약성서에서 그 대표적인 예를 볼 수 있듯이 신인동형론적인(anthromorphismus) 특징을 갖게 된다. 신학적으로 '인간실존으로 부터의 증명'에 해당하는 이 인격신 개념은, 그렇기 때문에 초월성을 잃게 되면 무신론으로 떨어질 가능성이 있다는 것이다. 윤성범은 한국의 신개념은 인격신을 주로 하고 있다고 볼 수 있고, 오히려 너무 지나치게 인격신을 숭상해 왔기 때문에 영웅 숭배, 인격화된 자연숭배에 빠지게 되었다고 한다.(44) 율곡의 성의 입장에서 본다면, 이는 '여지무성즉불립'(如志無誠則不立)으로 볼 수 있다는 것이다.

181) Ibid., 46-49. 셋째, 성육신 개념은 유일신의 초월성과 인격신의 내재성을 종합한 형태라고도 하고, 앞의 두 신관의 변증법적 보완이라고도 한다. 물론 윤성범은 야스퍼스의 성육신 개념에 대해서는 하나님 상을 주관화하는 것이며 심리학의 사건으로 만들어 버리는 것이라고 보고 거부한다. 그러나 율곡의 성의 입장에서 보면 성을 통해 바뀐 '기질'이어야 참된 인간성 vere homo이고, 이 변화는 인간 스스로는 불가능하고 성의 개입을 통해서만 가능하다는 점에서 성은 참된 하나님 vere deus의 모습을 온전히 지녔다고 한다. 즉 성을 통해서는 그리스도의

망의 신학"의 세 가지 신증명의 길, 자연·우주·역사를 통한 방법, 인간 실존을 통한 방법, 하나님 자신을 통한 방법에 상응하는 것이라고 한다. 다음으로 그는 이 세 가지를 한국의 전통 종교들인 불교,182) 유교,183) 도교184)의 종교적 관심사에 적용시키게 되면 각각 이와 상응하는 특성이 드러나

---

vere deus vere homo를 말할 수 있다는 것이다. 그래서 이것이, 율곡의 '기질무성즉불능변화'(氣質無誠則 不能變化)이며 이것은 몰트만의 '하나님 자신으로부터의 신 증명(Gottesbeweis aus Gott) 방법'에 상응하는 좋은 예가 된다고 한다.

182) Ibid., 49-51. 윤성범은 지금까지의 논의와 더불어 한국전통 종교를 살피고자 한다. 첫째, 불교는 유일신 사상과 흡사하게 성격지어진다고 한다. 즉 진여(bhûtatathatâ), 열반(nirvana), 정(靜), 무위(無爲)는 불교의 존재론의 기초인데, 이는 제일원인(prima causa), 순수형상, 영원, 불변, 부동, 자존 등을 말하는 아리스토텔레스의 존재론과 유사하다고 한다. 특히 원효의 '일심'(一心)은 순수사유요, 따라서 초월개념이 아닐 수 없다는 것이다. 따라서 '유일신론적 일심'의 초월적 성격은 '이무성즉불격'이라는 율곡의 성 개념을 통해 내재적으로 격하되어야 한다는 것이다. 단순한 초월적 신은 격조에 맞지 않는 이치에 불과하다는 것이다.

183) Ibid., 51-53. 둘째, 중국 유교의 상제는 다신론적 경향으로 후퇴해 버린 단일신론(Henotheismus)에 가깝다고 할 수 있는데(쇠퇴설), 한국의 유교는 중국의 경우보다 더 인격신으로 화해버렸다고 본다. 그래서 한국의 신관념은 실존론적이라 할 수 있는데, 율곡의 성 개념은 어디까지나 타자(Gegenüber)로서 우리 심성에 내재한다고 보는 것이 타당하다고 한다. '여지무성즉불립'은 이것을 말해 준다는 것이다.

184) Ibid., 54-55. 셋째, 윤성범은 노자 도덕경에서의 도는 성과 똑같은 성격을 지녔다고 본다. 특히 도덕경에서 겸비를 말하는 부분은 성육신의 교리에 접근하고 있다. 이는 구체적 역사적 사건으로 제시되지만 않았을 뿐, 그리스도의 겸비와 비슷하다는 것이다. 특히 영혼과 육체의 혼연일체(unio mystica)의 상태를 종교적 이상으로 보고, 몸의 부활과 비슷한 교리, 장생불사를 주장한다는 점에서, 도교는 기독교와 유사한 점이 있다는 것이다. 그래서 한국적 도교인 선교는 자칫하면 인간의 노력으로 신선이 되려는 잘못된 꿈을 지닐 수 있고, 영혼합일의 원리로 인한 신비주의에 빠지는 것은 필연적이라는 것이다. '기질무성즉불능변화'를 말하는 율곡의 성은 영과 혼의 인간의 전체성인 기질을 변화시키는 유일한 길이라는 점에서 성 개념은 이 모든 것을 능가하는 신학적 개념이 될 수 있다는 것이다.

게 된다고 한다.

"3. 성의 입장에서 본 자연신학"에서 윤성범의 성 개념은 자연신학을 그리고 한국의 종교와 기독교까지 비판하는 원리가 된다.[185] 마지막으로 "4. 성의 입장에서 본 삼위일체론과 단군신화"에서는[186] 1960년대의 그의 단군신화론을 다시 언급하면서, "단군신화는 기독교 삼위일체론의 잔해라고 보며 기독교 신관을 이해하는 전이해가 된다"는 점을 다시 강조한다.(58)

b. **기독론** '1. 서언'에서 윤성범은 성을 요한복음 첫 부분의 로고스와, 하이데거의 언어와, 그리고 '말씀이 이루어지이다'는 한자 풀이와의 관련성을 다시 한 번 확인하고, 이를 그의 기독론 구상의 기초로 삼고자 한다.[187] "따라서 성은

---

185) Ibid., 56-57. "자연신학이란 성 없는 유일신, 성 없는 인격신, 성 없는 성육신을 일괄적으로 지적한다. … 성 없이는 모세의 율법(실재주의)도, 동양의 삼강오륜(합리주의)도 다 같이 자연신학의 범주를 벗어나지 못한다. 이것은 달리는 유교(실재론)와 불효(관념론)의 지양이고 극복이다. 진정한 의미의 고신도의 경지이다."(56) 성은 바로 우리가 가지고 있는 종교적 자연성을 배제하는 원동력이 될 수 있다는 것이다. "그리고 한국 전통종교도 성 없이는 안 된다. 즉 유교는 뜻을 세울 수가 없고, 불교는 이치가 격에 맞지 않고 선교는 기질을 변화시킬 수 없는 것이 되고 만다. 기독교도 유불선 삼교가 지니고 있는 결핍을 가지기 쉬운 것이다. 특히 한국에서는 위의 유불선 삼교가 지니고 있는 결핍을 모조리 가지고 쉽고, 사실 그러한 현실이라고 하겠다."

186) Ibid., 57-59. "적어도 신관념을 우리말로 부르는 것을 이방적이라고 생각해서 Jahwe라고 부르든지, Deus나 God으로 부르자고 할 사대주의자는 없을 것이다. 하느님이라는 말을 우리의 용어에서 쓰는 한에 있어서 단군신화는 잊을 수 없는 연관 속에 있다고 하겠다."

187) Ibid., 61. 이 "성의 이중구조"라는 도식은 중용의 개념에 상응한다는 것이다. 왜냐하면 '중'은 초월자이요, 존재론적으로 터 닦아진 정적(Ruhe)에 해당하는 부분이요, '용'은 이것에 의한 내재적이요, 현상학적으로 이루어진 질서 혹은 율법이라고 볼 수 있기 때문이다." 그래서 성은 신학적으로 계시와 동일한 동양적 개념이요, 중용의 집약이 성이

초월적 개념이면서 동시에 내재적 개념도 되어 신인
(Gott-Mensch)의 도식에 부합된다고 하겠다."(61) 그래서 그의
기독론의 과제는 "하나님과 인간의 양극화, 예수와 그리스
도의 양극화, 율법과 닦음의 양극화를 초극하고 집약시키는
과정", 곧 "성의 집중(concentration)과 확산(extention)의 원리"
를 서술하는 데 있다.188)

그에 따라 성의 기독론적 집중을 논하고, 사적예수를 그
출발점, 그리스도를 그 종착점으로 그리고 예수 그리스도를
그 완성으로 서술해 나간다. '2. 성의 기독론적 집중'에서는
"성이 그리스도론적 해석학적 술어로서 최적의 개념"이라고
한다. 그것은 첫째, "성은 말씀의 성립(terminus a quo)인 동
시에 말씀의 완성(terminus ad quem)이고,"189) 둘째, 성은 말
씀으로 화목, 중재, 화해를 이룸을 뜻하기 때문이라고 한다
."190) "3. 성의 출발점으로서의 사적 예수"에서 윤성범은 후

요, 성의 분화가 중용이라는 것이다.

188) Ibid., 63. 윤성범은 바르트 교의학 Ⅳ부의 구성을 따라 기독론을 서술
코자 한다. 즉 바르트는 속죄론의 제 1부에서 칭의론를 다루고, 제 2
부에서 성화론을 그리고 제 3부에서 구원론을 다루고자 한다는 것이
다. 이는 그의 칭의론이 역사적 예수를 말하는 율법론에 다를 바 없으
며, 그의 성화론은 케리그마의 그리스도를 말하는 복음론이며, 그의
구원론은 위의 두 계기, 즉 율법과 복음, 예수와 그리스도의 일치인
예수 그리스도를 서술하고자 한다는 것이다. 그의 기독론 서술도 이에
상응하게 출발점으로서의 사적 예수, 성의 종착점으로서의 그리스도
그리고 성의 완성으로서의 예수 그리스도로 이루어진다.

189) Ibid., 66. 여기서 전자는 역사적 예수를, 후자는 케리그마의 그리스도
를 뜻하며, 그래서 성은 십자가의 신학(theologia crucis)과 부활의 신학
(theologia resurrectionis)을 상호 보충한다는 것이다.

190) Ibid., 67. 현대신학은 역사적 예수와 전도의 그리스도를 갈라놓기가
일쑤이고 양자를 종합하는 데는 너무나도 인색하였다는 것이다. 그래
서 성의 기독론은 분석으로 인해 갈라진 계기들을 조화, 합일하는 것
을 과제로 삼는다고 한다. 그리고 이러한 과제의 해결은 한국문화 고

기 불트만 학파, 특히 에벨링의 기여를 검토하고, 역사적 예수를 모든 인간학의 율법으로 보는 바르트의 역사적 예수 이해에 도달한다. 타락한 인간 역사의 중심에는 십자가가 서 있다. 십자가의 부정은 현실도피적 역사이해, 율법을 망각한 복음, 의를 망각한 사랑으로 떨어진다. 그래서 십자가의 현실을 이해하는 사람은 겸손할 수밖에 없다. 바르트가 예수의 고난에서 찾고자 하는 믿음의 겸허(Demut des Glauben)를 윤성범은 주역의 겸궤 93효, '勞謙君子有終吉' 이나 또는 (상서)요전 '允恭忠讓 光被四表格于上下'[191] 등에서 찾는다.[192] 나아가 '4. 성의 종착점으로서의 그리스도'에서 윤성범은 불트만의 '율법의 마침인 그리스도'에 대한 논의로 시작한다. 율법의 마침은 율법의 완성이고 곧 구원의 길이

유한 특징중 하나인 일이관지하는 솜씨, 즉 조화의 기교를 받아들이는 데서 가능하다고 한다.

191) Ibid., 66. 참조, '노겸군자 유종길' 勞謙君子 有終吉: 지극한 겸손으로 인해 군자는 마칠 때 길함을 얻는다. '윤공충양 광피사표 격우상하' 允恭忠讓 光被四表 格于上下: 믿음직한 공손과 능숙한 겸양은 전 세계를 빛으로 덮게 하며 천지를 꿰뚫고 하늘에도 꼭 맞고 땅에도 꼭 맞는 것이다.

192) Ibid., 82f. 중국 고전에서의 이런 표현들은 예수의 성육신의 겸비, 십자가의 죽음과 부활, 그리스도 구원 사역의 보편성과 그의 신성과 인성에 상응하게 해석될 수 있다는 것이다. 즉 '윤공'은, 바르트가 지적하듯이 '스스로 택한 겸허'도 아니요, '충양'은 또한 '강요된 겸허'가 아니라는 것이다. '격우상하'는 하늘에도 꼭 맞고(vere deus) 땅에도 꼭 맞는(vere homo) 것을 말한다. 이로써 참 인간의 상은 동양적 개념으로도 찾을 수 있다는 것이다. 그리고 나서 윤성범은 다시 예의 율곡의 삼분법 Trichotomie로 돌아간다. 율곡은 성이 지, 이, 기질에 개입함으로 '참사람 vere homo'의 모습이 드러난다고 본다는 것이다. 윤성범의 기독론은 바로 이것을 역으로 역사적 예수에게서 찾으려 하는 것이다. "신망애의 각도에서 본다면 믿음은 바로 리(혹은 지)에, 소망은 기질(혹은 용)에 그리고 사랑은 지(혹은 인)에 각기 해당한다고 보아도 좋다. 성 없이는 인간은 인간이 아니고 인간을 인간으로 만드는 요소와 근원이 바로 성인 것이다."

2. 성(誠)의 신학의 형성 • 135

다. 이 길은 은혜로 하나님의 의로 낯선 의로 된 것이다. 그
리스도가 하나님의 의로서 인간 구원을 위한 낯선 의가 된
다는 사실을 윤성범은 공자의 논어 위영공편(衛靈公篇)의
"人能弘道 非道弘人"193)을 기독론적 각도에서 해석하고 있
다. 여기서의 인(人)은 성서의 인자와 같은 천상적인 인간에
해당하고 하나님의 아들만이 도(道)를 펼 수 있다는 뜻이 된
다고 한다.194) 이제 '5. 성의 완성으로서의 예수 그리스도'에
서 윤성범은 율법으로서의 역사적 예수와 복음으로서의 케
리그마의 그리스도의 전체성을 말하고자 한다. "그는 참 하
나님이시고 참 사람이다. 그는 참 사람으로 십자가에 죽으
시고 따라서 참 사람으로 부활하신 것이다. 그러므로 그는
'길'(의)이실 것뿐 아니라 '생명'(인)이신 것이다. 따라서 양자
의 합일로서 '진리'이심이 확증된다."(91)195)

---

193) 인능홍도 비도홍인 人能弘道 非道弘人: 사람이 도를 펼 수 있는 것이
지, 도가 사람을 펼 수는 없다.

194) Ibid., 88ff. "인"은 또한 "仁者"(인자)인데, (참조. 중용, 20장 仁者 人也
親親爲大), 仁者는 곧 상제의 대행자이기 때문이라고 한다. 그래서 그
는 맹자에 따라 (참조. 맹자, 구방심장, 제11, 맹자왈: 인, 인심야, 의
인로야) 여기서 그리스도를 인으로 본다면, '사적 예수'의 경우는 '의'
로 볼 수 있다는 것이다. "의는 법적인 과정이라 보면 좋겠고, 인은
인간의 내적인 심성의 발로라고 보면 좋을 것이다." 그러면 신자의 윤
리를 계시의 작용이요, 결실로 보는 바르트의 칭의와 성화론에 상응하
게 (참조, Karl Barth, 「Kirchliche Dogmatik」 II.2, 564f.), "성화는 칭의의
자람이요, 인은 의의 자람이다"라고 말할 수 있다는 것이다.

195) Ibid., 93. "유교에서는 이와 비슷한 태도를 말하고 있다. 즉 중용의 '천
명지위성'(天命之謂性)은 인간의 가장 고귀한 성품은 하늘이 내려 주신
것이라고 보고, 이러한 성품을 이끌어나가는 것이 '도'(率性之謂道)이
요, 도를 닦는 것이 '교'(수도지위교 修道之謂敎)라고 하였다. 이 셋 가
운데서 첫째 것이 그리스도론적인, 즉 달리 말하면 복음적인 성격(그
리스도)을 띠고 있는 반면에 , 둘째 것은 율법적인 성격(예수)을 띠고
있다 해도 좋을 것이다. 마지막으로 셋째 것은 인간 일반에 해당하는
것으로 교육적인 것을 말한다고 하겠다. 왜냐하면 우리는 다 그리스도

136 • II. 성(誠)의 신학: 토착화신학의 형성

기독론의 끝부분 "6. 결론"에서 윤성범은 바르트의 화해론을, 맹자의 친친, 인민, 애물에서 읽고자 한다. 이는 본회퍼의 그리스도론이 인간존재의 중심으로서의 그리스도, 역사의 중심으로서의 그리스도, 그리고 하나님과 자연의 중심으로서의 그리스도로 구분하는 것에 상응하며, 주관적, 객관적, 주객관적이라는 것이다.196) 이는 바로 칼 바르트가 기독론적 삼분법에 의하여 칭의, 성화 그리고 마지막으로, 이 두 가지 계기의 종합으로서 소명을 들어 끝맺는 것과 상응한다는 것이다.

c. **성령론** "1. 서언"에서 윤성범은 우선 바르트의 성령론을 우리를 자유케 하시는 하나님의 영, 우리에게 생명을 북돋아 주시는 영, 그리고 우리를 하나님 자녀가 되게 해 주시는 영으로 요약한다. 이는 지, 인, 용이라는 개념으로 성의 유행으로서의 성령론을 전개하기 위한 기본적 틀이 된다.

"2. 영이라는 말의 어원적 고찰"에서 그는 고린도전서에서 바울이 예언보다 방언을 더 높은 은사로 가르친 것에 대해, 전자를 교회적인 것으로, 후자를 주관적인 것으로 보고자 한다.197) 이렇게 성령을 주객관의 종합으로 보는 이해는 성

의 모방에 불과하기 때문이다. 유교나 기독교나 다같이 '영원한 상아래서'(sub species aeternitatis) 보려는 점에서 일치된다고 하겠다."(93)

196) Ibid., 95. 참조. D. Bonhoeffer, Christologie, Gesam. Schriften, Bd. Ⅲ, 194ff. 맹자는 여기서 친과 인을 구분하고, 인은 대인관계로 보아 객관적 관계이며, 친은 주관적인데, 이는 우선 천과 인간과의 관계가 선행되고, 그 다음에 어버이에 대한 관계로 보기 때문이라는 것이다. 다음의 예는 동물이나 자연을 보호하고 아끼는 것을 의미한다고 한다. "맹자의 사고가 친친에서 인민으로 그리고 애물로의 전도 가능성을 말하고 있는 것과 같이, 신학도 이러한 발전의 단계를 걷게 마련이다."

197) Ibid., 106ff. 이는 영의 본질을 인격으로 보는 물활적(animististisch) 측면과 비인격적 힘으로 보는 역동적(dynamistisch) 측면을 종합하려는 콘첼만의 분석에 상응하게, 성령은 일면 객관적, 교회적, 역동적이고 일면

의 입장에서도 반증될 수 있다는 것이다. 율곡의 견해에 의하면 무위지성(無爲之誠)과 무물지성(無物之誠)을 구별하고, 전자를 객관적인 것으로 보고 후자를 주관적으로 보았으나 결국 양자는 하나요, 둘은 아니라는 것이다. 이런 주객의 종합으로서의 성령론을 그는 성의 유행으로 표현하고자 한다. 그래서 윤성범은 '3. 성의 유행으로서의 성령의 3대 직능'을 말한다. '성의 유행으로서의 성령은, 칸트가 말한 하나님의 완전성을 나타내는 3대 직능과 '중용(中庸)'에 나오는 지(知), 인(仁), 용(勇)의 초월성을 병행하여 설명함으로써 쉽게 이해할 수 있다는 것이다. 즉 "거룩한 입법자 혹은 창조자",[198] "자비로운 통치자 또는 보존자"[199] 그리고 "의로우신 심판

주관적, 개인적, 물활적이라는 것이다.

[198] Ibid., 110ff. "3. 성의 유행으로서의 성령의 3대 직능"에서 첫째, 바르트의 "ㄱ.자유자로서의 성령(知)"은 ―곧 칸트의 입법자 혹은 창조자로서의 성령에 해당된다고 한다. 게다가 "천명솔성(天命率性), 즉무용인위(則無容人爲)" 천명에 의해서만 인간실존인 성이 될 수 있다는 율곡의 말에서 인간실존인 성이 천명을 따라야만 된다는 것을 이끌어 낸다. 그리고 이것은 "순간순간 성령의 지시에 따라 우리의 행동을 결정하여야 된다는 것"을 말해주며, 곧 "자유의 개념 내용"이며, 동시에 "중용에 의한다면 지, 인, 용의 지에 해당한다"고 한다.

[199] Ibid., 115ff. 둘째, "ㄴ.자비자로서의 성령(仁)" 혹은 은혜의 부여자(Pantokrator)로서의 성령은 유가의 표현으로는 "인"이라 할 수 있다. 이 내용은 "인자인야(仁者人也), 친친위대(親親爲大)"라는 말에서도 찾아볼 수 있다. 인(仁)은 곧 사람됨, 즉 '참 사람'(vere homo)을 의미하며, 아버지를 섬기는 일을 최대의 임무로 안다는 말이다. 그러나 "친친사상은 아버지를 섬기는 일이지만, 아버지를 섬기려 하면 사람을 알아야 되고, 사람을 알려고 하면 하늘을 몰라서는 안 된다. 그러므로 사람의 사람됨은 결국 하늘을 올바로 알아야 된다는 결론이 나오게 마련이다."(116) 자유자로서의 성령이 죄로부터의 구출을 말하는 칭의의 범주에 포함시킬 수 있다면, 자비자로서의 성령은 성화의 범주에 해당된다고 한다. "성화는 하나님의 은혜에 대한 불변의 감사와 보존의 상태이다"라는 점에서 인은 성화의 영이다.(120)

자."200)는 각각 저 동양고전의 사상내용인 지, 인, 용에 상응
한다는 것이다.

마지막으로 "4. 성의 임재로서의 실존"에서 윤성범은, 성
이 성령의 사실이라는 것을, "그리스도가 우리에게 오시는
모습이 오늘 여기에 생명적으로 임재함"을 의미하는 "천리
유행"(天理流行)으로 표시할 수 있다고 한다. "유교에서 인
간 본연의 성(실존)은 하나님께로서 유래하지 않은 것이 없
다." 하지만 언제나 "인욕"201)이 성의 실현을 방해하고 있기
때문에, "극기복례202)를 통해 비로소 천리를 알 수 있다"고
말하고 있다. 이것이 바로 그런 점에서 성령의 역사에 연결
된다고 한다. "성령의 역사는 바로 이렇게 자기를 십자가에
못박고, 본연의 성으로 돌아가게 하시는 하나님 자신의 작
업이라고 말할 수 있다"는 것이다.

2) 성의 내재성

a. 인간론 '1. 서언'에서 윤성범은 인간론을 세 부분, 즉 신
학의 하나님의 형상, 인간의 타락, 인간됨의 회복을 유학의
내용과 결부시켜 이해하려는 구도를 밝힌다.

---

200) Ibid., 120ff. 셋째, 윤성범은 "ㄷ.인내자로서의 성령(勇)"에서도, 자유자
로서의 성령이나 자비자로서의 성령과 마찬가지로 "그 초월성이 망각
되어서는 안 된다는 중요한 사실"을 밝히고자 한다. "인간의 행위는
절대적으로 절망을 자인할 수밖에 없다. 그러나 그렇다고 낙심하지 않
는 이유는 성령이 우리에게 용기를 주시고 다시 일어나도록 권고하실
뿐 아니라 또 그렇게 약속하시기 때문이다."(121)

201) Ibid., 125. 주자는 인간의 사사로운 정욕(自己慾)을 세 가지로 들어 말
했다고 한다; 첫째는 성질의 편벽됨(性質之偏)이요, 둘째는 소위 감각
적인 것(耳目口鼻之慾)이요, 셋째는 나의 타인과의 관계에서 깨닫고 이
기려는 생각(人我忌克之私)이다.

202) 극기복례 克己復禮: 자기를 이기고 예로 돌아간다는 뜻.

2. 성(誠)의 신학의 형성 • 139

'2. Imago dei와 천명사상'에서 윤성범은 성서의 하나님의 형상 개념과 유가의 천명사상을 내용적으로 비교 일치시키고자 한다.203) 이 천명(天命)은 바로 성의 하강 혹은 내재화를 의미한다는 것이다. 인간은 성으로 지음 받았다는 것을 밝히는 것은 동시에, 'Imago dei' 가 바로 그리스도의 출현으로 구체화, 역사화되었다는 것을 말하는 것이 된다고 한다. 인간의 타락은 '3. 죄와 인욕'이라는 제목으로 다루어진다.204)

---

203) Ibid., 132ff. 2. "Imago Dei와 천명사상"에 대한 논의를 윤성범은 천명에 대한 해명으로 시작한다. 중용에서 천명지위성이라는 말을 그는, 하늘이 명한 바가 성이기에, 천명은 곧 하나님의 인간에 대한 규정이라고 해석할 수 있다는 것이다. 이는 천과 성은 구분되면서 연결되는 관계 개념이라는 것을 알려주며, 이는 'Imago dei'를 신학에서 하나님의 어떠한 속성이나 본성의 배분으로 보지 않는 것과 상응한다는 것이다. 그래서 유가에서 참다운 인간 본성, 참 사람을 성인이라 하고, 신학에서는 보편적 인간 존재로서의 'Imago dei'를 그리스도라고 한다는 것이다. 알렉산드리아의 신학자들의 'Imago dei'론에서는 형상(imago)과 모양(similitudo)을 나누어 모양은 타락 후에도 보존되고, 형상만 상실하는 것으로 보았다. 에밀 브룬너도 "형식적 imago"와 "실질적 imago"를 구분하여 근원적인 의(justitia originalis)인 실질적 imago는 상실되었으나 형식적 image는 남아서 도덕적 가치평가와 책임적 결단은 할 수 있다고 한다. 그러나 바르트는 종교개혁자들의 입장을 따라 인간은 하나님의 형상을 전적으로 상실하였으며 오직 그리스도를 통하여서만 회복될 수 있다고 하였다. 율곡은 인심과 도심으로 나누어 부분 파괴냐, 전체 파괴냐의 분석적 문제로가 아니라 전인으로서 하나님에 대한 순종, 불순종의 문제로 보고자 하였다는 것이다.

204) Ibid., 140ff. 3. "죄와 인욕"에서 윤성범은 칼 바르트를 따라서 원죄를 교만으로 규정하고 율곡의 인욕이 이에 해당한다고 한다. 율곡은 천리와 인욕을 대립시키고 휴사(休詐: 사욕을 없이함) 함으로써, 성이 존재하고, 그 성은 사람이 방에 거하듯 내주한다는 것이다. 율곡은 성의 내주야말로 인욕의 극복, 즉 손인욕이복천리(損人欲以復天理)로 본다.(142) 그래서 윤성범은 파스칼의 하나님 없는 인간의 가련함과 하나님 모신 인간의 위대함은, 곧 성에 두고 한 말이라 생각한다. "성을 동반하지 않은 사람은 참 사람일 수 없다. 성을 통한 올바른 의지, 성을 통한 올바른 지성, 성을 통한 올바른 기질의 변화, 이것이 율곡의 인간이해로 본다. 성 없는 인간은 원죄상태에 있는 인간이요, 낙원상

"유가에서는 죄라는 말 대신에 억기에 대응되는 관념을 표시하기가 어렵다. 그러나 이와 같은 관념이 전혀 없는 것은 아니다. 즉 인욕이라는 것이 죄에 해당하는 개념이라고 볼 수 있다. 왜냐하면 인욕의 발동은 곧 천명에 대한 반항에 다름없기 때문이다."(131) 윤성범은 이 인욕을 인심으로 명명하고 아우구스티누스의 정욕 'concupiscentia', 원죄 'peccatum originale'에 일치되는 개념이라고 한다. 이제 인욕에 의해 상실된 도심의 회복이 문제가 된다. 이는 '4. 성 안에 있는 존재'에서 다루어진다. "도심, 이것이야말로 진정한 의미에서의 인성이라고 보고 싶다. 물론 이것은 인심과 엄밀히 구분되어야 한다. 여기서 인간이 인간다워지는 것은 하늘과의 관계의 회복에 있으며, 이러한 회복은 성의 임재 혹은 성의 내재에서 가능함을 밝히려는 것이다."(131)

인심과 도심의 대비를 구체화하기 위해 윤성범은 칼 바르트의 화해론의 구상을 환기시킨다. 즉 바르트는 예수 그리스도 안에 나타난 하나님의 은혜를 셋으로 나누었다는 것이다. 하나님의 결단, 지시, 약속은 각기 인간적 측면의 믿음, 사랑, 소망에 해당하며, 그리고 그에 대한 하나님의 행하심은 칭의, 성화, 소명으로 나타난다. 칭의는 율곡의 이에 해당하고 '이무성즉불격'이라 한다. 성화는 지에 해당하며 '지무성즉불립'이고, 소명은 기질에 해당하며, '기질무성즉불능

실이요, 따라서 죄인인 것이다. 율곡은 '아담-그리스도' 도식은 몰랐겠지만 성의 유무로 '인심-도심 도식'은 알고 있었다고 할 수 있다. 왜냐하면 성자성인지본(誠者聖人之本)이기 때문이다." 그리고 윤성범은 그리스도 모방, 혹은 성인 모방을 인간됨 회복으로 보고 기독론에서 살펴 본 믿음, 소망, 사랑의 삼대 덕을, 다시한번 성을 통해 실현되는 지, 인, 용에 대비시킨다.

2. 성(誠)의 신학의 형성 • 141

변화'라고 한다.205) 신학적으로 이 모든 것은 칼 바르트가 말한 바와 같이 하나님으로부터 주어진 은혜라고 말할 수 있다는 것이다.

b. 윤리론 '1. 서언'에서 윤성범은 윤리라는 언어사용의 의도를 밝힌다. "칼 바르트는 윤리를 복음의 형태라고 말하였는데, 이것은 복음에 근거한 우리의 행동규범을 두고 말하는 것이라 할 수 있다."(149) 그렇기 때문에 기독교 윤리는 율법 조항으로 나타나는 것이 아니고, 하나님의 자유로운 은혜에 입각한 자유의 윤리라고 부를 수 있다고 한다. 이런 관점에서 유교 또한 율법적 규칙보다는 윤리적 근본문제에 집중하고 있는 것이 분명하다고 한다. 그런 의미에서 성은 인간적 삶과 윤리의 문제와 관련하여 그 근거를 형성한다. 성은 '대화의 근거', '화해의 근거', '복락의 근거 그리고 '안

---

205) Ibid., 146ff. 이것을 율곡의 입장에서 해석하자면 칭의는 이(理)에 해당한다는 것이다. '이'는 곧 천명에 대한 지식이라고 한다. 이것이 또한 지(知)에 해당하는 부분이다. 그래서 지나 이는 성을 아는 인식 근거이다(ratio cognoscendi). 율곡이 '이무성즉불격'이라고 한 것은, 이가 있다고 하더라도 성이 없으면 하나님에 대한 지적 사랑(amor dei intellectualis)에 불과하다는 말이라고 한다. 여기서 불격은 적절한 하나님에 대한 지식이 못 된다는 뜻이다. 다음으로 성화는 지에 해당한다고 한다. '지무성즉분립', 즉 지는 의지로서 성을 통해서 성 안에서의 의지가 아니면 설 수 없다고 할 때의 성의 의지는 성, 곧 하나님의 명령(천명)에 대한 순종을 의미하기 때문이다. 성이 없으면 인간의 의지는 칸트가 말하는 선의지가 아니라 자의가 되어 버린다고 한다. 세 번째로 기독교인의 실존을 말하는 소명은 기질에 해당한다고 한다. '기질무성즉불능변화'는 신앙의 본질이 인간의 기질을 변화시키는데 있다는 것을 말해 주는데, 오직 성을 따르는 사람만이 자기의 기질, 즉 인간을 바꿀 수 있다는 것이다. 결국 율곡은 이, 지, 기질을 인간의 성품으로 보았고 이것의 본래적 성품을 인간본성(性)으로 명명하고, '지'가 '지'다워지고, '이'가 이다워지며, '기질'이 '기질'다워지는 것의 근거가 성에 있음을 말하고 있다는 것이다.

142 • II. 성(誠)의 신학: 토착화신학의 형성

식의 근거'인 것이다.

'2. 대화의 근거로서의 성'에서 윤성범은 기독교 윤리를 공동체적 윤리의 관점에서 말한다.206) 이것은 또한 유교적 이상에 가깝다는 것이다. '맹자'에 나오는 오륜, 즉 '부부유별 夫婦有別', '부자유친 父子有親', '장유유서 長幼有序', '붕우유신 朋友有信', '군신유의 君臣有義'의 관계들 뿐 아니라, '대학'에 나오는 '수신제가치국평천하 修身齊家治國平天下' 등에서도 공동체 윤리가 강조되어 있다는 것이다. 동양에는 가족윤리를 윤리의 기본범주로 삼아 공동체적 윤리를 제시하고 있는데, 이러한 상이한 주체들 사이의 대화적 관계를 맺게 하는 윤리적 근거가 바로 성에 있다는 것이다.

'3. 화해의 근거로서의 성'에서 윤성범은 "유가의 윤리의 목표는 '중'이자 '화' [中華]라고 한다.207) '중'과 '화'는 구분

---

206) Ibid., 150f. 2. "대화의 근거로서의 성"에서 그는 마틴 부버 "Ich und Du"에서 전개한 대화적 삶의 이상은 개인주의를 넘어서는 윤리적 내용을 지니고 있다고 지적하고, "그러나 주 안에서는 남자 없이 여자만 있지 않고 여자 없이 남자만 있지 아니하니라, 여자가 남자에게 난 것같이 남자도 여자로 말미암아 났으나, 모든 것이 하나님에게서 났느니라"(고전 11:11,12f)는 말씀에서 보듯, 기독교 윤리는 본래 공동체적 윤리라는 것을 환기시킨다. 바울은 이것을 유대인과 헬라인 관계에도 적용시키고 있는데, 이런 관계는 바로 유교의 윤리적 이상에 가깝다는 것이다.

207) Ibid., 153f. 3. "화해의 근거로서의 성"에서 그는 유교적 윤리의 목표를 중화에서 찾는다. 실천이전에 전제되는 중은 바른 마음과 성실한 의지를 위해서 '격물치지'가 필요한데, 이는 곧 유교의 윤리적 행동의 대전제를 이루는 것이라고 한다. 윤성범은 이 '격물치지'에서의 '물'은 종교적 개념으로서 신학적으로 해석하여 예수 그리스도에 해당하는 것으로 본다. 그래서 "우리 하나님 아버지와 예수 그리스도를 좇아 은혜와 평강이 있기를 원하노라"(갈 1:3)에서와 같이 은혜와 평강이 예수 그리스도로부터 오듯, '수신제가치국평천하'의 '화'는 위로부터 (격물치지로부터) 생겨나는 것이다. "그러므로 유교의 '중화'의 '화'는 단순한 질서가 아니고, 형이상학적 또는 종교적 전제를 통한 '화'라고 본 것이다." 그러므로 동양에서 가정을 중요시 여기는 것은 가정이 삼강오륜의 근

2. 성(誠)의 신학의 형성 • 143

해서 생각해야 한다는 것이다. '중'은 신학적으로 교의학의
역할을 한다면, '화'는 기독교 윤리의 역할을 한다고 보자는
것이다.(153) 대학에서는 실천에 앞서 '중'을, 즉 정심, 성의,
격물, 치지'(正心, 誠意, 格物, 致知)라는 조항을 전제하고 있
다는 것이다. '화'를 말하는 '수신제가치국평천하'는 개인 윤
리로부터 사회 윤리 정치윤리까지 일관성 있는 윤리적 실천
의 확산을 말하는 것이라고 한다.

4. "복락의 근거로서의 성"에서 윤성범은 유가의 윤리가
정치적인 동시에 종교적인 성격을 잘 나타내 주고 있다고
한다.208) 즉, 유교에서 왕도와 패도는 엄격히 구분되는데,
이는 정국이 정가에서 추론되듯, 왕도는 종교적인 색채의
인의와 성으로부터 나오기 때문이다. 그래서 '논어'에서 말
하는 '흥어시, 입어예, 성어락'(興於詩, 立於禮, 成於樂)에 따
르면 공자는 생의 목표를 '락'에 두고 있는 것을 볼 수 있다
고 한다. 이 '락'은 시와 예의 종합된 상태로서 성에 근거한
다는 것이다.

본이요, 수신제가치국평천하의 출발점이 되기 때문인데, 화해의 근거
를 초월적인 성에 두고 있기 때문에 "가정이야말로 성도의 교제의 집
합장이라 할 수 있다"는 것이다. 이는 동양 윤리의 고전인 효경에서
말하는 경천애인사상에 의해서도 반증되고 있다는 것이다.
208) Ibid., 163f. 4. "복락의 근거로서의 성"에서 그는 유가의 '락'을 언급한
다. '락'은 시와 예의 종합, 즉 시는 심미적인 것이고, 예는 윤리적, 도
덕적인 것인 것이다. 그렇다면 '락'은 칸트가 말하는 최고선(das höchste
Gut, summum bonum)의 상태라는 것이다. 이는 지혜, 용기, 절제의 아
름다운 질서와 조화를 의미하는 플라톤의 '정의' 개념에 상응하고, 아
리스토텔레스의 명상의 생활(theoretike energeia)에, 스피노자의 하나님
에의 지적 사랑(amor dei intellectualis), 요한 웨슬리의 그리스도인의 완
전(Christian perfection)에 해당하는 것이다. 때문에 성의 윤리는 단순한
정치윤리를 넘어선 복락의 근거로서 제시될 수 있다는 것이다.

"5. 안식의 근거로서의 성"에서 윤성범은 칼 바르트가 기독교 윤리를 휴일에서 출발시키는 것에 주목한다.209) 이 날은 인간의 모든 공영을 가릴 행위는 모두 묻어두고 오직 하나님만을 기리는 날이라는 의미에서, 노자의 "위무위 사무사 미무미"(爲無爲 事無事 味無味)와 비슷하며, 또한 본회퍼의 공동일(gemeinsames Tag)에 대비된 고독의 날(einsames Tag)에 해당한다는 것이다.(179)210) 그래서 그는 그의 성의 윤리를 "은혜와 평강이 서로 입맞춤"의 경지를 말하는, 즉 인의의 아름다운 조화, 체와 용의 합일을 말하는 하나님 말씀의 윤리라고 부르고자 한다.

c. 문화론에서 윤성범은 특히 그의 독특한 성의 해석학을 발전시키고 있다. 이는 자신의 신학적 원리인 '성'을 그의 방법론적 개념인 '멋'과 결합시키는 데서 나온 결과이다. 이로부터 그는 '한국지리' '해석학'을 언급하고, '종교' '철학', '미' 그리고 '교육' 등을 '성'의 입장에서 다루고자 한다.

문화는 대체로 지역적, 혈연적으로 형성되는 것이 보통이지만 "1. 한국문화의 특이성"은 특히 지리적 조건에 기인된다고 한다.211) 이 지정학적 조건에서 나온 중간 상태라는 특

---

209) Ibid., 169f. 5. "안식의 근거로서의 성"에서 윤성범은 칼 바르트의 주일에 대한 언급을 인용한다. "하나님께서는 특히 '당신의 날'을 안식의 자유의 그리고 기쁨의 날로 거룩하게 지키어, 마음과 입으로 하나님께 고백하고, 따라서 기도하는 자로서 그에게 나아올 것을 명령하고 계시는 것이다." (K. Barth, Kirchliche Dogmatik, Bd. III.4, 51ff.) 그에 기초하여 윤성범은 칼 바르트가 공자가 말하는 '성어락'의 경지를 경험했다고 본다. 참조, H. Vogel: Der lachende Barth, Antwort, Festschrift zum 70. Geburtstag von Karl Barth, 1956, 164ff.

210) D. Bonheoffer, Gemeinsames Leben, 1953, 50ff.

211) Ibid., 173f. 중국이 대륙에서 넓은 땅을 소유하고 있고, 일본이 섬나라로서 바다로 둘러싸여 적의 침입으로부터 안정되어 있다면, 한국은 그 중

성이 문화 전반에서 나타나는 특성이라는 것이다. 이를테면 중국을 공간문화, 객관문화, 이성문화라고 한다면, 일본은 시간문화, 주관문화, 감성문화이고, 한국은 이 양자의 유기적 통일을 이루는 시공간적, 주객관적, 중용, 중화의 문화라는 것이다.212) 여기서 조화미가 나오는 데, 이 조화미는 순수한 한국말로 '멋'이라 한다. "멋은 단순히 감성적인 혹은 심미적인 것만이 아니고 형상과 질료 혼연일체, 신비적 합일의 경지라고 보아야 좋을 것이다. 성의 문화는 곧 멋의 문화인 것이다. 성과 멋의 동일성을 주장하는 바이다." (175)

그래서 "2. 성의 해석학"은 곧 멋의 해석학이 되는데, 서구 신학적 해석학에 관련하여 성의 해석학을 다루고자 한다.213) '거경궁리'와 '격물치지'는 성의 해석학의 중심개념이다. 그리고 거경궁리는 한 마디로 성에 대한 구체적인 태도에 불과한 것이다.214) 그러므로 한국적인 해석학은 성의 해

간에서 외세의 침입이 늘 허용되어 있는 지리적 여건 속에 살고 있다.

212) Ibid., 174. 동양적 형이상학으로 말하자면, 중국이 천의 문화라면 일본은 지의 문화이고 한국은 성의 문화라고 한다. "중국의 합리적 윤리와 일본의 감각적 심미가 한국에서는 반반으로 뭉치어 하나의 조화미를 이루고 있는 점도 그 좋은 본보기로 되어 있다."

213) Ibid., 177. "동양적인 해석학의 특이성은 아마도 서구적인 그것에 비하여 보다 더 타당한 방법이 아닌가 하는 점이다. 이것이 바로 '대학'에서 말하는 격물치지의 사상이다."

214) Ibid., 177ff. 서구신학에 있어서 문제는 한쪽은 사적 예수에 대한 것만을 추구하고 다른 한쪽은 케리그마의 그리스도에 대한 것만을 연구하는 일방적인 방법의 사용에 있다. 사실 사적 예수의 연구를 성실하게 심화해 나가고 포괄해 나가는 데서, 참다운 케리그마는 나타난다. 끝까지 성실하게 집요하게 나가는 태도가 곧 경이요, 그러한 데서 얻어지는 해석이 바로 성의 해석학이라는 말이다. 그래서 유가에서는 경을 성학의 기본으로 본다고 한다. 경은 "위로부터의 그리스도론" 또는 "아래로부터의 그리스도론"을 포괄할 수 있는 성의 해석학의 기본 태도이기 때문이다. 이 양자의 관계는 이원론적으로는 관계가 되지 않

146 • II. 성(誠)의 신학: 토착화신학의 형성

석학으로서 존재론적-신존론적 해석학이라고 명명할 수 있을 것이라고 한다.

윤성범은 "3. 성의 종교(유불선과 기독교)"에서 성의 입장에서 본 유교, 도교, 선불교, 기독교에 대해 논한다.[215] 다음으로 그는 그릇된 동양종교의 영향을 받은 한국교회의 부정적 현상들을 나열하고 오늘의 교회는 그리스도를 통한 화해와 평화를 다시 찾아야만 될 것이라고 주장한다. "4. 성의 종교철학"에서 윤성범은 철학은 종교의 인식근거가 되고 종교는 철학의 존재 근거가 된다고 한다. 율곡은 특히 그가 문화 전반에 걸친 포괄적인 사상가라는 점에서 그의 철학은 '문화철학'이라고 한다.[216] 윤성범이 한국미를 조화미라고

고, 어디까지나 동일성(Identität)에 의하여 포착되어야 한다는 것이 분명하다. 이것이 동양적 신비주의라고 해도 좋을 것이다." 위로부터의 기독론은 존재론적으로 필요하고 아래로부터의 기독론은 인식론적으로 필요하다.

215) Ibid., 187. 유교에서 "군신과 부자와의 질서는 단순히 이 두 가지만으로 국한해서 생각할 것이 아니라 여기에는 하느님과 인간과의 본래적인 관계와 이로 인해서 약정된 계약관계가 있다는 것이다. 고로 성의 입장에서 유교를 본다는 이런 근본관계가 중시된다는 점에서 유교적 정통 사상을 옹호한다는 것을 의미한다. 도교를 성의 입장에서 볼 때, 무위라든가, 무욕의 관념들을 강조하는 데 있어서는 이치에 맞는 것이 있지만 양생의 이야기는 방력(무당과 같은 주술자)의 술법에 지나지 않으며, 도교에서 유교적 사상을 빼버리면 겨우 수복에 관한 요소만이 남게 된다"(186f)고 한다. "선불교의 결점은 정좌를 통해서 도리가 깨달아진다는 점이다. … 이는 현실망각 내지 도피 … 무책임성으로 나타나게 된다."

216) Ibid., 190ff. "그는 언제나 성학을 세속화하여 이해하였고 실제생활 속에서 성학(유학)을 읽어 내려갔다고 해야 옳을 것이다."(190) 그는 율곡의 사단칠정론 같은 것은 야스퍼스의 포괄자(das Umgreifende)와 조금도 다를 바 없다고 본다. 윤성범은 야스퍼스의 철학적 신앙(나중에 계시의 입장에서 본 철학적 신앙으로)을 율곡의 성학집요에 유보 없이 대응시킬 수 있다는 것이다. 그는 철학과 신학의 관계는 거경궁리에 다름없다고 본다. "거경은 신학이고, 궁리는 철학이다. 그렇기 때문에 율곡을 종교철학자라고 부르고자 한다는 것이다. 궁리하는 자는 거경

2. 성(誠)의 신학의 형성 • 147

말한 것은, 바로 그 미가 바로 "5. 성의 한국미"라는 것을 뜻한다고 한다. 그리고 한국미의 내면적 깊이를 알려면 먼저 한국인의 정신을 깊이 이해할 수 있는 사랑이 전제되어야 한다면서, 성의 미 혹은 한국미의 특수성은 바로 종교성에 있다고 한다. 한국 예술품에 나타난 미가 성이라는 종교적 본질에 근거해 있다는 것이다.[217]

"6. 성의 교육"에서 윤성범은 독특한 교육이론을 전개한다. 한국인의 교육은 종교적인 전제를 두어야 한다는 것, 즉 성에 입각해야 한다는 것이다. 일본의 명치유신이 교육혁신에서 출발했고, 이 교육정신이 퇴계의 성리학에 근거를 두었듯이, 한국의 교육은 율곡의 성학집요를 통하여 수행되어야 한다는 것이다. 그것은 율곡의 사상이 형이상학적 종교적 전제에서 출발하지만 오늘의 상황에서도 현실문제의 해결에 필요한 지적 태도를 알려주기 때문이라는 것이다. 그래서 성의 교육의 관점에서 볼 때, 그는 기독교의 사명은 한국인의 얼을 살리는 일에 봉사해야 한다는 것이다.

을 잊어버리고, 거경하는 자는 궁리를 잊어버리고 있는 것이 오늘의 한국의 상황인 것이다."

217) Ibid., 194. 그는 용주사 벽화에 새겨진 민화를 그 예로 든다. "호랑이가 웃으며 담배를 피우고 있는 광경인데, 이 호랑이 앞에는 토끼 두 마리가 천진난만하게 긴 담뱃대를 잡고 있다. 이러한 민화가 지니는 미가 얼마나 한국인의 본성을 드러내고 있는가를 알 수 있다. 호랑이는 아마도 군자를 뜻하는 것이 좋을 성싶다. 호랑이가 웃는다는 것은 종교적으로 독신자가 마음의 평안을 표현한 것으로 보아야 하고, 담배와 토끼는 평화를 상징하고 소나무 가지에 앉은 까치는 하늘의 복된 소식을 들려주는 듯하다. 하나님의 은혜와 평화를 상징하는 그림임에 틀림없다... 이것은 한국인이 발견한 것 중 최대의 것이며, 동시에 모든 인류가 희구하는 보편적인 것이다."

2.2. 방법론적 기초

2.2.1. 영 이해와 기술[218]

윤성범은 여기서 단군신화 논쟁 이전에 개발된 자신의 '솜씨' 개념을 학문적으로 보다 자세히 밝히고자 한다. 이제 솜씨는 한국적 표현으로 율곡(1536-1584), 성학집요(聖學輯要)에 나오는 '성'을 지칭한다. 이 성 개념은 신학적으로 바르트의 '영' 이해에 대비시켜 이해할 수 있을 뿐 아니라, 철학적으로 하이데거의 '기술' 개념을 통해서도 이해할 수 있다고 한다. 세 가지 논의 단계를 거쳐 결론에 이르는 그의 논의진행을 볼 수 있다.

1) **영(靈)**. 우선 윤성범은 바르트의 영 개념이 사용되는 방식에 주목한다. 영은 바르트에게 있어 일종의 관계개념이라는 것이다. 인간은 영혼과 육체로 이루어진다는 점에서 바르트는 이분법적(Dichotomie)인데, 이 양자를 연결하는 매개계기로서 영이라는 개념이 사용되고 있다는 것이다.[219] 인간이 인간일 수 있는 것은 그가 영을 가지고 있기 때문이다. 그러나 영은 결코 인간을 구성하는 제삼자(ein Dritte)가 아니다. 인간은 관계개념으로서의 영을 가지고 있을 뿐, 인간이 영인 것은

---

218) 윤성범, "바르트의 영이해와 기술의 문제-한국과의 대화를 위한 하나의 시도", in: 「기독교사상」 69. 10, 145-159.
219) Ibid., 149. 그런데 여기에 중요한 문제가 있다. 즉 이러한 영혼과 육체의 관계에서 양자에 걸쳐서 공통된 근거를 찾아내려는 방도로서 바르트는 영 개념을 등장시키고 있는 것이다.

아니기 때문이다. 오직 하나님만 영이시다. "따라서 영은 창조의 영도 되시고, 속죄의 영도 되시고, 구원의 영도 되시는 하나님 자신이며 그가 생명의 부여자이시고, 그러므로 영은 육체의 영혼으로서의 인간존재의 필수조건이라고 바르트는 말하고 있다."(150) 이렇게 바르트의 견해를 소개한 후에 윤성범은 자신의 의도를 밝힌다. "이러한 바르트의 견해를 받아들인다면 솜씨와 멋의 역할을 성령의 역사로 볼 수 있으며, 이렇게 봄으로써 영(Geist)의 성격을 새로이 이해해 보려는 것이 본 논문의 주지이다."(150)

2) 성(誠). 윤성범은 다음으로 율곡의 성학을 통해 위와 같은 바르트의 영 이해를 읽어 내고자 한다. 율곡이 성과 사물의 관계를 밝힌다고 하는 두 본문이 인용된다: 1) 誠者物之終始, 不誠無物, 是故君子誠之爲貴; 2) 誠者 天之道也, 思誠者 人之道也. 윤성범은 이 본문을 1) 성이 만물의 근거가 된다는 뜻이며, 만물의 존재의미가 오직 성에 근거하였음을 말하는 것이라고, 2) 성자와 사성자의 엄격한 구분은 바르트의 말, 하나님은 영(Er ist Geist)이시고 인간은 영을 가지고 있다(Er hat Geist)에 상응한다고 한다. 또한 그는 율곡의 말 '天有實理 故氣化流行不息'을 가지고 성령의 역사를 위한 해석의 실마리를 찾아낸다. '실리'를 객관화 될 수 없는 진리의 객관적 영토라고 규명하고 "천리는 실리요 이것은 그리스도교에서는 성령에 해당하는 것으로 보아 무방하다"고 한다. '기화유행부식'(氣化流行不息)이라는 말은 성령의 자유로서의 성의 본성을 표현한 것으로 볼 수 있다고 한다. 즉 "성

령의 조화롭고 짜임새 있는 역사를 표현히고 있는 깃으로 보아서 무리는 아니다. 인간의 참다운 생은 하늘로부터 내리는 참다운 자유를 향유하는데 있는 것이다."(154) 그래서 그는 율곡의 말에 비추어 성령의 역사에 토대한 한국신학의 과제를 발견한다; 如志無誠則不立, 理無誠則不格, 氣無誠則不能變化, 他加推見也. 한국의 경우에, 유교에서는 율법주의적 완고성, 즉 '기무성즉불능변화'가 문제라면, 불교는 자유주의적 방만성 즉 '이무성즉불격', 샤머니즘은 이런 모든 요소를 절충하려는 혼합주의의 위험, 즉 '지무성즉불립'에 처해 있다고 한다. 한국기독교는 이 세 가지 결함을 모두 물려받았고, 이를 넘어서는 것이 한국교회의 과제라고 한다.

3) 기술(技術). 윤성범은 세 번째로 하이데거의 기술개념을 가지고 바르트와 율곡을 통해서 확인된 솜씨로서의 성령의 역사에 대한 논의를 더욱 구체화시키고자 한다. 하이데거 철학의 골자인, 기술(τέχνη)개념은, 곧 진리(άλήθεια)와 일치하며, 기술의 본질은 결코 인간에게서 유래하는 것이 아니고, 근원적인 존재(Sein)로부터 유래함을 강조하고 있다. 기술은 바로 진리가 일어나는, 즉 현현과 비은폐성의 영역에 속한다는 것이다. "성령은 바로 하이데거의 'Wahrheit'에 해당하며, 따라서 진과 선과 미가 합하고, 따라서 이를 초월한 신앙적인 만족과 기쁨의 경지인 것이다."220) 예술도 바로

---

220) Ibid., 158. 그렇기에 그는 다음과 같이 말할 수 있다고 한다: "하나님은 위대한 기술자이심에 틀림없다. 이것이 바로 그의 창조를 보아서 알 수 있다. 인간은 다만 그의 기술을 찾아보고, 익히고, 경탄하고, 찬양할 뿐 아니라 그의 기술을 흉내내어 보는 모방자에 지나지 않는다."(157)

2. 성(誠)의 신학의 형성 • 151

이러한 '진리의 작품화된 표현'으로서, 하이데거는 특히 '시작'(Dichtung)을 진리 자체의 성격으로 보고 있다는 것이다.

인간은 단순히 이성적 동물만은 아니요, 그 이상으로 진리성에로 고양되도록 하기 위해서는 존재에 가까이 살 수 있는 존재자, 즉 'Ex-sistenz'가 되지 않을 수 없으며, 인간은 그러므로 존재의 이웃이라고 한다. 그러나 현대의 기술이해는 위기를 반영하는데, 이 위기는 살육전인 무기나 기술에 있는 것이 아니라, 도리어 기술에 의해 기능화된, 자기관철적인 인간에게 있다는 것이다. 기술을 하나의 수단이요, 인간적 행위요, 도구적, 인간학적 기술규정으로 생각하는 인간의 위기일 뿐이라는 것이다. 하이데거의 기술은 율곡의 성과 마찬가지로 인간학적 개념으로 이해될 수 없다. "결국 바르트의 'Geist'나 하이데거의 'Dichtung'이나, 율곡의 성 개념은 모두 초월적이며 동시에 내재적인 상관개념으로서 정당한 의미의 하나의 기술, 기교, 또는 솜씨를 의미한다고 볼 수 있다."(158)

동양철학, 서양철학 그리고 신학에서 동일한 사태를 말하고 있다는 윤성범의 주장은 결론부에서 신학의 과제를 역설한다: "앞으로의 한국의 신학적 과제는 바로 이 성(솜씨)의 문제에 집중되어야 하며, 이것은 달리는 성령의 솜씨에로 집중되는 것임을 의미한다."(159)221) 그의 시도는 토착화 신

---

221) Ibid., 159. 그리고 하이데거와 같이 존재론적 방식으로 성령의 역사 혹은 솜씨를 설명하려는 의도를 밝힌다. "그러므로 이러한 앞으로의 의도는 우선 신학이 학으로서의 입장을 견지하려는 데 첫 목적이 있으며, 따라서 이러한 공작은 신학적인 이해를 쉽게 할 뿐만 아니라, 깊은 경지의 이해에로 유도하는 장점을 가지고 있다는 점이 둘째로 중요한 목적이 되어 있다 할 것이다."

학의 학문성과 깊은 이해성을 담보하려는 노력으로 볼 수 있을 것이다. 하지만 토착화 신학의 학문성이 부각되는 것은 나중에 무엇보다 김광식의 방법론적 논의에서부터 비롯된다고 할 수 있을 것이다.

2.2.2. 직관적 변증법과 성(誠) 변증법

1) 직관적 변증법

60년대의 자신의 신학 방법의 논리를 윤성범은 직관적 변증법이라 불렀다. 이 말은 "신학방법서설"에서의 솜씨를 논하는 중에 나온다. "재래의 변증법은 개념과 개념의 발전이었던 것이 특징이라면 솜씨는 개념과 실재가 구분되면서 종합을 꾀하는 것이 되기 때문에 방법론적으로는 직관적이라고 말할 수 있을 것이다."[222] 윤성범은 직관적 변증법이 서구에서 발전된 개념적 변증법보다 더 학문적으로 정교한 것으로 내세우고 싶어 한다.

> "헤겔적인 정립과 반정립, 키에르케고르의 절대자와 인간과의 변증법적 두 계기는 개념상으로는 규정되어 있으나 직관상으로 또는 상징적으로 명확한 규정을 입지 못하고 있는 것이 사실이다. 그렇기 때문에 양 계기의 종합은 논리적으로 가능케 되든가 신앙적으로 가능케 될지는 모르나 실존적으로 또는 형이상학적으로 가능케는 될 수 없는 것이다. 다시 말하면 형식과 내용, 개념과 실재의 관계에서 두 가지 계기가 단순한 개념규정으로 되는 것이 아니라 하나는 다른

---

222) 윤성범, 「기독교와 한국사상」, 30.

하나에 대하여 명확한 대립관계를 표시할 수 있는 직관적
도해적 설명을 필요로 하고 있는 것이다."(30)

복음과 자리에 대한 손질을 말하는 솜씨의 역할이 따라서
직관적 변증법의 골자이다. 하지만 직관적 변증법에서의 솜
씨의 역할은 독특한 특성을 갖는다. 솜씨는 두 경계 사이에
서 움직이는 것처럼 보인다. 그 한쪽 경계는 솜씨의 역할이
단지 기초적 손질에 국한된 것이 아니다. 솜씨의 궁극적 사
명은 한 걸음 더 나아가 감 사이, 즉 복음과 자리 사이의 형
상적 폭을 좁히는 데 있다는 것이다. "솜씨란 그러므로 형식
과 소재의 원초적인 폭을 무한히 가늘게 좁히는 기교에 다
름없는 것이다."(31) 이것이 솜씨가 중보자의 역할을 한다는
것의 의미이다. 반면에 그 다른 쪽 경계는 솜씨에 의한 폭의
좁힘은 곧 신비적 합일(unio mystica)에까지 나아가는 것은
아니라고 한다. "여기에까지 이른다면 그것은 솜씨를 초월
하고 만 것이기 때문이다. 신비적 합일에서는 실재는 벌써
찾아 볼 수 없는 것이기 때문이다."(31) 이 양 경계 사이에서
움직이는 솜씨는 그래서 조화의 기술인데, 이것이 바로 한
국문화의 특징이고 한국적 사유의 특징이라는 것이다. 여기
서 직관적 변증법의 솜씨 개념은 그의 주체성 확보로서의
토착화 이론의 논리가 되는 것이다.
　여기서 윤성범의 솜씨 개념의 애매성 내지 독특성이 지
적되어야 할 것 같다. 윤성범이 솜씨를 한국의 문화적 아프
리오리라고 규정할 때의 솜씨는 내재적 차원이다. 그래서
감의 영역인 자리에 속하게 된다. 그러나 그리스도와 성령
의 사역으로 말할 때는 초월의 차원에 속한다. 그래서 감을

손질하는 솜씨에 속하게 된다. 이것은 일관되지 못한 표현으로 보일 수도 있다.223) 하지만 윤성범에 있어서 솜씨는 초월과 내재의 차원에 동시에 속할 수 있는 개념이다. 이 점에 착안할 때 비로소 그의 솜씨에 대한 성격 규정을 바로 이해할 수 있게 된다. 한국문화의 아프리오리는 초월 지향적 성격을 지녔다는 것이 그의 근본 발견이다. 한국문화가 초월을 향한 열린 사유를 발전시켜 왔다는 점에 착안해서, 바로 이 토대 위에서만, 하나님의 계시를 받아들일 수 있는 토착화를 말할 수 있다는 것이 그의 토착화 이론의 기본골격이며, 또한 그가 초지일관 회복을 강조하는 올바른 주체성이다.

2) 성의 변증법

70년대에 윤성범의 방법론에 대해 붙여진 이름은 성의 변증법이었다. 성의 변증법이란 말은 성의 신학에 대한 논쟁에서 나왔다.224) 성의 변증법이란 말은 그러나 김광식에게

---

223) 그러나 동시에 그는 자신의 솜씨론의 문제를 감지하고 있었던 것 같다. 그래서 문화적 아프리오리인 '솜씨'를 '진정한 의미의 솜씨장이이신 그리스도'에게 귀속시켰다가, 칼 바르트를 따라 하나님과 인간, 인간과 인간, 영혼과 육체를 연결하는 '성령'에게 귀속시키고자 한다. 그러나 사실 윤성범은 솜씨론인 문화적 아프리오리를 통해 씨앗과 토양이 합일될 수 있는 가능성의 조건들을 묻고 있었다.

224) 김광식, "성 신학에 가능성 있다", 168-179. 물론 윤성범이 성의 변증법이란 말을 사용하지 않았지만 이 용어가 그의 방법을 잘 나타내 줄 수 있다는 것이다. 더욱이 윤성범은 "로마서 7장 25절과 성령론"(서울 1958)에서부터 관념론과 실재론을 극복할 수 있는 변증법을 찾으려고 애써 왔다는 것이다. 이 관념적인 것과 실재적인 것을 극복할 수 있는 것을 윤성범은 성이라고 부른다는 것이다. 그는 윤성범이 부제로 삼은 성의 해석학이란 말의 모호성도 지적했다. 이에 호응하듯 윤성범은 1976년의 제 2판에서는 성의 신학으로 표제를 바꾸었다.

2. 성(誠)의 신학의 형성 • 155

있어서는 용어상의 구분에 불과하다.225) 그는 성의 신학의
방법이 "직관적 변증법의 연장에 불과하다"고 보기 때문이
다.226) 토착화 이론에 대한 김광식의 비판은 토착화 신학의
방법론을 겨냥한 것이었다. 그는 교파적 교리적으로 전제된
혼합주의 시비를 떠나 학문적 차원에서 토착화 신학을 검토
해 보자는 것이다. 그는 토착화 자체를 반대하는 듯한 김의
환에 대항해서, 토착화 신학은 '신의 구원을 문제 삼는 신학'
이며, '오늘날의 설교의 현실로부터 오는 것'이라고 옹호한
다.(175f) 신의 구원은 성서에 증거되어 있기 때문에, 그 성
서를 해석하는 것이 중요과제라는 것이다. 그러나 서구적
실존론적 해석은 불트만에게서 보듯 시간의 해석학적 차이
만을 문제 삼았기에, 우리에게는 적절하지 못하다는 것이다.
동서간의 공간의 해석학적 차이를 고려하려면 어쩔 수 없이
토착화 신학이 필요하다는 것이다.(176f)

그러나 그는 윤성범의 토착화 이론은 문제가 있다고 보았
다. 윤성범의 시도는 하등 복음의 토착화가 아니라 신학의
토착화요, 그것도 칼 바르트의 신학의 토착화에 불과하다는
것이다. 그래서 그의 작업은 바르트 신학의 한국화의 범위

---

225) 당시 성의 신학에 비판적인 이종성과 김의환과는 달리 김광식은 윤성
범의 성의 신학을 긍정적으로 이해해 보고자 하였다. 김광식은 이 양
자의 비판이 공통적으로 윤성범의 혼합주의를 겨냥하고 있다고 보았
다. 물론 윤성범 또한 그것을 방법론으로 삼고 있다고 스스로 인정한
바 있다. 하지만 김광식은 혼합주의를 방법론으로 삼는다는 말은 어폐
가 있다고 보았다. 혼합주의는 어떤 현상을 분석하고 나서 붙여주는
말이지 방법론이라 할 수 없다는 것이다. 그래서 그는 윤성범의 "신학
적 방법은 성의 변증법으로 삼고 혼합주의는 그 신학의 성격을 표시하는
말로 쓰면 좋을 것이다."라고 제안한다.
226) 김광식, 「토착화와 해석학」, 92.

156 • Ⅱ. 성(誠)의 신학: 토착화신학의 형성

를 넘어갈 수 없다는 것이다. 김광식은 신학의 토착화 대신에 복음의 토착화 과정을 성찰하는 신학적 토착화를 주장하고자 한다. 그리고 김광식은 윤성범의 솜씨 개념은 근본적으로 인간학적 축점이라고 단정한다.[227] 물론 이는 윤성범이 솜씨 개념의 이중적 성격을 명확히 하지 않았기에 야기된 것이라 할 것이다. 그러나 단순히 인간학적 축점이란 지적은 윤성범에게 해당되지 않는다고 할 수도 있다. 윤성범은 자리의 측면에서 말한다 하더라도 인간학적 부정계기가 있는, 즉 내재적 초월을 말하는 문화 아프리오리만을 '자리'로서 위치설정 하고자 하기 때문이다. 윤성범으로서는 오히려 자신의 솜씨 개념이 인간학적 축점에 대한 거부를 표방하는 대표적인 표현이라고 제시하고 싶어 했던 것이다.

그런 의미에서 '성의 변증법'이라는 개념을 이용하여 윤성범의 60년대와 70년대의 방법론적 전제의 동일성과 상이성을 구분하는 것이 용이하고 필요하다. 이는 앞에서 간략히 살핀 바 있지만, 특히 그의 방법론적 측면이 잘 드러나는 기독론에서 분명해진다. 윤성범에 의하면 초월적이며 동시에 내재적이며, 계시와 동일한 성은 동양적 개념으로 말하자면 중과 용의 집약이요 성의 분화가 곧 중용이라고 한다. 즉, 성은 하나의 변증법적 매개계기요, 통일원리이다. 바르트가 이 원리를 말씀에서 찾아서, 이 말씀을 삼위일체론적인 집약(Dreiheit in der Einheit)으로, 기독론적인 분화(Einheit in der Dreiheit)로 진술했듯이, 자신도 하나님의 말씀이신 성을 가

---

227) Ibid., 88. 이처럼 윤성범의 천재 미학적 해석학에서는 인간학적 축점이 매우 중요한 역할을 담당하고 있다.

지고 기독론적으로 터 닦고자 한다는 것이다. 그러므로 그의 성의 기독론적 터 닦음은 하나님과 인간, 예수와 그리스도, 복음과 율법의 양극화를 초극하고 집약시키는 과정으로 보아도 좋을 것이라고 한다.228)

그에게는 이 조화와 합일이 중요하다. 그런데 그는 이 조화와 합일이 바로 '한국문화의 고유한 특징의 하나인 조화의 기교', 즉 '일이관지하는 솜씨'에서 마련된다고 한다.229) 이와 같은 용어사용의 측면에서 보면 이미 그의 직관적 변증법에 대한 언급에서 살펴본 바와 다름이 없다. 그는 60년대의 "한국신학 방법서설"에서 개발한 직관적 변증법의 논리로 일관하고 있다고 할 수 있다. 그러나 이제 "성의 신학"에서의 성은 동양문화의 내재적인 문화 아프리오리에 속한 것임에도 불구하고, 더 이상 직관적 변증법에서 보는 것과 같은 초월과 내재 사이의 긴장관계를 보여주지 않는다. 여기서의 성은 단지 계시와 동일한 개념으로 사용되고 있다. 성은 완전히 솜씨요 그리스도 차원이다.230) 스스로 계시를 매개하지 못하는 것이 아니라 성이 바로 계시 자체가 된다. 이것은 복음과 자리를 무한히 좁히는 제3자적 계기로 나타난다. 이중적으로 애매하게 위치설정 했던 솜씨 개념이 성의 신학에서는 전적으로 초월의 차원으로 된 것이다. 물론 성을 솜씨의 차원으로 강조하는 것은 그의 방법론적 구도가

---

228) 윤성범, 성의 신학, 61-63.
229) Ibid., 63-67.
230) 물론 성이 한국문화 아프리오리의 차원임이 지적되고 있지만 그 역할에 있어서 더 이상 하나의 표현 형식에 불과한 것도 아니고 복음과 함께 자리에 속하는 차원도 아니다.

158 • II. 성(誠)의 신학: 토착화신학의 형성

바뀐 것이 아니라 강조점이 바뀐 데 불과할 수도 있다. 그러나 그와 함께 그의 신학적 입장은 180도 달라진 것이다.

2.3. 유교적 사유경험에서 본 종말론

지금까지의 서술에서 밝혀진 것은 윤성범의 신학에서 가장 중요한 역할을 하는 것은 율곡의 성학이다. 하이데거의 '기술'이 언급되지만 성 개념을 정당화하기 위한 발견맥락에 불과할 뿐이었다. 바르트 신학은 보다 중요한 역할을 하는 데, 그의 진술들이 언급되고, 성의 신학의 형식적 틀을 이루고 있기 때문이다. 바르트의 말씀론과 삼위일체론적 구도는 성의 신학을 서술하는 대전제이다. 윤성범은 이 형식을 율곡의 유교적 사상내용으로 채운다. 바르트 신학의 내용과 율곡의 성학의 구도 그리고 양자의 체계내적 연관성에 대한 질문은 제기되지 않는다. 한 사상체계의 내용과 형식의 분리가능성과 다른 사상체계와의 결합가능성에 대한 질문은 성의 신학의 수립이라는 목표의식 앞에 완전히 무시되고 있다.

그런데 윤성범이 그 형식과 내용의 왜곡 없이 온전히 성의 신학을 위한 규범으로 수용하는 모델이 있다. 그것은 바로 오스카 쿨만의 구속사 신학이다. 그래서 바르트 신학과의 차이와 쿨만의 구속사와의 동일성을 이루는 윤성범의 토착화 신학의 특징이 분명해질 수 있는 신학적 대화 공간은 종말론이 된다. 그가 쓴, "메시아니즘과 종말론"(1964), "정감록의 입장에서 본 한국인의 역사관"(1970)은 이 문제에 대한

2. 성(誠)의 신학의 형성 • 159

화두를 제공한다.

2.3.1. 선교실천의 원리로서의 성(誠)

종말론은 초기 윤성범의 관심사가 아니었다. 물론 그가 쓴
"메시아니즘과 종말론"이 있기는 하다. 그러나 그 논문의 요
지는 "동양의 제 종교 유, 불, 선을 통해서 일관하는 "한국적
인 고유한 입장과 주체성을 가지고서만 그리스도교 진리를
올바로 이해할 수 있다"는 것이다.(210) 그는 우선 당시 유행
했던 신비술, 심령술의 영향아래 기독교의 종말론적 기대를
잘못 이해했던 크리스천 사이언스, 안식교도 그리고 몰몬교
등을 설명한다.231) 이런 종파적 운동들을 소개하는 것은 바
로 한국교회가 이런 유의 심령술들로 인해 혼동에 빠지기 쉬
운 환경, 즉 '샤머니즘'에 처해 있다는 것이다. 그렇기 때문
에 더욱 윤성범의 지론인 복음을 받아들이는 주체성의 중요
성이 강조된다.232) 메시아니즘과 종말론이 이 논문의 제목
임에도 불구하고 그 내용은 그릇된 선교적 수용에 대한 예
증들일 뿐이다. 중요한 것은 문화 아프리오리와 주체성이다.

---

231) 윤성범, 「기독교와 한국사상」, 201f. 참조, E. Schick, "Okkultische
Pseudoeschatologie in geistigen Austausch zwischen Europa und Amerika",
Theologische Zeitschrift, 4(1945) 259-282.

232) 또한 그는 미국이 역사가 짧아 고유의 문화적 배경이나 사상적 주체
성 같은 것이 없기 때문에 그런 유의 종말론적인 혼란에 빠질 수밖에
없게 되었다는 것을 지적한 후에, 제 종교를 수용하는 주체성으로서의
아프리오리를 강조한다 "만일 우리가 장구한 세월을 내려오면서 우리
민족이 가지고 있었던 고유한 '문화 아프리오리'를 바로 파악한다고
할 것 같으면, 우리는 쉽사리 무당종교의 세속적인 형태로 그리스도교
를 떨어뜨리지 않을 것이다. 비단 무당 종교뿐만 아니라, 유교나 불교
의 경우도 마찬가지이다."(211)

160 • II. 성(誠)의 신학: 토착화신학의 형성

문화 아프리오리는 윤성범에게 다른 제 종교들을 올바로 수
용할 수 있는 주체성이 된다. '단군신화'와 '성의 신학'을 통
해서 이 문화 아프리오리를 찾고 신학에 적용하고자 하였던
것이었다.

종말론적 관점에서 본다면, 윤성범의 시도가 바르트 신학
의 토착화라는 김광식의 비판은 적절한 판단이 아니다. 바
르트의 신학은 윤성범에게 성의 신학을 정당화하기 위한 일
례에 불과했지, 바르트 신학을 펼치기 위해서 동양철학적
개념이 사용된 것은 아니기 때문이다. 게다가 윤성범의 신
학과 신학원리인 성은 전혀 종말론적 차원을 지니고 있지
않다. 윤성범에게 있어 종말론은 전혀 구성적이지 않다. 그
의 신학 원리는 오히려 피안과 차안의 연속을 부각시킬 뿐
이기 때문이다. 그러나 바르트 신학에서는 '종말론'은 신학
의 구성적 요소일 뿐 아니라 심지어 한계 설정이다.[233]

바르트는 특히 로마서 8장 24절 "소망에 의하여 구원 받
았다"를 주석하면서, "소망에 의하여, 즉 예수 그리스도 안
에서 전적으로 타자인 것, 미지의 것, 접근 불가능한 것, 하
나님의 영원한 능력과 신성이 우리의 세계에 돌입함으로써
우리는 구원을 받게 되었다"[234]라고 했다. 이어지는 "보이는
소망은 소망이 아니다"는 다음과 같이 해석된다. "*하나님*에
관한 직접적 통고는 하나님에 관한 통고가 아니다. 전적으
로 그리고 남김없이 하나의 종말론이 아닌 그리스도교는 전

---

233) G. Sauter, Einführung in die Eschatologie, Damstadf 1995, 67.
234) K. Barth, Der Römerbrief, Zollikon-Zürich, [7]1940, 297. 1922년 바르트의
로마서 2판이 1919년의 1판과의 차이점 가운데 하나는 그 종말론적
강조에 있다. 바르트는 신학자들 모두에게 향해진 오버백(Overbeck) 경
고를 자신에게 관련지었노라고 밝히고 있다 (7, VII.)

2. 성(誠)의 신학의 형성 • 161

적으로 그리고 철저하게 *그리스도*와 아무 상관이 없다. 시간의 매 순간 새로운 삶으로의 지향아래 죽음으로부터 탈출이 아닌 영은 어느 경우에도 *거룩한 영*이 아니다."(298) 그와 함께 바르트는 기독교 교의를 전반적으로 '종말론적 개념'으로 이해하고자 했다. "교의학은 설교의 인간의 말로부터 그 설교 안에 선포된 하나님의 말씀에 대한 숙고이다. 이 숙고는 성서 안에 증언된 계시에 대한 설교언어의 관계를 비판적으로 조명함으로써 일어난다. 교의의 개념은 이 관계를 최종적으로 인식한 진리를 표시한다: 그것은 종말론적 개념이다."235)

초기 윤성범의 종말론 이해는 주체성을 추구하는 신학 작업의 방편에 불과하다. 주체성이 바로 서야 잘못된 미래 기대를 야기하는 종파적 종말론을 벗어날 수 있다는 것이다. 역사의 종말이든 미래에 대한 기대이든 간에 성서적인, 혹은 신학적인 종말론은 망각되어 있다. 종말론에 대한 망각은 그가 종말론적 소망의 목회자였던 길선주의 활동을 토착화의 모델로 언급하는 부분에 있어서도 마찬가지이다.236) 길선주의 선교와 목회에 있어서의 영향력 있는 그의 활동은 종말론적인 소망에 기초한 신앙경험의 결실이었을 뿐인데,

---

235) K. Barth, Die Christliche Dogmatik im Entwurf, G. Sauter, 편, Zürich 1982, 150. 바르트가 나중에 초기 변증법의 철저한 입장이 다소 누그러졌을 때조차도, 그는 계속해서 교의학을 종말론적 개념으로 이해했다.

236) 윤성범, "Cur Deus Homo와 복음의 토착화", 32. 윤성범은 한국 초대교회의 선교정책에 반영되었던 "네비우스 방법(Nevius Methode)이 오늘에 와서 토착화 방법으로 대치된 것이라 보아 좋을 것"이라고 하면서 두 사람을 대표적 예로 든다. 선교사 중에서는 언더우드이고 "또 한국인 목사로는 길선주를 들어 좋을 것이다. 그의 과감한 한국화 운동은 네비우스 방법의 절정이었다고 생각한다.

그는 이것을 그 결실의 근서로 파악하지 못한 채 다만 한국화라고 특징짓고 있다. 주체성 문제에 골몰해 있기 때문이다. 이러한 이해는 다른 토착화 신학자인 유동식에게서도 찾아 볼 수 있다.[237] 윤성범도 유동식도 길선주의 목회활동의 중심에 종말론적 신앙경험이 삶에서 구현된 차원을 보지 못했다.

윤성범의 주저인 성의 신학에서도 사정은 마찬가지이다. 신론, 기독론, 성령론, 인간론, 윤리론, 문화론이 그가 다룬 테마의 전부일 뿐이다. 전자의 세 주제는 천상적인 것을 말한다면, 후자 세 주제는 지상적인 것을 말한다. 성은 천상적인 동시에 지상적이다. 초월과 내재를 아우르는 '성'은 그의 신학의 핵심개념일 뿐 아니라 방법적 원리이다. 그리고 그것와 더불어 몰두한 신학적 주제는 다만 선교 실천론이라 할 수 있을 것이다. 성은 선교 실천론의 원리인 셈이다.

2.3.2. 유교적 사유경험과 종말론

윤성범은 그의 사상의 후기에 들어서면서 역사관의 측면에서 한국의 종말론을 비로소 거론하고 있다. 그는 고려와 조선사를 관통하는 한국인의 얼이 『정감록』에 나타나 있다고 본다. 이는 한국의 역사관을 규정할 수 있는 텍스트라는 것이다. 그는 정감록의 내용을 현실부정, 메시아니즘, 천도

---

237) 유동식, 「한국신학의 광맥」, 58. 즉, 길선주가 추진하였던 "새벽기도회를 불교의 새벽 예불이나 선도의 정시기도"에서 나온 것으로, "성경에 대한 그의 열의는 유교의 경서 연구열"에서 나온 것으로 간주하고 찬송가에 전통음악을 사용하려는 그의 시도를 유불선의 영향이라고 단정하고 싶어한다.

2. 성(誠)의 신학의 형성 • 163

설, 은둔주의, 낙관적 운명관으로 요약하는 논의를 통하여, 이를 한 마디로 '종말론적 메시아니즘'으로 명명한다.238) 그것은 한국인들이 피안적 현실부정이 아니라, 내적으로 정비된 현실긍정을 지니고, 변화와 혁신을 갈망하기 때문이라는 것이다. 종말론적 메시아니즘을 표방하는 정감록이, 과연 어떠한 의미에서 그러한지, 그 허와 실이 무엇인지를 "구속의 세속화"와 "한국역사관의 구조"라는 주제 아래 다루고자 한다.

우선 정감록의 역사의식은 구속사적 성격을 띠고 있다. "이것이 한국사를 관통하는 기본이념이 아닐 수 없다. 즉, 정감록에 나타난 한국사는 바로 원시 종교사이며 동시에 정치 유년사라고 할 수 있다."(108) 그러나 정감록은 시간 이해에 있어 독특한 특징을 갖고 있는데, 그것은 "한국인의 역사 이해 속에는 과거를 돌아보고 현재를 살려서 장래를 전취하려는 역동적인 종말론이 아니고 과거와 현재는 믿을 만한 것이 못 되었으니 미래나 바라보자는 긴장 해이가 되어버린 맥 풀린 종말론이다."(109)

그래서 한국적인 역사의식 속에는 유대적-그리스도교적 과거가 바로 장래를 약속하는 따위의 긴장관계는 찾아 볼 수 없다고 한다.239) 한국에는 구속사적인 구원계기는 준비

---

238) 윤성범, "정감록의 입장에서 본 한국인의 역사관", in: 「기독교 사상」 70. 1, 105. 이러한 표현이 적절한 것은 "한국인의 종말론이 피안적인 것이기보다는 현실에서의 어떠한 변화와 혁신을 갈망하기 때문일 것이다. 이러한 한국인의 종말론적 메시아니즘 등은 단순한 현실부정이기보다는 보다 더 내적으로 정비된 현실긍정이라고 할 수 있다. 따라서 한국인은 메시아적 대망을 언제나 마음에 간직하고 있었다고 해도 좋을 것이다. (그러나 유대 그리스교적 역사이해에 비하면) 한국인의 역사의식은 매우 소박한 자연상태 그대로라는 것을 알게 된다."(105f)

되어 있으면서, 이깃의 내용이 명백하지 못한 것이 그 약점
이라는 것이다.(110) 이를테면 정도령이라고 하는 구세주가
왕인지 종교 지도자인지 도령 도사 진인성인 등으로 불분명
하게 나타난다는 것, 구속의 목적도 순전히 개인적 영달에
불과하지, 인격적 대인관계나 정의로운 사회관계도 전혀 고
려하지 않고 있다는 것을 지적하고, 천국관에 있어서도 지
상천국을 강조하고 있을 뿐이고, 게다가 과거나 현재보다
미래가 더 나을 것이라는 보장도 확신도 없다고 비판하고
있다.

다음으로 그는 한국 역사관의 구조를 오스카 쿨만의 역사
이해에 비교하여 설명한다. 쿨만의 구속사는 이상적인 모범
사례로서 제시된다. 왜냐하면 "쿨만의 일반사 속에는 유일
회적인 구속사가 일관되어 있기"(112) 때문이다. 이 일관성
은 솜씨의 차원이다. "말하자면 형식적인 것과 내용적인 것,
객관적인 것과 주관적인 것의 상호 연속성과 비연속성이 전
제되어 있다. 이러한 역사구조를 쿨만은 'kairos'(καιρος)라고
불렀다."(113)

한국사관에서는 이런 역사의 카이로스 구조의 혼동이 문
제가 된다.240) 한국문화 아프리오리 혹은 한국의 얼은 이

---

239) 참고. 이런 점에서 윤성범은 한국의 역사의식은 요순시대나 복고주의
로 귀환하려는 중국이나 그리스 사상과도 다른 단순한 미래대망이라
고 한다. 따라서 과거와 미래를 현재에 집약시키려는 C. H. Dodd의
실현된 종말론나 불트만의 실존론적 종말론이나 중간기의 윤리를 말
하는 슈바이처의 철저한 종말론과 비슷한 것을 찾아보기 어렵다고 한
다. 그리스도 사건을 전제하고 있는 판넨베르크나 일체를 포괄하는 미
래를 전제하는 몰트만의 경우에도 비교할 수 없다고 한다. 그리고 사
바세계와 극락세계의 이원론적 비연속성을 말하는 불교의 내세관과도
다르다고 한다.(109-110)

양자 사이를 동요하고 진동하고 있는 것이 특징인데, "이
두 가지가 아름다운 조화를 이룰 때에 비로소 한국역사는
제구실을 했다고 볼 수 있으며, 이러한 경지에 이르러서만
한국역사는 구속사적인 자유로운 파상선(Wellenlinie)을 그
리게 될 것이다"라고 한다. 구속사적인 자유로운 파상선은
쿨만의 "전진하는 구속선(fortlaufende Heilslinie)"에 미적 표
현을 가미한 이름이다. 한국 역사의 이상은 성서적 역사를
'무한히 가는 선'241)으로 표현한 쿨만의 신학에서 모범적으
로 나타난다.

이러한 곡선미는 이미 한국문화 아프리오리에 속한 것이
지만 역사에서는 아닌 것이다. "다행히 한국의 많은 미술품
들이 표현해 보여주는 아름다운 곡선미는 한국미의 핵심을
알려주고 있지만 역사에 관한 한 이렇지 못한 것이 특징이
며 한국인의 역사관은 바로 긴장이 해이된 상태라고 말하면
좋을 것 같다."(113f) 따라서 이러한 긴장해이된 상태를 메워
나가려는데 샤먼의 카리스마적인 권위가 주효했을 것이라고
하고, 한국 신학사적으로도 동일한 문제에 직면해 있다고
지적한다.242)

---

240) "한국의 경우 이러한 주객관적인 계기를 자연과 숙명, 결정론과 비결
　　정론(혹은 자유의지론)으로 본다면, … 이러한 두 가지 계기가 상호 혼
　　돈을 이루는 데서 한국사관의 혼란도 일어나는 것으로 보인다."(113)
241) O. Culmann, Christus und die Zeit. Die Urchristliche Zeit und
　　Geschichtsauffassung, Zürich 1946, 92f. "이러한 역사라는 폭이 무한히 가
　　늘어지는 상태를 구속선으로 보고 이러한 구속선은 그 자체가 이미
　　영원을 동반하는 것으로 쿨만은 보고 있다"(113)는 것이다. 쿨만이 역
　　사를 직선으로 보고 있다는 것과 윤성범이 그것을 곡선으로 보고 있
　　다는 점만이 다를 뿐이다.
242) "한국의 올바른 역사의식의 수립을 위하여" 그는 말하기를, "우리는
　　먼저 상술한 주술적 카리스마적 요소를 벗겨내는 일을 하지 아니하면

166 · Ⅱ. 성(誠)의 신학: 토착화신학의 형성

여기서 정감록과 더불이 종말론을 말하고자 하는 의도 또한 무엇보다 그의 일차적인 목표, 즉 올바른 수용태세의 발견에 있었다고 할 수 있다. 그래서 그는 한국인의 역사의식을 쿨만의 구속사의 표준에 따라 비신화화뿐 아니라 나아가 비신화화해야 한다고 주장한다.[243] 그렇게 해서 한국인의 역사의식 속에 가능태로 존재하는 "고향상실"에 참다운 구속사적 내용이 개입될 수 있다는 것이다.[244]

그의 종말론 논의는 결국 자신의 토착화 이론의 발견 맥락에서의 관심사일 뿐이었다고 할 수 있다. 그래서 한국인들의 역사의식이 방향 잡히지 않은 미래에로 향하고 있다는 것을 밝혀내고 이것은 구속사적 내용을 수용할 수 있도록 주체성을 회복하는 방향으로 수정되어야 한다는 것을 강조하여 말할 수 있었다. 그렇기 때문에 그의 신학에서는 올바른 기독교적 희망의 내용이 무엇인지 그리고 그것이 기독교 신앙과 관련해서 또 신학을 위해 어떤 구속력을 지니고 있

안 된다(Entmythologisierung). 이러한 비신화론화의 과정을 통해서 올바른 수용태세 위에서 신적 계시의 암호를 읽을 수 있어야 하며, 이로써 역사는 방향정위가 될 수 있는 것으로 사료된다. 진정한 의미의 구속사가 한국 역사의식 속에 요청된다."(115)

243) 정감록에 나타난 종말론을 설명하기 위해 두 가지 다른 예를 들고 있다. 하나는 정감록의 희망이 종교적인 계시의 수용성만 있고 계시의 내용은 찾아볼 수 없는 일종의 베케트의 '고도를 기다리며' 가운데 있는 등장인물에서 볼 수 있는 희미한 희망이라는 것이다. 다른 하나는 그렇기 때문에 정감록의 역사관은 신적 계시의 형식만 있고 그 내용은 제외되어 버리고, 딴 인간적인 심령론적 요소가 작용하고 있는 영지주의의 일종으로 간주될 수 있다고 한다.

244) 결국 윤성범은 유교적 성의 신학에서는 전혀 찾아 볼 수 없는 종말론적인 가능성을 샤머니즘적인 도참서인 정감록을 통해 찾을 수 있는 것이기는 하나 이것은 우연한 계기일 뿐 신학을 위해 구속력 있는 종말론적 진술이 될 수 없다는 것이다.

는지에 대한 질문이나 그와 관련된 어떤 긴장관계도 찾아 볼 수 없다. 그래서 전기뿐 아니라 후기에 있어서도 윤성범 의 신학적 관심과 구상 속에서 종말론은 전혀 본질적인 관 심의 대상이 아니라고 단정할 수 있다. 그리고 이것은 윤성 범의 신학의 주된 특징으로 드러나게 된다.[245]

윤성범이 한국적 신학으로서의 토착화 신학을 구성하려 할 때, 그가 한국적이라고 발견한 것은 내재 속의 초월이라 할 한국인의 '정신성'이었다. 그는 이것을 '단군신화' 나 율곡 의 '성'에서 찾아내어, 신학의 핵심주제로 삼고자 했고, 한국 인이 복음의 수용과 더불어 회복해야 할 참된 주체성이라 생각했다.[246] 그래서 그의 시도들은 한국교회 초기의 종말 론적 소망과 신앙합리성에 주목할 수 없었던 것이다.

---

245) 성의 신학은 복음의 수용 자세에 관련된 주체성 그리고 그 주체성을 잘 표현해 주는 동양철학적 성 개념이 근거 맥락을 이룬다. 즉, 윤성 범은 성이라는 문화적 아프리오리를 신학적으로 근거설정 하고자 했 다. 그러면서 신학은 비단 신학뿐 아니라, 서양철학도 성과 주체성을 근거설정 하기 위한 발견맥락을 이룬다. 즉 신학적 진술은 성의 현상 을 정당화하기 위한 예증으로 사용되고 있는 것이다. 그렇기 때문에 바르트의 종말론적 관심은 망각되었고 구속사건과 역사의 연속성을 주장하는 쿨만의 구속사가 종말론적 모델로 제시되었을 것이다. 전자 는 연속성을 설정하는 것 자체가 불가능한 반면에, 후자는 초월과 내 재라는 성의 연속성을 잘 나타내 주고 있기 때문이다.

246) 그러나 그가 이 생각을 담아내는 개념을 발견한 성은 반드시 한국적 이라고 말할 수 없는 것이다. 그가 물론 한국 유학자인 율곡에 기초하 여 성을 다루고자 하지만, 성의 신학의 핵심 도식인 성자, 천지도, 사 성자, 인지도는 이미 중국철학 고전인 중용에서 나왔기 때문이다. 그 가 찾아내어 신학화하고자 했던 것은 고유한 한국적인 것이라기보다 는 동양적 정신 속에 깃들어 있는 정신적 에토스에 불과하다. 그것은 그리스 사유와 서구철학에 깃들어 있는 정신적 에토스와 마찬가지로 인간 정신의 풍요와 한계를 말해주는 개념일 뿐이다.

3. 요약과 질문

3.1. 정체성 문제와 유교적 사유경험

제2장에서는 자기 정체성에 대한 질문과 함께 시작된 신학적 시도들 가운데, 특히 60년대와 70년대의 한국교회의 토착화 신학 논쟁을 주도한 윤성범의 신학이 다루어졌다. 서술순서와 내용전개에 따라 그의 신학적 시도를 요약하면 다음과 같다.

윤성범이 토착화 신학 구상의 출발점으로 삼은 것은 단군신화였다. 단군신화는 풍부한 신학적 가치가 있다는 것이다. (1.1.1.) 특히 그는 신관념에 있어 단군신화를 삼위일체의 흔적으로 간주하고자 한다.(1.1.2.) 이런 그의 주장은 이론적으로 감, 솜씨, 멋이라는 방법론과(1.2.1.) 주체성, 수용성, 토착화를 말하는 삼단계 토착화론에(1.2.2.) 기초해 있다. 윤성범의 시도를 자연신학 혹은 전이해라는 인식론적으로 보는 비판은 이 당시의 윤성범의 관심사를 벗어난 것이었다.(1.3.) 그의 토착화 이론은 피선교지에서 복음이 수용되는 과정을 수용자의 주체성 입장에서 선교학적으로 보고자 하는 것이었을 뿐이다.

윤성범이 자신의 토착화론을 조직신학적으로 체계화한 것은 성의 신학에 이르러서다.(2.1.1.) 신론, 기독론, 성령론은 바르트의 삼위일체론적 구조를 지닌다. 성은 하나님의 말씀, 그리스도의 화신, 성령의 사실이다. 인간론, 윤리론, 문화론은 인간학적 차원이라는 공통범주를 지닌다.(2.1.2.) 윤성범의 성의 신학의 방법론적 기초를 이루고 있는 글들은 검토해 보면(2.2.1.) 그가 자주 인용한 바르트의 신학은 바르트의 의도와 다른 맥락으로 사용된 것처럼 보인다.(2.2.2.) 성의 신학의 특징은 종말론적 관점에서 바르트의 신학과 쿨만의 구속사를 성의 신학에 대비해 볼 경우 분명하게 드러난다. 그의 신학은 쿨만의 구속사적 신학과의 유사성을 지니지만, 그런 역사적 연속성이 명백히 거부되고 있는 바르트 신학과는 상이하다. 그것은 윤성범의 신학이 내재와 초월의 연속성에 핵심적 기초를 두고 있는 성을 신학원리로 사용하고 있기 때문이다. (2.3.1.) 동일한 이유에서 쿨만의 구속사 신학은 한국신학의 역사관을 위한 모범사례로 다루어지고 있다. 바르트는 거부되고 쿨만이 선택되는 성의 신학의 목표는 결국 선교에서 문화 아프리오리의 정체성이 지닌 의의를 신학적으로 규명하려는 데 있었음을 알게 된다.(2.3.2) 이것이 선교를 위한 주체성을 찾는 윤성범의 토착화 이론의 목표였기 때문이다.

정체성 확인 과정에서 드러난 그의 이론의 핵심개념인 성은 복음에 낯선 동양 전역에 통용되는 친숙한 유교적 개념이라는 데 큰 동력을 얻고 있다고 하겠다. 그런 의미에서 성의 신학은 동양적 사유경험의 신학적 합리화라는 특성을 지닌다고 할 수 있다. 성의 신학은 결국 복음에 대한 변증이 아니라, 성으로 표시되는 수용자의 주체성에 대한 변증이겠기 때문이다.

이제 내용에 따라 요약하고자 하는 것은 그의 신학의 근본동기의 관점에서 신학전개를 조망한다는 것이다. 그의 신

170 • Ⅱ. 성(誠)의 신학: 토착화신학의 형성

학적 본래적 동기가 문화 아프리오리의 옹호에 있었던 것은
아니다. 그가 도착화 이론을 구상힐 때 염두에 둔 깃은 인타
까운 교회의 혼란된 모습이었다.247) 이제 윤성범이 직시한
교회의 혼란이 무엇인가를 알기 위해 그가 활동한 시대를
간략하게나마 살피는 것이 필요하다.

1945년 광복이 되자 한국은 예기치 못했던 요인에 의해
이미 내부적으로 분열되어 있음을 알게 되었다. 1917년 소
련 공산혁명 직후부터 이미 한국사회에 퍼지기 시작한 공산
주의 세력은 통일된 정부의 탄생을 불가능하게 했다. 1948
년 남한에만 새 정부가 들어섰으나 국정수행의 위상을 갖추
기도 전에 북한은 1950년 3년간의 시민전쟁을 일으켰다. 공
산화된 중국과 소련 그리고 미국과 UN을 중심으로 한 세계
젊은이들의 피가 여기에 뿌려졌다. 결국 한국은 남과 북으
로 분단되어 북은 폐쇄적인 공산주의 체제를 건설했고, 남
은 봉건사회도 시민혁명의 경험도 없이 미국식 민주주의를
채택했다. 그 와중에 종교를 인정하지 않는 공산주의자들에
의해 한국교회의 요람이었던 북에 있던 교회는 흔적도 없이
파괴되었고 북에 있던 교회와 교인들은 대거 남쪽으로 피란
해야만 했다. 남한의 교회와 정부는 북에 가정과 교회를 두
고 온 많은 사람들의 정서와 미국의 반공산주의 정책과 더

---

247) 제 1장에서 살펴보았지만 한국의 초창기는 한국사회의 내외적 위기의
시기에 탄생되었다. 국가 독립의 염원이 언제나 교회적 신앙에 닿아
있었다. 독립의 염원은 뿌리 깊은 한국 전통종교인 유교, 불교, 선교의
이 식민지 시대 (1910-1945)의 공통이념이었다. 그와 함께 교회는 전통
사회의 붕괴를 촉진하는 서구화의 전위로 이해되었다. 서구화는 단순
히 발전된 과학기술의 도입만을 의미하지 않는다. 교육 풍습 사회제도
신념체계 가치관의 변화를 동반한다. 전통사회는 무너지고 새로운 사
회 질서는 아직 모습을 드러내지 않고 있었다.

3. 요약과 질문 • 171

불어 강력한 반공 이데올로기로 무장했다. 이 어지러운 시대정황 속에 사회적 부패와 불의가 만연했고 정부는 여기에 대처할 여력이 없었다. 결국 남한의 정권은 결국 실제적인 힘과 이념의 중추를 장악하고 있던 군부에 넘어가고 1960년 이래 강력한 군사통치가 시행되어야 했다. 식민지 잔재 문제, 공산주의 문제, 경제적 빈곤문제 외에도 군사정권의 문제가 한국사회의 혼란을 가중시켰다. 한국인들의 집단적 자아 상실감이 의식되기 시작한 것은 바로 이 무렵이었다. 이 의식은 '한국적 민주주의'라는 장기집권 정책과 맞물려 급격히 망각되어 가던 전통 종교와 문화유산을 재조명하려는 어지러운 정신적 분위기를 형성했다.

토착화 신학을 60년대의 한국 교회의 신학으로 대두시킨 「기독교 사상」 또한 1957년 그 창간사에서[248] 이 상황을 단적으로 표현하고 있다: "오늘 우리의 현실은 한 마디로 요약한다면 혼란이라고 함이 가장 적당할 것이다. 눈을 돌려 어디를 보나 혼돈과 무질서가 우리의 눈살을 찌푸리게 한다."[249] 윤성범이 직시한 것도 역시 이런 혼란이었다. 이에 관련된 교회의 혼란은 1964년에 쓴 윤성범의 토착화론의 제 일단계인 주체성을 강조하는 문맥에서도 밝히 드러난다.[250]

---

248) 유동식, 「한국 신학의 광맥」, 221. "60년대의 한국교회 : 기독교 사상의 시대 연간 60여 편의 신학적 논문들이 발표되었으며, 그 집필자도 약 60여명에 달하고 있다. 30년대는 실로 한국 신학의 개화기를 맞이한 시대요, 또한 기독교 사상의 시대이기도 했다."

249) 홍현설, "창간사", in :「기독교 사상」, 1957.

250) "한국교회가 아직 주체성이 없기 때문에 자립정신도 없고 돈에 지배받고 있으며 교회가 통일되지 못하고 단지 경제적, 재정적 여건 (예컨대 선교사의 보조금 같은 따위) 때문에 서로 분열을 일삼고 있는 것은 주체성의 결여 때문이라고 생각지 않을 수 없는 것이다. …한국교

그래서 서구화로 인한 혼란에 봉착한 윤성범의 눈에는 농양적 종교성이 토착화에 있어서 혼란을 수습할 수 있는 그리고 주체적인 신학을 세우기에 적합한 토대로 보였을 것이다. 그러나 이때 미국교회나 전통종교와도 단절을 보여주던 한국교회의 신앙적 주체성, 즉 한국 초기교회의 신앙경험은 (I.3) 그에게 망각되었다고 할 수 있다.

3.2. 유교적 합리성과 신앙경험

신앙경험에 대한 망각현상은 그의 신학 전략에 의해 더욱 촉진되었다. 그의 신학 방법이 한국문화 아프리오리를 내재와 초월을 동시에 말하는 개념으로 내세우는 솜씨 개념에 핵심이 있고, 이 솜씨가 곧 성으로서 그의 신학의 원리가 되어 있는 것은 우리가 앞에서 살펴 본 바 있다. 이것은 김광식에 의해 윤성범의 "천재적 솜씨"라고 비난된 바 있지만, 그 천재적 솜씨는 신학과 동양사상을 다루는 윤성범의 방법이다. 그가 성의 신학에서 구사한 전략 또한 그로부터 마련된 이른바 "낯섦을 친근함으로 대치하는 전략"이다. 계시라는 낯선 개념이 성이라는 익숙한 개념으로 대치된다.251) 그

회는 미국교회도 아니요, 중국교회도 아니며, 하물며 일본교회도 아닌 것이다. 이런 뚜렷한 주체의식이 없는 교회에는 하나님의 은혜로운 복음을 맡기시려고 하지 않는다. 왜? 이 복음의 은혜를 도리어 하나님의 진리에 배반되는 것에다 역이용하기 쉽기 때문이다. 우리는 역사의 유명한 신앙가들이—신구약을 통해서와 교회사를 통해서 볼 때에—얼마나 애국심에 불타는 인물이었던가를 상상해 볼 필요가 있는 것이다. 자기 나라 하나 사랑할 줄 모르는 인간이 하나님을 사랑한다는 것은 빨간 거짓말이기 때문이다."

익숙한 개념에 대한 충분한 성찰 없이 초월성을 담지 했다
는, 그리고 광범위하게 사용된다는 이유만으로 신학적으로
정당화되었다고 전제하는 윤성범의 전략은 신앙이 아니라
유교적 정신을 합리화하는 데 기여했던 것이다.

낯섦을 익숙함으로 바꾸려는 윤성범의 전략은 쿨만의 의
도와 더불어 더 잘 이해될 수 있을 것이다. 또한 그 역도 마
찬가지이다. 윤성범의 본래 의도는 기독교 신앙을 저버리고
유교적 성을 옹호하려는 데 있었던 것이 아니다. 기독교 신
앙을 수용할 수 있는 역사적 민족적 주체성을 찾고자 했던
것이다. 윤성범이 정감록에서 발견한 것은 과거와의 긴장과
미래에의 목표의식이 상실된, 비신화화되어야 할 비실존적
인 역사관을 보았을 뿐이다. 그러나 실상 그는 거기서 시간
적 긴장관계가 없는 생성적이고 순환적인 동양적 역사관을
발견했던 것이다. 그는 이 동양적 역사관의 독특성을 시간
적 긴장관계를 갖는 그래서 직선적인 것으로 나타나는, 서
구적 역사관에 비추어 일면 긍정적으로, 일면 부정적으로
판단했다. 이 판단의 기준이 바로 "수용성의 발견을 위한 주
체성의 확인"이라는 그의 신학적 의도와 "낯섦을 익숙함으
로 대치"하는 그의 전략인 것이다. 이것에 대한 의도와 전략
은 동양적 사유의 합리화에 기여한다. 동양적 역사관에서
긍정적인 것은 초월의 내재요, 부정적인 것은 과거에 대한
기억이나 미래를 향한 목표의 결여이다. 그래서 윤성범에게

---

251) 윤성범, 「성의 신학」, 36. "그리하여 계시라는 낯선 개념 대신에 성이
라는 친근한 개념을 대치하여 신학적 제문제를 해석해 나간다면 동양
천지는 온통 이 성의 개념 하나로서 기독교의 진리의 접촉점과 출발
점을 삼을 수 있으리라 믿는다."

는 쿨만의 구속사적 선이 모범사례로 보였던 것이다. 그는 거기서 성의 신학의 모토인 역사 내의 초월을 보았기 때문이다.

쿨만은 당연히 기독교적 구원 사건을 간과하고자 하지 않았다. 오히려 그는 이 사건을 역사적 시간의 중심으로 삼고자 하였다. 그리고 그 사건의 규준적 성격으로 말미암아 기독교인들에게는 역사와 구속사의 구분이 불필요하다는 것이다. 영원은 시간과 질적 차이를 가진 것이 아니라 시간의 무한한 연장에 불과하고, 게다가 하나님의 속성도 시간적이다 : "결국 하나님의 속성으로서만 가능한 영원은 끝없는 시간이라는 것, 좀더 좋게 말해서 우리가 시간이라고 부르고 있는 것은 하나님의 시간의 끝없는 연속성(영원) 가운데서 하나님이 규정하고 제한한 시간의 일부 이외에 딴 것이 아니다."(66) 그리고 플라톤적 무시간적 영원관은 철학적 사유에 불과한 것으로 바르트에게서 마지막 흔적을 볼 수 있다고 한다.

그러나 바르트의 시간관이 희랍사상에 기초한다는 쿨만의 설명을 통해 그의 신학적 시도의 특징이 두 가지 측면에서 드러난다. 첫째, 바르트 신학의 근본특징을 정당하게 고려한다면, 바르트에 의해 묘사된 구원은 시간과 영원의 질적 차이를 강조하면서 밖으로부터 들어오는 하나님의 구원행동을 강조하는 데 있다고 할 수 있다. 여기에 그의 신학의 출발점이 있다. 그러나 쿨만은 바르트의 사상이 희랍철학에 근거한 것이라고 본다. 그렇다면 하나님의 구원행동은 저편에서의 행동 없이 이편으로부터의 "무시간적 탈출을 지향하는"

3. 요약과 질문 • 175

희랍적 해방욕구에 기초한 것이라는 말이 된다. 그러나 이 해방욕구는 오히려 바르트의 변증법적 신학에서 부각시키고자 하는, 하나님과 질적 차이를 이루는 인간적 욕구에 해당한다. 쿨만은 주장과는 반대로 희랍 철학은 바르트 신학과 유사한 것이 아니라 질적으로 다르게 나타난다. 바르트의 종말론적 신학개념의 관점에서 본다면, 쿨만의 시간이해는 오히려 역사적 시간을 영원과 동일시하고자 한다는 점에서, 그의 사고의 인간성을 노출시키고 있는 셈이다. 이런 의미에서 쿨만의 시간이해는 그가 말하는 희랍적 시간이해와 질적인 차이가 전혀 없다. 단지 순환적인 원과 발전적인 직선이라는 것이 양적 차이가 있을 뿐이다. 쿨만의 대비는 바르트 신학의 희랍사상과의 동일성이 아니고 차이를 드러내며, 그와 함께 오히려 쿨만의 사고와 희랍사상과의 차이가 아니라 유사성을 드러내는 것이다.

둘째로는 이러한 그의 시도에서 신적인 낯섦을 인간적 익숙함으로 바꾸고자 하는 쿨만의 대치전략이 가시화된다는 점이다. 쿨만은 신약성서에서 역사관을 찾고자 하였다. "희랍사상의 순환적 시간관에 대립되는 계시사에 나타난 선으로서의 시간관"은 "시간의 시작과 끝이 있어서 점진적으로 상승해 올라가는 선"이다. 쿨만이 추구하는 것은 하나님의 구원역사를 가시적 프로그램으로 나타내는 것이다. 신약성서는 그에게 구속사적 사고양식을 찾는 전거(Referenz)가 된다. 이것은 역사철학의 과제와 일치한다.[252] 그가 신약성서

---

252) G.W.F. Hegel, Die Vernunft in der Geschichte, J. Hoffmeister, 편 Bonn ⁵1955, 149.

에서 발견한 그 상승선은 전형적인 서구적 합리성이라 할 진보사관과 매우 유사한 것이다. 서구의 역사철학이 실세로 기독교적 역사이해에 뿌리박고 있다면 이것은 하등 이상한 일이 아니다. 그러나 그렇다던 기독교적 역사관이 구체화된 서구의 역사가 구속사라고 할 수 있을지는 의문이다. 다시 말해서 구속사를 역사 내적인 의미연관으로 제시하려는 쿨만의 시도는 낯섦을 익숙함으로 대체하려는 전략으로 볼 수 있다는 것이다. 윤성범이 쿨만에게서 발견한 것은 바로 이것이다. 동양적 역사관으로 볼 때 순환적인 시간적 현실은 희랍사상에서와는 달리 결코 벗어나야 할 부정적 세계가 아니다. 오히려 이 현실 속에 참여하여, 중용을 통해 조화를 이루어가는 것이 천명이다. 현실적인 선과 문화를 이뤄 가는 것, 즉 역사 내적인 구원이 천명을 따르는 것이 인간의 사명인 것이다. 비록 한국의 역사관에서는 이 계기가 모호하지만, 성에서는 뚜렷하게 나타난다는 것이 그의 지론이다. 쿨만의 구속사 신학은 성에서 나타나는 이 계기를 명확히 했다는 점에서 윤성범에게 의미를 갖는다. 윤성범의 동양적 합리성의 입장에서 볼 때, 오히려 쿨만의 역사내적 의미연관은 성의 신학의 기본의도에 상응한다. 거기에는 현실에 대한 강한 긍정, 초월의 내재화가 발견되기 때문이다.

결국 쿨만이 묘사한 "희랍적 역사관"과 "상승하는 구속선", 그리고 윤성범이 묘사한 "긴장해이 된 한국사"와 "구속사적인 자유로운 파상선"의 대비에서, 각각 전자는 부인되고 후자는 옹호된다는 것을 알 수 있다. 부인된 전자들은 순환적 구조를 지닌 것이고 옹호된 후자들은 선적인 구조를 지닌 것이다. 이런 대비를 통해서 보면, 동서의 신학적 시도 뿐 아니라 동서 사유의 유형은 본질상의 큰 차이를 이루는 것은 아니라고 할 수 있다. 그것은 그러한 동서의 신학적 시도들이 그들의 사유의 출처를 밝혀주는 사유경험과 긴장관계를 보이면서 발전되어 왔기 때문이 아닌가? 그들의 신앙경험은 망각된 채로!

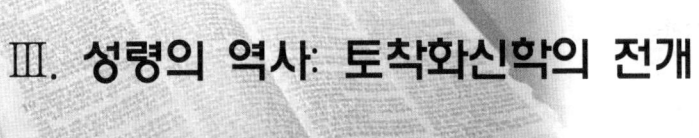

III. 성령의 역사: 토착화신학의 전개

1. 토착화의 재론

60년대에는 단군신화를 중심으로 70년대에는 성의 신학을 중심으로 하는 토착화 이론이 윤성범에 의해 형성되었다면, 70년대의 준비기간을 거쳐 80년대와 90년대에 이 토착화 이론을 비판적으로 계승 발전시킨 사람은 김광식(1939-)이다. 특히 84년의 논문 "토착화의 재론"은 원리적으로는 토착화를 성령의 사건으로서 관찰하고자 하는 신학적 토착화를, 방법론적으로는 해석학적 토착화론을 주장함으로써 토착화 논의를 학문적이고 신학적인 차원으로 옮겨 놓았다. 토착화와 관련된 그의 대표적인 작품은 「선교와 토착화」(1975), 「토착화와 해석학」(1987), 그리고 「조직신학」(I-V)이라 할 수 있다. 「선교와 토착화」가 그 이전의 토착화 신학의 논의들과의 대화와 고유한 신학적 사고의 단초를 보여주고 있다면, 「토착화와 해석학」은 그의 토착화 이론의 원리적이고 방법론적 정립을 보여 주며, 「조직신학」에서는 이러한 단초의 원리와 방법이 체계적으로 적용되고 있다고 할 수 있다.

1.1. 언행일치 (Adaequatio verbis ad actionem)

김광식의 토착화 신학에 대한 관심사는 그의 박사 논문 「God im Humanity, The Belief in Hananim and the Faith in God」(1970)에서부터 확인될 수 있다. 그러나 독자적인 토착화 신학의 시도를 내 보인 것은 1975년의 「선교와 토착화-언행일치의 신학」이었다. 이 책은 2부로 구성되는데, 제 1부는 복음 선포와 한국이고, 제 2부는 토착화 신학 개요이다. 이 책의 구상을 가장 잘 나타내 주고 있는 것은 1부의 결론에 있는 토착화 신학의 논리이다. 그것은 탈소외동기로부터 발전되었다. 제 1부에서 몰두한 주제들 '1. 동양신학론 2. 한국적인 것의 발견 3. 한국역사와 구원의 문제 4. 한국문화와 토착화 신학의 논리'를 통해 규명하고자 하는 핵심 개념이 바로 "탈소외동기"이다. 탈소외동기로부터 구상된 "토착화 논리"가 제 2부 '5. 신론 및 창조론 6. 기독론 7. 신앙론 8. 교회론 9. 종말론'에 적용되고, 그 구상과 적용이 "10. 결과와 전망"에 반영되었다.

1.1.1. 탈소외동기

김광식의 토착화론의 대전제는 복음이 서구적 종교성에 싸여 있다는 것이다. 토착화는 복음의 탈서구화이고 동양적 해석으로 이해된다.

> "…토착화 신학은 이중적 과제가 있다. 일면으로는 탈서양화
> 내적 비종교화이고, 타면적으로는 한국적 이해 내지는 종교
> 화이나…진실로 토착화가 이루어지려면 우선 탈서양화가 선
> 행되어야 한다. 다시 말하면, 서구적 종교성으로부터 복음을
> 해방해야 한다. 그 다음에야 비로소 동양적인 개념성을 빌
> 려 해석할 수 있게 되는 것이다."(18)

"1. 동양신학론"의 선구로서 인도의 Raymond Panikard의 반식민주의 신학과 일본의 Kazoh Kitamori(北森 嘉蔵, 1916-1998)의 민족주의 신학이 거론된다. 그리고 이 양자는 동일한 의도에서 비판된다. 파니카는 복음을 왜곡했으며, 기타모리는 소외동기를 그대로 사용하고 있기에 탈서구화하지 못했다고 한다. 소외동기는 전형적 서구적 종교성이라는 것이다.253) 그리고 그가 한국 토착화 신학의 선구자인 유동식과

---

253) 김광식, 「선교와 토착화」, 대한기독교서회 1975. 30-35 "파니카는 기
독교의 복음을 극단적으로 파악하여 서구신학 및 서양종교로서의 기
독교가 가지고 있는 일방적인 성격을 지적해 놓았다. 그러나 그가 기
독교의 신앙을 힌두교라는 종교로 환원해 버리지나 않는지 염려스럽
게 생각되며, 또 사실상 기독교와 타종교와의 구별을 없애버린 결과
가 되었기 때문에 여기서 문제될 것은 왜 하필이면 그리스도냐 하는
문제가 생긴다."(30) / "기타모리는 서양의 소외동기(estrangement motif)
를 그대로 받아들였다 … 문제는 그가 과연 서양의 소외동기를 과연
일본적인 것이라고 내세울 수 있는 사상적 근거가 제시될 수 있느냐

1. 토착화의 재론 • 181

윤성범을 평가하는 기준도 동일한 의도에 비추어 이해될 수 있다. 그들은 토착화 신학의 과제를 잘못 파악했다는 것이다.[254]

복음을 동양적으로 해석하기 위하여 "2. 한국적인 것의 발견"이 필요하다. 윤성범처럼 문화적이고 역사적 유산과 같은 지엽적인 것을 가지고서가 아니라, 그런 것들을 생명적으로 만드는, "바로 이러한 전체야말로 한국적인 것이다."(43) 이 전체는 민족적 자기이해로서의 한국인의 사람됨이고 민족신앙에서 표현된다.[255] 김광식은 전체로서의 이 사람됨을 또한 단군신화에서 읽어내고자 한다.[256] 그는 단군신화의 환인 환웅 환검을 '사람됨'의 '인격화된' 세 가지

에 모든 것이 달린 것처럼 보인다.(35)" 참조 C. Michalson, Japanische Theologie der Gegenwart, Gütersloher Verlag 1962, 60f.

254) Ibid., 39. "윤 박사는 본래 서구신학의 개념이 우리 동양인에게 난해하기 때문에 동양적 개념으로 서양신학을 설명하겠다고 했는데, 어느덧 그 본래의 의도에는 아랑곳없이 유교연구가로 전락되어 가고 있지 않은가 하는 의구심이 든다. 유동식 박사가 토착화 신학을 위한 터전을 학문적으로 밝히기 위하여 무교를 연구하려던 나머지 민속학자가 되었듯이, 윤성범 박사도 토착화 신학의 바탕을 다지기 위하여 유교연구를 하기 시작한 것이 급기야 비교종교학자로 되어버린 것이다."

255) Ibid., 43f. "바로 이 전체가, 즉 한국적인 것 전체가 자성(自性)되는 곳은 다름 아닌 민족적 자기이해이고, 이처럼 자성되는 것이 자각되는 곳은 다름 아닌 문화적 표현이다. … 한민족의 사람됨이야말로 자각적 자기이해로서 민족신앙의 본질을 이루고 있는 것이다. … 단일민족으로서의 한민족이 갖고 있는 Proprium, 즉 고유성은 결코 폐쇄적인 것도 아니고 배타적인 것도 아니다. … 동서사상의 대화가 이루어질 수 있는 근거가 될 수 있는 사람됨을 내용으로 삼고 있는 민족신앙은 세계성을 갖고 있는 것이다."

256) Ibid., 53. 무엇보다 단군신화의 하느님은 사람됨의 인격화한 신화론적 표현이라고 할 수 있기 때문이다. 이 하느님은 한민족의 민족신앙의 대상일 뿐이요, 전혀 성서의 야훼 신이 아니라는 데서도 하나님은 철두철미 사람됨을 따를 수밖에 없다고 한다.

182 • Ⅲ. 성령의 역사: 토착화신학의 전개

범주로 생각한다. 환인은 "사람됨의 근원이 하나님께 있다는 것", 환웅은 "인간으로 하여금 인간답게 살도록 하는 구조", 환검은 "사람됨을 유지하고 보존하는 형식"을 의미한다는 것이다. 이 사람됨의 인격화한 세 범주가 한국 역사에서 어떤 역할을 했는지 깨닫는다면 비로소 한국적인 것(Proprium Coreanum)을 발견하게 된다고 한다.(56)

"3. 한국 역사와 구원의 문제"에서는 한국인의 자기이해를 위한 사람됨의 세 범주를 한국사와 매개해 주는 "생각"의 존재론을 다룬다. 생각은 움직임이 되고, 그리스도와 만나게 된다. 생각은 세 차원을 갖는데 생각남, 생각함, 생각됨으로 각각 인간됨의 근원, 사람됨의 구조, 사람됨의 형식에 관계되고, 종교적으로는 각각 선교, 불교, 유교를 포함하는 차원이다. 한국사는 생각의 역사로, 그 자체가 구원론적 성격을 지닌 것이다. 근세 한국의 삼대 대중운동이 그것인데 동학운동, 삼일운동, 그리고 부흥운동이다. 생각과 운동 뿐 아니라 동서의 문화와 세력의 만남이 한민족사의 특징이다. "그러나 이 만남의 역사가 궁극적으로는 그리스도와 만나는 역사라는데 신학적 의미가 있다."(65) 그래서 한민족사가 그리스도와의 만남을 통해 완성된다. 민족의 구원이 김광식이 보는 토착화 신학의 일차적 과제이다.

"4. 한국문화와 토착화 신학의 논리"에서는 그러나 이러한 구원이해는 단지 민족적인데 불과한 것이 아니고 세계적인 복음이해에도 기여할 것이라는 것을 입증하고자 한다.(69) 그는 우선 생각의 존재론을 바탕으로 해서 동서 사상을 이해하고 상호대화에 이르게 할 수 있다고 보는데, 그것은 이

1. 토착화의 재론 • 183

양자가 "사람됨이라는 근본적인 공통성"을 지니기 때문이다: "사람됨의 진리를 찾기 위하여 서양에서는 주로 지물합일설을 따라갔다고 하면 동양에서는 지행합일설을 따라갔다고 볼 수 있을 것이다."(72) 그래서 그는 지행합일설과 지물합일설을 서양사상을 대표하는 하이데거와 동양사상을 대표하는 율곡을 비교함으로써 밝히고자 한다.

우선 '전회'로 인해 전기와 후기로 나눠지는 하이데거 철학의 '전체' 문제를 서구사상에 독특하다는 소외동기를 가지고 해결하고자 한다. 전기사상에 대해서는 서구논리에 특징적인 연역법, 귀납법, 변증법 그리고 역리법에 상응하게, "사유", "존재", "존재자", 그리고 "현존재"라는 하이데거의 개념 사용이 분석된다. 후기사상에서는 '명사의 동사화', 즉 동어반복이 아니라 그 개념들이 지시하는 바 근원성을 나타내기 위해 사용되는 언어의 말함(das Sprechen der Sprache), 존재의 있음(das Wesen des Seins), 물의 물화(das Dingen des Dings)로 분석된다. 네 가지 논리형식과 명사의 동사화에는 동일하게 "소외동기, 즉 극복되어야 할 비본래적 상태와 극복을 통해서 도달해야 하는 본래적 상태의 대립이 필연적"이라고 한다.257)

"몰이원론"이라는 김광식의 표현은 율곡의 "이기이원론적 일원론"을 말한다. 율곡의 우주론에 대하여서 그는 말하기를 "율곡은 음양과 동떨어진 태극이 따로 없다고 함으로써

---

257) Ibid., 79. "서양사상에는 늘 소외동기가 하나의 활력소와 같은 작용을 하고 있다. …이러한 소외동기 배후에는 이원론적인 사고가 자리 잡고 있기 때문에 이원론적인 사고를 주축으로 삼고 있지 않은 동양사상에 매우 낯선 것이라고 하겠다."

초월자를 인정하지 않고 다민 내재 속의 초월을 수장하였다... 태극은 음양 속의 태극이고 이는 기의 이이다."(80) 인심, 도심이 함께 있다는 율곡의 인간론은 (다음을) 말한다고 한다. "칠정 자체가 악이 아니라 칠정은 선악을 모두 포함하고 있어서 선악을 좌우하는 것은 결코 이와 기의 구별에 있지 않고, 도리어 인심, 즉 인욕을 따르면 악으로 기울어지고 도심에 의하면 선으로 나아간다."(83) 양자의 비교를 통해 확인되는 것은 율곡 사상에서는 서양적 소외동기가 나타나지 않는다는 사실이다.258) 그래서 김광식은 동서사상은 "근본적으로 지물합일과 지행합일, 즉 소외의 유무로 말미암아 차이가 있다"는 결론에 도달한다.

이제 드디어 토착화 신학의 논리가 제시된다. 토착화 신학은 소외동기가 없는 동양적 종교성으로 복음을 해석하는 것을 목표로 한다는 것이다.

"사상의 구조는 문화의 소산이며 그 문화의 중심지에는 특정한 종교적 사고, 즉 종교성이 자리 잡고 있다. 우리는 이것을 문화적 아프리오리라 부를 수 있을 것이다. 문화적 아프리오리는 한 문화 속에서 거의 전적으로 통용되는 타당한 논리의 구실을 하지만 다른 문화에 있어서는 그렇게 무조건적으로 통용되거나 타당할 수 없다. 그러므로 토착화 신학도 서양의 문화적 아프리오리를 무조건적으로 수용할 수 없

---

258) Ibid., 84. "이것은 비단 율곡에게만 그런 것이 아니고 모든 유학자들에게 동일한 것이다. …비록 주자나 퇴계처럼 이원론적인 사고를 하는 경우에도 소외의 요소가 나타나고 있지 않으나 이원론을 극복하려던 하이데거에게서는 소외의 동기가 지배하고 있다. 다시 말하면 동서사상의 차이점은 일원론이나 이원론에 있는 것이 아니라, 소외의 유무에 달린 것이라고 하겠다."

1. 토착화의 재론 • 185

고 이것을 동양의 종교성을 가지고 새롭게 해석하지 않으면
안 될 것이다. 이러한 종교성을 여기서는 토착화 신학의 논
리라고 불러도 좋을 것이다."(86)

그러므로 이 목표를 추진하는 그의 전략개념인 "탈소외동
기"는 이중적 의미를 지닌다. 하나는 "서양적 종교성을 가려
내어 이것을 배제하는 것"이고, 둘은 "동양적인 종교성을 기
초로 새롭게 해석할 것을 요구하는 것"을 말한다.259)

이 서양적 종교성이 가장 잘 나타난 것이 죄 구원론적인
교리라고 한다. "창조와 타락과 구원과 완성이라는 형식으
로 구성된 교의학의 체계는 하나님의 구원의 드라마를 서술
하는 하나의 양식이다. 그러니까 하나님과 인간 사이의 결
과를 줄곧 죄의 용서라는 각도에서만 규정해 놓은 것이
다."(87) 이러한 소외동기에 기초한 서양신학에 반해서 탈소
외화하는 지행합일의 동양적 종교성으로 교의를 해석하고자
하는 것이 바로 김광식의 언행일치의 신학이다. 언행일치는
지행합일에 들어 있는 신비주의적 해석의 가능성이 배제된
토착화 신학을 정립하려는 의도로 채택된 개념이다. 언행일
치는 존재론적인 세 가지 계기를 가지고 있는데, 언, 행 그
리고 일치이다.

"언"은 생각에서 나온다. 생각 속에는 발설된 말과 발설되

---

259) Ibid., 86. "서양 종교로서의 기독교는 서양적 종교성에 그 뿌리를 내리
고 발전해 왔다. 그런데 그 서양적 종교성이 다름 아닌 지물합일에 구
비되어 있는 소외동기로 특징지어져 있다. 그러니까 이러한 서양적 종
교성을 가려내어 이것을 배제하는 것을 탈소외화라고 한다. 그러나 탈
소외화가 단순히 서양적 종교성을 배제하는 것만을 의미하는 것이 아
니라 오히려 동양적인 종교성을 기초로 새롭게 해석할 것을 요구하는
사고방식이다."

지는 않았으나 의식된 말(침묵)과 구분되는 의식되지 않은 말(무언)도 있다. "이 무언이 말로 나타나는 일이야말로 현실과 근원을 잇는 행위이다. 말은 그 자체가 무언으로부터 발설된 형식을 가진 말로 나타나는 행위를 포함하고 있다."(88) "행"은 "말 속에 포함되어 있는 행위가 그냥 말 속에만 머물러 있지 않고 행위 그 자체로 나타나는 것"을 말한다. 그러나 무언 속에 깃들어 있는 행위, 즉 무위가 중요한데, "모든 행위는 바로 무위로부터 나온다. 무위는 행위의 근본이다."(89) "일치"는 "우리가 유 혹은 만유라고 표현하는 모든 존재의 근본 형식이다." 언행의 일치는 무언과 무위를 속성으로 하는 유의 존재방식이다 그래서 그는 "언행일치의 존재론은 결국 생각의 존재론이며 무의 존재론이기도 하다"고 한다.(89) 그래서 언행일치의 신학은 무론적 사고에 근거를 둔 토착화 신학이 된다. 이것이 탈소외화하는 논리의 근본구조이며, "생각의 세 차원"과 이로부터 나온 "사람됨의 세 범주"의 존재론적인 지평이며, 바로 토착화 신학의 논리이다. "여기에서 말하는 이 무론적인 것이야말로 Proprium Coreanum에 속한 것이다."(90)

1.1.2. 토착화 신학 개요

"5. 신론 및 창조론"은 언행일치 신학에 의해 서술된다. 신론의 논의를 위하여 그는 우선 윤성범의 성 개념을 비판적으로 계승하고자 한다. 이는 성 개념을 실존적 차원에서 인격개념을 가지고 재정의 하고자 한 것이다.260) 성이라는 글자도 언과 성의 결합으로써 말씀의 이루어짐을 말하는 윤성범과는 달리 언행일치의 개념으로 실존적으로 해석한다. 이는 인간의 언행일치의 근거가 되는 하나님의 언행일치를 규명하고자 하기 때문이다.261)

그래서 복음은 언행일치에 의해 해석될 수 있다. 하나님의 인격인 언행일치의 성은 하나님과 이스라엘 사이의 계약에서, 말씀이 곧 행동임을 믿는 창조신앙에서, 역사 안의 구원의 계시인 예수 그리스도의 성육신에서 관철되는 것이다. "약속과 명령 혹은 은혜와 요구 있는 곳에서는 어디서나 언행일치가 문제시되고 있다. 적어도 신적인 측면과 인간적인 측면이 각각 완전과 불완전성이라는 차이가 있지만 하나님의 신비로서 성의 언행일치가 역사 속에 구체적으로 나타남으로써, 구약과 신약은 약속과 성취의 일치, 즉 언행일치의 복음이 핀 것이다."(100) 창조론 또한 언행일치에 의해 해석되고,262) 예수 그리스도 사건 역시 하나님의 언행일치로 이

---

260) Ibid., 97f. "윤성범 교수가 기독교의 계시를 성으로 설명하고자 했거니와, 오히려 성은 형이상학적 개념이기보다는 실존적인 개념인 듯하다.…이러한 실존적 개념인 성은 하나님의 인격까지 표현할 수 있는 개념으로 사용할 수 있다. 그리하여 중용에서조차도 성자와 사성자를 구별했는데, 전자는 천지도에 해당하고 후자는 인지도에 해당한다. 즉, 신적인 인격을 성자라면 인간적 인격을 사성자라고 하겠다."

261) Ibid., 99. "오히려 성은 언행일치라고 풀이해야 한다. 무엇이 성인가? 결국 성은 공약, 공언이 아닌 약속과 말의 실행에서 성립되는 것이다. 언행의 불일치가 불성실이요, 언행일치가 곧 성실이다. 이렇게 볼 때 성은 실존적인 의미를 획득하게 된다. 성이 실존적으로 언행일치를 의미한다고 하면, 하나님의 인격으로서의 성도 역시 언행일치적으로 이해할 수 있다. 그렇기는 하나 인간의 언행일치의 가능성의 근원은 하나님의 언행일치에 있는 것이다."

262) 김광식은 하나님이 인간을 창조하실 때 하나님의 형상으로 지으셨다는 것을 인간이 자연적 존재가 아니라 하나님의 은혜를 받은 존재로

해될 수 있다. "여기서 언행일치라고 하는 것은 무엇보다도 하나님의 말씀과 하나님의 행위의 일치라는 사실에서 성립되는 것이다. 그리고 이러한 하나님의 언행일치가 하나님의 형상으로서 인간에게 은혜로 주어지는 것이 바로 신앙이며, 이러한 구원의 기초가 바로 예수 그리스도의 사건에서 일어난 것이다."(107)

"6. 기독론"에서 그가 다루고자 하는 것은 기독론과 구원론이다. 전자는 복음의 본질에 대한 질문이고, 후자는 인간의 본질에 대한 질문인데 양자는 불가분리적이라고 한다. 이 질문들은 중요한 것은 "우리가 선교받은 복음은 서양적 인간관과 깊이 관련되어 있기" 때문이다.(108) 서양의 인간관은 그 문화적 아프리오리인 소외동기에 의해 규정되어 있다. 서양적 구원관의 본질은 죄구원론 hamartio-soteriologie이라고 한다. 이러한 문화적 아프리오리가 생소한 동양인에게는 기독교가 어쩔 수 없이 서양종교로 나타날 수밖에 없다고 한다. 그는 "동서간의 문화적 해석학적 차이"의 문제, 즉 동양적구원론의 필연성을 여기서 보고 있다.263) 동양적 구

피조되었다는 것을 뜻한다고 보고, 이 타락 이전의 아담은 언행일치적인 성의 인간이라고 한다. 그러므로 인간이 타락으로 인하여 하나님의 형상을 상실했다는 말은 곧 인간이 불신앙의 인간 실존으로 되어 있다는 뜻이다. 즉, 인간은 하나님의 형상을 완전히 구비하고 있지도 못하고 완전히 상실하지도 않은 상태에서 지금 인간은 그 형상을 상실해 가고 있는 것이다. 인간이 하나님의 형상인 법을 완전히 갖추지 못했다고 하는 것은 인간이 아직 구원받을 존재라는 것이다. 여기서 인간의 타락을 신학적 원리 내지 추상적인 도식 개념으로 취급할 것인지 아니면 하나의 현실을 다루는 개념인지를 구별해야 할 것이라고 한다.

263) Ibid., 116. "복음은 왜 서양적으로 해석되어서는 안 되는가? 이것은 동서양의 문화적 해석학의 차이의 문제가 될 것이다. 서양적 문화 아프

1. 토착화의 재론 • 189

원론은 언행일치적인 동양적 종교성으로 가능하다는 것이 그의 구상이다.

"동양적 종교성에 기초하여 복음을 이해한다고 하는 것은 부정적으로 말한다면, 죄 구원론적으로 이해하지 않는 것이며, 긍정적으로 말한다면, 언행일치적 인격의 완전성과 불완전성이라는 도식에 의하여 이해한다는 것을 뜻한다. …[동양적 구원론이 가능한 이유는] 서양의 죄 구원론과는 달리 동양의 종교에 있어서는 인간이 불완전한 상태에서 완전한 상대로 구원받는다는 사상을 가지고 있기 때문이다. 인간이 수양을 통하여 완전성에 이르기까지 성실하게 삶으로써 구원을 얻게 된다는 것이 동양적인 종교성이다."(120)

그러나 동양적 종교성에는 그리스도가 없지 않은가? 김광식은 동양적 아프리오리를 중시하면서도, "아무리 복음을 동양적으로 해석하더라도 기독론은 그대로 남아 있어야 한다는 원칙"(120)을 고수한다. 그러나 동시에 그의 기독론은 서구적 문화 아프리오리에 의해 규정되어서는 안 되는 것이다.264) 그렇다면 동양적 종교성에 의해 규정되는 그리스도

리오리에 근거를 둔 기독교의 복음의 이해는 동양적인 문화의 맥락에서는 몰이해가 되어 버리기 때문에, 참다운 복음의 이해는 소위 본문으로 행세하는 서양적인 신학 및 복음을 서양적인 맥락에서 해방시켜 동양적인 맥락에서 해석해야 할 것을 요구한다."

264) Ibid., 120. "복음을 동양적으로 이해하는 것은 단순히 동양적 종교성을 받아들이는 것이 아니라 이것을 수정하는 것이며 바르게 만든 것이라고 할 수 있다. 따라서 동양의 자력종교가 수정되어서 그리스도 중심적 종교로 나타날 때 복음은 바르게 전해지는 것이다. 그리스도 없는 종교를 그리스도 있는 종교로 만드는 것이 선교이다. 그러나 이것은 결코 죄 구원론적인 동기에 의해 규정되는 것이 아니라, 동양적 종교성, 즉 언행일치적 인격의 완전성과 불완전성의 도식에 의해 규정되는

190 • III. 성령의 역사: 토착화신학의 전개

는 누구인가?

김광식에 의하면 예수 그리스도는 '인간의 완전을 이룩하신 분'이다. 그는 믿음과 삶과 가르침이 일치하신 분이다. "예수는 하나님의 완전성을 계시해 주는 분이다. 그러니까 예수는 완전하신 스승님이 되는 것이다."(125) "나를 따르라"는 예수의 말씀은 "예수에게 계시된 하나님의 완전성을 실현하도록 부름을 받고 사는 것"을 의미한다. 이 완전성은 그리스도의 삼대직무에 관련해서 그의 삶과 수난과 부활에서의 언행일치에서 확증된다. 그리스도는 예언자로서 믿음대로 사시고 사신 대로 가르치신 분이며, 이런 언행일치의 극단적인 결과로 십자가를 지신 제사장이시요, 죽음에서 부활하심으로 구원을 완성한 왕이시다.

그리스도를 따른다는 것은 그러므로 하나님의 약속을 믿고 명령을 준행한다는 것을 의미한다. 약속과 명령은 불완전한 자에게 주어진다. 인간은 불완전한 자로서 완전에로의 약속과 명령을 받고 사는 자이다(요 5:48). 불완전에서 완전에로 나아가는 것은 곧 그리스도 없는 종교에서 그리스도 있는 종교로 나아가는 길이다.265) "아브라함을 따르는 종교는 그리스도를 따르는 종교에서 완성된다."(121)

"7. 신앙론"에서 그는 루터의 칭의론을 언행일치의 신앙론

것이다."

265) Ibid., 121. "예를 들어, 요한복음 저자는 예수의 제자가 되는 것만이 진리를 아는 길이며, 아브라함의 자녀다운 일이라고 한다. 아브라함의 후손이라고 하면서 예수를 따르지 않는다면, 그는 곧 하나님의 약속과 명령을 저버린다는 말이다. 아브라함은 하나님의 약속과 명령을 지켰으나 그리스도는 바로 하나님의 약속이며, 하나님의 명령이기 때문이다."

1. 토착화의 재론 • 191

에 적용시킨다. "신앙의 성실은 결코 인간의 노력으로 이루어지지 않는다. 오직 하나님께서 선사하시는 은혜로 말미암아서만 신앙이 신앙으로 가능해진다. …십자가에 달리셨다가 부활하신 분에 대한 신앙적 결단만이 인간으로 하여금 신앙의 성실로써 완전을 향하게 만든다."(139)

"죄의 용서가 가르치고 있는 근본적인 의미는 인간의 가능성과 개방성이 하나님의 은혜로 이루어진다는 뜻일 것이다. … 이런 관점에서 볼 때, 죄 구원론의 도식 속에서의 회개는 하나의 율법으로 전락될 위험을 안고 있다. 입으로는 죄를 계속 자백하면서도 삶은 여전히 범죄 상태에 머물러 있다는 것이다. 믿음과 삶의 일치를 도모하는 언행일치 신학은 "말뿐인 믿음을 지양해버리고 참된 신앙에 이르게 한다"는 것이다.(139)

"8. 교회론"에서는 언행일치 신학의 실천성이 강조된다. 교회는 신앙의 구체화이다. 그래서 언행일치 신학은 교회의 삶에서 성립된다. "신앙은 기도 속에 구체화되고 기도는 예배로 표현되고, 예배는 생활화된다. 생활의 터전인 직업을 부르심으로 볼 때에야 비로소 믿음과 행함이 일치될 수 있는 자리가 열리게 된다."(156) 언행일치 신학은 사회와 국가의 질서에도 기여하는 바가 있다. 서양의 소외동기로 인한 윤리개념은 개인윤리와 사회윤리를 분리시켰으나 동양의 탈소외동기에서는 이 양자 간의 일치가 이루어질 수 있다고 한다.

"9. 종말론"에서는 "한국 역사와 구원의 문제"에서 다루었던 "생각"의 존재론을 시간성의 차원에서 다시 언급된다. 시간적으로 보면 생긱남은 과거성을 나타내고 있다. "이 과거성은 죽음과 죄가 지배하는 영역도 아니며, 시간적으로 지나가 버린 무상의 자리도 아니다. 도리어 이 과거성은 주어진 여건이며, 소재이며, 본성이다. 이 과거성에서 모든 것이 흘러나와 현재 속에 넘치게 된다."(166) 이것은 긍정적이며, 생산적이며, 근원적인 것이다.266) 이것이 동양의 무 개념이다. 동양사상의 무개념에는 그러므로 소외의 가능성이 깃들어 있지 않다는 것이다.

생각함은 시간적으로 보면 현재성이다. 생각은 언제나 생각함으로서만 현재적이 된다. 이러한 현재성은 시간적 "지금"에 종말론적 의미를 부여한다. 그러나 이 현재성은 옛 세대와 새 세대 사이의 결단을 요구하는 것과 같은 차원이 아니라 "전적으로 현재를 현재로 긍정하고 생산하는 차원이다." 과거와 죄로부터 현재와 의로 해방되는 자유가 아니라 "사귐으로서의 자유이다." "이 사귐은 과거성과 현재성 사이의 사귐이며, 또한 장래성과의 사귐이다. 결단코 과거를 잘라버리는 결단이 아니라 과거성을 근거로 하여 현재를 열어놓는 사귐의 자유이다."(167) 바로 이러한 현재성의 자유가 윤리적 요구와 직면할 때 종말론적으로 될 수 있다고 한다. 현재를 현재로 개방하는 종말론적 지금이 없이는 언행일치가 불가능하기 때문이다. 사귐으로서의 자유가 있을 때 비로소 언행일치로서의 성이 성립될 수 있다고 한다.(167)

---

266) Ibid., "이러한 의미에서 볼 때만 동양의 무개념을 이해할 수 있다. 즉, 동양의 무는 독일어적인 개념인 Nichts나 Nichtigkeit와 같은 것이 아니다. 동양의 무는 근원적이며, 긍정적이며, 심지어는 생산적이기도 하다. 그래서 주자도 무극이태극(無極而太極)이라고 할 수 있었던 것이다."

1. 토착화의 재론 • 193

생각됨은 시간적 표상으로 보면 장래성을 나타내는 것이다. "여기서 말하는 장래성은 만유의 완성 및 궁극적인 성실, 즉 완성된 언행일치를 표시하는 말이다. …언행일치의 성이야말로 장래성이 드러나는 장소이다."(168) 여기에 사람됨의 과거성과 현재성과 미래성이 근본적으로 결합되어 있다고 한다. "이러한 사실의 구체적인 역사적 사건이 바로 예수 그리스도에게서 완전하게 나타나 있다. 즉, 예수 그리스도는 어제나 오늘이나 영원토록 동일하시다(히 13:8) … 예수 그리스도는 사람됨의 역사성의 근거이며 완성이다 … 이러한 뜻에서 예수 그리스도는 구속사의 중심일 뿐 아니라 구속사 전체이다."(168)

"10. 결과와 전망"에서는 김광식이 이 책에서 제시한 토착화 신학의 목표와 과제가 요약된다. "토착화 신학이란 결국 서양적인 소외화하는 사고로부터 해방하여 동양적인 탈소외화하는 사고를 통하여 복음을 해석하는 신학을 뜻한다. 그것을 수행하기 위하여 우선 한국적인 고유성, 즉 Proprium Coreanum을 발견하여 이것을 기초로 기독교적인 교의학을 풀이하는 과제가 제출되는 바이다."(177) 그래서 그는 이러한 시도는 단지 한국에서 타당한 것이라 할 수 있다고 하면서도,[267] 자신의 토착화 신학의 세계성, 즉 에큐메니컬한 성격을 강조한다: "그러므로 토착화 신학의 한국성 못지 않게 그 세계성도 중요한 것이다."[268]

---

267) Ibid., 179f. "토착화 신학의 출발점은 긍정적으로 말하면 복음을 한국적 맥락에서 이해하고 해석하는 것이지만, 부정적으로 말한다면 서양 신학의 일면성 내지 편파성을 지적하여 그것을 바로 잡자는 얘기이기도 하다.

268) Ibid., 180. "그러니까 토착화 신학의 과제는 단순히 한국적인 문제의식

194 • Ⅲ. 성령의 역사: 토착화신학의 전개

이제 이 책의 제목인 "선교"와 "토착화"의 관계가 해명된
다. 그에 따르면 "선교가 주님의 명령에 근거한 것이고, 토
착화가 주님의 약속에 근거를 둔 것이라면 양자는 불가분리
적 관계에 있다"고 한다. 그러나 이제까지 선교는 토착화에
대한 관심 없이 수행되었다는 데 문제가 있다는 것이다. "그
리스도를 진정으로 받아들인 교인과 교회가 사실은 토착화
된 교인이요, 교회다. 그러한 교인 그러한 교회를 문제 삼는
것이 바로 토착화 신학이다."(180)

1.2. 성령의 역사

「선교와 토착화」에서는 본래적으로 한국적인 것, 즉
Proprium Coreanm을 발견하여 복음의 토착화로서의 가능 근
거로써 밝히려하였다. 그러나 이제는 토착화를 신학적 해석
학과의 관련에서 재론하고자 한다. 김광식이 토착화를 재론
한 것은 단지 신학 방법상의 새로움만 가져온 것은 아니었
다. 그는 그와 함께 토착화 신학의 내용과 방향을 새로 규정
하고자 하였다. 이전까지의 연구에서 윤성범을 일부 수용
비판하던 것과는 달리 그는 토착화에 대한 근거설정을 새롭
게 한다. 그의 새로운 시도의 핵심용어가 "성령의 역사"이
다. 그의 논문 "토착화의 재론"을 싣고 있는 1984년의 「토착

만을 가지고 있는 것이 아니라, 동시에 에큐메니컬한 성격, 즉 세계성
을 가지고 있는 것이다. 이 세계성은 서양신학이 일반적으로 전제하고
있는 비관적인 인간이해를 시정하고 올바른 인간관을 갖게 하는 데에
그 본질이 있다."

1. 토착화의 재론 • 195

화와 해석학」269)은 이 시도의 결실을 담고 있다. 그는 "선교 와 토착화가 동본원적이라면 토착화 신학과 해석학적 신학 은 상호보완적이라 하겠다"(309)고 한다. 토착화가 선교와 관련하여 논의되지만 성령론적으로 새롭게 정립된다. "토착 화의 재론"은 그의 논문 "해석학의 역사와 과제"와 후기 하 이데거에 대한 여러 해석학적 연구들에 기초한다.

1.2.1. 성령의 역사로서의 토착화

1) 김광식의 토착화론은 **"토착화의 재론"**에서 독자적으 로 정립되었다. 「선교와 토착화」에서의 자신의 토착화의 목표가 달라진 것은 아니다. 그러나 "성령의 역사"라는 개 념을 통하여, 그는 그것을 더욱 신학적으로 정교화하고, 다른 토착화 이론들-특히 윤성범의 토착화-과 차별화 하고자 한다.

> "이제까지의 토착화 논의에서 한 가지 공통된 점은 토착화 가 인간의 행위라는 데 있었다. 그러나 필자는 토착화를 인 간의 행위로서는 불가능한 성령의 역사라고 감히 주장한다. …그러니까 사람됨의 완성을 목표로 삼고 있는 토착화는 인 간적 결단의 결과가 아니라, 성령의 역사로서 우리에게 값 없이 주어지는 선물이다. 토착화라는 은혜의 사건은 사람을 통하여 인간의 역사와 사회 속으로 일어나는 성령의 역사이 다."270)

---

269) 김광식, 「토착화와 해석학」, 대한기독교서회 1987.
270) Ibid., 23.

(1) 토착화가 성령의 역사라는 주장은 토착화의 근거와 시행 그리고 학문성에 대한 논의를 통해 입증된다. 우선 **토착화의 근거**는 *그리스도의 약속*에 있다. "윤성범은 토착화를 문화적 종교적 천재의 산물로 생각했기 때문에 토착화의 근거보다는 토착화의 조건에 관심을 가졌던 것이다. 그러나 토착화를 인간적 천재의 행위로 혹은 비옥한 밭의 산물로 이해하는 통속적인 토착화의 이해와는 달리, 토착화를 하나님의 값없이 주시는 은혜의 기적으로 혹은 성령의 역사로 이해하는 신학적인 토착화 이해에 있어서는 결코 땅의 조건에 좌우되는 씨앗에 대하여 말하지 않고, 도리어 땅의 조건을 극복하고 기적을 일으키는 능력의 근거에 대하여 관심을 가진다."(25) 성령의 역사로서의 근거를 그는 그리스도의 약속에서 찾는다. "그리스도의 선교명령과 함께 주어진 그리스도 임재의 약속(마 28:16-20)과 성령강림 및 은혜의 권능에 대한 그리스도의 약속(행 1:8)이 바로 토착화의 근거로 제시될 수 있다. … 그리스도의 명령이 선교의 근거이듯이, 그리스도의 약속이 토착화의 근거이다. 이러한 의미에서 우리는 선교와 토착화를 동본원적이라고 부를 수 있다."(25)

김광식은 우선 토착화의 *성서적, 교리적 근거*를 언급한다. "그리스도께서 세상 끝 날까지 우리와 함께 계시리라는 약속은 토착화를 위한 첫째 근거이다. 그리스도는 유대인으로 오셨다. 그러나 우리와 함께 계시는 그리스도는 낯선 유대인으로 남아있지 않고 한국인으로서 한국인과 만나신다. 이것은 그리스도가 유대인으로 오셨던 성육신과 구별하여 감히 간접적 성육신이라 할 만하다.(25f) …성령의 강림에 대한

1. 토착화의 재론 • 197

그리스도의 약속은 토착화의 둘째 근거가 된다. 간접적 성육신으로 말미암아 그리스도께서 함께 계신다는 약속이 현실로 일어나는 사건은 성령의 강림으로 말미암는다. 성령으로 말미암지 않고서는 아무도 예수를 주로 시인할 수 없다.(26) …마지막으로 은혜의 권능을 받으리라는 그리스도의 약속은 토착화의 셋째 근거이다. …그리스도의 약속은 우리가 비록 천재가 아니더라도 겸손한 신앙인이기만 한다면 은혜의 권능을 주실 것이라는 언약이다. …그가 권능을 받을 때에는 위대한 역사가 일어나는 것이다."(26)

다음으로 *신학적 근거*를 말한다. "우리가 신앙의 자기 명시화를 신학이라고 말할 수 있다면 그리스도 신앙의 보편적 성격과 특수화의 경향을 신학적으로 해명하는 데서 토착화의 신학적 근거를 찾을 수 있을 것이다.[271] … 그리스도교의 신앙은 모든 문화와 종교, 사회와 역사 속에서 전파되어야 한다. 그러나 이교적이고 이단적이고 이질적인 것을 반대하고 배격하면서도, 결국은 그러한 것들을 극복하고 자기 것으로 삼는 능력을 가진 그리스도교 신앙은 토착화를 통해 자기를 관철해 나가는 것이다."(26f)

(2) 토착화의 약속이 **시행**되는 장소는 *그리스도교 신앙*이라고 한다. "신앙 속에서 그리스도가 임재하시고 성령이 역사하시고 은혜의 권능이 부여된다. 그런데 이 신앙은 보편적 성격과 특수화의 경향을 가지고 있어서 토착화는 불가피

---

271) Ibid., 26. "신앙의 보편적 성격이란 무엇인가? 신앙은 몇몇 사람들의 비의적 지식이나 소수의 확신으로 끝나기를 바라지 않는다. 신앙은 전파되어야 한다. 신앙은 누구나를 위하여 개방되어 있다. 그러나 동시에 이 신앙은 특수한 신앙이고자 한다. 누구나를 위한 특수한 신앙은 필연적으로 토착화의 문제를 가져오게 된다."

하다."(27) 이 불가피한 토착화는 신앙의 세 가지 담지지 속에서 시행된다: 개인에게서, 공동체 속에서 그리고 신학에서. "신앙은 인간이 가질 수 있는 어떤 사물이 아니라, 단지 사람이 하나님께로부터 받아서 그 속에 거할 수 있는 장소이다. 바로 이 신앙의 장소 안에서 토착화가 이루어진다. 성령은 신앙의 세 가지 담지자인 개인과 공동체와 신학에 있어서 토착화를 시행하신다."(27)

토착화는 우선 *개인의 인격* 속에서 일어난다. "신앙인으로서의 그리스도 신자가 동시에 한국인일 수 있다는 것은 그 반대로 이교도인, 즉 유교와 불교와 무교에 의하여 인격이 각인되어 있는 한국인이 동시에 예수를 주로 시인하는 그리스도교 신자가 될 수 있다는 것은 놀라운 은혜의 기적으로 말미암아 가능하게 된 것이다."(28) "이제까지는 이교도인 한국인의 인격만이 있었으나 이제부터는 성령의 역사로 말미암아 은혜의 기적이 일어나서 그리스도의 인격이 나의 실존 속에 신앙으로 주어지고 이러한 실존은 이미 있던 이교도인 한국인의 인격을 자기 속에 통합하게 된다. 옛 사람을 버리고 새 사람이 되었다는 것이 아니라, 옛 사람을 새 사람에 통합하여 하나의 인격으로 연합하였다는 것이다."(29)

다음으로 토착화는 *공동체*의 신앙과 생활의 표현으로 시행된다. "그리스도교 공동체가 이교세계 속에 성립된다는 사실은 하나의 놀라운 기적이다. 이것은 단지 이교세계 속에 그리스도교 공동체가 존재할 수 없기 때문에 기적이라는 말은 물론 아니다. 이교세계를 그리스도교 공동체가 자기 속에서 극복하고 수용하여 자기 것을 삼는 일이 일어난다는

것은 인간의 창조적 정신에 의한 것이 아니라 성령의 역사로 말미암는다는 뜻이다."(29)

마지막으로 토착화는 *그리스도교 신학*을 통해 시행된다. "그리스도교 신학은 개인적 신앙이든지 공동체의 신앙이든지 그것을 인간적인 결심이나 확신이라는 차원에서 연구하지 않고 신앙은 하나님의 선물이며 신자와 교회의 존재도 은혜의 권능을 받은 자의 존재라는 이해에서부터 출발한다. 개인과 공동체의 신앙과 생활 그리고 신학 연구가 땅의 소산이 아니라 성령의 은사라는 의미에서만, 신학이 이러한 사물에 대하여 연구하는 것이 타당하고 의미 있는 일이다."(30) 김광식은 토착화를 신학의 본질적인 과제로 간주한다. "토착화가 문제되는 사물은 언제나 새롭게 성찰되지 않으면 안 된다. …토착화가 의미하는 바를 신학적으로 성찰하는 일 자체는 중단될 수 없는 과제이다. …그리스도께서 끝날까지 우리와 함께 계시고 성령이 강림하여 역사하시고 믿는 자들에게 은혜의 권능이 주어지는 날까지 그리고 그러한 그리스도의 약속이 타당하게 되어 있는 날까지 토착화는 신학의 주제일 수밖에 없다. 아마도 그러한 개념과 이름이 아니더라도 그 개념이 지시하는 사상 자체는 변함이 없을 것이다."(31)

(3) 토착화 현상을 성찰하는 것이 신학의 과제라면 토착화신학의 **학문적 성격**은 무엇인가? "토착화 신학은 근본적으로 해석학적이다. 그리스도교의 복음 혹은 신학을 한국적 상황에 적합하게 수용한다는 문제는 이미 해석학적 성격을

시니고 있다. 그러나 여기서 해석학적인 것은 시간적인 차이를 극복하려는 것이라기보다는 공간적인 차이를 극복하려는 것 같다. …시간적 차이를 극복하려는 해석학적 시도는 이미 서구 신학에서 긴 역사를 가지고 있다. …과거의 경전 본문이 그 역사의 길고 긴 썩은 무덤을 넘어서 오늘날 우리에게까지 살아 있는 복음의 말씀으로 들릴 수 있는 가능성의 조건을 묻는 것이 해석학의 과제이다."(32)

김광식은 토착화 신학을 위한 해석학적 개념을 **"맥락관통"**으로 이해하고자 한다. 맥락관통은 동시에 성령의 역사라는 그의 개념을 일부 알려 준다. "본문이 맥락 속에서 본문이 말하려는 사물 자체를 환하게 통하도록 하는 것이 맥락관통이다. 본문은 사람의 해석을 통해서 이해 가능한 것으로 되는 것이 아니라, 본문은 어떤 상황에서도 동일한 사물을 환하게 만들어 주는 힘을 가지고 있다. 이것을 전통적으로 성령의 역사라고 부른다. 역시 이것도 해석학적인 문제가 된다. 사물 자체가 본문에서부터 무엇을 말하는지 그것은 맥락의 구조를 뚫고 우리에게까지 말해 주는 것이다."(33)

2) **"토착화 신학의 해석학적 국면"**이라는 논문은 토착화신학을 해석학적인 측면에서 규명하려는 그의 시도를 밝혀 준다. 우선 토착화 신학에 대한 두 가지 전통적 개념은 부인된다. 첫째는 좁은 의미의 개념으로서, 한국의 종교 내지 문화와의 만남이라는 차원에서 신학을 재정립하려는 것이다.(63)272) 둘째는 넓은 의미의 개념으로서 민중신학과 종교신학

을 모두 포함하는 것이다.(66)[273] 김광식이 옹호하는 것은
은 역사를 포괄적으로 이해하고 표현하는 신학이다. "즉, 한
국 신학사를 토착화의 역사로 보는 것이다. 토착화 신학을
교회의 신학적 역사를 꿰뚫고 움직이는 생활 체험된 신앙의
자기 명시화로 이해하고자 한다. 그러니까 이러한 신학은
한국 신학사를 전제하고 포괄한다."(67)

김광식은 "윤성범의 주체성과 안병무의 민중 분석이 한국
신학의 특이성을 만들어 내었다"고 하면서, 이 양자를 인간
학적 축점으로 간주하고 신학적 학문성의 문제를 제기한다.
이것이 한국신학사를 포괄하는 성령의 역사로서의 신학적
해석학의 과제이다.[274] 윤성범과 안병무의 해석학은 공히
본문을 무효화시킬 위험이 있는, 상황화의 방법이다.[275] "이

---

272) Ibid., 66. 이런 이해는 토착화론을 세 가지 단계로 이해했다고 한다.
"첫째로 서구 신학이 우리의 정신문화에 대하여 이질적이라고 하였다.
둘째로 서구신학과 한국적 문화 내지 사고방식과의 동질적 내지 공통
적 요소를 비교법을 써서 찾아내고자 하였다. 셋째로 한국인의 독자적
신학의 가능성을 타진하였다."

273) Ibid., 여기에는 세 가지 다른 입장이 있다고 한다. "첫째는 민중신학과
종교신학을 토착화의 한 예로 본다. 둘째는 그것들이 좁은 의미의 토
착화 신학을 극복하였다고 본다. 셋째 토착화 신학은 더 이상 거론될
가치가 없다고 치지도외시 한다."

274) Ibid., 107. "신학적 해석학에 있어서 새롭게 검토되어야 할 문제는 과
연 인간학적 축점만으로 신학의 학문성의 과제를 다 해결할 수 있을
까 하는 점이다."

275) Ibid., 107f. "윤성범에게서 성은 신학의 대상인 동시에 신학의 방법이
다. 주체성으로서의 성의 신학을 단지 고문헌학으로 바꾸어버렸다. 성
의 해석학에 있어서 해석해야 할 본문이 율곡의 성리학 문헌이고, 칼
바르트의 신학은 단지 해석학의 모델일 뿐이다. 그러니까 윤성범은 성
서 본문으로부터 듣고자 하지 않고 도리어 성의 천재적 음성에 현혹
되어 버린 셈이다. … 안병무에게 있어서는 민중이 구원받을 자인 동
시에 구원하는 자로 이해된다. 민중해석학에 있어서 해석해야 할 본문
은 성서가 아니라 마가의 유언비어 전승이다. 성서본문이 우리에게 말

처럼 한국 신학에 있어서는 공통적으로 신앙과 교회가 그 자리를 잃었다. 그것은 아마도 주체성과 사회 전기적 분석 때문인 듯하다. 이러한 인간학적 축점에 걸려 있는 신학은 신학 상실의 운명에 처할 수밖에 없다."(107) 이러한 위험성을 극복하는 길은 성령의 역사로서의 토착화를 긍정하는 데 있다. 그러나 성령의 역사로서의 토착화는 아직 명백한 개념규정을 얻지 못하고 있다. 단지 마르틴 하이데거의 사유경험이 언급되고, 인간학적 사고에 대한 반명제로서만 제시될 뿐이다.276)

성령의 역사로서의 토착화를 성찰하는 신학이라는 토착화신학의 학문 개념은, 인간학적 사유의 단절과 관련되는 반면, 다만 하이데거의 사유개념에 접근되고 있다. "이러한 한국신학은 인간학적 사고를 포기하고, 즉 인간학적 축점을 제한하고 사상 자체로 돌아가서 사유의 경험으로부터 신학하는 엄밀한 학문이 되어야 할 것이다. 신학은 자연과학처럼 정밀하려고 할 것이 아니라, 사유의 엄밀성으로부터 출발해야 한다. 여기에 한국신학의 장래가 열려 있다."(110) 토

하는 것이 중요한 것이 아니라, 본문 배후에서 신음처럼 들려오는 민중의 소리가 중요한 것이다. 왜냐하면 본문의 발언은 교회의 이념화된 케리그마이기 때문이다. 그리고 본문의 행간에 담긴 한 맺힌 여인들의 사연은 동정자의 눈물을 자아낼 수 있는 예수사건의 전승모체이기 때문이다."

276) Ibid., 109. "'우리는 결코 사유에로 가지 못하고 사유가 우리에게로 온다'는 하이데거의 사유경험에 귀를 기울여야 할 것이다. 인간학적 사유를 포기하고 하나님의 은혜의 기적을 기다려야 한다. 진정한 한국신학은 한국적이기 이전에 신학적이어야 할 것이다. 즉, 성령의 역사로서의 토착화를 성찰할 수 있는 신학만이 한국적일 수 있다. 억지로 한국적이려 하지 않고 하나님의 은혜의 기적에 대하여 열려 있을 때 한국신학의 가능성도 열려있는 것이다."

착화 신학의 학문개념은 "사유의 경험으로부터 신학하는 엄밀한 학문"이다.

1.2.2 신학적 해석학에 대한 연구

김광식이 토착화 신학의 학문성으로서 사유의 엄밀성을 요구하는 것은 해석학에 대한 그의 연구에 토대하고 있다. 해석학에 관련된 일련의 그의 논문 "해석학의 역사와 과제", "세속화된 기독교와 기독교화된 형이상학" 그리고 "후기 하이데거와 기독교 신학"은 토착화 신학의 이론적 엄밀성, 즉 학문성을 추구하는 그의 시도이다.

1) **"해석학의 역사와 과제"**에서 고대교회와 중세교회 그리고 종교개혁의 — 주로 해석의 규칙에만 관계되었다고 하는 — 고전적 해석학을 우선 논한 후에, 김광식은 슐라이어마허에서 비롯되고[277] 딜타이를 거쳐[278] 불트만에게까지[279] 이

---

277) Ibid., 193. "슐라이어마허가 말하는 해석상의 이해는 본문에 발설된 특정한 사물을 대상으로 삼지 않고 도리어 사고의 내면성에서부터 언어로 표출되어 나오는 과정을 대상으로 삼았다. 이렇게 본문이 저자의 사고에서 성립된 것을 심리학적으로 재구성하기 위해서는 감정이입이 필요하다. 이러한 감정이입을 통해서만 저자가 꼭 그렇게 표현할 수밖에 없었던 창조적 행동을 바르게 재현시킬 수 있다는 것이다."

278) Ibid., 194. "Wilhelm Diltey는 슐라이어마허의 심리학적 해석을 이어받아 이해가 작품성립의 창조적 과정을 재구성하는 심리적 모사라고 하였다. 그러나 그는 본문과 저자와의 관계를 표시하기 위하여 '표현(Ausdruck)' 이라는 개념을 도입하여 심리학적 해석을 극복하고자 하였다. 딜타이는 본문만을 저자의 의도와 사상의 표현이라고 본 것이 아니라, 모든 사건까지도 행위하는 인간의 표현으로 보았다. 이렇게 해서 해석학은 이제 말로 하는 영역을 넘어서 말없는 사건으로까지 확대되었다. 따라서 모든 역사적 사건은 인간 행동의 표현이라는 것이다."

르는 현대적 의미의 해석학을 논구한다. 이 현대적 의미의
해석학은 "방법론직으로 정교하게 성찰하여 본문의 저자와
해석자 사이에 있는 인간적 공통성을 그 바탕으로 삼았
다"(195)는 점에 공통점이 있다고 지적한다. 이 공통점은 곧
바르트의 해석학과는 차이점이 되는 것이다.[280] 김광식은
불트만과 바르트 사이의 미해결의 문제, 즉 실존론적 해석
과 영적 해석 사이의 차이에서 해석학의 과제를 본다. 불트
만의 해석이 인간적 현존재의 가능성에 국한된 '실존론적
협소화'에 빠져 있는 반면에, 바르트의 해석은 현대판 영감
설에 가깝다는 것이다.(198)

이 미해결의 문제는 소위 **"새로운 해석학"**을 내세우는 에
른스트 푹스와 게르하르트 에벨링, "보편사"를 주장하는 볼

---

279) Ibid., 194- l95. "Rudolf Bultmann의 실존론적 해석도 결국은 인간 존재
    의 실존론적 구조에서 인간적 행위와 체험의 가능성을 이해해야 한다
    는 데서 출발하였다. 그러나 그가 딜타이를 넘어선 것은 그가 동질적
    해석에 대한 막연한 요구 대신에 '본문에서 직접적으로나 혹은 간접적
    으로 말이 되고 있는 사물에 대하여 해석자가 맺고 있는 삶의 관계가
    이해의 전제라고 하는 단순한 사실'(R. Bultmann, Das Problem der
    Hermeneutik, 1950, in: Glaube und Verstehen, II 1952, 217)을 주장하는
    데 잘 나타나 있다. 그렇지만 그의 실존론적 해석도 과거의 것이 현재
    의 것에 대하여 지닌 의미를 묻는 질문을 전래된 본문에 표현된 인간
    에 대한 질문에만 국한시키고 있다. 인간적 현존재의 가능성 이외의
    것은 실존론적 해석에 대하여 타당성이 없다. 이러한 실존론적 협소화
    때문에 해석해야 할 본문과 해석자의 현재 사이에 있는 역사적 간격
    이 총체적으로 깊이 있게 파악되지 못한다는 문제가 생긴다."
280) Ibid., 199. "반면에 Barth는 이들과는 전혀 다르게 해석학적 방법론이
    나 역사적, 비판적 방법에 대하여 무관심하면서도 과거의 문헌인 로마
    서를 현재의 하나님의 말씀으로 들을 수 없도록 해석하였다.(195) 바르
    트에게서 이해의 전제는 인간존재의 공통성에서 찾을 것이 아니라. 사
    물의 동일성에서 찾아야 한다는 것이었다.(196) 바르트는 본문의 저자
    의 말을 들으려는 것이 아니라, 본문 속에서 말씀하시는 그리스도의
    영의 말씀을 듣고자 하였다."

프하르트 판넨베르크, 그리고 바르트와 불트만을 가교시키려는 하인리히 오트에 의해 새롭게 정리되고 발전되었다고 한다.281)

푹스와 에벨링의 새로운 해석학은 불트만의 해석학을 더 발전시킨 것이다. "새로운 해석학은 하나님의 말씀이 성서 본문으로부터 오늘의 선포로까지 움직이는 운동에 대한 이론이라고 정의된다. 그들은 말씀의 구술적 성격을 중요시한다. 그래서 해석학은 언어에 대한 이론이다. 푹스와 에벨링은 불트만이 문자 배후로 돌아가서 인간 실존의 자기이해를 묻는 것과는 달리 문자 자체의 언어사건에 관심이 있다. 이처럼 실존의 자기이해에서부터 언어사건에로 전향하게 된 것은 하이데거의 후기 사상에서 영향을 받은 것이다."(201)

판넨베르크는 이러한 문자 중심의 실존론적 해석이 역사의 보편성과 전체성을 정당하게 고려하고 있지 못하다고 보고, 그에 대한 대안으로서 보편사적 해석을 주장한다. 판넨베르크는 그의 이론적 기초를 한스 게오르크 가다머의 보편사 개념에 의존하고 있다. "본문의 진술로부터 전체를 진술해 내려는 것이 해석학자의 과제이다. 그리하여 현재와 과거뿐 아니라 장래까지도 결합시키는 전체 역사에 관련지어서만 본문은 바르게 이해된다는 것이다."(204) 그러

---

281) Ibid., 200. "푹스와 에벨링이 성서 본문의 문자에 치중해서 각각 성서신학과 조직신학의 입장에서 언어의 해석학적 측면을 연구하는 반면에, 판넨베르크는 역사와 계시의 관계를 중심에 놓고 해석학의 문제를 다루었다면, 하인리히 오트는 교의학의 입장에서 성서본문과 설교 사이의 가교 가능성을 해석학적으로 논구하면서 바르트와 불트만이 남겨놓은 미해결의 과제를 해석학적으로 더 깊이 있게 파고들어 가고자 한다."

나 경험의 유한성 때문에 가다미에게서는 포기되는 보편사 연구가 판넨베르크에게서는 가능하다고 한다. "볼프하르트 판넨베르크는 예수의 부활에서 선취된 종말이라는 관점에서 전체 역사를 조망할 수 있다고 믿는다. 그는 구약과 신약, 교회사와 세계사(혹은 구속사와 세계사)를 전승사 (Überlieferungsgeschichte)라는 개념의 도움으로 결합시키고, 역사의 전체성을 그의 역사신학 속에 구현시키고자 하였다. 즉, 역사의 전체성은 수직적 의미와 수평적 의미라는 양면에서 파악된다. 수직적으로는 유일신론에 입각하여 역사의 통일성과 전체성을 주장하는 것이 신학적으로 제안되고, 수평적으로는 역사의 종말로부터 역사를 보는 것인데, 여기서는 묵시문학의 재발견이 중요한 논의라고 하겠다."(204ff)

판넨베르크가 역사에 관심을 기울이는 반면, **하인리히 오트**는 교회의 교의(Dogma)를 중요시한다. 오트는 특별히 조직신학을 해석학적이라고 보는데, "하나하나의 교의는 제각기 포기할 수 없는 실존론적 증가분(ein existentiales Plus)을 가지고 있다."(205) 오트의 실존론적 해석은 이러한 교의 해석에서 수행된다. 김광식은 오트의 명제 "실존론적 해석은 내가 무엇을 믿는지, 또 내가 믿을 때 나에게 무슨 일이 일어나는지만을 지적해야 한다"[282]에서 두 가지 관심을 읽어낸다. 하나는 "내가 무엇을 믿는가?"에 포함된 교의에 대한 관심이고, 다른 하나는 "내가 믿을 때 나에게서 무슨 일이 일어나는가?"라는 질문 속에 함축된 실존적인 이해이다. 후

---

282) H. Ott,, Existentiale Interpretation und anonyme Christlichkeit, in: 「Zeit und Geschichte」, Bultmann Festschrift, Tübingen 1964, 367f.

자의 질문은 불트만이 실존론적 해석을 통해 답변한 것이었다면, 전자의 질문에 대하여는 교회 교의학을 통해 바르트가 집중한 질문이었다고 한다. "그래서 오트의 실존론적 해석은 불트만의 실존론적 해석을 수정하고 확장하여 바르트가 고심하던 교의의 실존론적 해석으로까지 밀고 나갔다. 칼 바르트에 의하면 교의학은 교회의 선포가 성서에 증거된 계시와 일치되는지를 탐구하고 비판하는 학문이다. 이와 비슷하게 오트의 조직신학은 본문주석과 교회의 선포 사이에 걸쳐진 궁형의 중심에 자리 잡고 있다. 오트의 실존론적 해석은 조직신학의 이러한 해석학적 성격 속에 잘 드러난다."(206)

2) 하인리히 오트의 실존론적 해석의 또 다른 특징은 **후기 하이데거**를 출발점으로 삼아 바르트를 재해석하려는 데서 찾아 볼 수 있다. 전기 하이데거가 불트만에 상응한다면, 후기 하이데거는 칼 바르트 쪽에 더 상응한다는 것이 오트의 해석이다.[283] 이것은 특히 하이데거의 사유개념과 관련해서 신학적으로 논의된다. 하이데거가 도출된 사고 혹은 객관화하는 개념구성으로서의 형이상학적 사고와 구별해서, 본질적 사유 혹은 시원적 사유를 철학의 본래적인 사유라고

---

283) J. M. Robinson, "Die deutsche Auseinandersetzung mit dem späteren Heidegger," in: Der spätere Heidegger und die Theologie, Zürich Stuttgart 1964, 17. "Erst 1959 traten die für die Theologie exposiven Möglichkeite des späteren Heidegger zutage, als Heinrich Ott eine Monographie mit der These veröffentlichte, der sptere Heidegger zeige, dass seine Philosophie im ganzen der Theologie Barths weit mehr entspreche als der Theologie Bultmanns."

주장하였는데, 이런 구분에 따라 오트는 신학과 설교는 참된 사유로서, 본질적 시원적 사유에서 생겨난다고 주장한다. 이것은 동일하게 하이데거의 영향을 받은 푹스와 에벨링이 신학을 도출된 과학의 사고로 보고, 설교를 본질적 사유로 보아 신학과 설교를 구별하는 것과 상이하다. 이와 같이 신학적 해석학의 하이데거 수용은 김광식의 커다란 관심사이다. "세속화된 기독교와 기독교화된 형이상학", "후기 하이데거와 기독교 신학"은 이 문제를 중점적으로 다룬 논문들이다.

"세속화된 기독교"란 하이데거의 사상을 지칭하는 오트의 표현이고284), "기독교화된 형이상학"은 형이상학적 신학과 대비시키는 알프레드 예거(Alfred Jäger)의 표현이다. 하이데거가 평생토록 문제 삼았던 존재문제는 기독교 신학의 신론과 깊은 관련이 있기 때문에, 신학적 사유를 위한 하이데거 철학의 의미를 살펴보아야 한다는 것이다. 먼저 신학에 대한 하이데거의 입장을 살펴볼 필요가 있다. 1927년 하이데거는 그의 입장을 두 가지로 정리했다: 하나는 신학은 실증적인 학문(positive Wissenschaft)으로서 존재자를 문제 삼는 반면에, 철학은 존재 문제만을 다룬다. 둘째 신학과 철학은 다같이 실존문제를 다루고 있다.285) 그러나 1964년 하이데거는 신학과 철학의 숙적(Todfeind) 관계를 재천명하고 신학은 철학에 의지할 것이 아니라, 신학을 위하여 신앙으로부터 사유할 것을 권하였다고 한다.286) 그것은 그의 형이상학 비

---

284) H. Ott, Denken und Sein, Der Weg Martin Heideggers und der Weg der Theologie, Zollikon 1959, 89.
285) M. Heidegger, Phenomenologie und Theologie, Frankfurt 1979, 115, 119.

1. 토착화의 재론 • 209

판에 관련되기 때문이다. 서구 형이상학의 근거로서의 신개
념은 이제 의문시되었고, 신의 결여(Fehl Gottes)와 침묵이 따
른다고 한다.287) 결국 하이데거는 기독교 신론을 단지 형이
상학적 관점에서 이해한 것이다.

김광식은 신학이 하이데거에 관심을 갖기 시작한 것은 불
트만의 실존론적 해석에서부터라고 한다. 불트만은 하이데
거가 신학을 실증적 학문이라고 부르는 것을 그대로 받아들
인다. 신학의 근거가 신앙적 실존에 있으나 그 존재의 신앙
성(Gläubigkeit)을 학문적, 개념적으로 해명하려면, 철학에 의
존해야 한다는 것이 불트만의 입장이다.(218) 푹스는 신학이
지닌 말씀의 대언적 성격으로 말미암아 철학과는 구별된다
고 한다. "신학과 하이데거 사이의 대립은 대언과 형이상학,
말씀과 사유의 대립이다."(219)288) 에벨링도 "하이데거의 사
유는 신앙의 말씀이 아니므로 복음이 아니라 율법의 해석일
뿐이다"(220)고 하여 신학과 철학 사이를 구별했다고 한
다.289) 결국 하이데거와 불트만 학파의 신학 사이의 간격은
더욱 벌어진 셈이다. 하이데거는 신학과 철학을 존재자와
존재에 대한 학문의 차이에서 관계를 정하고자 했으나, 푹
스와 에벨링은 이제 신학과 철학의 관계를 율법과 복음의

---

286) A. Jäger, Gott. Nochmals Martin Heidegger, Tübingen 1978, 78.
287) M. Heidegger, Nietzche II, Pfullingen 1961.
288) E. Fuchs, Theologie und Metaphysik. Zu der theologischen Bedeutung der
Philosophie Heideggers und Griesebachs (1933), in: Heidegger und die
Theologie, Beginn und Fortgung der Diskussion, hrsg. v. Gerhard Noller
(TB 38), München 1967, 136-146, 144f.
289) G. Ebelling, Verantworten des Glaubens in Begegnung mit dem Denken M.
Heideggers. Thesen zum Verhältnis von Philosophie und Theologie, in:
ZThK Beiheft 2, 1961, 119-124, 122-124.

210 • III. 성령의 역사: 토착화신학의 전개

관계에서 밝히고자 한 것이다.(220)

바르트는 불트만이 하이데거를 받아들이는 것을 처음부터 거부하고자 하였다. 바르트는 하이데거가 무(Nichts)를 하나님과 동일시한다고 생각한다. 하이데거는 무를 만물의 척도와 해명이라고 한다는 것이다. 이는 Gott und Nichtige에 대한 자신의 이론에 토대한 것이었다.(222)[290] 헤르만 디엠은 계시의 구범성에 대하여 신학은 철학과 의논할 필요가 없다고 한다. 신학자는 "이 질문이 전혀 결정될 수 없기 때문에만 그렇게 하지 않을뿐 아니라, 계시의 사건을 통하여 그 질문이 사실상 결정되었기 때문에 그렇게 할 필요가 없다는 것이다."[291]

불트만 학파와 바르트 학파의 하이데거 철학의 신학적 수용에 대한 이러한 부정적 평가와는 달리 하인리히 오트는 이 양자 사이의 만남이 가능하다고 본다. "오트는 하이데거를 사유의 사유자로 본다. 하이데거의 사유는 사유의 본질을 묻고, 존재의 사유를 문제 삼기 때문에 형이상학적 사유로부터 존재의 본질적 내지는 시원적 사유에 이르는 '뒷걸음'(Schritt zurück)을 감행한다는 것이다. 그리하여 참다운 신학은 '시원적이고 본질적인 사유'라고 한다. 이것은 특히 '신학자 인격 속에서 신학과 철학이 인격적으로 결합된다'는 오트의 주장에서 이해해야 할 것이다.(224)[292]

오트의 하이데거 해석은 김광식의 토착화 신학을 위하여

---

290) K. Barth, Kirchliche Dogmatik, III/3, Zollingen 1950, "Gott und das Nichtige", 395.
291) H. Diem, Gott und die Metaphysik, Zollingen 1956, 16.
292) H. Ott, Denken und Sein, 14.

커다란 의의를 지닌다. "오트의 이러한 해석대로라면 하이데거는 근본에 있어서 변장한 기독교 신학자"이기 때문이다. 하이데거 철학은 김광식의 동양적 사유를 위하여도 유용하다. "하이데거가 서양의 형이상학을 존재신론으로 규정하고 있으니 만큼, 서양의 분석-종합적 사유의 소외화하는 사상에 대한 동양의 조화-전개적인 사유의 탈소외화하는 사상이라는 대안이 하이데거와의 만남을 위하여 보다 의미 있는 길을 열어 줄 수 있을 것이다.(226)

3) 하인리히 오트의 하이데거 해석에 대한 소개는 **"후기 하이데거와 기독교 신학"**에서 더욱 구체화된다. 김광식은 그를 통해 신학적 해석학과 토착화 신학의 만남과 대화를 추구하고, 여기서 한국신학을 위한 불가피한 요구와 과제와 희망을 본다.[293] 이 논문에서는 오트의 「사유와 존재」의 신학적 의의가 소개되고, 오트의 하이데거 해석에 대한 불트만 학파와 미국학자들의 비판과 질문 그리고 그에 대한 오트의 답변이 소개되어 있다. 「사유와 존재」에서 시도된 오트의 하이데거 해석은 김광식의 토착화 신학의 해석학을 위한 중요한 모델임에 틀림없다. 그래서 특히 이 책의 5-8장은 간략하게나마 언급될 필요가 있다. 거기서 오트는 하이데거

---

293) 김광식, op. cit., 269. "그러니까 우리는 이렇게 말할 수 있을 것이다. 즉, 후기 하이데거와 신학의 관계를 연구하다가 결국 우리는 동서양의 사상의 만남과 대화의 가능성에까지 도달하였다. 이것도 어쩌면 '도'나 혹은 존재의 역운인지도 모른다. 그러므로 도와 존재의 만남, 즉 동서 사상의 만남은 하나의 역운적 사건이다. 이와 마찬가지로 신학적 해석학 혹은 대화의 신학과 토착화 신학이 만나고 대화를 해야 한다는 것은 적어도 우리의 신학을 위하여서는 불가피한 요구이고 과제이며, 또한 한국의 신학계가 내일을 위하여 바라는 희망이기도 하다."

철학의 근본개념을 존재에서 찾고(1-4장), 존재, 사유, 언이, 세계(5-8장)를 신학에서의 하나님의 존재, 신학자의 사유, 신학에 있어서의 말씀, 계시의 세계차원과 대비하여 논구하였던 것이다.294) 이러한 그의 논의는 신학자가 철학을 신학과의 연관 속에서 말하는 방법을 보여주는 신학적 방법, 즉 해석적 시도이기도 하다. 하이데거는 존재론적으로 해석했고 오트는 하이데거의 해석이 본질적으로 신학적 해석에 상응한다고 본다. 그리고 김광식은 이러한 해석학에서 토착화 신학의 학문적 가능성을 본다.

하이데거의 **존재개념**은 신학적으로 계시와 대비된다. 오트는 "모든 존재자들 중에 인간만이 유독 존재의 음성의 부르심을 받고 모든 기적 중의 기적을 경험한다. 즉, 존재자가 있다는 것을 경험한다"295)는 하이데거의 말을 받아, 신앙인이 존재자를 하나님의 피조물로 경험한다고 말한다. 즉, 존재자의 존재는 피조물의 창조이고, 피조자의 창조이다. 나아가 오트는 기독교의 하나님이 존재가 아니라 존재자라는 하이데거의 견해에 대해 하나님은 존재도 존재자도 아니라고 한다. 칼 바르트가 존재의 유비(analogia entis)를 반대한 것은 하나님이 존재자가 아니라는 것을 말해 준다는 것인 반면, 그가 신앙의 유비(analogia fidei)를 통해 하나님에 의해 행위 속에 일어나는 상응(Entsprechung)을 내세운 것은 사유가 존재의 요구에 대한 응대(das Entsprechung gegenüber dem Anspruch des Seins)라는

---

294) H. Ott, op. cit., 193. "존재는 사유의 역운으로서 일어난다. 존재는 언어로서 도래한다. 존재는 세계로서 발생한다. … 사유, 언어 그리고 세계는 존재가 자신의 밝혀줌 안에 내립하는 자, 곧 탈존하는 인간에게 관여하는 지평이다.

295) M. Heidegger, Was ist Metaphysik?, Frankfurt 1960, 8 Aufl., 46.

1. 토착화의 재론 • 213

하이데거의 주장에 해당한다는 것이다. 오히려 바르트는 존재를 포기하고 유비를 보존했으나, 오트의 생각으로는 유비 대신에 응대와 존재를 보존한 하이데거가 더 시종일 관하고 근본적으로 해석한 것이라고 한다. 오트는 출애굽기 3:4의 나는 "스스로 있는 자라"는 말씀에 입각하여 하나님을 이해하고자 한다. 여기서도 하나님은 있다. 즉, 하나님의 존재가 긍정된다. 그러나 오트가 하나님의 존재를 이해하는 입장은 하이데거에 일치하여, "하나님이 혹시 존재의 원인으로 생각될 수 있지 않을까하는 것이 아니라, 오히려 하나님의 존재는 바로 역운(歷運)으로서 하나님이 사유된다는 것이다."296)

하이데거의 **사유개념**은 오트가 말하는 신앙의 사유에 해당한다. 하이데거가 뜻하는 사유는 우선 존재의 요구에 대해 응답으로서만 가능한 만남의 사유이다. 그리고 그 사유는 근원적인(ursprüngliches) 사유로서 계산적 내지는 추상적 사유가 아니라, 존재의 요구에 응대하는 본질적이고, 시원적인 사유이다.297) 오트에게 있어서 신학이 사유해야 할 것(das Zudenkende)은 신앙이다. 그러나 신앙은 그 자체상 있는 그 무엇이 아니라 그것은 하나님을 믿는 신앙이다. 그나마도 신학에서 사유하는 자 자신이 신앙인이다. 그러니까 신학적 사유는 신앙의 사유이고 신앙으로부터의 사유이며 만남으로부터의 사유이다. 신학이 하나님에 대하여 말할 때, 신학은 신앙의 만남 밖에서 하나님에 "관하여" 언급하지 않고 신앙

---

296) H. Ott, op. cit., 149.
297) Ibid., 161.

214 • III. 성령의 역사: 토착화신학의 전개

의 만남으로부터 말한다. 하나님에 대한 신학의 언급은 신앙의 만남의 자기명시화이다.[298]

하이데거의 **언어이해**는 오트에게 있어서 "신학에 있어서의 말씀"을 해명하여 준다. 하이데거는 언어를 존재의 집이라고 한다: 즉, 존재가 거하는 장소성이요, 지평이요, 공간이다. 다시 말해서 존재의 본질이 우리에게 사유의 확실성으로 나타난다 – 그 공간 안에서 존재의 요구가 사건이 되고 포착가능하게 된다. 우리가 말하거나 말해진 것을 깨달을 때, 우리는 존재의 요구 아래에 있고, 존재가 우리에게 가까이 오게 된다. 그래서 언어는 "존재의 가까움"이다.(184) 이러한 언어 이해에 비하면 역사적 비판적 주석은 다음과 같이 규명된다. "그 주석에 필요한 만큼 정밀하게 주관주의적 언어 이해로부터 규정되어 있다. 과거로부터 오는 말들을 가지고 무엇을 생각했던 것인지, 그것이 본래 어떻게 되어 있었는지 (189)가 그 주석의 유일한 지향목표이다. 그것을 넘어가는 차원에 대하여 그 주석은 아무것도 알지 못한다. "이처럼 더 본원적 소지, 즉 해석학의 이 새로운 차원으로부터 볼 때, 역사적 비판적 주석 개개의 결과가 어떤 결과를 가지고 있고 얼마나 진리를 가지고 있을지를 토의할 수 있다."(190)

하이데거의 **세계개념**은 사유와 언어에서처럼 존재의 한 지평이다. "사유와 언어와 세계는 발생 사건적으로 상호내적으로 섞여 짜여 있다. 그것들은 상호 내적으로 존재의 통일성 속에 짜 맞추어져 있다."(193) 하이데거의 존재론적 세

---

298) Ibid., 174.

1. 토착화의 재론 • 215

계이해는 또한 "물에의 전향"(die Wendung zum Ding)을 통해 해명된다. 그는 물을 밝혀 줌의 사건으로 해석하고자 한다는 것이다.(205) 물은 사건 속에 해소되는데, 이것은 사중자의 회집(Versammlung des Gevierts)으로 나타난다.(213) "세계는 사중자에 불과하다. 우리는 땅과 하늘, 신성들과 사멸할 자들의 겹침이 발생하는 거울 놀이를 세계라고 명명한다. …그러므로 개별적인 물은 사중자를 회집함으로써 세계를 설립한다."(209) 하이데거의 사유가 "신학적 작업을 위하여 획득하는 높은 중요성은" 바로 여기에 있다. 이제 신체성적인 물의 세계는 "폐쇄적 내재성이라는 숙명적인 (그리고 깊이 비성서적인) 사상이 다시는 감지될 수 없다. 신체적 세계는 가능적 초월을 향하여 구조적으로 열려 있다."(224) 이 초월의 해석방법은 오트의 신학적 해석학을 위하여 유용하다. "신체적인 물에 대한 성서적 진술들의 충만은 한 번 사중자의 도식에 따라 해석하면 배울 점이 많을 것 같다. …이처럼 최근 하이데거의 사유시도가 신학에 대하여 가지는 가능한 의미는 광범위하다. 창조론으로부터 기독론을 거쳐 종말론에 이르고 성례전론과 교회론에까지 그리고 섭리론과 기도론에 있어서 신앙을 위한 계시의 최종적 구체화와 활성화에까지 이른다."(225)

1.2.3. 보편성 문제로서의 토착화

토착화를 선교학적인 문제로 본다는 점에 있어서 김광식은 윤성범과 큰 차이가 없다. 그러나 김광식은 토착화의 보편성에 주목하고 있다. 물론 이 보편성은 특수성을 배제한 것이 아니라 오히려 특수성으로부터 솟아난 것이다. 윤성범이 바르트 신학을 모범으로 한국 유교의 성 개념을 통해 서구신학과의 유사성을 찾고자 했다면, 김광식은 한국적인 것의 신학적 정당성을 확보하고자 하고, 그것을 통하여 오히려 서구 신학의 편협성을 수정하고자 한다. 서구 신학은 문화 아프리오리에 불과한 죄 구원론에 토대해 있다는 것이다. 토착화 신학은 성령의 역사로서 토착화 현상을 관찰하는 학문으로 새로이 정의된다. 성령의 역사는 한국적인 것을 넘어서는 동시에 신학적 보편성을 함축하는 개념이다. 성령의 역사와 마찬가지로 토착화는 보편성을 지닌다. 그의 "선교와 토착화는 동본원적이다"는 말은 복음이 선포되는 곳에는 언제나 토착화라는 현상이 수반된다는 뜻이다.

성령의 역사와 더불어 김광식의 토착화 이론은 다른 토착화 이론들과 차별화된다. 다른 이론들은 인간적 작업들을 토착화라 지칭하고 있기 때문이라는 것이다. 성령의 역사로서의 토착화는 앞에서 살펴 본대로 성서적으로 신학적으로 근거설정 된다. 동시에 그것은 하이데거의 존재론적 해석학의 방법을 통해 학문성을 확보하고자 한다. 신학의 본질을 해석학적인 것으로 보는 오트의 하이데거 해석은 특히 김광식의 해석학적 토착화 이론을 위한 모델이다. "도의 존재론적 해석"(1982)이 이러한 해석학적 방법의 적용이라고 한다면, "기독교 복음의 토착화의 역사로서의 교리사"(1994)는 이러한 토착화 이론의 보편성을 신학사 연구에 적용시킨 것이다.

1. 토착화의 재론 • 217

1) "도의 존재론적 해석"은 도덕경 본문을 10개의 주제 아래 발췌하여 주석하고 있다. 첫 다섯 주제는 도를 존재 내지는 하나님과 대비되어 설명되고, 다음 세 주제는 도의 존재론적 기본구조로서 만물의 생성원리가 다루어지고, 마지막 두 주제는 도의 윤리론에 해당한다. 이는 각각 서구 신학과의 그리고 하이데거의 존재론과의 대비를 통해 토착화 이론의 학문적 보편성을 확보하기 위한 것이다.

(1) *유생어무*(有生於無, 유에서 무가 나온다)[299]: 서양철학이 존재의 우월성을 선악 개념으로 표현해 왔다고 한다. 존재는 선이라고 생각한 신플라톤주의, 악은 비존재로서 단지 선의 결여(privatio boni)일 뿐이라는 아우구스티누스, 악을 무실자(das Nichtige)로서 죄를 인간 존재의 존재론적 불가능성으로 간주한 바르트에게서 볼 수 있듯이 서양의 존재론은 존재의 우월성과 선성을 전제하고 있다는 것이다. 그러나 도덕경은 무를 유보다 더 근원적인 것으로 생각하였다. 동양의 무개념은 서양의 비존재의 개념과 같지 않다는 것이 강조된다. - *이희미*(夷希微, 볼 수 없고, 알 수 없고, 만질 수 없다)[300]: 여기서 도는 I-Hi-Wei로 불린다. 이미 중국학 전문가들 가운데 이것을 유대교의 야훼 혹은 여호와와 동일시하려는 시도들이 있었다. - *곡신불사*(谷神不死 계곡의 신은 죽지 않는다)[301]: 도를 신적 존재로 묘사한 본문이다. - *대도범*

---

299) 도덕경 40장 거용(去用), 반자(反者), 도지동(道之動), 약자(弱者), 도지용(道之用), 천하만물생어유(天下萬物生於有), 유생어무(有生於無)

300) 도덕경 14장 찬현(贊玄). I-Hi-Wei는 보려고 해도 보이지 않는 것(夷 das Unsichtbare), 듣고자 해도 들리지 않는 것(希 das Unvernehmbare), 잡으려 해도 잡히지 않는 것(微das Untastbare)을 뜻한다.

301) 도덕경 6장 성상(成象)

218 • III. 성령의 역사: 토착화신학의 전개

해(大道氾兮 대도는 흘러넘친다)302): 신적 존재인 도가 만물을 양육하고 다스리는 최고 신으로 묘사된다. 마치 숨어계신 하나님(Deus Absconditus)을 연상시킨다는 것이다. 특히 도덕경 25장 상원에서는 혼돈 가운데에서의 창조, 이름 붙일 수 없음, 도의 자유가 나타나 있다. **-도가도비상도**(道可道非常道 도라 할 수 있는 도는 본래의 도가 아니다)303): 도는 개념화할 수 없는 것이다. 도를 개념화한다면 그 즉시는 도로서 이해할 수 없게 된다. 이는 하이데거가 말하는 존재자의 존재에 상응한다는 것이다. 무명유명 천지 만물 순으로 제시되어 있는 이 본문은 도의 개념화의 원리로 보아야 한다는 것이다.

(2) 이제 '도생일 일생이 이생삼 삼생만물'에서 비로소 도의 존재론적 근본구조가 밝혀진다고 한다. 만물의 생성관계는 도의 자기전개 과정이다 **-도생일**(道生一)304): 일이 존재라고 한다면 도는 무라는 것이다. "유에서, 즉 일에서 이로 분열되는 것으로 시작되는 서양적 사고의 배후에는 결국 도의 자리가 남아 있지 않다. 도덕경에서처럼 충기이위화(기가 충만해져서 화를 이룸)가 성립되기 위해서는 도가 그 기초에 놓여 있어야 한다. 만물이 덮어 놓고 갈라지기만 하는 것이 아니라 서로 조화를 이루고 있다. 이것이 도의 자기전개에 의한 전체적 조화의 통일에 기인된 것이다. 도를 제쳐놓고 일로부터 출발하는 서양적 존재론은 이러한 점에서 도덕경의 도생일을 배우지 않으면 안 될 것이다."(176) 하이데거

---

302) 도덕경 34장 임성(任成)
303) 도덕경 1장 체도(體道)
304) 도덕경 42장 도화(道化)

1. 토착화의 재론 • 219

의 용어로 한다면 일은 사유되어야 할 것(zudenkende Sache)으로서의 도의 자기전개적인 역운(Geschick)이라고 한다.(176) -*일생이*(一生二): 존재가 일에 비교된다면 이는 만물을 구성하는 음양을 의미한다고 할 수 있을 것이다. "동양의 이원론이라 할 수 있는 음양설은 서양의 이원론과 다른 것이다. 음과 양은 상호관계와 상호작용을 하는 두 요소이다. 서양의 이원론에서처럼 두 요소 사이에 모순 충돌하거나 상호 대립되는 관계를 알지 못한다. 즉, 동양의 음양설은 소외동기(Entfremmdungsmotiv)를 알지 못한다. 음과 양 사이에는 충기이위화가 있을 뿐이다." 서양의 이원론이 지닌 소외동기는 주관 객관의 분열을 가져왔으며 그래서 분석 종합적 사고를 발전시켜온 반면, 동양은 조화전개적 사유를 발전시켰다는 것이 지적된다.(170) -*이생삼 삼생만물*(二生三 三生萬物): 음양의 조화로 생겨나는 것이 천지인이다. 그리고 이 천지인 삼자의 화육으로 만물이 성립한다. 하이데거는 물(Das Ding)을 논할 때 천지와 신인의 사중자(das Geviert)를 물의 본질이라 했다. 하이데거가 물을 존재론적으로 해석한 것과 같이 도덕경을 존재론적으로 본다면, 만물과 천지인은 무로서의 도의 자기전개적 구조로 이해될 수 있다는 것이다. (179)

(3) 마지막으로 도의 윤리론이라 할 만한 것이 다루어진다. -*실도이후덕*(失道而後德 도를 잃은 후에 덕을 높인다)[305]: 노자는 덕의 우월성에 근거하여 덕을 논하기 때문에 "상덕은 덕을 꾸며 행하지 않는다"(上德不德) 하여 "상덕무위"(上德無爲)를 주장하고, "하덕부실덕"(下德不失德), 즉 "하

---

305) 도덕경 38장 논덕(論德)

덕은 덕을 잃지 않고자 애쓴다"고 하여 "하덕위지"(下德爲之)라고 하였다는 것이다.(180) -위무위(爲無爲)306)는 도덕경에 나타난 최고선(summum bonum)과 같은 개념이라고 한다. 율법적 내지 도덕적 이해에 있어서 선은 선행과 관련되지만, 도덕경의 최선인 도는 오히려 무위를 요구한다는 데 차이가 있다고 한다. "위무위 사무사 미무미 爲无爲, 事无事, 味无味"는 자유 결단이라는 휴머니즘적 윤리관과는 전혀 다른 것이다. 마르틴 하이데거가 사르트르 류의 휴머니즘적 실존주의를 반대하고, 휴머니즘의 본질을 인간의 자유와 본성을 추구하는 데에 있는 것으로 본 것과 마찬가지로, 도교의 윤리는 무위와 자연(스스로 그러함)을 강조한다. 이것은 "즉, 자기결단보다는 자발성을 원칙으로 한 윤리"이다.(183)

(4) 결국 김광식은 도를 무로 파악하고 최고선을 무위에서 발견하는 해석을 통해, "도는 오히려 만유를 만유로 존재하게 하는 가능 근거로서 궁극적 실재이다"라고 주장한다.(185) 이러한 그의 견해는 알프레드 예거의 새로운 하이데거 해석에 의해 더욱 강화된다. 예거는 오트의 신학적 해석학을 이어받아 마르틴 하이데거의 '무'이해와 관련된 존재론을 새로운 각도에서 신학적으로 수용하는 문제를 다룬 적이 있다.307) 예거의 해석에 따르면 하이데거는 무의 본질에 대한 질문으로서 존재질문을 제기하였다는 것이다. 하나님과 존재를 동일시할 수는 없지만 하나님과 무는 동일시할 수 있다는 것이 예거의 주장이었다. 전통적으로 신학이 하

---

306) 도덕경 63장 은시(恩始)
307) A. Jäger, Gott. Nochmals Martin Heidegger, Tübingen 1978.

1. 토착화의 재론 • 221

나님을 형이상학적인 존재로 이해했던 것이 오류였다면, 이제 존재 대신에 무를 가지고 새롭게 이해해 보자는 것이었다. 김광식은 이러한 예거의 주장은 오히려 동양적 무개념에서 더 잘 확인될 수 있다는 것이다. "동양사상에서는 서양사상에 나타난 존재론과 같은 것을 발전시키지 못하였다. 그러나 동양적 사유는 무에 대하여 깊이 사색하였다. 노자의 도덕경의 한 대목에서는 사뭇 예거의 말을 앞질러 말하듯, '유생어무'(즉, 존재는 무에서 나온다)라고 하여, '도생일'(도에서 하나가 나온다)을 주석하였다. 다시 말하면 도가 무라는 것이다. 알프레드 예거의 'Gott ist Nichts'와 어울린다."(268)

2) "기독교 복음의 토착화로서의 교리사 이해"308)에서는 하르낙의 교리사 연구를 그의 성령의 역사로서의 토착화라는 관점에서 비판적으로 다루고자 한다. 하르낙은 교리사가로서 "교리사의 출발점을 예수 그리스도의 가르침에서, 즉 예수의 복음에서 찾고자" 하였다는 것이다.(77f) 이 견해는 초대 기독교의 케리그마를 교리사의 출발점으로 보는 불트만에 대립된다고 한다. "하르낙은 교리사를 복음 이해의 타락과정으로 생각했던 것이라고 한다면, 불트만은 오히려 사도적 증언에서 초기 공동체 증언 그리고 교회의 케리그마와 교리에 이르는 시종일관된 교리발전을 긍정하고 있다고 할 수 있다." 불트만의 견해는 긍정된다: "이것은 성령의 역사

---

308) 김광식, 기독교 복음의 역사로서의 교리사 이해, 「한국 그리스도 사상」 제2집 한국 그리스도 사상연구소 1994, 72.

로서의 토착화라는 관점에서 볼 때 가능한 주장이다."(78f)
복음의 타락과정으로서의 하르낙의 교리사 이해는 김광식에
의해 부인된다. 하르낙의 시도는 역사적 문화적 제약을 넘
어서는 예수 그리스도의 가르침으로서의 복음의 정체성을
찾으려는 시도라는 것이다. 환원주의적인 방법으로 역사를
분석하여 본래의 복음을 재구성하려는 시도는 불가능하다는
것이다. 하지만 "그의 교리사 이해는 복음의 토착화 역사로
서의 교리사라는 관점을 설명하는 데는 매우 도움이 된다"
고 한다.(79)

(1) 김광식은 특히 하르낙의 "기독교의 본질"에서 다룬 그
리스 가톨릭 주의와 로마 가톨릭주의와 개신교주의에 대한
논의를 염두에 두고 있다. 그는 하르낙의 주장을 요약한다:
"한 마디로 그리스 가톨릭주의, 즉 동방교회의 교리는 그리
스 정신의 작품이고, 로마 가톨릭주의는 이 교리를 라틴정
신으로 해석, 수용하였고, 프로테스탄트주의는 그 교리에 대
한 게르만 정신의 재해석이라는 것이다."(79) 하르낙에 의해
이러한 과정은 교리의 타락과정으로 이해되었지만 김광식이
보기에 이 과정은 성령의 역사로서 복음의 토착화 과정이라
는 것이다. "신약성서의 다양한 케리그마의 형태와 마찬가
지로 교리사의 다양한 교리들의 출현도 성령의 역사로서의
토착화라는 관점에서 이해되어야 한다."(79)

김광식에게 교리사는 성령의 역사로 인한 것이다. 그러나
교리사의 어두운 측면들은 어떻게 이해할 수 있단 말인가?
어두운 측면을 이해할 수 있는 기준이 제시되지는 않는다.
단지 교리를 복음의 토착화의 역사로 이해할 때, 해석학이

1. 토착화의 재론 • 223

교리의 긍정적이고 부정적인 의미를 해명해 줄 수 있으리라고 전제될 뿐이다. "만일 교리사를 복음의 토착화의 역사로 이해한다면, 교리사의 어두운 측면과 함께 밝은 측면도 비판의 대상이 될 수 있고 그 반대로 교리의 긍정적인 의미만이 아니라 그 부정적인 의미까지도 해석학적으로 풀어나갈 필요가 있을 것이다."(94)

(2) 이제 지금까지의 논의에 비추어 김광식의 토착화 이론의 특징을 다음과 같이 요약할 수 있을 것이다. 그 첫째 특징은 이전의 토착화 신학자들의 시도와는 달리 그는 **토착화 현상** 자체에 집중하고 있다는 것이다. 토착화는 개인 공동체 신학 복음이 선포되는 어디에서나 일어나는 현상이다. 이 현상을 신학적으로 다룰 수 있는 근거는 "그리스도 신앙의 보편적 성격과 특수화의 경향" 때문이다. 이런 보편-특수 현상에의 집중은 윤성범과 같은 수용자의 정체성으로서의 토착화를 포함하고 넘어선다. "포함하고 넘어선다"는 것은 "한국적인 것"이 보편적인 것으로, 즉 특수성이 보편성을 지니게 되는 것을 의미한다. 이것을 김광식은 성령의 역사로서의 토착화라는 말로 표현한다. 이 보편적 현상으로서의 성령의 역사를 고찰하는 것이 토착화 신학이다. 그와 함께 토착화의 정체성 문제는 토착화의 보편성 문제가 된다.

둘째 특징은 토착화 현상을 다루는 신학적 과제의 성격이 **해석학적**이라는 것이다. 해석학은 특수성을 보편성의 맥락에서 이해할 수 있게 하는 기술이다. 이것이 "맥락관통"으로서의 이해이고, 성령의 역사라는 말의 표현내용이다. 이것은 "신학의 본질을 해석학적인 것"으로 간주하는 오트의 견해와 일치한다. 물론 이때의 해석학 개념은 후기 하이데거의 존재론적 해석학에 근거를 둔 것이다. 김광식은 그러한 해석학적 연구들을 받아들여 "토착화의 재론"을 통해 토착화 논의를 학문 이론적으로 심화시킨 셈이다. 그는 해석학을 토착화의 근본 성격으로, 토착화를 신학의 본질적인 주제로 간주한다. 해석학, 토착화, 신학 세 개념은 그의 토착화 이론에서 분리될 수 없이 결합되어 있다. 그와 함께 토착화는 선교에 관한 이론이 아니라 조직신학적 연구 대상이 된다. 해석학을 통하여 토착화 이론의 학문적 보편성이 확보되는 것이다.

셋째 특징은 **성령의 역사**라는 해석학적 개념에 있다. 이것은 토착화의 신학적 보편성을 말하는 개념이다. 그러나 신학적이라기보다는 해석학적 이해에 관련된 개념인 것처럼 보인다.[309] 이것은 그의 복음이해에 있어서도 마찬가지이다. 윤성범이나 다른 토착화 신학자들과 마찬가지로 그도 복음의 토착화라는 용어를 사용한다. 물론 복음의 토착화는 성령의 토착화의 다른 표현일 뿐이다. 역사 비판적으로 "순수한 복음"을 재구성할 수 있다는 것은 그에게 불가능한 가설이다. 그에게서 복음은 "성서 전체로서의 복음" 혹은 "언명되지 않은 것"으로서 해석학적 전체개념 혹은 하이데거적인 존재론에 의해 규정된 것이다. "여하간 복음의 순수한 정체성을 가

---

309) 이것은 토착화 신학과 해석학의 과제를 본질적으로 동일하다고 보는 김광식에게는 당연하다고 할 수 있다. 토착화 현상이 성령론 아래 다루어질 수 있는지는 아직 김광식의 주도적인 관심사가 아니다. 토착화가 신학적으로 말할 수 있는 성령의 역사라고 한다면, 토착화 사건은 성령의 활동에 포함되어야 할 것이다. 그러나 성령의 활동이 토착화 사건에 포함되는 것처럼 보인다.

1. 토착화의 재론 • 225

상하는 것은 어떤 언명된 명제나 신조나 신학이나 교리에서 찾을 수 있는 것이라기보다는 오히려 언명되지 않은 것(das Ungesprochene)으로부터 이해하는 것이 바람직스럽다고 할 수 있겠다.310) 즉, 개별적인 성서 본문이나 신조의 조항이나 교리명제에 구애됨이 없이 성서 전체로부터 복음을 이해하도록 개방되어 있어야 할 것이다."(93) 이제 복음이나 성령의 역사와 같은 신학적 개념들은 해석학적 이해의 요구 아래 재해석된다. 뿐만 아니라 도덕경의 도와 같은 비신학적인 개념들도 해석학적 이해의 요구 아래 재해석됨으로써 신학이 말하려는 언명되지 않은 것을 해명해 줄 수 있다는 것이다. 그래서 토착화 신학의 해석학은 과거와 현재의 시간적 차이를 해소할 뿐만 아니라, 동서 간의 지역적 차이를 매개하는 공간의 해석학으로서 자리매김하게 된다.

2. 해석학과 토착화

소외동기의 유무로 동양적 사유와 서양적 사유의 특징을 구별하는 김광식의 논의는 해석학의 도움으로 학문적 보편성을 지니고자 한다. 해석학은 그의 토착화 이론의 방법론적 보조 개념으로 출발했으나 점점 토착화 이론 전반을 내

---

310) H. Ott, *Was ist systematische Theologie?*, in : ZthK 1961 September Beiheft 2, 26-27. 오트가 사용한 das Ungesprochene라는 표현은 마르틴 하이데거로부터의 인용이다.

용저으로 규정하는 개념으로 발전되었다. 따라서 "성령의 역사"라는 신학적 용어도 그의 토착화 이론의 해석학적 학문성을 대변하는 개념이 되었다. 「선교와 토착화」(1975)와 「토착화와 해석학」(1987)에 이어 1999년에 간행된 김광식의 회갑기념 논문집 「해석학과 토착화」는 선교에서 토착화로 마침내 해석학에로 이르는 그의 신학의 길을 지시하고 있는 것처럼 보인다. 그와 더불어 탈소외동기를 중심개념으로 삼았던 언행일치의 신학은 성령의 역사를 중심으로 하는 해석학적 신학으로, 이제 조화 전개적 사유를 신학원리로 하는 신토불이의 신학으로 전개되어 나간다. 이러한 독창적 내용들이 서구신학의 전통적 교리학들의 진술들과 비교하여 망라되어 있는 것이 그의 「조직신학」이다.

2.1. "기독교인인 동시에 이방인"

소외동기가 없는 동양적 문화 아프리오리는 조화전개적이라고 명명된다. 그래서 토착화 신학은 조화 전개적 사유를 통해서 이루어진다. 소외동기를 특징으로 하는 서구적 문화 아프리오리는 분석 종합적이라고 규정된다. "기독교인인 동시에 이교도인"(Simul christianus et paganus)은 김광식이 분석 종합적인 서구신학을 조화전개적인 사유를 통해 재해석하는 핵심개념이다. 더 정확하게 말해서, 그는 조화전개적인 사유를 서구신학적 유비를 통해 설명함으로써 토착화의 신학적 보편성을 획득하고자 한다. 결국 동서 사유의 본질에 대한 규명, "기독교인 동시에 이교도인", 그리고 신토불이의 네 모형을 통해서 김광식은 동서의 문화 아프리오리들과, 그에 근거한 칭의론을 검토, 정립하고, 구원론적으로 각인된 토착화 신학을 정립하고자 한다. 그래서 그의 토착화 신학은 한마디로 동양적 구원론이라 할 수 있다.

2.1.1. 조화전개와 분석종합

김광식은 1996년 학술지 조직신학논총의 창간을 주도했다. 여기에 실린 그의 논문이 **"분석종합과 조화전개 사이에 선 신학의 과제"**311)이다. 여기서는 지금까지 논의되던 동과 서의 사유의 차이가 신학과 결부하여 요약적으로 진술된다.

그가 서구적 사유방식을 분석종합이라고 규정하는 것은 서구의 문화 아프리오리가 소외동기에 토대해 있기 때문이다. 이 소외동기는 아리스토텔레스의 네 가지 사유패턴: 연역, 귀납, 변증, 그리고 역리, 이래로 서양철학 전통에 깊이 뿌리박고 있는 것이다. 이 네 가지 패턴에 상응하게 서양신학이 언급될 수 있다.

"연역법이라고 하는 것은 대전제인 진리명제로부터 모든 가능한 참된 명제들을 이끌어내는 방법이다. 이 방법을 신학에 도입하여 고대와 중세의 기독교는 정통교리와 번쇄한 신학체계를 구축하였다. 물론 종교개혁과 개신교 정통주의도 이 방법을 그대로 따라갔다. 경건주의와 계몽주의는 그 반

---

311) 김광식, "분석종합과 조화전개 사이에 선 신학의 과제," in:「조직신학논총」제 1집, (한국조직신학학회 1995)

대로 귀납법적 사고를 신학에 도입하였다. 참된 하나의 진리는 개인의 경건한 체험 속에서든지 혹은 인간의 이성과 자유의지를 통해서 입증되어야 한다는 것이다. 인간의 경험과 이성이 진리의 척도가 된다는 것이다. 반면에 역사의 역동적인 발전 속에서 하느님의 현실과 진리를 찾으려는 자유주의자들은 변증법을 도입하여 그들의 신학을 정립하였다. 뿐만 아니라 덴마크의 사상가 키에르케고르 이후로 개신교 신학에서는 오늘날까지도 곧잘 역리법을 사용하여 하느님의 진리를 설명하고 있다."312)

그는 이 네 가지 사고방식에서 이원론이 전제되어 있음을 지적한다. 먼저 둘로 나누고 이것을 다시 합하려 한다는 것이다. 나뉘어진 둘을 하나로 합하는 방식에 따라 서로 다른 네 가지 논리가 생긴 것뿐이다. 이것은 비단 철학, 신학뿐 아니라 예술과 종교와 과학과 인생관과 세계관에 이르기까지 두루 서양문화를 꿰뚫고 지배하는 아프리오리, 즉 선험적 논리이다. 그래서 서양교회의 신학은 이 이원론적 논리의 산물이라는 것이다.313) "원연합(original union)-분리(seperation)-재결합(reunion)"이라는 구원론적 도식은 그것을 말해준다고 한다.(102) 화해와 해방을 말하는 신학적 논의나314) 포스트모던과 종교 다원주의를 말하는 새로운 신학적

---

312) Ibid,, 124.
313) "기독교 교리와 신학은 이러한 분석종합의 도식으로써만 이해 가능하다. 하나님 앞에 죄를 지은 인간이 하나님으로부터 떨어져 나와 소외되고 절망 중에 있으나 예수 그리스도의 화해의 사역으로 다시 하나님과 하나가 되는 것이 기독교 교의학의 주제이고 종교적 드라마이고 위대한 신앙의 경험이다."(분석종합과 조화전개 사이에 선 신학의 과제, 126)
314) Ibid., 126.

2. 해석학과 토착화 • 229

흐름도 이 틀을 벗어날 수 없다는 것이다.[315]

반면에 동양적 사유를 규정하는 조화전개적 사유는 소외 동기가 없는 것이다. 그것은 이미 토착화 신학의 선구자들인 유동식과 윤성범 그리고 민중신학의 대변자인 안병무의 신학에서도 이미 입증될 수 있는 것이다. 지금까지 율곡이나 생각의 존재론이나 언행일치 등의 개념을 통해 규명하고자 했던 동양적 사유는 소위 한국적 신학 전반에서 찾아 볼 수 있는 것이다. 그것은 신학이 문화 아프리오리를 벗어 날 수 없다는 의미에서 김광식에게 자명한 것이고, 그도 역시 이에 토대하여 토착화신학을 전개하고자 하는 것이다.

2.1.2. 기독교인인 동시에 타종교인

김광식이 골몰하고 있는 주제는 「선교와 토착화」이래로 언제나 동양적 구원론이었다. 이제 그는 이 구원론의 기초가 되는 칭의론(Rechtsfertigungslehre)을 정립한다. 이 칭의론은 그의 해석학적 방법과 서구신학의 재해석을 통한 그의 토착화 신학의 결실이다. 이것은 "기독교인인 동시에 타종교인"이라는 도식으로 요약된다. 이는 그가 "토착화의 재론"에서 "간접적 성육신"이라고 표현했던 것을 루터의 공식 "의인인 동시에 죄인"(simul iustus et peccator)을 재해석함으로써 새롭게 정식화한 것이다.

"루터의 칭의공식인 simul iustus et peccator는 죄와 은혜,

---

315) K.S. Kim, Koreanische Auseinadersetzung mit Postmodernismus und Religion -pluralismus, in : Yonsei Journal of Theology, vol 2, Seoul 1997, 85f.

심판과 구원, 타락과 회복 등 분석종합적 사고에서 생긴 종교적 표상들을 통하여 해석될 수 있다. 그러나 토착화신학의 칭의 공식인 simul Christianus et paganus는 조화와 전개과정과 통합이라는 조화전개적 사유에서 생긴 사회문화적 표상을 통하여 해석될 수 있다. 죄인이 의인으로 인정받는 칭의사건이 동아시아인에게도 타당하기는 하나 그것만으로는 칭의개념이 너무 협소하게 이해될 뿐이다. 여기서 칭의개념을 확장하여 한국적인 이교성의 긍정과 유불선의 기독교화까지 포함하는 확장된 칭의개념이 필요한 것이다."316)

이제 김광식은 그의 「조직신학 IV」에서 토착화 신학의 칭의론을 서술하고 있다. 칭의의 교리는 개신교의 가장 중심적인 교리로 발전되어 왔다. 그것은 교회의 존망이 걸린 조항(articulus stantis aut cadentis ecclesiae)이다. 그러나 그것은 "특히 루터의 율법과 복음이라는 도식에서 볼 때 불가피한 것이고 당연한 것이기도 하다. … 그러니까 율법과 복음의 도식이 아니라면 칭의와 성화의 문제는 전혀 다른 방식으로 제기되었을 수도 있었을 것"이라고 한다."(347) 무엇보다 먼저 그는 칭의의 교리가 과연 한국교회에서도 교회의 존망이 걸린 조항인가를 묻는다.

율법과 복음에서의 율법을 바울 사도가 가르친 대로 몽학선생으로 이해하자면, 한국교회도 나름대로 율법을 가지고 있었다고 할 수 있다고 한다.317) 그래서 한국교회가 유불선

---

316) 김광식, "기독교인인 동시에 타종교인", in: 「현대와 신학」 제 21집, (연세대학교 연합신학대학원 1996), 59.

317) 김광식, 「조직신학」 IV. 349. "유대인 그리스도인들에게 율법이 몽학선생이었다면 이방인 그리스도인들, 특히 헬라인들에게는 철학이 몽학선생이었다고 할 수 있다. 그러나 한국 개신교인들에게는 유불선이 몽

식 장로교로 토착화된 한국교회에서는, 유불선이 율법이 되고 장로교는 복음이 될 것이라는 것이다.318) 김광식의 토착화 신학이 루터의 율법과 복음에 유비를 이루고 있는 것은 결국 유불선과 토착화된 복음이다. 여기서 율법과 복음의 연속성이 강조된다. 몽학선생인 유불선은 토착화된 복음이 되는 것이다. 이것이 성령의 역사로 말미암는다는 것이다. 그렇다면 성령의 역사가 무엇인지가 그의 토착화 신학에서의 관건이라고 할 수 있다. 그러나 김광식의 대답은 성령의 역사의 개념은 미리부터 주어져 있는 것이 아니고 토착화의 결과로 인해 비로소 밝혀지는 개념이라고 한다.

학선생이라고 할 만하다. 유대인들에게는 율법과 선지자들이 있었듯이, 헬라인에게는 철학과 철학자가 있었고 로마인에게는 로마법과 법률가가 있었다. 마찬가지로 독일인에게는 경건과 신비가 있었다. 그러나 몽학선생들은 각 민족이 복음을 받아들이는 데 큰 공헌을 하였다. 이처럼 상이한 몽학선생으로 말미암아 각각 다르게 복음을 받아들인 것을 토착화라고 한다. 그러나 몽학선생들의 공로가 아니라 오직 성령의 역사로 말미암아서만 복음화, 즉 토착화가 일어났던 것이다."

318) Ibid., 349f. "복음의 토착화의 한 구체적인 형태로서 한국교회가 출현한 것이다. 그러니까 한국교회는 전대미문의 독특한 유형의 교회이다. 한국교회는 결코 우연하게 그렇게 된 것이 아니지만 매우 장로교적이다. 그러니까 한국의 유불선 문화와 장로교적인 것 사이에는 매우 큰 친화성이 있다고 할 수 있다. 유불선적 장로교회가 바로 한국형 교회의 모델이다. 이것을 루터의 율법과 복음의 도식으로 말한다면 한국교회에서 율법에 해당하는 것은 유불선이고 한국교회를 위한 복음은 장로교적이라고 할 수 있다. 그렇다면 율법과 복음에서 복음은 무엇인가? 이 복음은 결코 순수한 복음이 아니라 토착화된 복음이다. 그러나 이 세상 어디에도 어느 교파에도 그리고 어떤 신학자에게도 순수한 복음은 있을 수 없다. 만일 그런 것이 있다면 원망적 사고(wishful thinking) 속에만 있을 것이고, 그러한 관념적인 순복음은 결코 복음이 될 수 없다. 그러니까 성육신하신 그리스도에 대한 복음은 토착화된 혹은 성육신한 복음일 수밖에 없는 것이다."

232 • III. 성령의 역사: 토착화신학의 전개

"성령의 역사로서의 토착화는 분명히 복음화의 밝은 긍정적 측면이 있는 동시에 세속회의 어두운 부정적 측면도 있다. 예정설(Prädestinationslehre)과 보수주의로 대변할 수 있는 한국교회의 장로교식(presbyterianisch) 토착화의 긍정적 측면은 한국교회의 성장과 발전의 기틀이 되었다. …예정설의 수용은 인본주의를 거부하고 하나님의 은혜를 강조하게 만들었고, 보수주의는 신앙의 순수성을 지키는 데 공헌하였다. …그러나 동시에 그러한 은사를 인간적으로 악용하여 폐쇄주의와 분열주의가 밀고 들어왔다. 따라서 한국교회의 장로교식 토착화는 그 밝은 면에서 성령의 역사를 의미하나 그 어두운 면에서는 악령의 역사를 의미한다."[319]

그렇다면 토착화의 긍정적 측면과 부정적 측면, 성령의 역사와 악령의 역사를 구별할 수 있는 시금석은 무엇인가? 그것은 말할 것도 없이 "성육신Incarnation의 원리"라고 한다. "기독론적 시금석은 토착화 사건의 근본에 놓여 있는 원리, 즉 성육신의 원리이다."(352) 그것은 "아무리 복음을 동양적으로 해석하더라도 기독론은 그대로 남아 있어야 한다는 「선교와 토착화」에서의 원칙"[320]을 고수하려는 것처럼 보인다. 그러나 여기서 '성육신의 원리'라는 말은 '토착화된 복음'이라는 의미로 해석될 뿐이다. "토착화되지 않은 순수한 복음, 즉 성육신하지 않은 로고스"는 세상 어디에도 존재하지 않기 때문이다. 저마다 토착화된 복음만이 복음일 뿐이라는 것이다. "이 세상의 어느 교회나 신학자에게서도 순복음은 발견되지 않고 도리어 그들의 토착화된 복음만이 순수한 가르침일 뿐

---

319) Ibid., 352f.
320) 김광식, 「선교와 토착화」 120.

2. 해석학과 토착화 • 233

이다."(353) 그렇기 때문에 결국 토착화의 결과를 가지고 성령과 악령을 구별할 수밖에 없게 된다. "이미 있는 것은 (토착화되어 존재하는 것은) 칭의되고 성화되어 그것이 선한 한에서 성령의 역사이고, 그것이 자기 의를 추구하여 악한 것인 한에서 악령의 역사이다."(353) 김광식의 이 표현에서 토착화의 결과는 이미 자기 의의 거부, 즉 칭의와 성화를 통해서 야기된 것이라는 전제를 지니고 있다. 이것이 "기독교인인 동시에 타종교인"이라는 도식을 통해서 그가 말하고자 하는 것이다.

김광식은 루터의 표어 "의인인 동시에 죄인"을 곧장 "한국 그리스도인은 기독교인인 동시에 타종교인이다"로 옮길 수 있다고 생각한다. 여기서의 "동시에'는 한국 그리스도인들의 칭의 경험을 나타내는 시간적 구조라고 한다. 그것은 토착화적 동시성을 표현하는 데, 즉, 이교도가 먼저이고 나중에 기독교인이 된다는 뜻이 아니라, 기독교인이 되었어도 여전히 이교도로 남아 있다는 뜻이며, 그럼에도 불구하고 그가 바로 하나님의 자녀인 기독교인이라는 것이다.

뿐만 아니라 기독교인인 나와 타종교인인 나 사이에 대화적 관계가 성립된다고 한다. 이것은 나와 나 사이의 대화인 것이다. 김광식은 "옛 사람은 죽고 새 사람으로 되는 것이 아니라 옛 사람과 새 사람이 대화적 관계에 있다고 하는 것은 어쩐지 비성서적인 것처럼 들린다"라고 자문하면서도, "그 까닭은 아마도 새 사람인 기독교인은 의인이고 옛 사람인 타종교인은 죄인이라고 생각하기 때문일 것이다"라고 자답하고 있다. 그리고 오히려 루터의 "의인인 동시에 죄인"의 해석을 통해 그의 말을 쉽게 이해시키고자 한다.321) 결국

"칭의에서 옛 사람이 죽어 없어지는 것이 아니라 옛 사람이 의롭다 하심을 받고 옛 사람의 이상이 성화를 통하여 실현될 때 새 사람으로서의 그리스도인의 영성이 성취된다는 것이다."(357f)

이런 동양적 칭의론의 관점에서 볼 때 오히려 서구 기독교의 한계와 루터적 "율법과 복음" 도식의 한계가 드러난다고 한다. 즉, 동양적 칭의론은 종교의 삼대 사회문화적 기능을 확보하고 있다는 것이다. 종교의 규범적, 조정적 그리고 시여적 기능이 그것이다. "동아시아에서는 유불선(儒佛仙 Yu-Bul-Seon)이 이 세 가지 기능을 담당하고 있다.322) 유교는 사회문화의 규범적 기능을 담당하고 있으며, 불교는 조정적 기능을 그리고 도교와 무교와 신도 등은 시여적 기능을 담당하고 있다. 이것을 신학적인 표현으로 바꾸어 말한다면, 그리스도의 삼직분설(Dreiämtertheorie Christi)로 설명할 수 있다. 예언자직은 규범적 기능을, 제사장직은 조정적 기능을 그리고 군왕직은 시여적 기능을 담당하는 셈이다. 서구의 기독교는 특히 루터교식으로 율법과 복음의 도식을 적용함으로

---

321) Ibid., 357. 여기서 김광식은 루터의 칭의공식을 "율법과 복음"의 관계에서, 즉 칭의론 대화로 해석하고 있다. "이교적인 옛 사람인 나의 옛 경건은 율법이고, 기독교의 새 사람인 나의 영성은 복음으로 말미암은 것이다. 율법과 복음의 관계는 나와 나 사이의 질문과 대답의 관계이고, 칭의적 대화의 관계이다."

322) Yu-Bul-Seon은 본래 동아시아의 지배적인 종교를 종합한 개념으로, 중국에서는 유교, 도교, 불교이고, 한국에서는 유교, 불교, 선교(Schamanismus), 일본에서는 유교, 불교, 신도(Schintoismus)가 그것이다. 다만 중국의 도교와 일본의 신도가 그 기능적 입장에서 한국의 선교와 일치한다는 것이다. 물론 선교(仙敎)는 개념 자체는 도교가 샤머니즘과 결합된 한국적 형태를 의미하고 있지만 김광식은 선교를 샤머니즘을 지시하는 말로 사용한다.

써 규범적 기능으로서의 율법의 용법과 조정적 기능으로서의 복음의 이해에만 관심을 기울였다고 할 수 있다. 그러나 거기에는 시여적 기능이 결여되어 있다."(359f.)[323]

시여적 기능은 재수안(財壽安)의 복을 말한다. 한국 기독교는 이러한 시여적 기능을 무교로부터 인수받은 것이라고 한다. "한국교회가 시여적 기능을 담당할 수 있었던 것은 성령의 역사라는 각도에서 이해되어야 한다. 다른 두 가지 기능도 그러하겠으나 특히 시여적 기능이 토착화 내지 복음화에 크게 공헌한 것이 사실이다.(360) 따라서 기독교적인 동시에 유불선적인 한국교회의 토착화는 칭의 받은 토착화일 수밖에 없다. 악령의 역사가 있음에도 불구하고 그것은 성령의 역사이며, 세속적인 것임에도 불구하고 복음적인 것이다."(369)

2.2. "신토불이": 사중적 단일성(Four Nonduality)

이제 소외동기 없는 조화전개적 사유는 "기독교인인 동시에 이교도인"이라는 칭의론적 도식을 거쳐 "신토불이 身土不二"라는 용어로 신학적으로 기획된다.

"토착화 신학이 우선적으로 조화전개적 사유를 통하여 신학적 서술과 조직을 다시 시도한다는 것은 신학적 신토불이에 의거하는 것을 의미한다. … 우리 문화의 소산이 복음과 만남으로써 둘이 하나로 될 수 있다는 것을 신토불이라고 부른다."[324]

───────────────

323) K.S. Kim, op. cit., 89f.

신토불이란 본래 신체와 토양이 분리될 수 없음을 뜻하는 한자어로 된 한국의 격언이다. 김광식은 여기에 "신"이라는 같은 음을 가진 하나님과 믿음과 새로움을 뜻하는 세 다른 한자어를 합하여 네 가지 형태로 신학적 신토불이를 구형했다. 神土不二(Nonduality of God and earth), 身土不二 (Nonduality of body and earth), 信土不二(Nonduality of faith and earth), 新土不二(Nonduality of Novum and earth). 이것이 소위 '기독교인인 동시에 한국인'이라는 용어로 표현된 한국인의 구속사건으로서의 토착화 사건과 관련된 '신학적 신토불이'라 하는 것이다.

2.2.1 神土不二 : God and Earth

신학적 신토불이(神土不二) Nonduality of God and earth는 신론에서의 토착화를 의미한다.[325] 김광식은 한국인의 옛 신명은 "하늘"을 뜻하는 '하느님'으로서 신토불이의 '토'에 해당한다고 한다. 성서적 하나님에 대한 신앙의 관점으로 볼 때 이 '하느님'은 한국의 옛 종교가 지배하던 땅에 속한 이름인 것이다.[326] 이 토속신이요 민족신인 '하느님'이 성서

---

324) 김광식, "분석종합 조화전개 사이에 선 신학", in:「조직신학논총」제1집, 1995. 131.

325) 신론에서의 신토불이는 다음과 같이 여러 곳에서 다양하게 서술된다. 조직신학 논총(1995), 조직신학 IV(1997), Korea Journal of Systematic Theology, vol. 2(1998), simul Christianus et paganus, Thz(1988).

326) 개신교가 전래되었을 때 한국인의 신명을 중국이나 한국 가톨릭과는 달리 "하느님"으로 불렸던 것은 초월을 향해 열려 있었던 한국인의 심성에 부응하는 것이었다. 그러나 1933년의 새로운 한국어 맞춤법은 '아'와 '으'의 중간음가를 갖고 있던 'ᄋ'를 더 이상 사용 않는다고 규정하였

적 기독교적 신과의 만남을 통해 신토불이가 이루어진다. 하나님과 하느님을 구별하여 전자를 성서적 신으로 후자를 민족 신으로 구별하는 것은 의미가 없다. "성서의 신을 하나님 혹은 하느님으로 번역할 때 이미 민족신과 성서의 신의 동일시가 일어났다. 이러한 신토불이를 오히려 성령의 역사로 말미암은 신학적인 은사로 이해해야 한다."327)

토착화 신학의 이러한 신토불이를 부정하는 것은 한국식 마르키온주의가 될 수밖에 없다고 한다. 본래 마르키온주의는 율법주의와 유대주의를 배격하고 극단적 복음주의와 바울주의를 주장하다가 구약의 야훼를 단순히 유대인의 민족신으로 정죄하고 신약의 "테오스"만 사랑의 하나님으로 신봉하였던 이단이다. 마르키온 주의의 극단적 성서주의가 신화와 철학을 철저하게 배격했듯이 한국적 마르키온주의도 한국종교와 동양철학을 철저히 배격

───────────────

다. 그래서 '하ᄂ'는 '하나'이거나 '하느'로 고쳐져야 했다. 이때 '하나'는 하나(one)이라는 뜻이고, '하느'는 하늘(Himmel)이라는 뜻이 된다. 27년간의 준비 끝에 1937년 간행된 개역성경전서는 "하느님"을 "하나님"으로 표기했다. 그러나 이것은 정확하게 맞춤법을 따른 번역은 아니었다. 맞춤법은 둘째 음절의 'ᄋ'는 '으'로 번역할 것을 규정했기 때문이다. 그러나 공교롭게도 이즈음에 역사비평과 자연신학의 문제가 한국교회에 심각한 논란거리가 되었다. 그래서 1939년의 장로교와 감리교 모두 하나 개념과 연결된 유일신 "하나님"을 신명으로 한다고 천명하였다. 그래서 1952년 맞춤법에 따라 개역성서가 출간되어 다른 둘째 모음에 'ᄋ'를 가진 단어들은 모두 '으'로 바뀌었음에도 불구하고 "하나님"은 그대로 두었다. "이는 한국교회가 그 신 칭호를 종래의 하늘 개념이 아닌 하나의 개념으로 고착하고 있었기 때문으로 보인다. (기독교 대백과 사전, 한국교회의 하나님 칭호, 15권, 서울 1985, 1441) 한편 1971년 간행된 공동번역은 "하나님"을 "하느님"으로 표기하고 있다. 그러나 한국교회 대다수는 하나님으로 표기되는 개역성서를 사용하고 있다.
327) 김광식, 조직신학 IV, 109.

238 • III. 성령의 역사: 토착화신학의 전개

한다. 마르기온의 협소한 경전 개념 때문에 누가복음과 바울서신만을 인정했던 것과 유사하게 오늘날에도 신구약성서 이외의 문헌에서는 어떠한 계시의 진리도 발견할 수 없다고 하는 것이 바로 한국적 마르키온주의의 주장이라고 한다. 그러나 신학적 신토불이를 주장한 토착화 신학자들은 민족신과 계시신의 동일시를 정당한 전제로 삼았다는 것이다. 윤성범의 성의 신학은 성과 계시를, 유동식의 풍류신학에서는 무교의 삼신과 기독교의 삼위일체 신을 유비적으로 동일시하였다고 한다.

하지만 민족신과 계시신의 유비적 동일성에도 불구하고 양자 사이의 존재론적 차이를 간과해서는 안 된다. 성의 신학과 풍류신학은 그들의 유비적 동일시에서 이러한 존재론적 차이에 유의하지 못했다는 것이다. "민족신이 곧 계시신이다"라는 이러한 단순한 동일시는 위험하다. 오히려 민족신은 인간성의 형식일 뿐이고 그 형식을 통하여 계시신이 자기를 계시한 것이다. "신학적 신토불이는 민족신(Deus gentium)과 계시신(Deus revelatus)을 단순히 동일시하지 않는다. 여기에 바로 민족신과 계시신의 존재론적 차이가 있다."(110) 존재론적 차이의 관점에서 보면 '하느님'은 민족신을 지칭한 말이 아니라 계시신을 가리킨다고 한다. 그러나 그것은 동시에 유비적 동일성을 함축하고 있는 것이다. 결국 김광식의 신토불이는 "존재론적 차이"와 "유비적 동일시"를 "동시에" 상정하는 것이 그 핵심이라고 할 수 있다.

2.2.2 身土不二 : Body and Earth

신학적 신토불이(身土不二)는 기독론에서의 토착화를 말한다.[328] "토착화의 재론"에서 발전시킨 "간접적 성육신"이라는 주제가 여기서 한층 심화된다. 여기서 土(earth)는 땅에 속한 인간, 즉 국적과 민족과 인종적으로 제한되어 육체를 지닌 인간을 뜻한다. 그리고 身(body)은 이 인간을 만나러 오시는 예수 그리스도의 몸을 의미한다.

우선 예수는 유대인이었다는 데서 출발한다. 성육신은 역사적 사건이다. "그리스도의 몸은 가현설적 몸이 아니라 인간의 몸이다. … 그의 몸은 유대 땅에서 난 몸인 것이다. 신학적 신토불이는 예수의 역사성과 구약성서의 예언을 진지하게 받아들일 것을 요구한다"[329]고 말한다. 그러나 다음으로 예수가 단순히 유대인이기만 한 것은 아니다. 성육신은 인류를 위한 구원사건인 것이다. "단순히 유대인일 뿐이라고 하는 전제 밑에서 그분이 구세주시라면 유대인만을 위한 구세주일 것이고 우리는 구세주의 구원사역의 범위에서 제외될 수밖에 없을 것이다."(137) 헬라인이 그대로 헬라인이고 로마인은 그대로 로마인이면서 동시에 그들이 그리스도인이 될 수 있었던 것처럼 우리도 한국인 그대로 있으면서

---

328) 신토불이이론은 기독론에 기초하고 있다고 할 수 있다. 특히 루터의 칭의론의 재해석을 통한 그의 성육신론은 "simul christianus und paganus"의 이론적 기초가 된다. Nonduality of body and earth는 여러 곳에서 다양하게 논의되었다. 특히 그리스도의 몸으로서 교회라는 관점에서 이로부터 교회론을 발전시키기도 했다. 여기서는 다만 그 출발점인 간접적 성육신론만 소개한다.

329) 김광식, "분석종합과 조화전개 사이에 선 신학", 137.

그리스도인이 된다는 것이다. 그분은 우리 이방인을 위하여 수없이 국적을 바꾸어서 찾아오신다는 것이다. 이것이 '간접적 성육신'이다.

> "이처럼 국적을 바꿔 가면서 찾아오시는 주님은 제2의 성육신 혹은 간접적 성육신을 통하여 우리와 만나신다. 이것은 결코 예수가 국적과 민족과 문화 속에 매몰된다는 뜻이 아니다. 모든 민족의 주님이시기 때문에 모든 민족의 예수가 되시는 것뿐이다. 우리에게는 한국인으로 오시는 예수가 중요하다. 그분은 우리의 역사와 문화와 종교를 정죄하고 배격하시는 것이 아니라 그것을 사랑하고 존중하기 때문에 이를 계승하면서도 '수정하고 옹호하면서도 비판하실 수 있다."[330]

김광식은 이미 죄 구원론적 도식이 아니라 동양적 아프리오리를 가지고 기독론을 정립해야 한다는 것을 여러 번 밝힌 적이 있다. 그래서 「조직신학 IV」의 구원론에서도 이러한 기독론적 근거가 중요한 역할을 한다. "동정녀 마리아에게서 나신 나사렛 예수가 하나님의 아들이고, 신적 로고스가 성육신하신 분이듯이, 우주적 그리스도가 한국인 구세주로 오시는 것이다. 전자가 직접적 역사적 성육신이라면 후자는 간접적 신토불이적 성육신이다. 물론 전자는 후자의 역사적 구속사적 근거이고 후자는 전자의 현재적 토착화적 시행이다. 직접적 역사적 성육신이 없다면 간접적 신토불이적 성육신은 불가능하고 후자가 없으면 전자는 무의미해진

---

330) 김광식, "분석종합과 조화전개 사이에 선 신학" 137.

다. '성육하신 로고스'(Logos Incarnatos)가 곧 '성육신하시는 로고스'(Logos Incarnatus)인 한에서 복음의 토착화가 정당성을 가질 수 있다."(108)

토착화 과정에서 초월성을 확보하려는 노력은 토착화 신학의 주요 목표 중의 하나이다. 그 이론의 신학적 보편성은 초월성의 확보에서 주어질 수 있기 때문이다. 「선교와 토착화」의 "완전한 스승 그리스도"에서 천명된 기독론 우위의 원칙은, 「조직신학」의 "역사적 언행일치의 그리스도"에 나타난 삼위일체적 기독론을 거쳐, 신토불이론의 "그리스도인 동시에 한국인"에 서술된 간접적 성육신에 이르기까지 관철되어 있다고 할 수 있다. 그러나 신토불이론의 "simul christianus et paganus"이라는 칭의론적 구호는 간접적 성육신, 즉 해석된 성육신론에 토대하고 있다. 그의 동양적 구원론은 동양적 칭의론에 기초해 있는 것이다. 비록 그 칭의론이 루터의 칭의론에 의거하는 듯하지만, 실상 그것은 동양적 문화 아프리오리에 의해 이미 재해석된 것이었다.

토착화 신학의 기독론적 근거나 혹은, 구원론에 대한 기독론의 우월성을 말할 때 김광식은 언제나 이 해석된 성육신론을 염두에 두고 있다. 그것은 동양적 구원론 형성을 위한 목표와 조화전개적 사유와 문화 아프리오리에 기초한 해석학적 연구의 결과이다. 그러므로 토착화 신학의 근거는 기독론에서 찾을 수 있을 것이지만 이것은 곧 해석학적 순환에 걸려 있다는 것을 알게 된다. 여기서 토착화 신학의 특성은 본질적으로 해석학적이라 할 수 있을 것이다.

2.2.3 信土不二 : Faith and Earth

"신학적 신토불이(信土不二)는 신앙론과 구원론에서 구체화된다. 민족신을 신봉하는 한국인의 경건(土)이 계시신을 믿는 기독교적 영성과의 만남에서 신(信 faith)이 일어난다."331) 그래서 이 '신토불이'에서는 소위 유불선(儒佛仙) 삼중적 토착화론이 전개된다.332) 본래 동아시아의 지배적인 옛 종교인 유교, 불교, 선교 경건이 신토불이의 토(土 earth)에 해당한다. 김광식은 유교 불교 샤머니즘의 영성을 한 마디로 덕(德), 각(覺), 복(福)이라고 요약한다. 덕은 유교적 구원 이념이고,333) 각은 불교가 지닌 구원이념이며,334) 복은 '선의 세계'에 해당하는 구원이념이다.335) 그래서 덕·각·복의 동

---

331) 김광식, 「조직신학 IV」, 대한기독교서회 1997, 111. 신(信)토불이 역시 다음과 같이 여러 곳에서 다루어진다. 여기서는 다만 "분석종합 조화전개 사이에 선 신학"에 의거하여 소개된다. 「조직신학 논총」(1995), 「조직신학 IV」(1997), "simul Christianus et paganus (Thz)"(1998), 「Korea Journal of Systematic Theology」, vol. 3 Seoul.(1999).

332) 이때 선교라는 개념은 김광식에게 있어 중국의 도교와 한국의 무교와 일본의 신도를 포함하는 개념이다. 그것은 신토불이의 신학에서 이 세 가지가 차지하는 기능이 동일하기 때문이다.

333) 김광식, "분석종합 조화전개 사이에 선 신학" 140. "유교는 이 사회(동아시아에 있는)의 초자아적 기능을 담당하고 있다. 사회의 규범과 법질서와 정치사회의 각종 제도가 모두 유교의 근본정신으로부터 근거설정되어 있다. 한마디로 유교의 구원론적 이념은 덕에 있다. 그런데 덕화는 인간의 성실성에 근거하고 있고 성실성은 언행일치에 있어서 그 본질이 드러난다. 유교는 언행일치의 성실성을 기초로 하여 덕화시키려는 구원의 이념을 갖고 있다."

334) Ibid., "불교는 동양문화에 있어 정신의 중심을 깨우쳐 주려는 역할을 하였다. 이것은 바로 각의 문제이다. 각은 득도에 의해 성취된다. 득도에 의하여 깨달은 사람은 동양사회의 최고의 정신을 대표한다. 그러한 사람에게는 성속일여가 기본적인 진리로 나타난다."

335) Ibid., "도교나 선교나 혹은 신도 등으로 표시되는 선의 세계는 복을

양적 구원이념은 언행일치, 성속일여, 그리고 지성감천을 함축하는 것이다.

> "유교와 불교와 샤머니즘이 우리나라를 지배해 온 종교적 정신적 역동성을 제공해 온 전통종교라면, 이제 기독교는 이 유불선과의 만남에서만 예수 그리스도의 복음을 증거할 수 있다. 사실상 한국교회는 덕화, 득도 및 강복을 위한 신앙생활이 토착화되도록 설교하고 지도하고 계획하고 있다. 덕화를 위한 교육, 득도를 위한 영성훈련과 성서연구 그리고 강복을 위한 각종 기도모임이 그 대표적 사례이다."[336]

현대신학의 화해냐 해방이냐는 구원론적 논의의 협소성은 이제 덕-각-복의 동양적 구원이념의 관점에서 보완될 수 있다고 한다. 우선 유교의 "덕화" 속에는 해방적 요소가 결합될 수 있다는 것이다. 즉, '大學之道는 在明明德하고 在親民하고 在止於至善이니라'에서 '명덕' 다음에 '친민'한 후에야 '지선'에 이르게 될 경우에, 여기서 최고선에는 '명덕'만 아니라 민중을 새롭게 혹은 가까이 하는 정치 곧 해방의 정치가 포함되어야 한다는 것이다. 또한 서양신학의 화해는 "득도"에 관계시킬 수 있다고 한다. 득도는 본래 하나님과 인간의 관계를 의미하지 않지만, 인간실존의 본래성의 회복이라는 의미에서, 그것이 기독교적으로는 하나님과의 관계에서만

추구하는 것이 최고의 이상으로 되어 있다. 이것은 이 사회의 이드(Id)에 속한 문제와 관련이 있다. 신선이든지 무당이든지 혹은 그 밖의 어떤 다른 이름으로든지 이 선의 세계에서는 도덕이나 혹은 깨달음의 문제가 아니라 복이 문제이고 이를 위한 일이라면, 즉 강복(降福)을 위한 일이라면 지성감천의 정성을 드리게 된다."

336) Ibid., 140.

가능하기에, 연결가능하다는 것이다. 그리고 서양신하이 일방적으로 화해와 해방만을 주제화했기 때문에 복의 문제는 치지도외시 되었는데, 기복신앙에 비판에도 불구하고 인간이 복을 간구하는 것은 결코 잘못된 것은 아니라고 한다. 다만 그것이 주술적 인과응보적 혹은 주고받기 식으로 오해될 가능성이 있다는 것이 문제라고 한다. 따라서 언행일치 성속일여 지성감천의 사상은 화해와 해방으로 설명할 수 없는 인간 구원의 문제를 포함하고 있다는 것이다. 따라서 신토불이는 이런 구원의 문제를 성령의 역사로서 토착화의 관점에서 다룰 수 있다고 한다.(141)

> "신학적 신토불이는 기독교의 복음과 유불선의 덕각복의 이념 사이의 만남과 상응관계를 지시해 준다. 이러한 만남 자체는 신토불이에 입각하여 볼 때만 긍정적으로 이해할 수 있을 것이다. 재래 종교를 덮어놓고 정죄하는 것만으로는 토착화 사건을 이해할 수 없다. 토착화를 부인하는 것은 성령을 거스르는 죄를 범하는 것이다. 신토불이의 토착화가 단순히 타종교와의 혼합이나 동일시를 오해되지 않고 복음의 선포의 사건으로 이해될 수 있어야 할 것이다."337)

신토불이론에 의거할 때 유불선의 덕각복과 기독교 복음과의 만남은 긍정적이라 할 것이다. 하지만 이것을 혼합이나 동일시가 아니라 복음의 선포사건으로 이해하려면 근거가 있어야 한다. 김광식은 이 근거를 다만 성령에서 찾는다. 이때 성령의 역사라는 개념은 과연 토착화 신학의 논리를

---

337) Ibid., 142.

위해 더 이상의 근거설정이 필요 없는 이론적 공리(Axim)로
사용해도 좋을 지가 의문이다.

2.2.4. 新土不二: Novum and Earth

신학적 "신토불이(新土不二)"는 종말론을 다룬다.338) 신토
불이 Nonduality of novum and earth에서의 "신 新"은 기독교
적 종말론을 뜻하고 "토 土"는 한국적인 말세사상을 뜻한다.
'신'은 교의학에서 전통적으로 De Novissimus라는 제목 밑에
다루고 있다. '가장 새로운 것'(Novissimus)은 '마지막 사물'인
데, 이것이 한국적인 말세사상과 결부되어 新土不二가 생긴
다는 것이다. 그러나 기독교의 종말론이 매우 다양하기 때
문에 그 공통성만을 다룰 수밖에 없고, 한국의 말세사상은
정감록과 미륵불 신앙에 나와 있다고 보아, 기독교적 종말
론의 근본특징과 정감록과 미륵신앙의 말세사상을 서로 비
교하고자 한다는 것이다.(113f)

그는 성서적 기독교적 종말론의 근본특징을 네 가지로 요
약한다. 1. 유일신론339) 2. 그리스도 중심주의340) 3. 역사의

---

338) 김광식, 「조직신학 V」, 대한기독교서회 2003.「조직신학 IV」에서 그는
   조직신학 제 V권이 종말론을 다루게 될 것이라고 예고했으나 종말론
   없이 V권은 출간되었다. 新土不二 역시 여러 곳에서 언급되고 있다.
   여기에 소개된 것은 「조직신학 IV」에 기초했다.
339) 김광식, 「조직신학 IV」, 114. "첫째, 성서적 기독교적 역사이해에서 유
   일신론은 가장 근본적인 기초이다. 하나님의 알파와 오메가이고 처음이
   며 나중이다. … 하나님은 시간의 창조자이시고 역사의 심판자이다. 하
   나님 없이는 시간도 역사도 불가능하다. 역사의 주님으로서의 하나님은
   역사의 시작과 종말을 주관한다."
340) Ibid., 114f. "둘째, 성서적 기독교적 역사이해에서 중심점은 예수 그리
   스도이다. 그리스도 이전과 이후로 구분하는 역사이해는 성서적 기독

직신직 성격341) 4. 역사의 인격적 성격342)이 그것이다. 이러
한 독특한 역사이해가 이제 한국적 말세론과 만나게 되는
것이 신토불이라고 한다. 김광식의 신토불이에서의 기독교
종말론에 대한 이해는 윤성범과 크게 다른 바가 없다. 윤성
범의 "구속사의 자유로운 파상선(Wellenlinie)" 혹은 "무한히
가는 선(unendlich viel schmälere Linie)"이 인격적인 성격이라
는 표현을 얻고 있을 뿐이다. 토속적 말세사상의 첫 번째 대
상도 윤성범의 경우와 마찬가지로 "정감록"이다. 그러나 김
광식은 신토불이, 즉 동양적 칭의론이라는 논리적 구조 속
에서 다루는 것이 윤성범이 성의 변증법에서 다루는 것과
차이가 있는 것이다.

　김광식은 정감록의 역사관의 특징을 네 가지로 지적할 수

　교적 전통의 만물이다. 역사의 중심점을 기독교에서 찾게 된 것은 신
　약성서의 위대한 발견이다. …이 종말론적 대망에서 볼 때에만 역사를
　바르게 이해할 수 있다."
341) Ibid., 115. "셋째, 역사는 직선적 성격을 가지고 있다. 성서적 시간이해
　는 직선으로 표시된다. 구속사의 시작과 종말은 직선으로 연결되어 있
　다. 어제와 오늘과 내일 혹은 과거 현재와 미래라는 통속적인 시간이
　해는 구속사적 시간이해에 근거를 두고 있다. 정서적인 구속사는 창조
　로부터 그리스도에게 까지의 수렴의 역사와 그리스도로부터 신천신지
　에 이르는 확산의 역사로 이루어져 있다. …그리스도가 이미 왔으나
　재림주는 아직 오지 않았다. …'이미'와 '아직' 사이의 긴장관계 속에
　선상적으로 표현되는 시간관이 성서의 직선적 시간 개념을 구성하고
　있다."
342) Ibid., 115. 그러나 넷째, 이 직선의 성격은 "그 역사가 시작되어 종말
　을 향한다는 의미에서는 전진하는 직선이지만, 그 구속사가 진행되는
　과정 자체는 파장적이다. … 즉, 구속사는 숙명적 시간 경과도 아니고,
　필연적인 자연과정도 아니다. 그것은 오히려 인격적 결단의 개입으로
　점철되어 있다. 인격적 결단의 봉우리와 숙명의 계곡이 이루는 역사의
　파장은 전진한다. 이 파장적 전진의 시작과 종말 사이에서 구속사가
　이루어진다. 인격적 내지 실존적 결단이 없는 시간의 경과는 죽음의
　시간일 뿐이다 성서적 역사이해는 인격적 성격을 가지고 있다."

있다고 한다. 첫째는 무신론적 순환사관이다. 하나님의 섭리와 통치 대신에 풍수지리설에 의한 역사해석이 기본으로 되어 있다. 이러한 역사이해에서 말세론은 한 시기의 마지막을 말할 뿐이고 우주와 역사 자체의 종말을 가르치지 않는다고 한다. 둘째. 왕조사적 역사이해이다. 왕조의 역사가 반복한다는 순환적 역사이해는 유일신론을 기초로 하는 성서의 역사이해와는 달리 역사를 시작은 있으나 끝이 없는 반복으로 파악한다는 것이다. 셋째, 역성혁명의 정치철학이 가장 특기할 만한 것인데, 왕씨에서 이씨로 왕조가 바뀐 것과 같이 이씨에서 정씨로 왕조가 바뀐다는 것이다. 넷째, 역사의 초자연적 파국을 예언한다는 것인데, 성서의 묵시문학을 무색게 하는 표현들을 담고 있지만, 실상 이러한 파국은 역사 자체의 종말이 아니라 왕조의 종말을 의미할 뿐이라는 것이다.

말세사상의 두 번째 대상은 미륵불 신앙이다. "미륵 보살은 도솔천에 살고 있다가 56억 7천만 년 후에 성불하여 이 세상에 내려와 제 2의 석가로서 모든 중생을 권도(勸導)한다는 보살이다. 성서의 연수가 1,000년 단위인데 비하여 불경의 연수는 10억 단위로 되어 있는 점이 다르기는 하나, 미륵 보살 혹은 미륵자존이 재림석가로 이해된다는 점에서 성서의 종말론을 연상시킨다는 것이다.

김광식은 불교의 역사이해도 순환적 시간이해에 기초하고 있다고 한다. 따라서 역사 전체의 시작과 종말이 중요한 것이 아니라 한 시기의 시작과 종말이 문제될 뿐이라는 것이다. 역사는 반복이기 때문에 제1의 석가와 제2의 석가는 결국 반복하는 역사의 구세주일 뿐이고, 제3의, 제4의 석가를 배제하지 않는다는 것이다. 따라서 "석가의 존재는 성서의 증거 된 예수 그리스도와 직접적으로 비교하기 곤란하다. … 제2의 석가인 미륵보살이 성서의 재림주와 비교될 수는 있으나 결코 동일시될 수는 없다"고 한다.(117)

정감록과 미륵사상의 역사이해는 이러한 부정적 요소를 지니고 있음에도 불구하고, 김광식은 그것들이 기독교 선교에 긍정적인 효과를 가져온 측면도 있었다고 진단한다. "마지막 때의 구세주인 예수 그리스도가 정도령이나 미륵불과 동일시됨으로써 민중이 기독교의 복음을 이해하는 데 한몫을 담당"했다는 것이다. 반면에 예수 그리스도를 미륵보살 정도로 생각하는 데서 오히려 예수 그리스도의 유일무이성이 의문시되기도 한다고 지적하고 있다.(118) 결국 신토불이는 토착화의 양면성을 보여주고 있다고 하겠다. 그러나 김광식은 이 양면성에도 불구하고 그것을 단순히 성령의 역사라고 옹호하려는 것처럼 보인다.

> "한국적 경건의 내면에 일이관지하는 종교적 아프리오리와 기독교적 영성의 만남은 성령의 은사로 주어지는 것이다. 따라서 기독교적 영성이 한국의 종교적 문화 아프리오리에 의하여 새롭게 규정되는 것이 곧 토착화이고 이것은 성령의 역사이다."(118)

신토불이의 신학은 이 "동시에" "일치" 혹은 "불이"를 통해 진술된 모든 유비적 가정을 성령의 역사라는 개념의 도움으로 단순히 신학적으로 정당화된 것으로 전제하는 경향이 있다. 그래서 신토불이의 신학은 성령과 악령을 분별할 수 있는 시금석을 그 신학의 과제로 남겨 놓게 되었다. 그러나 그 시금석은 토착화 신학의 성령론적 검토를 통해서 비로소 가능할 것이다. 성령의 역사는 일차적으로 성령론적 개념이어야 하기 때문이다.

2.3. 해석학적 사유경험에서 본 성령론

김광식은 '의인과 죄인', '그리스도인'과 '이방인'에게 "동시에" 작용하는 성령의 사역에 대해 말한다. 신토불이로서의 토착화 사건은 성령론적이다. 그러나 그의 토착화에 관한 상세한 성령론을 찾아보기 어렵다. '성령'과 '악령' 사이의 구별을 위한 상세한 규준들은 불분명하게 남아있다. 또한 '성령'과 '토속적 영'들에 관해서도 "동시에"를 생각할 수 있는지에 대한 질문은 답변되지 않았다.

그의 회갑기념논문집 「해석학과 토착화」는 김광식의 토착화 신학에서 성령의 역사가 기본개념임에도 불구하고 충분히 해명되지 않았음으로 해서 야기된 오해와 그 해명을 담고 있다. 거기서 해명을 위해 논의된 내용들은 지금까지 그의 신학에서 드러난 면모를 가다듬는 데 도움이 될 것이다.

2.3.1 이론적 공리로서의 성령의 사역

"해석학과 토착화"의 제3부는 "김광식의 신학사상"이라는 제목을 달고 있다. 김광식의 신학에 대한 허호익의 발제와 그 후에 이어진 김광식과 네 명의 조직신학자들 사이의 대담이 실려 있다. 발제에서 허호익은 두가지 질문을 제기한다. 하나는 김광식 사상의 전기와 후기 사이의 관계에 관한 것이고, 다른 하나는 김광식의 성령의 역사라는 개념을 다른 토착화 신학적 시도들에도 확대해서 사용하자는 제안이다. 토착화 뿐 아니라 토착화 신학들도 성령의 역사가 아니겠느냐는 것이다. 모든 신학적 활동은 동시에 성령의 역사라고 할 수 있는 것 아닌가 하는 질문이다.[343]

이런 질문제기에는 시기구분과 관련된 오해의 소지가 담겨있다.[344] 대담에서 김광식은 다만 두 번째 제안에 답하고

---

343) 허호익, "김광식의 해석학적 토착화론과 언행일치의 신학," in: 「해석학과 토착화」, 김광식교수 회갑기념 논문집, Seoul 1999. 477-509.

344) 그러나 필자의 견해로는, 김광식의 사상을 두 시기로 나누는 것은 그다지 설득력이 없어 보인다. 시대구분에 큰 의미를 부여하기 어렵기 때문이다. 허호익의 설명에 따르면 성령의 역사로서의 토착화는 전기의 특징을 이루는 데, 실제로 김광식이 성령의 역사라는 개념으로 토착화 이론을 정립하는 것은 토착화의 재론(1985년) 이후의 일로서, 허호익 자신의 분류대로 하더라도 오히려 후기에 해당하기 때문이다. 게다가 김광식이 토착화의 재론에서 성령의 역사라는 개념으로 토착화 이론을 새롭게 정립했음에도 불구하고, 그의 초기저작 "선교와 토착화"(1975)의 어떤 내용도 수정되거나 변경된 것이 없이, 그의 최후 저작인 조직신학에까지 반영되어 있다. 심지어 그 이전의 박사논문(1970)의 중요한 주제와 용어들까지도 그의 후기논문 Simul Christianus und paganus(1998)에 그대로 들어 있다. 성령의 역사로서의 토착화는 다른 토착화 이론들과의 차별화의 원리이기도 하지만, Christianus과 paganus 그리고 "신"과 "토" 사이의, 일치(Simul) 내지 불이(不二)를 말해주는 동일화의 원리이기도 하다. 성령의 역사로서 명시화되지는 않지만 "선

있지만 첫 번째 질문에 대한 대답 또한 포함하된다. 대답의 서두에서 이미 허호익의 제안은 강하게 부정된다.345) 김광식의 답변내용을 이해하려면 여기서 "성령의 역사로서의 토착화"라는 용어가 사용되는 맥락에 유의하여야 한다. 그는 이 용어사용을 통해서 자신의 주장을 토착화신학 안에서 뿐 아니라 밖에서의 논의들과도 명백히 구별하고자 한다. 이러한 시도를 "토착화"의 '내적 구별원리'과 '외적 구별원리'이라는 말로 요약할 수 있을 것이다.

토착화의 '내적 구별원리'라 함은 그가 "성령의 역사"라는 용어로 자신의 주장을 토착화 신학 내부의 다른 이론들, 이를 테면 윤성범이나 유동식의 작업들과 엄격하게 구별하고 있기 때문이다. 이러한 것들은 신학을 토착화하려는 인간적 시도 내지 인위적으로 신학을 만들어내려는 천재적 솜씨라는 것이다. 그것들은 기껏해야 기독론을 조화적 합일이나 중재와 같은 한국적 관념들과 동일시하려는 시도들에 불과한 것이다. 김광식은 이것을 부인하고, 성령은 복음 선포에서 밖으로부터의 주체라는 것을 언제나 강조하고자 했다.

─────────────

교와 토착화"에서 보여준 "언행일치"의 신학은 이미 그 단초를 보여주는 것이었다. 초기에 "한국적인 것"에 대한 추구로 시작된 그의 토착화 이론은 해석학적 연구를 거쳐 학문적 보편성을 획득하는 과정을 보여주고 있다. 이것은 1970년부터 지금까지의 김광식의 신학사상의 전개는 아무런 단절이나 획기적인 전환을 찾아 볼 수 없는, 그야말로 일이관지하는 조화전개적인 신학이라는 것을 말해 준다.

345) 김광식, 대담, in: 「해석학과 토착화」, 512f. "그런데 우리가 대화에 들어가기 전에, 성령의 역사로 토착화를 논하는 것하고 토착화 신학이 성령의 역사라고 하는 것은 구별을 해야 될 것 같습니다. 우리가 신학을 성령의 역사라고 할 수는 없는 것인데, 혹시 내가 쓴 글을 읽는 과정에서 그런 방향으로 오해가 있었는지 모르겠지만, 그것은 시정이 되어야 할 것 같습니다."

토착화의 '외적 구별원리'는 허호익의 질문에 대해 "무의
식" 개념으로 성령의 역사를 다시금 설명할 때 드러난다. 종
교와의 대화와 토착화 신학은 모두 타종교와 기독교의 만남
을 다루는 데 공통점이 있다. 그러나 '타종교와의 대화'가 각
종교들 간의 입장을 따른 의식적인 대화'인 반면, '토착화'는
개인과 공동체에 있어서의 무의식적인 대화'라는 데 차이점
이 있다고 한다. 성령의 '토착화'인 신토불이는 무의식적 과
정인 것이다. 토착화 '신학'은 바로 이런 무의식적인 과정을
의식화하는 것이다.346) 그것은 의식적인 종교간의 대화와
외적으로 구별된다. 그래서 허호익의 제안은 성령의 역사인
토착화를 인위적 자의식인 신학과 동일시하려는 시도이기에
거절되는 것이다.

이것은 또한 이정배가 사회정치적 차원에 관련된 질문을

---

346) Ibid., 513. "일차적으로 타종교와의 대화와 토착화 신학을 나는 좀 차
별화하려고 하고 있습니다. 타종교와의 대화라고 했을 때에는 기독교
적 입장이나 타종교적 입장이 각각 고도로 의식되어진 차원에서 논의
되는 것입니다. … 그런데 제가 시도하는 것은, 토착화 신학에서는 기
독교 신자 자신 안에서 개인적으로 말하면 신자 개인의 삶 속에서 일
어나고 있는 대화예요. … 내가 기독교 신자로서 아주 한국적인 전통
을 다 털어 버리고, 완전히 백 퍼센트로 세척을 해 낸 다음에 기독교
인이 되는 것이 아니라는 거예요. 내 속에 있는 타종교적인 것과 기독
교적인 것이 만나는 사건 이것이 토착화란 이야기입니다. 이것은 의식
적인 차원에서 기독교인이 타종교인과 만나서 대화하는 것과는 전혀
다른 것이에요. 의식적인 차원에서의 대화가 아니라, 오히려 무의식적
인 차원에서의 대화를 말하는 것이지요. 그러면 이러한 사건은 개인적
차원만 가지느냐? 그게 아니라는 거죠 … 이미 교회 안에 들어와 있
는 유교 불교 샤머니즘의 문화적 유산을 교회 공동체 안에서 어떻게
기독교적 신앙과 결합을 시키고 내적으로 창조해 나가느냐 하는 것인
데, 이것도 역시 무의식적인 차원이 되겠습니다. 이것을 의식화하는
작업이 바로 신학이에요. 개인에 있어서나 공동체에 있어서나 무의식
적으로 일어나는 이런 대화를 의식시키는 것이 바로 토착화 신학입니
다."

제기했을 때에도 확인된다.347) 그 대답에서 성령의 역사는
'무의식적' 토착화라는 사실이 보다 자세히 설명된다. 예를
들어 성서연구에서 양식사와 편집사의 방법은 인간의 무의
식과 의식이 개재된 차이를 명백히 해준다는 것이다. 성령
의 역사는 양식사처럼 무의식적이고 공동체적인 것이어서
결국 인류의 구원사건을 지칭하게 된다는 것이다.348) 여기
서 성령의 역사로서의 토착화는 토착화 이론의 신학적 객관
성과 보편성을 담보하는 개념이라 할 수 있다. 신학적 객관
성과 보편성을 지니는 토착화는 다만 '성령의 역사'일 뿐이
다. 토착화 신학은 토착화의 현상인 성령의 역사를 관찰할
뿐이다.

여기서 김광식의 지금까지의 토착화이론 형성과정에서 성

---

347) Ibid., 527f. "선생님께서 말씀하시는 성령의 역사라고 하는 그 흐름이
조금 더 다른 각도로, 즉 사회 정치적으로 해석될 수 있는 여지가 있
는지요? 즉, 지금까지는 토착화라고 했을 때 제한되기 쉬운 문화적인
관점에서만의 성령의 역사가 아니라, 사회적인 콘텍스트 속에서 이해
되어야 할 부분으로 읽혀지고 해석되고 적용될 부분이 있어야 한다는
생각을 제 머리 속에 떠올려 보았습니다."

348) Ibid., 529. "문제는 어떠한 뜻에서 성령의 역사를 말하는가 하는 것입
니다. 여러분이 성서비판학에서 공부한 것처럼, 양식사 연구와 편집사
연구를 대조할 수 있을 거예요. 양식사 연구라고 하는 것은 공동체의
무의식적 표현입니다. 그것은 문학양식으로 나타난 것을 연구하는 거
예요. 그러나 편집자는 저자의 의식화된 신학을 찾아내는 것입니다.
이와 비교를 하면 쉽게 이해할 수 있어요. 나는 양식사 연구에서 말하
는 바와 같이 개인이나 공동체나 사회에 무의식적으로 형성되어 가는
구원의 사건을 성령의 역사라고 말하고 싶은 것이고, 신학적 작업이라
고 하는 것은 의식화 작업이기 때문에 이건 편집사 작업에서 한 것과
같은 신학적인 의식적인 성찰이에요. 다시 정리를 하면, 성령의 역사
는 무의식적인 과정이고 공동체적인 것입니다. 그리고 이것은 적어도
인류에 대해서 개인이나 공동체를 막론하고 긍정적인 어떤 것을 의미
하는 것입니다. 즉, 구원의 사건을 의미하는 거예요. 그렇게 보았을 때
에 우리가 그것을 성령의 역사라고 부를 수 있는 것이지요."

령의 역사라는 개념을 사용하는 방식을 전체적으로 되짚어 볼 필요가 있다.[349] 첫째로, 성령의 역사는 그가 윤성범과 유동식과 내용적으로 차별화 하는 "문화적 아프리오리"와 관련된다. 그들의 생각과는 달리 "한국적 경건의 내면에 일이관지하는 종교적 아프리오리와 기독교적 영성의 만남은 성령의 은사로 주어지는 것이다. 따라서 기독교적 영성이 한국의 종교적 아프리오리에 의하여 새롭게 규정되는 것이 곧 토착화이고 이것은 성령의 역사이다"라고 한다(118) 둘째로, 성령의 역사는 김광식이 동서 사유의 대비를 통해 발견한 "조화전개적 사유"와 관련된다. "성령의 은사로서 주어지는 토착화의 사건은 한국적 경건과 기독교적 영성의 만남이 조화전개적 사유의 틀 속에서 이루어질 때 가능해진다. 이 사건을 가능하게 만드는 성령의 역사를 더 이상 합리적으로 설명할 수는 없다."(119) 그리고 셋째로, 신토불이라는 개념이나 이 대담에서의 "무의식적인 혹은 공동체적 차원의 토착화"라는 개념도 성령의 역사와 관련된다. "한국적 경건과 기독교적 영성의 만남으로서의 신토불이는 신학적 사변의 결과가 아니라 성령의 은사로 주어지는 것이다."(120)

비단 이런 인용들에서 뿐 아니라 성령의 역사가 언급되는 모든 곳에서, "토착화는 성령의 역사이다"는 명제는 언제나 자명한 것으로 간주된다. 더 이상의 증명이나 합리적 근거 설정이 필요하지 않는 것이다. 그는 이러한 공리적 사용의 필요성을 초월성 확보에서 찾고 있는 것처럼 보인다.

---

[349] 김광식, 「조직신학 IV」, 118ff.

"성령의 역사로서의 토착화 사건은 신학적 신토불이를 통하여 해명될 수는 있으나 인위적 사건처럼 분석할 수 있는 것은 아니다. 다시 말하면 토착화의 사건을 인간성의 발로나 고귀한 인간적 의식의 표현이나 천재적 인간의 창작으로 이해하려는 온갖 종류의 신학적 시도는 성령을 인간성의 내재적 가능성으로 환원시키려 한다. 그러나 성령의 역사를 말한다는 것은 토착화 사건의 초월성을 지시하려는 데 그 목적이 있다."(119f)

'성령의 역사'는 김광식에게 토착화 신학의 이론적 공리이다. 문화 아프리오리, 조화전개적 사유, 신토불이, 공동체적 혹은 무의식적 차원 그리고 초월성, 이것들은 김광식이 해석학적 연구를 통해 존재론적으로 밝혀낸 토착화 이론형성을 위한 주요개념들이다. 그리고 그것들은 토착화 신학의 내부적 외부적 분별원리들—비인간적이고 무의식적인—과 함께 성령의 역사를 내용적이고 범주적으로 규정하고 있다. 성령의 역사는 이런 개념들이 지시하는 범위내용 안에서의 성령의 활동을 뜻한다. 그에 대해 더 이상은 말할 수 없다. 성령은 기독교적인 복음이 문화 아프리오리와 만나도록 중재할 뿐이다. 여기에 인간이 개입할 수 있는 여지는 전혀 없다. 인간이 미리 인식하거나 규정할 수 없다. 이 활동은 무의식적, 초월적이어서 토착화된 후의 결과를 가지고 알 수 있을 뿐이다. 그의 토착화 이론에서 성령의 역사를 성육신에 소급시킬 때, 그 '토착화된 로고스'는 이미 성령의 역사를 전제로 해서만 이해될 수 있는 개념이다. 여기에 일종의 해석학적 순환이 발생한다고 할 수 있다. 토착화 신학은 성령이 기독교적인 복음과 영성을 문화 아프리오리의 평면에서 이해되도록 옮겨놓는 작업인 토착화를 주목할 뿐이다. 이러한 "옮겨놓음"이 김광식이 말하는 성령의 역사의 본질이며 토착화 이론형성의 공리인 것이다.

2.3.2. 해석학적 사유경험과 성령론

김광식의 토착화 신학에서 성령의 역사는 이론적 공리이다. 그것은 토착화에 대한 현상을 관찰하고 이론을 형성하는 전제이다. 그것은 "해석학적 차이"(Hermeneutische Differenz)를 중재한다. 해석학적 차이는 이해해야 할 본문의 저자와 해석자 사이의 상이한 역사적 내지 사회 문화적 이해지평의 간격을 뜻한다.350) 성령은 해석학적 차이를 가교하여 이해를 낳는다. 신토불이의 신학은 바로 이 가교사건을 다루고자 한다.351) 신토불이의 신학은 바로 이 네 가지 대표적인 "사이"를 성찰해야만 한다. 이 "사이"에서 일어나는 성령의 역사는 이미 살펴 본 대로 "동시에"로서 칭의론적으로 성찰되었다. 이

---

350) H. Ott, Das Reden von Unsagbaren, Die Frage nach Gott in underer Zeit, Stuttgart 1978, 78.

351) 김광식, "분석종합 조화전개 사이에 선 신학의 과제", in:「조직신학논총」제1집, 한국조직신학회 1995, 131-2. "토착화 사건은 하느님과 인간, 삼위일체와 피조물, 하늘과 땅 사이의 관계에서, 예수 그리스도와 그분의 백성, 교회와 세상, 거룩한 것들과 속된 것 사이의 관계에서, 사도들과 선지자들 등 성서적 증인들과 성도들, 교회적 신학적 전통과 신앙의 현실, 타종교와 기독교 사이의 관계에서 그리고 마지막으로 장차 오실 주님과 만인들, 신천 신지와 역사의 현실, 성삼위의 영광과 피조물의 완성 사이에서 일어나는 성령의 역사이다. 그러니까 성령의 역사로서의 토착화 사건을 다루기 위해서는 네 가지 신학적 신토불이를 다루지 않으면 안 된다."

2. 해석학과 토착화 • 257

"동시에"를 신학적으로 보증하는 용어가 "성령의 역사"이고, 성령의 역사를 이런─가교하는 혹은 중재하는─방식으로 사용할 수 있는 학문적 근거는 해석학이다. 따라서 "simul christianus et paganus"는 일종의 해석학적 칭의론이요, 성령의 역사에 대한 성찰로서의 토착화 신학은 해석학적 특성을 지닌다고 할 수 있다.

토착화 신학의 이러한 특징은 무엇보다 김광식이 자신의 "성령론"을 종말론적으로 설명하는 데서 드러난다. 그의 「조직신학 II」에서 성령론에 대한 마지막 문단은 성령의 역사를 종말론적 관점에서 요약적으로 제시한다.

> "(1) 성령의 역사로서의 토착화는 구원 경세적 과정에 있어서 필연적이지만, 구원의 완성이라는 목표를 향하고 있는 종말론적 사건이다. (2) 종말론적 사건으로서의 토착화는 기존의 한국문화와 종교를 수용할 뿐 아니라 이를 극복하고 완성시킨다. (3) 따라서 성령의 역사는 그리스도의 약속이 시행되고 완성되어 가는 토착화의 종말론적 사건 속에서 일어난다."[352]

토착화 신학의 성령론은 종말론적 특성을 갖는다. 그것은 구원의 완성을 향한 보혜사 성령의 파송은 그리스도의 약속이고, 이 약속의 시행이 바로 복음의 토착화이기 때문이다.(619) 이런 관점에서 본다면 "한국교회는 그것의 토착화된 특수성을 통하여 전체교회의 보편성에 공헌한다. 이러한 특수성은 완성을 목표로 삼는 구원의 전체과정 속에서 구성

---

352) 김광식, 「조직신학」II, 대한기독교서회 1990, 620.

직인 요소이며 진체에 속히는 필수적인 한 부분이다."(620)
라고 할 수 있을 것이다. 여기서 특수성과 보편성, 부분과
전체를 매개하는 해석학적 원리가 종말론적 관점에 의해 도
입되고 있음을 볼 수 있다. 종말론이 비단 구원완성의 목표
에 국한될 필요가 없다는 점에서 그의 설명은 동양적 구원
론에 상당히 경도되어 있는 것처럼 보인다.

김광식의 성령론은 판넨베르크의 "신학적 관점으로 본 인
간학"에서의 종말론적 '영'이해 보다 구체적이고 보편적이라
할 수 있을 것이다.353) 김광식은 판넨베르크의 성령론을 다
음과 같이 요약하고 비판한다.

"우선 그가 내세운 성령의 특징은 두 가지로 요약된다. 첫
째는 신적인 영과 인간적인 영의 구별을 부인하는 것이요,
둘째는 창조 속에 일어난 일반적인 영의 사역과 교회 안에
서 일어나는 특수한 영의 사역의 구별이 모호하다는 점이
다. 만일 신적인 영과 인간적인 영이 구별되지 않고 동일하
다면, 죄짓는 인간에게 있는 성령은 무능한 영이거나 악령
일 수밖에 없다. 뿐만 아니라 그러한 영이 삼위일체 가운데

---

353) W. Pannenberg, Anthropologie in theologischer Perspektive, Göttingen 1983,
517. "교회생활 속에서 종말론적 미래의 현재는 특별한 방식으로 성령
의 역사이다. 신자들의 삶과 교회의 성례적 사귐은 성령을 통한 인간
의 궁극적인 규정에 대한 선취적 참여로 인해 특성화되어 있다. 즉,
성령은 부활하신 그리스도에게서 이미 나타난 새롭고 소멸되지 않는
삶의 첫 은사이며 담보이다(롬 5:23, 고후 1:22. 참고 고전15:23). 이 새
로운 삶은 신적인 영 안에 있는 근원으로부터 분리된 것이 아니라 이
영으로 침투되어 있으며(고전 15:44f), 바로 그렇기 때문에 불사적이다.
모든 정신적 경험은 우리 자신의 삶과 세계의 진리의 현재로부터 살
고 있다. 이 현재는 우리 자신의 정체성과 모든 존재자의 전체성에서
사물의 본질을 의식하는 영원의 현재이며, 그 현재는 영과 육의 이러
한 궁극적 통일 속에 완성될 것이다."

계신 영이라고 할 수 없다. 다음으로 비록 판넨베르크가 종
말론적 특성을 갖고 새로운 흔들리지 않은 신빙성을 보유한
그리스도인들을 위한 새로운 삶과 영의 새로운 현재를 긍정
하지만, 기독교적 성령론의 특징이 단지 종말론적이라는 것
외에는 별다른 내용이 없다. 이 종말론적 차원마저도 그리
스도인의 동경심의 성취일 뿐이고, 그나마도 영원 속에서나
이루어질 어떤 것으로밖에 되지 못한다. 그리스도가 역사에
도입한 새것은 단지 특수사례 이상인 것이 아닌가?"(511)

판넨베르크가 "현재"와 "영과 육의 궁극적 통일"을 강조하
지만 김광식이 보기에 판넨베르크의 서술은 관념론적인 것
으로 간주된다. 그의 이와 같은 지적은 오트의 성령론에 비
교해 보면 더욱 구체화 될 수 있다. 하인리히 오트는 그의
책 「Das Reden von Unsagbaren」, (1978)[354]의 "성령과 세속적
현실"이란 장에서 '영'은 책임적 의미변경을 가능하게 하는
"계시와 개방의 힘"이라고 했다.(141) '영'은 대화적인 것 속
에 있는 "창조적 심층차원"으로서, 경험으로 접근 가능한
"세속적 현실 '안에' 혹은 '뒤에' 있는 차원"이라는 것이다.
그래서 그는 하나님의 '초월성'은 동시에 하나님의 '내재성'
이 된다. 그렇지 않다면 그 초월성은 진정한 것이 아니라는
것이다.(147f) 나아가 오트는 세계 정치적 현실에 관련해서
성령은 "역사 내의 창조적 즉흥시인"이라 한다. "바로 역사
형성을 위한 그의 가시적인 전능성에서, 인간은 다른 곳에
서 다가오는 이 예견할 수 없는 것, 즉 창조적 즉흥시들을
의지하고 있다"는 것이다.(152f) 오트가 세계정치영역, 즉 인

---

354) H. Ott, Das Reden von Unsagbaren-Die Frage nach Gott in unserer Zeit,
  Kreuz Verlag 1978.

260 • III. 성령의 역사: 토착화신학의 전개

간외 역사형성에서 성령의 역할을 말한다지만, 그것은 결국 성령은 현실 안에서의 초월성에 대한 지시일 뿐이다.

김광식의 성령의 역사라는 용어사용의 근본 목적이 "초월성"에 있었듯이, '예견할 수 없는 것'을 말하는 오트의 성령 이해도 "초월성"을 담보하려는 개념으로 보인다. 이 모든 "동시에"는 결국 구원론적인 해석학적 사유경험에 기초한 것이다. 이해에 이르는 해석학적 사유경험에서 이 "옮겨 놓음"이 본질적이기 때문이다. 그러나 이 옮겨 놓여진 것은 옮겨 놓기 전의, 즉 해석학적 작업 이전의 것과 동일한가? 언행일치나 신토불이에서 동일시를 유발하는 "옮겨 놓음"이라는 해석학적 과정은 혹시 신학을 위해 과도하고 불필요한 짐을 지고 있는 것은 아닌가? 그것은 본질적으로 "Zugleich"를 말하고자 하는 해석학적 사유경험이 과연 신앙경험을 말해 줄 수 있는가 하는 문제에 닿아 있다. 토착화 신학의 성령론은 그에 대한 종말론적 관점과 마찬가지로, 구원론적으로 각인된 해석학적 사유경험에 근거한 것이라 할 수 있다.

3. 요약과 질문

3.1 보편성 문제와 해석학적 사유경험

제3장에서는 성령의 역사로서의 토착화를 그 이론적 대상으로 삼은 김광식의 토착화 신학을 살펴보았다. 그의 이론

은 우선 이전의 토착화 논의를 해석학적으로 심화시켜 신학적 보편성을 획득하고자 하였다.(3.1) 나아가 해석학적 방법을 전통적 교의학에 적용시킴으로써 서구신학의 지역성을 밝히고 그의 토착화 신학의 이론형성을 위한 정당성을 확보하고자 하였다.(3.2) 서술순서와 내용전개에 따라 그의 신학적 시도를 요약하면 다음과 같다.

김광식의 신학적 관심사는 처음에는 복음의 동양적 해석에 있었다. 그것을 위해 동양적 종교성 내지 문화 아프리오리라고 할 수 있는 탈소외동기가, 서양적 종교성의 특징인 소외동기에 대비하여 설정되고, 소외동기에 바탕한 지물합일설과는 대조적으로 지행합일설에 기초한 동양적 신학이 모색된다.(1.1.1) 언행일치론은 동양적 신학을 수행하기 위한 "Proprium Coreanum"이며 동시에 기독교 교리를 해석하는 토대이다. 동양 문화적 유산과 서양의 신학이 언행일치에 기초해서 동양 신학적으로 기술된다.(1.1.2) 이러한 작업은 "선교와 토착화"를 위해 가장 중요한 과제로 간주되었다. 그러나 그런 시도들은 토착화를 "성령의 역사"로 보는 관점에서 "재론"되어야 했다. 토착화가 성령의 역사라는 것은 성서적, 교리적, 신학적 근거를 갖고 개인, 공동체, 신학에서 시행되는 것이다.(1.2.1) 그것은 무엇보다 신학적 해석학에 학문이론적 기초를 가지고 있다. 김광식의 토착화 이론은 바르트와 불트만 사이의 해석학적 과제를 물려받았다고 하는 오트의 해석학에 빚지고 있다. 후기 하이데거의 해석학적 철학을 수용하는 오트의 신학은 토착화 신학을 위한 학문성의 모범이다.(1.2.2) 이런 해석학적 논의는 토착화 신학을 위한

262 • Ⅲ. 성령의 역사: 토착화신학의 전개

이론적 보편성을 제공한다. 이런 보편성은 동양적인 유산을 신학적으로 해석하고, 기독교 교리사를 동양적 아프리오리에 기초하여 이해함으로써 학문적으로 더욱 보강된다. 즉, 토착화 신학의 보편성은 공간적 차이까지도 해소하는 해석학에 기초하고 있는 것이다.(1.2.3)

해석학은 토착화 신학의 주도적인 개념이 된다. 탈소외동기라는 동양적 종교성은, 성령의 토착화 이론 속에 조화전개적 사유라는 용어로 다시 받아들여진다. 그리고 분석종합적 사유라는 용어로 표시되는 서구적 소외동기 또한 성령의 토착화의 일부이다.(2.1.1) 종교개혁적인 "의인인 동시에 죄인"이라는 도식을 살펴볼 때 그것은 율법과 복음이라는 이원론적 분석종합논리에 기초해 있는 것이다. 토착화의 관점에서 보면 이것은 독일적 신비주의와 경건주의에 성령의 역사로서 복음이 토착된 경우인 것이다.(2.1.2) 조화전개적 사유의 측면에서는 "기독교인인 동시에 이방인"으로 도식화할 수 있는데, 이것은 동양적 칭의론이라고 할 수 있는 것이다. 토착화론은 이제 신론, 그리스도론, 신앙론, 종말론에서 성령의 역사로 인한 문화적 아프리오리와의 불가분리성을 말하는 "신토불이의 신학"이 된다.(2.2.1-4) 그러나 '성령의 역사'라는 용어에 대한 토론들은 이 개념이 초월성을 지시하는 해석학적 개념으로 사용되고 있다는 것을 말해준다.(2.3.1) 김광식의 성령론은 비록 종말론적 성격을 지녔음에도 불구하고 판넨베르크와 오트와의 대비를 통해서 나타나는 바대로, 내재적 구원의 완성을 지시하는 초월성을 대변한다.(2.3.2) 토착화 신학은 기독론적 기초와 성령론적 현

3. 요약과 질문 • 263

실화를 주축으로 하고 있지만 결국 동양적 구원론을 지향하고 있음이 밝혀진다. 이것은 간접적 성육신의 기독론과 토착화의 영으로서의 성령론에 의해 "토착화의 재론" 이후 김광식이 골몰했던 주제이지만 곧 "선교와 토착화"의 목표와 동일한 것이다. 차이가 있다면 해석학적 방법론에 의해 논리적 일관성이 두드러진다는 점이다. 이 일관성은 토착화 신학의 논리에 해석학적 합리성을 부여한다.

이제 그 내용전개에 따라 요약한다면, 성령의 역사로서의 토착화에서 두드러지는 것은 그 지역성을 극복하는 신학적 보편성이다. 지역성과 신학적 학문성을 굳게 결합시키려는 것이 "신토불이 신학"에서의 김광식의 의도이다. 토착화는 동과 서에 어디에서나 일어나는 성령의 역사이기 때문이다. 그의 "Proprium Coreanum"의 발견을 통해, 탈소외동기, 언행일치, 조화전개적 사유라는 용어가 동양적 문화 아프리오리를 대변하는 개념으로 설정되었다면, 소외동기, 지물일치, 분석종합적 사유는 서구적 지역성을 규정하는 개념으로 사용되었다. 동과 서, 양편에서 각각의 문화 아프리오리와 관계해서 성령의 역사가 공통적으로 일어난다는 것이다. 성령의 역사는 보편적이다. 그래서 이 성령의 역사를 관찰하는 김광식의 '성령의 역사로서의 토착화'라는 개념은 문화 아프리오리와 결합되어 있으면서도 더 이상 지역성에 얽매이지 않는다.355)

---

355) 김광식, op. cit., "분석종합과 조화전개 사이에 선 신학의 과제", 130. "토착화 신학은 성령의 역사로서의 복음의 토착화를 성찰하는 신학이지, 신학자 개인의 천재적 성찰을 통하여 복음을 토착화시키는 영웅적 행위에 대한 이론이 아니다. 토착화 신학은 복음이 토착화되는 사건을 주제로 삼는 신학이기 때문에 그것이 꼭 한국적이라든가 혹은 동양적

그러나 김광식의 또 하나의 과제는 토착화 신학의 특수성을 보존하는 것이다. 우선, 한국의 정신문화의 유신은 망각되어서는 안된다. 실존적 자기이해의 문제를 성찰하는 것이 신학적 과제이기 때문이다. 해석학은 그런 점에서 토착화 신학에 유용하다. 이런 자기이해의 문제가 실존에 철저히 관철되면 문화 아프리오리에 부닥친다. 아프리오리는 선험적이라는 뜻으로, 이해하고 해석하는 주체의 인식의 근거요 형식이다. 아프리오리를 다루는 것은 기독교 신앙이 없던 지나긴 역사 전체를 신학적으로 해명하려는 시도인 것이다. 그래서 이러한 문화 아프리오리를 가진 민족의 구원이 신학적으로 주제화된다. 이 민족구원의 문제는 성령의 역사를 통해서 문화 아프리오리에 직결된다.

성령의 역사는 문화 아프리오리 안에서 일어나는 무의식적 대화의 차원이다. 그것을 통하여 토착화 신학은 지역성을 넘어서는 에큐메니컬 신학의 관점에 상응할 수 있을지도 모른다. [356] 김광식의 본래적 의도는 토착화 신학이 에큐메니컬 차원을 지니더라도 자신의 상황을 신학적으로 정당화하려는 '콘텍스트 신학'이나 종교 신학과는 거리를 두려는 것이었다. 그는 선교에 있어서의 복음의 선포와 수용에 대한 논의로 시작된 토착화 신학의 "텍스트" 주도적 성격을 보존하고자 한다.[357] 윤성범에 대한 그의 비판은 윤성범의

일 필요는 없다."

[356] 김광식, 「해석학과 토착화」, 530. 김경재의 논평에 따르면, 김광식의 성령론은 이미 "이교 문화 속에 기독교를 전래하기도 전에", 즉 유교, 불교, 선교 문화권 속에서, "하나님이 원하시는 일들, 곧 생명을 살리고 풍성하게 하는 일에 성령이 역사하셨다고 하는 근본적인 에큐메니컬 고백을 받아들이는 입장"으로 이해될 수 있다는 것이다.

신학적 의도나 방향이 아니라 그 방법론적 불철저성에 있었다.[358] 그는 신학적 보편성에서는 이전의 토착화 신학들을 넘어서지만 특수성에서는 토착화 신학의 테두리 안에 머물고자 한다. 그는 오히려 이 지역성을 신학의 본질적 과제로 상정함으로써, 토착화 신학을 보편화시키려는 것이다. 즉, 신학에서 특수성과 보편성은 동일하다는 것이다.

성령의 역사라는 개념에 집약된 해석학적 사유경험은 이 보편성을 현실화시키는 동력이다. 그러나 그의 시도는 그의 본래 의도를 옹호해 주는 것 같지 않다. 그의 신학에는 본래 의도와는 달리, 즉 성령의 역사로 대변되어야 할 신앙경험 보다는 인간적 아프리오리에 불과한 동양적 유산이 전면에 부각되기 때문이다. 거기서 획득된 합리성은 해석학적 사유 경험에 의해 각인된 것이다. 토착화 신학의 보편화의 논리 속에는 한국 초기 교회의 경건을 형성했던 신앙적 합리성과 그 신앙경험이 분명히 드러나지 않는다. 정체성 문제에 집착한 윤성범의 성의 신학이나 보편성 문제에 집중한 김광식의 성령의 토착화는 유교적 합리성과 해석학적 합리성이라는 서로 다른 합리성의 형식을 각기 자신의 모델로 삼았다.

---

357) Ibid.,, 521f, "인간적으로든지 교육의 차원에 있어서든지, 또 신학적인 영향에 있어서도 제가 그분들의 한계를 넘어선 것은 아니에요. 그 안에 머물러 있는 것이지요. 왜 그러느냐 하면, 우선 토착화라는 큰 테두리를 그 분들이 세우셨는데 나는 그걸 넘어가고 싶지 않거든요. 토착화라고 하는 이 신학적인 담론을 저는 넘어가고자 하는 것이 아니라 확장하려는 거예요. 그렇기 때문에 그분들의 공로나 시도를 부정하는 것이 아니라, 긍정적으로 확장하는 것이 저의 시도였다는 점을 밝히고 싶습니다."

358) Ibid., 522. "그분(윤성범)이 그렇게 칼 바르트 신학을 표방하면서 토착화 신학을 했다면 그런 방식이 아니었을 텐데 하는 것이 내 기대였고, 그것이 내 비판의 요지예요."

그로 이해 그들이 본래 의도하였던 신앙경험의 합리성을 망각한 것처럼 보인다.

3.2. 해석학적 합리성과 신앙경험

김광식은 "해석학과 토착화"의 대담에서 자신의 신학적 근본 의도를 고백적으로 밝힌 바 있다.[359] 거기에 의하면 김광식의 본래 의도는 오히려 세례 경험에서 오는 "실존적 차이"를 명확히 하는 것이다. 이것은 "차이"와 "변화"를 경험한 그의 실존적 고백이요 그의 신앙경험이다. 이 "본래적인 의미를 지니고 있는 그 무엇"은 곧 그의 신앙경험을 지시한다. 그 대담에서 이 답변은 물론 복음이나 케리그마에 대한 비신화화의 측면에서 제기된 질문에 대한 것이었다.[360] 질

---

359) Ibid., 528. "나는 사실은 예수를 안 믿던 사람이에요. 고등학교 때에 세례 받고 예수를 믿었는데, 그 후 신학을 하고 목사가 된 사람이에요. 그렇다면 내가 예수를 믿는 것하고 예수를 안 믿는 것하고 차이가 있어야 될 것 아니예요. 내 실존이 말이죠. 또 내 사회관계나 인생의 이해에 있어서 변화가 있어야 하는데, 뭐 똑같다고 하면 기독교 신학을 하고 목사가 되어 무엇인가 하고 있다는 것이 다 난센스가 되어버릴 거예요. 그렇다면 '그것이 아니고 이것이' 본래적인 의미를 가지고 있다는 그 무엇을 찾으려고 하는 것이 내 일평생의 노력입니다."

360) Ibid., 527. 이정배는 묻기를, "김광식 선생님께서는 복음을 상황이나 토양보다 근본적인 것으로 강조하셨는데, 그러나 케리그마라고 하는 것 자체도 그것이 어떤 고정 불변한 것으로 존재하지 않고 ―그 당시의 상황 속에서 생겨난 하나의 문화적인 산물이라고만 말할 수는 없지만― 그래도 문화적인 상황과 산물적인 요소를 전적으로 떨쳐버리고서는 케리그마라는 말 자체도 이해하는 데 어려움이 있지 않겠느냐는 질문입니다. 선생님의 토착화 신학 속에서는 이러한 문제가 어떻게 해결되고 있는지 묻고 싶습니다." 그러나 이 질문은 윤성범에 대한 거절을 상황에 대한 거부인 동시에 복음의 옹호라고 보는 전제에 입각한

문은 복음과 문화 상황이라는 도식을 전제한 해석학적 주도
권의 문제에 대한 이론적 질문이지만 김광식은 오히려 복음
과 상황 도식을 넘어서는 입장에서 신앙고백적으로 답했던
것이다. 그의 답변의 근거는 실존적 신앙경험에 있다. 이것
이 그의 일평생의 노력이고 신학적 시도의 근본 동인이다.
　그러나 그의 신학은 그의 실존적 신앙경험 속에 담겨있는
하나님의 행동, 곧 "예수를 믿는 것"로부터 논리적 합리성을
얻는 것이 아니고 해석학적 사유경험으로부터 합리성을 얻
고 있다. 그래서 그의 이론 형성의 근거설정 맥락은 문화 아
프리오리, 조화전개적 사유, 신토불이에 관련된 것이다. 그
의 토착화 이론은 신앙경험이 사유경험 속에 잠식된 것으로
나타난다. 그의 신앙경험은 차이와 변화를 말하고자 하는데,
그의 이론은 "불이 Nondualität"와 "동시에 Zugleich"를 말한
다. 회심에 관련된 "차이"와 "변화"에 대한 언급은 그것이
서구적 구원론의 죄구원론적 사고방식이라는 전제 때문에
토착화 신학 내에서 합리성을 지닐 수 없는 것이다. 신앙경
험이 이론화 될 수 있는 가능성이 구조적으로 차단되어 있
다. 그것은 해석학적 사유경험으로 인한 것이다.
　해석학적 전체 개념은 모든 다름이나 차이를 부분적인 것들
로 간주하고 전체 안에 융해시키려고 한다. 진리는 전체성 안
에 있고, 전체는 부분의 합보다 크다는 것이 해석학적 연구의
대전제이다. 이런 해석학적 사유경험이 특히 복음에 대한 김
광식의 이해의 독특성에서 두드러진다. 그의 하르낙 비판에서

　　질문인 것처럼 보인다. 하지만 김광식의 "동시에"는 이 도식을 넘어서
　는 성령의 역사인 셈이다.

세기된 그의 복음 개념은 "성서 전체로서의 복음" 혹은 "언명되지 않은 것"이다. 이것은 해석학적 전체 개념인 동시에, 복음에 대한 오트의 해석학적 개념 규정이다.361) 김광식의 복음 이해는 이로부터 나온 것이고 하이데거의 해석학적 사유경험에 토대한 것이다. 그러나 이런 해석학적 사유경험은 초월성과 전체성을 말해주지만, 그 초월과 전체라는 것이 우리의 신앙경험과 무슨 관련이 있는가를 말해주지 않는다.

물론 김광식과 하인리히 오트가 신앙을 간과하고자 하는 것은 아니다. 그러나 그들의 해석학적 이론 속에서는 신앙경험의 특성이 사유경험 속에 융해됨으로써 그 본래성이 상실되는 것이 문제이다. 신앙의 합리성이 아니라 해석학적 사유의 합리성

---

361) 하인리히 오트는 "조직신학이란 무엇인가?"에서 "그리스도사건은 그리스도 복음을 통해서 우리와 만난다. 그리스도 복음은 복음서들과 증언들을 통해서 만난다. 복음서와 증언들은 아직 복음 자체가 아니다. 그것들은 언명된 것들로서 ~에 의한 복음(das Evangelium kata~)만이 있을 뿐이다. 마태에 의한 복음, 마가에 의해, 누가에, 요한에, 바울에. 그러면 왜 또한 그러한 것과는 독립적으로 부차적인 의미에서 마르틴 루터, 칼빈에 의한 복음, 불트만이나 혹은 칼 바르트에 의한 복음은 안 될 것인가? 그러나 복음 자체는 —그것은 단지 유일한 것이다— 언명되지 않은 채로 남아 있다. 그것은 설교와 예전과 신학에 있어서의 증언들과 복음서들의 모든 언명된 것의 언명되지 않은 것이다." 이러한 오트의 복음이해는 복음을 초월적 신비주의에로 환원시키려는 시도인 것처럼 보인다. 물론 이러한 이해는 하이데거의 언어 이해로부터 온 것이다. 오트는 하이데거의 논문 "시에서의 언어, 게오르그 트라클의 시 해설"에서 인용을 가지고 "그 유일한 복음"을 설명한다. "그 유일한 복음은 이를테면 모든 성서적, 적어도 모든 신약적 증언들의 언명되지 않은 시이고, 그 시로부터 그 증인들이 모두 시를 짓는다." … "도리어 조직적인 것이라고 함은 언명한 것들의 다양성을 통하여 언명되지 않은 것의 분할할 수 없는 통일성에까지 꿰뚫어 통찰하는 것을 의미한다. 이러한 통찰은 그밖에도 선포를 위하여 필요하다. 즉, 우리는 각기 하나의 본문에 대하여 설교하지만 개별적 본문 그 자체를 주해하는 것이 목적이 아니라, 그 본문과 더불어 그 본문의 부름을 받아들여서 하나의 전체적인 복음을 선포하는 것이 문제이다."

이 주제화되는 것이 문제인 것이다. 사유를 매개로 신앙을 전개한다는 것은 사유경험을 통하여 신앙의 인식에 도달하려는 시도인 것처럼 보인다.362) 그러나 바르트는 그의 안셀름 연구서에서 "신앙대상의 인식이 지니는 합리성은 이 신앙대상 자체가 지닌 합리성을 인정하는 데 있다"363)고 했다. '신앙의 지성'이란 신앙의 "자연발생적 열망이요," 신앙 안에 이미 내재하고 있는 것이다. 신앙적 합리성은 신앙대상으로부터 인식을 얻는다. 그것은 존재로부터 사유를 얻는다는 철학적 사유합리성과는 전적으로 다른 것이다.

하이데거 철학의 '존재의 역운'은 오트에게는 하나님의 경험을 의미한다. 존재의 진리를 '비은폐성'(ἀλήθεια)으로 해석하는 하이데거의 존재 계시성이 그에게 하나님의 계시와 같은 것으로 이해되기 때문이다. 오트는 하이데거의 해석학적 진술의 모든 존재론적 특성을 본질적으로 신학적인 것으로 간주했다. 이러한 유비적 혹은 존재론적 동일시는 윤성범이 하이데거의 기술 개념을 바르트의 영 개념에 유비시켜 초월성을 발견하고, 그것을 유교적 사유경험의 바탕 위에서 신학화한 데에서도 이미 드러났다.

하이데거의 철학적 사유경험에서 전개되는 신앙은 그 대상 자체로부터의 신앙경험의 성격을 말해주지 않는다. 김광

---

362) 사유 안에서 신앙이 전개되기 위한 오트의 해석학적 개념장치들인 "신앙의 통일성", "신앙의 사상의 통일성"과 "의미구조" 등을 살펴보지 않더라도 오트가 하이데거의 사유를 신학적 사유의 모범으로 간주하고 있는 것은 분명하다. 하이데거의 존재론적 사유는 사유의 사유로서 신앙의 사유에 상응하며, "본질적인 의미에서 사유할 수 없는" 형이상학과 과학의 주관적 혹은 객관적 사고가 아니기 때문이다.(291)

363) K. Barth, Fides Quaerens Intellectum, E. Jüngel/I.U. Dalferth 편, Zürich 1931, 50.

270 • III. 성령의 역사: 토착화신학의 전개

식의 "도의 존재론적 해석"에서 살펴보았듯이 하이데거 철학의 존재 개방성은 동양적 사유경험을 통해서도 충분히 해명될 수가 있다. 하이데거의 서구 형이상학의 극복이 신학적으로 그토록 의미 있는 일이라면, 이미 형이상학의 극복이 문제가 되지 않는 동양적 사유의 밝음 속에서는 신학적 사태가 보다 잘 해명될 것이다. 그러나 존재 개방성 내지 초월성이 곧 신성이라고 해석할 수 있는가? 사유에서의 초월경험은 과연 신앙경험을 대변하는가? 라는 질문이 한국신학 형성과 발전에 있어서 간과되지 않았어야 했다.

김광식과 윤성범은 이 질문을 보다 진지하게 고려했어야 했다. 이 질문이 낯섦을 익숙함으로 동일시하거나 대치하려는 신토불이의 신학과 성의 신학의 학문이론적 시금석이 되어야 했다. 그래서 양자에게서 토착화라는 이름의 한국적 기원을 이루는 한국교회 형성기의 신앙경험으로부터 찾을 수도 있었던 신앙의 합리성은 망각되고 있는 것이다. 동서의 사유경험은 공히 존재의 개방성 내지 비은폐성을 알고 있다. 그러나 그것은 성서와 신학 전통에서 말하는 신앙의 대상을 포착하지도 못하고 신앙경험도 말해주지 않는다. 오히려 이러한 시도들은 유교적 사유와 해석학적 사유의 초월경험에 함몰되어 있음으로 인해서, 진정한 신앙경험으로부터의 신학적 합리성은 다시금 신학적 이론형성의 과제로 남겨진 것처럼 보인다.

Ⅳ. 반성 : 토착화신학의 정당성

1. 동양적 사유경험과 토착화 문제

토착화 신학이 한국 신학사의 한 전통으로 자리잡게 된 것은 무엇보다 윤성범과 김광식, 두 조직신학자들의 공로이다. 이 두 사람에게 한국적 문화유산은 신학적으로 의미 있는 것으로 간주되었다. 윤성범이 발견한 한국 문화 아프리오리의 특징은 초월성이었다. 이 초월성은 그에게 신학적 계시와 동일시될 수 있는 것이었다. 김광식은 토착화 현상 자체에 주목하였다. 선교가 이루어지고 있다는 것은 토착화이고, 신학적으로는 성령의 역사이다. 그러나 동양에 토착화가 이루어진다는 것은 탈소외동기와 조화전개적 사유라는 문화 아프리오리 때문이다. 문화 아프리오리는 그에게 성령의 활동공간이며 한계이다. 동양적 문화 아프리오리는 과연 어떤 의미에서 신앙경험을 대신할 수 있는 혹은 포괄할 수 있는 신학적 개념이 될 수 있는가? 여기서 이제 동양적 사유경험의 본질을 묻는 질문이 다루어져야 한다. 이것은 토착화 이론의 신학적 정당성을 확인하고 재구성하기 위한 기초 작업이 될 것이다.

1.1. 동양적 사유경험의 본질

토착화 신학이 동서의 차이에 주목한 것은 복음의 수용자로서의 주체성을 확인하기 위한 것이었다. 윤성범에게 동양사상은 서양신학과 대비될 수 있는 것이다. 그는 언제나 서구신학에 일치하는 무엇을 동양 혹은 한국 문화에서 찾아내어 같다고 혹은 유사하다고 입증하는 방식을 취해 왔다. 김광식에게 동양사상은 한 걸음 더 나아가 신학적 이론형성의 조건이 되었다. 그는 동양적 문화 아프리오리에 토대한 토착화이론을 체계화했다. 그에게는 성령의 사건이 문화 아프리오리와 관련해서만 일어나기 때문이다. 동양사상을 신학적으로 어떻게 정당하게 주제화할 수 있는가 하는 문제는 토착화 신학이 풀어야 할 중요한 과제 중의 하나이다. 사유형식의 차이를 규명하려는 신학적 시도는 비단 토착화 신학에서만 이루어지는 것은 아니다. 서양 신학사에서 성서와 헬라세계에 대한 사상의 비교에서,364) 또한 제3세계의 콘텍

---

364) 이를테면 T. Boman, Das hebräische Denken im Vergleich mit dem

스트 신학에서 독자적 실존상황을 정당화하기 위한 맥락에
서 수행되기도 한다.365) 그러나 여기서는 다만 토착화 신학
적 논의와 관련해서 동양사상의 핵심적인 면모를 살펴보고
자 한다.

1.1.1 동양사상의 동기와 이상

1) 근본동기: 내성외왕(內聖外王). 한국의 대표적인 동양철
학자 김충렬은 동양철학의 원초적 동기와 근본과제를 두 가
지 질문으로 요약될 수 있다고 한다: 첫째, "우리가 삶을 의
탁하고 있는 이 세계는 어떻게 있으며," 둘째, "그러한 세계
속에서 우리는 어떻게 삶을 영위해 나가야 하는 것인가."366)
  첫째 질문은 동양의 고대인들의 관심이 자연으로서의 이
세계에 있었다는 것을 말하고자 한다. 그러나 자연에 대한
이 관심은 그 자체에 들어 있는 어떤 우주적 신비나 경이를
풀기 위한 지적 호기심에서 출발한 것이 아니라,367) 전적으
로 그들이 자신의 삶에 집중한 결과였다고 한다.

   Griechischen, Göttingen ³1959, 11. 보만은 기독교의 헬라화에 대한 Adolf
   v. Harnack의 연구와 관련해서 히브리적 사유를 헬라적 사유와 비교하
   고 있다.
365) H. Wandenfels, "Kontextuelle Theologie", in: Lexikon Missionstheologischer
   Grundbegriff, K. Müller/T. Sundermeier 편, Berlin 1987, 224-230.
366) 김충렬, 「21세기와 동양철학」, 동아일보사 1996, 22ff.
367) H.J. Störig, Kleine Weltgeschichte der Philosophie, Fischer Verlag 1993,
   124. "고대 동아시아 철학자들뿐 아니라, 자연철학자라고 불렸던 고대
   그리스의 최초 철학자들도 일반적인 자연세계의 현상들을 탐문함으로
   써 그들의 철학을 시작했다. 그것은 자연세계의 원재료를 찾으려는 그
   들의 공동의 관심사였다."

274 • Ⅳ. 반성 : 토착화신학의 정당성

"그들은 삶에 골몰한 나머지 우선 삶을 둘러싸고 있는 자연환경(구조현상)과 삶에 직접 영향을 주는 자연의 질서(운행변화) 그리고 변화 속에서도 불변하는 자연의 원리(순환생성) 등 삶에 절실한 문제에서부터 파악해야 했으므로, 그들이 구성한 우주관의 범위는 의외로 좁고 내용도 단조로우며 문제의식 또한 자연과 인간의 경계(천인지계)나 인간 역사의 통시적 변화양상(고금지변)의 파악에 국한되어 있다."(23)

나아가 이러한 동양철학적 입장에서 본다면, "세계가 어디로부터 왔는가, 혹은 세계는 무엇으로 되어 있는가 하는 심오한 물음은 사치스럽고 동떨어진 세계의 소리로 들릴 것"이라고 한다. 이렇게 인간의 현실 삶의 문제를 풀기 위해 바라보는 자연은 당연히 그것의 "실체"적인 측면보다는 그 "운행 법칙"과 "생성공능"의 측면이 중시될 수밖에 없었는데, 그 결과 탄생한 것이 이른바 "천도"(天道)라고 한다.

김충렬의 둘째 질문인, "어떻게 삶을 영위해야 하는가?" 하는 문제는 바로 이 천도로부터 유도된다. 모든 존재는 이 천도에 순응하여 삶을 영위하는 것이 최선이라고 믿었기에 인간의 삶의 길도 예외 없이 그것을 준거로 개척될 수밖에 없었다는 것이다. 그리고 그 결과 확립된 것이 이른바 "인도"(人道)라고 한다.

"이처럼 인도가 자연법칙에서 생겨난 천도로부터 도출되어야 한다는 것이 인간적 삶에 대한 동양적 이상이다. 후대로 가면 '인도'가 천도를 찬화(贊化)한다는 이론도 나오지만 이처럼 원초적으로는 '인도'가 '천도'로부터 도출되어야 한다는

것이 동양 인생관의 대전제이다."(24)

이 점에서 동중서는 "인간이 살아가는 대원칙은 자연법칙에 준거해서 세워졌다. 그러므로 그 준거인 자연법칙이 바뀌지 않는 한 인간의 길도 바뀌지 말아야 한다"고 했다는 것이다. 결국 동양철학에서 "인도"는 "천도"에서 나오고 "천도"는 "자연"에서 나온다고 할 수 있다.

Han Din Hong은 중국철학의 기본이념을 철학함 자체에서 찾는다. 철학한다는 것이 중국에서는 처음부터 선을 행하는 실천적 과제로 간주되었다고 한다: "이 세계를 형성하는 실천은 본래적으로 '통치'로 이해되어서, 우선은 '거룩한 건국자들'인 황제들과 왕들에게, 또한 '그들의 조언자와 조력자들인 철학 왕들'에게도 해당되는 것이었다."368) 그들은 이론적으로 연구하거나 가르치지 않고 통치한다. 장자(B.C. 360-280)는 이런 통치로서의 중국철학의 기본이념을 내성외왕(內聖外王 : Das Heilige im Innern nach auen zur Herrschaft bringen)이라는 사자성어로 압축했다.(26) 내성외왕에서의 "왕"은 통치자 혹은 통치를 나타낸다. 왕(王)에 있어서 '성(聖)'이라는 개념이 핵심이다. 왕은 성으로부터 나오기 때문이다. 성은 '성인' 혹은 '거룩한 것'을 뜻한다. 내성외왕의 이념은 천도와 인도라는 동양철학의 근본동기를 개념화한 것이다. 성은 곧 천도를 뜻한다. 즉, 성인은 하늘로부터 명령을 받는다. 요순우와 같은 왕으로서 초인간적으로 추앙된

---

368) L. Geldsetzer & Hong, H.D.: Grundlagen der chinesischen Philosophise, Reclam 1998, 11.

276 • IV. 반성 : 토착화신학의 정당성

성인들에게 하늘은 친명 곧 그의 명령을 준다.(17) 그 왕들은 그들 안에 있는 천명에 따라 통치한다. 좋은 왕 혹은 통치를 잘했다고 하는 것은 그들 인격의 가장 내적인 것(내성), 즉 천명이 밖으로 전제국과 모든 관계 속으로 퍼져나간다(외왕)는 것을 의미한다. 내성외왕이라는 공식은 천도의 외화로서 인도가 천도에서 나온다는 김충렬의 분석에 상응한다고 할 수 있다.

천도와 인도 혹은 이런 내성외왕의 원리는 이미 공자(B.C. 551-479)가 중국철학적 학문개념을 규명할 때에 함축된 것이었다. 공자의 대학은 학문으로서의 유학을 규정하는 내용의 책이다. 이 책의 첫 귀절은 大學之道, 明明德, 親民, 止於至善이다. 이것은 내 안에 있는 것이 밖으로 나아가는 내성외왕의 과정을 보여준다. 물론 여기서의 "밝은 덕"은 내 안에 있는지(인도) 혹은 밖에 있는지(천도)가 명확지 않다. 그러나 동양철학적 이상으로서의 "밝은 덕"에는 이미 천도와 인도 사이의 일치가 전제되어 있다고 할 수 있다. "밝은 덕"은 천도로서 내재되어 있는 것이다. 바로 이 천도와 인도 사이의 합일의 문제가, Han Din Hong도 지적하듯이, 동양철학의 핵심주제가 된다. 이는 동양철학의 근본동기로 볼 때 당연한 귀결이 아닐 수 없다. "내성외왕"이라는 이 근본명제는 그 대학 첫 본문의 이어지는 구절에서 8조목의 윤리적 프로그램으로 전개되는데, 내성이 점차(1-5) 외화(6-8)되어 외왕에 이르는 과정을 보여준다. 1)格物 → 2)致知 → 3)誠意 → 4)正心 → 5)修身 → 6)齊家 → 7)治國 → 8)平天下. 우리가 이미 살펴본 바와 같이 대학의 이 본문들은 윤성범에 의

해 성의 신학의 윤리론으로 수용되어 초월적 개념으로 해석
되었다. 거기서 특히 그는 격물치지에서의 "물"을 신학적으
로 "예수 그리스도"로 이해하고자 했다는 점을 살펴보았다.

중국에서 성인으로 추앙된 사람들은 내성외왕의 경지에
이른 사람들이다. 신학과 관련시켜 볼 때, 성(聖) 개념이 매
우 인간학적이며 사회학적, 정치학적 기원을 갖고 있다는
것을 알 수 있다. 이것은 중국철학의 천 개념의 성격으로부
터 나온다. 김충렬에 따르면 동양인들이 삶의 경험으로부터
정화된 것이다. 그들은 삶을 위해 자연-환경, 자연-질서, 자
연-원리를 파악하고자 하였고, 그 결과 운행법칙과 생성공능
을 "천"으로 개념화했다는 것이다. 내성외왕이라는 개념은,
천도와 인도와 마찬가지로, "중국철학의 인본주의 정신"을
잘 나타내 준다고 할 수 있다.369) 동양에서는 삶의 관심이
자연에로 천도로 인도로 움직이고 이 관심이 또한 학문개념
을 규정한다. 여기서 우리가 주목해야 할 관점은 동양사상
의 유동하는 두 강조점인 인간주의(유교)와 자연주의(도교)
가 "천 天" 개념에 중첩되어 나왔다는 것, 그렇기 때문에 인
간의 자연과의 합일이라 할 천인합일이 동양철학의 주제가
되어 왔다는 것이다.

2) **주요주제**: 천인합일(天人合一). 김광식이 천인합일을 신
학적으로 주제화하지는 않았다. 초기에 그가 다룬 주제는
언행일치이다. 삼위일체론적으로 전개된 언행일치의 신학은
오히려 인간적인 것을 배제하고 있었다. 후기에 신토불이를

---

369) H.J. Störig, op. cit., 116.

나뉠 때에, 그는 이 "불이"가 성령의 역사로 말미암는다는 것을 강조함으로써 초월성을 유지하고자 하였다. 윤성범 역시 천인합일이라는 동양철학의 근본주제를 신학적으로 주제화하지 않는다. 그는 성(誠)을 신학적 의미에 계시와 동일시할 수 있는 개념으로 간주했고, 그런 전제하에 바르트 신학과의 병행적 표현을 동양고전 문헌에서 찾고자 했을 뿐이다. 이들에게서 천인합일이 신학적으로 주제화되지 않은 이유는, 그것이 "하나님과 인간 사이의 합일"을 말하는 논의가 될 위험성이 있기 때문일 것이다. 토착화 신학은 신비주의 신학이 되고자 하지 않았다.

그러나 그 사실이 반증해 주는 것은 두 사람에게서의 천 개념은 신 개념과 깊이 결부되어 있다는 것이다. 물론 토착화 신학에서 "천"과 "신"이 완전히 동일시되고 있는지는 자명하지 않다. 그러나 신학에서 하나님 인식을 다루는 "계시"가 핵심적 주제라면, "천인합일"이라는 동양철학의 핵심주제가 정당하게 다루어졌어야 했다. 그러면 "천" 개념의 "신" 개념과의 차이와 동양철학과 신학사이의 경계가 드러나고, 이를 통해 동양적 신학을 추구하는 토착화 신학의 면모가 재확인될 수 있었을 것이다.

Han Din Hong은 천인합일의 문제를 '중국철학의 근본주제'로 간주한다.[370] 김충렬 역시 그의 논문 "21세기와 동양철학"의 중심부분을 "III. 동양 우주관의 특징"과 "IV. 동양의 인간관과 문화기조"에 할애하고 있다. 동양적 우주관은 "천"에 대한 설명이고 동양적 인간관은 "인"에 대한 설명이다.

---

370) Geldsetzer/Hong, op. cit., 51ff.

두 사람 모두 동양철학의 우주관을 우선 역경에 나온 음양의 원리의 관계에서 보고자 했다. 음양설은 유교와 도교처럼 어떤 학파를 이루었다고 하기보다는, 어떤 학파든지 이 전래해 오던 역경의 음양설에 기초해서 세계 해석을 전개했다는 점에서, 중국철학의 기초이론인 셈이다. 역경에서 천지의 관계는 모든 음양 관계의 기본이다. 천은 태양이고 지는 태음이다.

그러나 역경에 대한 설명을 접하기에 앞서 우선 동양사상의 시공 개념에 대한 이해가 필요하다. 김충렬은 동양적 우주관의 기초가 유한공간과 무한 시간에 있다고 한다.(28f) 우주(宇宙)의 문자적 개념 정의에 따르면, "우(宇)는 상하사방으로 구조된 공간의 전개이며, 주(宙)는 고금왕래로 이어지는 시간의 변화 흐름이다."(285) 공간적으로 볼 때, 우주가 아무리 크다 하더라도 그것은 우리가 생활하고 있는 집과 같이 막혀 있는 공간이다. 거기에서 담겨 있는 모든 존재자들은 그 공간적 한계 속에 맞추어 살아갈 수밖에 없다. 그러나 시간적으로 볼 때, 만물은 자체 운행을 통해서 시간의 변화를 일으키고 그 시간의 변화와 더불어 자기를 늘 새롭게 생성시켜가기 때문에, 그 유한 공간을 온통 생기의 광장으로 확장시키고 승화시켜 만유의 생명들이 각기 자기를 실현해 가는 길을 열어준다. 그렇기에 동양적 우주관의 요체는 무궁 시간에 있다고 할 수 있다.(25) "그 자체로 완전무결한 것, 있을 수 있는 것 가운데 최량의 존재로 긍정되었다."(26f) 즉, 우주는 자기원인과 자기목적에 의해 자생자화하는 자연이며, 자신의 공능만으로 부족함이 없이 영위되는 자족이라는 것이다.

그러나 이러한 한계 공간 내에서의 만물의 생성은 무궁하지만, 그것은 언제나 동일한 구조 안에서 이루어지는 것이기에 진행일 뿐 발전은 아니다. 즉, 교체 순환의 반복일 뿐이다. 생성이 계속된다는 것은 생주이멸의 과정이 반복된다는 것이다. "이런 '동양의 우주'는 조물주에 의해 창조되거나 유일자에 의해 주재되는 피조물 혹은 의타적 존재가 아니다."(26) 이것은 한정된 범위 내에서의 시간적 변화이기 때문에 순환 반복을 통해서만 변화를 지속시킬 수 있는 것이다. 순환반복을 특징으로 하는 동양적 역사관은 바로 이러한 우주론에 기인된 것이다. 순환 반복이 아닌 직선적인 발전은 공간적 한계에 부닥칠 것이기 때문에 동양적 사유경험으로는 불가능한 셈이다.

윤성범과 김광식이 종말론이라는 신학적 주제 아래서, 정감록의 역사관을 다루고자 했을 때 봉착했던 문제는 바로 이 순환적인 역사관이었다. 이 역사관을 신학적으로 수용하기 어려웠던 이유는 동양적 우주관에 대한 해명을 통해서 비로소 올바로 이해될 수 있는 것이었다.

이제 「역」(易: Wandlung)은 바로 이 내용을 담아놓은 것이다. 이러한 우주가 보여주는 반복과 변화의 원리를 부호체계로 옮겨놓은 것이 바로 역경이다. 역경은 우주 전체의 운행생성을 태극(Taiji)이라는 개념[371]으로 포섭하고 이렇게 포섭된 여러 성질들을 음(Yin, --)과 양(Yang, -)이라는 서로 상

---

371) 중국철학에 있어서 음(Yin)과 양(Yang)의 대립은 본질적이다. 그 형이상학적 개념인 태극(Taiji)은 이 양자의 종합으로 주돈이(1017-1073)에 의해 각인된 것이다.

1. 동양적 사유경험과 토착화 문제 • 281

반된 두개의 범주, 즉 효(爻, Yao)로 압축시키고, 그 이후의 모든 운동변화는 이 음양이기(陰陽理氣)의 교체소장으로 보았다. 그리고 교체소장의 진행과정을 사상(四像), 춘(⚏) 하(⚌) 추(⚍) 동(⚏) 네 계절로 나누고 그것을 하나의 순환이 끝나는 고리로 파악했다. 이 사상의 부호에 각각 양과 음이 부가되면 8괘가 이루어지는데, 이와 함께 세상 만물이 8가지의 현상 혹은 특성 아래 요약될 수 있다: 1) 乾(건 ☰,하늘), 2) 坤(곤 ☷,땅), 3) 震(진 ☳,천둥), 4) 巽(손 ☴,불) 5) 坎(감 ☵,물), 6) 離(리 ☲,불), 7) 艮(간 ☶,산), 8) 兌(태 ☱,바람). 동양사상의 원초적 동기와 문제의식은 역의 부호체계에 담겨 유교와 도교 제자백가들을 통해 그 사유의 범위를 넘어서는 일 없이 동양정신사의 주된 흐름으로 자리 잡았던 것이다.

역경에서의 하늘은 땅과의 관련 속에서만 이해될 수 있다. 공간구조에서 보면 하늘은 위에서 만물을 덮고 있고 땅은 아래서 만물을 싣고 있다. 공간상의 역할뿐 아니라 시간변화에 있어서도 상호 의존적이다. 천지를 운행하는 것은 일단 하늘이다. 일월성신은 일월 계절과 해의 주기를 나타낸다. 이러한 하늘의 운행추이에 따라 땅은 만물을 양육 생장 결실시킨다. 여기서 땅이 하늘의 운행질서를 지키는 것은 필수적이다. 그러나 그렇다고 해서 하늘이 땅의 기능을 대신할 수 없다. 따라서 천지관계는 위치 역할 기능으로부터 생겨나는 기능만 다를 뿐 서로를 필요로 하는 상호 협조 평등의 관계이다.

3) **인간관.** 동양의 인간관은 천지간의 관계로부터 비로소 시야에 들어온다. 역의 주석들 가운데 하나인 '주역'은 이런 천지간의 상호관계에 비추어 고대의 이상적인 인간을 이해한다. "위인은 하늘과 땅과 마찬가지로 이러한 큰 덕을 지니고 있었다. 그는 해와 달처럼 빛났다. 그는 이러한 질서를 한 해와 사계절로 유지하고, 귀신들과 영혼들처럼 행과 불행을 규정했다. 그는 결코 하늘의 명령에 거역하지 않았고, 그의 행위는 하늘의 명령에 부합했다."[372] 이 사상은 유가에서는 여러 학자들의 깊은 연구들을 거쳐 주희(1130-1200)에 이르러 그 고전적인 표현을 얻게 된다. "하늘과 인간은 근본적으로 동일한 것이다." "하늘은 인간이고 인간은 하늘이다."

그뿐 아니라 도가의 도 개념도 천지간의 원리로부터 유추된다. 도가의 경전인 도덕경은 말하기를 "사람은 땅을 본받고 땅은 하늘을 본받고 하늘은 도를 본받고 도는 자연을 본받는다"(도덕경 25)고 한다. 이것이 동양의 인간관이다. 김광식이 도를 존재론적으로 해석하여 토착화 이론의 가능성을 모색한 바 있지만, 도는 본래 비형이상학적 존재론적 개념이 아니라 세계 안의 자연의 질서에 속한 개념이다.

동양철학의 우주론과 인간관은 서로 얽혀 있다. 천지라는 공간구조가 있어야 만물이 그 안에 갖추어지고, 만물이 갖추어져야 인간이 살아갈 수 있으며, 인간이 크게 인문세계를 창진할 수 있다. 이것이 중국 사상의 기본구도이다. 다만 유교는 자연에 대한 인간의 적극적인 기여를 인정한다는 점에서 도교는 자연의 법칙(Dao)에 따르는 인간의 무위를 강

---

372) 四部備要, Band 1, Beijing 1989, Zuou Yi, 3.

조한다는 점에서 차이가 있을 뿐이다. '천인합일'이라는 주
제가 신학적으로 수용되어야 한다면 기독교 전통의 "성육
신" 개념과의 차이에 유념해야 할 것이다. 부활하신 예수 그
리스도가 세상의 화해자이고 또한 자연과 화해하신 인간이
시기 때문에 "예수 그리스도, 천인"373)이라고 언급할 수 있
을 것이다. 하지만 동양적 사유에서 '천'은 자연과 그 법칙에
관련되어 있기 때문에, 그것을 가지고 하나님과 인간의 통
일에 대해 말할 수는 없다.

1.1.2 언어지평에서의 동과 서

1) **중국문자**: 중국문자인 한문은 소위 뜻글자이다. 뜻글자
는 철자와 음절을 통해 발설되는 언어의 소리를 재연하는
소리글자와 구별된다. 뜻글자는 언어의 소리가 아니라, 그
언어의 내용과 의미를 확정하여 전달한다. 뜻글자의 언어적
장점은 그 의미내용이 형태화된 문자를 통하여 쉽게 받아쓰
고 알아볼 수 있다는 데 있다. 중국문자의 기본글자는 인식
가능한 사태를 단순하게 모사한 227개의 부수이다.374) 부수
자체가 하나의 고유한 의미를 지니며, 또한 부수들의 결합
을 통해서 새로운 의미를 지닌 새 글자가 생겨난다. 이것은
부수들에 어울리는 직접적 의미내용이거나 어떤 추상화된
것이거나 혹은 논리적으로 상상 가능한 것이다.

---

373) C.S. Chang, Dann sind Himmel und Mensch in Einheit, Bausteine chinesischen Theologie, Freiburg 1984, 86-88. Chang은 유기체로서 이해되는 자연 안에서 하나님과 인간을 결합시킬 수 있도록 기독교 신학적 범주인 "인격"을 중국전통의 의미에서 "일치"의 범주로 대체시키려 한다.

374) Das neue Chinesisch-Deutsche Wörterbuch, Beijing 1996, 1111.

예를 들어 '변화'라는 뜻으로 새길 수 있는 '역'(易)이라는 글자는 두가지 부수인 '日'과 '勿'로 이루어져 있다. 그럼으로서 '역'이라는 글자의 본래 형태는 그 머리인 '日'과 그 다리와 꼬리인 '勿'을 가진 '카멜레온'을 나타내고 있는 것이다. 그래서 '역'이라는 글자는 변화를 의미하게 되는 데, 변화는 곧 카멜레온의 특징이기 때문이다. 이것은 상형문자적인 설명에 따른 것이다. 하지만 또다른 어원학적인 설명도 가능하다. '역'은 '일'과 '물'로 이루어져 있는 데, '勿'은 '月'의 옛 형태와 동일하다. 그래서 '易'을 '日'과 '月'의 수직적 결합으로 본다면, '역'은 또다시 변화의 의미로 유추될 수 있다. 해와 달의 움직임이 천지의 변화를 나타내기 때문이다.[375]

여기서 편의상 '역'을 명사로 취급하였지만, 모든 한문은 기본적으로 명사, 동사, 형용사, 부사 등의 문법적인 범주 없이 사용된다. 이미 언급한 "大學之道 在明明德"을 다시 인용하면, '밝은' 덕을 '밝힌다'(明明德)로 번역되는 구절에서 '明'의 서로 다른 두 가지 문법적 기능을 보여준다. 게다가 '明'이라는 단어는 '日'과 '月'을 병렬하여 생긴 글자이다. 중국문자에 있어서는 부수가 결합된 한 글자이거나 아니면 문장 가운데 사용된 한 글자이거나 간에 그 뜻을 확정지을 수 있는 문자 상의 외적 특징이 있는 것은 아니다. 다만 부수가 결합하는 종류와 방식, 그 낱말의 위치 그리고 문장 내 다른 낱말들과의 상호관계만이 확정가능하다. 중국문자를 이해하기 위해서는 글자들의 모음으로서의 기록된 본문에서 즉각

---

375) J.Y. Lee, The Principle of Change: Understanding the I Ching, New York 1971, 57.

드러나지 않는, 하지만 부수들의 결합 원리와 단어들의 상호관계 속에 숨겨져 있는 논리를 찾아내야 한다. 중국문화권에서 한문은 숭상되어 왔기 때문에 새로운 부수를 만든다든지 부수를 제멋대로 결합해서 새 글자를 만든다든지 하는 일은 범행이요 무지의 소치일 뿐이다. 한문에 대한 이런 태도는, 철학적 전승에 대해서도 타당하다. 공자는 「논어」 술이편에서, "述而不作 信而好古"376)라고 하였다.

중국문화 속에서 한문과 철학전통에 대한 이러한 태도는 어디에서 유래한 것인가? 전설에 따르면 중국문자의 발명은 흔히 황제 복희에게로 소급된다. 그는 또한 '역'의 창시자로서 팔괘를 만들었다고 한다. 그가 중국철학의 원조였을 뿐 아니라 중국사유의 도구인 중국문자를 도입했다는 것은 언어와 사유의 형성원리에 있어서의 내적인 유사성을 상징한다. 뿐만 아니라 '역'이 훨씬 더 단순하기 때문에, 역이 중국문자의 기원일 수 있다는 추정을 가능케 한다. 음(陰)과 양(陽)의 원리를 포함하는 원리인 '역'은 본래 단순한 부호체계였다. 그에 대한 많은 해설이 씌여진 이후에야 비로소 거룩한 고전을 뜻하는, '경(經)'이 되었다. 물론 양(─)과 음(--)을 표시하는 부호 자체는 아무런 독립적인 문자가 아니다. 양은 '밝음' '강함' '남성적임' '건조함'을 뜻하고, 음은 '어둠' '연약함' '여성적임' '습함'을 뜻한다.

양과 음 두 가지 종류의 효를 두 개씩 조합하면 사상(四象)이 되고, 세 개씩 조합하면 팔괘(八卦)가, 여섯 개씩 조합하면, 즉 8괘를 중복해서 사용하면 64괘가 나온다. 이러한 조합들이

---

376) "서술은 하되 창작은 않고, 옛것을 믿고 좋아한다."는 뜻.

286 • Ⅳ. 반성 : 토착화신학의 정당성

어떻게 해서되어지는지를 대충이나마 살펴보아야 할 것이다. 여기에서 동양적 사유가 실제로 감지 될 수 있겠기 때문이다. 먼저 8괘 가운데, 건(乾,☰)괘는 세 개의 '양'효로 이루어진다. 그것은 '강함' '지속적 운동' '건조함'을 뜻한다. 곤(坤,☷)괘는 세 개의 '음'효로 이루어져 있다. 그것은 '지상적인' '희생적인' 것을 뜻한다. 감(坎,☵)괘는, 밖에서 막고 있는 두 개의 '음'효 사이에 하나의 '양'효가 놓여 있는 형태이다. 그것은 '침몰', '수렁' 그리고 '위험한' 것을 의미한다. 리(離,☲)괘는, 하나의 '음'효가 두 개의 '양'효에 의해 막혀있다. 그래서 '반짝이는' 혹은 '불을 비치는' 것을 의미한다.

64괘에서는 조합이 보다 복잡해지지만, 그 해석방법은 동일하다. 이 가운데 '태'괘와 '부'괘를 예로 들면, 태(泰,䷊)괘는 아래에서 위로 '건'(☰)괘와 '곤'(☷)괘가 결합되어 있다. 주역에서 이 괘는 다음과 같이 해석된다: "그 움직임이 아래로 가라앉는 '곤'괘가 위에 있고, 그 움직임이 위로 치솟는 '건'괘가 아래에 있다. 그래서 그들의 영향력이 서로 만나고 조화를 이루어, 만물이 꽃피고 번성하게 된다." 그래서 다음의 판단이 생겨난다: "평화. 사소한 것은 가고, 위대한 것이 온다. 구원이고 성공이다." 마침내 "태"괘는 통치자나 인간세계를 위한 충고가 된다: "하늘과 땅이 하나가 된다; 평화의 상이다. 그래서 통치자는 천지의 운행에 참여하며 완성하고, 천지의 산물을 촉진하고 조절하여 백성들에게 기여한다."[377]

부(否, ䷋)괘는 위에는 건괘가 아래에는 곤괘가 놓여 있다.

---

377) I Ging, Das Buch der Wandlung, Wilhelm 편, München 1996, 2f.

"이 괘는 앞의 괘에 정반대이다. 위에 있는 하늘은 계속해서 뒷걸음질 치고, 아래에 있는 땅은 계속 밑으로 가라앉는다. 창조적인 힘들은 관계들 바깥에 있다. 그것은 정체와 몰락의 시간이다." 그로부터 판단이 생겨난다: "정체. 나쁜 사람들이 고귀한 사람들의 끈기에 대해 우호적이지 않다. 위대한 것은 가고, 사소한 것이 온다." 그래서 이어지는 해설은: "하늘과 땅은 하나가 되지 않는다; 퇴보의 상이다. 그래서 귀인들이 그 난관들을 벗어나기 위해 자신의 내면적 가치에로 물러선다. 그는 활동을 통해서는 영예를 얻을 수 없다."378)

여기서 중국문자의 형성에서 뿐 아니라 역경의 해석원칙에 있어서도 적용되는 동양적 사고의 특징이 드러나는 데, 그것은 새로운 개념들이 기본요소들의 조합을 통해 만들어진다는 것이다. 무엇보다 두드러지는 것은 결합의 방식이다. 중국철학의 기본주제로서의 "천인합일"은 결합과 조화의 기교를 통해 나타나는 통일에 상응한다. 이것이 곧 역경의 내적인 논리요 중국적 사유의 기초논리인 셈이다. 그런 점에서 사람들은 화(和) 동(同) 합(合)과 같은 중요한 개념들은 오히려 중국철학의 본질에 속하는 것이지, 단순한 주제에 불과한 것이 아니라고도 말한다.379) 이러한 조화의 정신은 도와 중용에서 논리와 형이상학에까지 이르는 것으로 드러난다.

문제는 결합된 부호체계를 통해 중재되는 의미내용이다. 그 의미내용은 상호결합된 문자들로 이루어진 본문으로부터

---

378) Ibid., 66.
379) Geldsetzer/Hong, op. cit., 139ff.

는 뚜렷하게 드러나지 않는다. 기본요소들의 의미가 고정되어 있다 해도 그들의 결합으로부터 생겨나는 의미는, 아직 그 문자들과 본문들 배후에 숨겨져 있다. 하지만 그 의미는 문자와 본문 안에 담겨 있는 것이다. 그래서 숨겨진 의미를 드러내는 번역은 다양한 해석학적 가능성을 지닌다. 이렇게 의미내용이 감추어져 있기 때문에 전체 동양문화권은 논리의 여유와 개방성을 그 사유의 본래적 특성으로 지니게 된 것이다.

2) **선교언어.** 기독교는 이미 635년 네스토리우스파의 선교 이래로 중국에 알려졌건만, 유럽교회의 중국선교는 언제나 위기와 난관에 처해 있었다. 이것은 물론 낯선 두 큰 문명사이의 만남에서 오는 정치적 문화적 요인으로 말미암은 것이다. 그러나 1581년에 시작해서, 중국지식인들에게 큰 영향을 끼쳤을 뿐 아니라 "선교사들의 모범"이라고 칭송받는380) 마태오 릿치의 선교방법 조차도 성공적이지 못했던 것은, 중국선교에 보다 심층적인 문제가 있었다는 것을 말해준다.381) J. 제르네는 경험적 연구에 토대해서, 중국어와 그리이스어라는 언어의 문제에서 오는 사유의 차이가 중국선교에 관련된 핵심문제라고 밝혀주고 있다.382)

---

380) 1959년 교황 요하네스 23세가 그의 회칙 'Princeps Pastorium'에서 릿치를 선교사들의 모범이라고 표현하기까지 마태오 릿치의 방법론은 가톨릭교회 안에서 의심을 받아왔다.

381) 우리는 앞에서(I.2.3.3.) 초기한국교회가 신명을 택하는 문제를 논할 때 마태오 리치의 예를 다룬 바 있다. 거기서 최병헌은, 성서의 하나님이, 마태오 리치가 동일시한 '상제'나 '천주'와 다르다는 것을 간파함으로서, 신학이 문화와 관련하여 어떻게 신앙경험을 보존하고 관철해야 하는 지를 알려 주었다.

1. 동양적 사유경험과 토착화 문제 • 289

마태오 릿치는 서구적 사고양식에 기초해서 기독교진리를 전하고자 했다. 기독교 진리가 중국인들에게 전달되기 어려웠던 것은 그들에게 사변적이고 논리적인 판단능력이 부족하기 때문이라고 생각했다. 그래서 그는 중국인들에게 스콜라 철학의 규칙에 따라 올바로 사고하는 법을 가르치고, 특히 그들에게 실체와 속성의 차이를 각인시키고자 하였다.383) 이 차이의 파악이야 말로 서구적 사유의 기본요소인 셈이다. 이는 동시에 사유와 언어와의 연관성을 지시한다. 그것은 실체와 속성 사이의 대립이 인도유럽어의 명사와 형용사의 대조적 관계에 잘 드러나 있기 때문이다. 선교사들로서는 실체와 속성의 구별 없이는 사유가 불가능하다고 생각되었기 때문에, 복음 전파를 위해 이 개념은 중시될 수밖에 없었다. 그래서 리치는 실체를 "자립자 自立者"로 속성을 "의뢰자依賴者"로 번역하였다. 그리고 이런 개념 구분의 설명하기 위해 공손룡(B.C. 320-250)에 의해 중국에 알려져 있

---

382) J. Gernet, Christus kam bis nach China. Eine erste Begegnung und ihr Scheitern, Christine Mäder-Viragh 역, Zürich/München 1984, 281. 16세기 이래 중국선교의 개척자들인 예수회선교사들은, 중국인들이 그들과는 전혀 다른 사고유형을 가지고 있다는 것을 알았을 때 깜짝 놀랐을 것이다: "중국어로 이를테면 구체적이고 개별적인 것이 추상적이고 보편적인 것과 어떤 점에서, 우연히가 아니라 근본적으로 다른 지 설명하기란 어렵다. 희랍어, 라틴어, 혹은 산스크리트어 같은 어미변화가 있는 언어들에서 생겨난, 그런 개념들은 그것을 한문으로 번역하고자 하는 사람들에게 부담을 준다."

383) Ibid., 281. 그래서 실제로 릿치는 "진정한 의미"로, 즉 스콜라주의의 규칙을 따라서 중국인들을 가르치려 하였다. 그는 합치될 수도 없고 배제될 수도 없는 현실과 속성을 대립시킨다. 동자와 부동자, 느낄 수 있는 것과 없는 것, 형체가 있는 것과 없는 것, 유기적인 것과 무기적인 것, 이성적인 것과 아닌 것, 육체와 영혼, 본질적인 것과 우발적인 것 등등.

딘 "백마 白馬"의 예를 들고 있다.

> "흰"과 "말"이라는 단어들을 가진, "흰 말"이라는 표현을 살펴보자. 말을 실체이고 (자립자), 흼은 속성이다(의뢰자). 흰색이 없더라도 말은 존재한다. 그러나 말이 없으면 어떤 흰색도 있을 수 없다. 거기엔 어떤 흼도 없다. 그래서 흼은 속성인 것이다. 이 두 범주를 비교해보면, 모든 실체적인 것들은 우선하고 귀하며, 모든 속성적인 것들은 부차적이고 낮은 것이다."(286)

하지만 앞에서 살펴본 대로 주어와 술어 사이의 어형변화를 통한 구별이 없는 중국어를 사용하는 사람들에게 리치의 시도는 그다지 쉽게 납득될 수 없었다. 본래 "白馬非馬: 흰 말은 말이 아니다"는 유명한 공손룡의 역설은, '흼'과 '말'이라는 두 낱말은 모두 똑같이 "하나는 색깔에 속하고, 다른 하나는 형체에 속함"으로 이 두 낱말이 똑같은 지위를 지녔다는 것을 표현하는 것이었다. 형체와 색깔은 실체와 속성의 개념구분처럼 서로 대립해 있지 않다. 공손룡이 말하려는 것은, 말은 아직 흰색과 결합하지 않은 말이고, 흰색은 아직 말과 결합하지 않은 흼이라는 것이다. 중국학자들이 지닌 비논리적이고 답답해 보이는 이 추리는 더 이상 서구인들의 정신적 범주를 전제하지 않고, 중국어의 특성에만 집중해 본다면 분명해질 것이다.

3) **언어와 사유.** 제르네는 이러한 언어비교를 통해 동과 서의 사유의 특정에 접근하고 있다. 무엇보다 언어적으로

1. 동양적 사유경험과 토착화 문제 • 291

존재에 대한 사유가 불가능한 것이 서구 신학적으로 볼 때
중국 언어의 한계인 셈이다.

> "중국어는 규정된 형식을 통해 체계적으로 정의된 문법적
> 범주를 전혀 갖지 않은 매우 독특한 특성을 지녔다. 외형적
> 으로 동사가 형용사와, 부사가 그 보조사들과, 주어가 그
> 부가어와 아무런 차이가 없다. 본래적으로 이런 범주를 가
> 진 다른 언어들로 사유하는 경우에만, 그런 범주로부터 중
> 국어로 말할 수 있을 것이다. 또한 중국어에는 실존을 나타
> 내는 동사가 전혀 없고, '존재'나 '본질'이라는 개념들을 번
> 역하거나, 중성 to on을 표현할 수 있는 것이 전혀 없다.
> 그래서 중국인들에게는 현상들 저편에 영원하고 불변하는
> 실재로서의 어떤 존재도 없다."(283)

제르네에 따르면 그리이스어에서 나타나는 서구적 사유의
특성은 두가지로 정리된다: "하나는, 자명하고 필연적으로
나타나는 범주들이 나타나는 것은, 무의식적으로 그 언어와
더불어 이미 그것들을 전제하고 있기 때문이고, 다른 하나
는, 서양의 철학적 종교적 사유에서 존재개념이 중요하다는
것이다."(282). 제르네는 "사유의 범주와 언어의 범주"라는
에밀 방브니스트의 논문을 인용하고 있다. 방브니스트는 아
리스토텔레스의 10개 범주가 그리이스어의 동사와 명사의
범주에 상응한다는 것을 설명하고 있다. 그리고 무엇보다
그리이스어에서 독특하게 나타나는 포괄적인 존재개념의 의
의를 밝혀주고 있다.[384]

---

384) E. Benveniste, Problem der allgemeinen Sprachwissenschaft, Wilhem Bolle
역, München 1974.

"아리스토텔레스가 일반적이고 영원한 소여성들이라고 설명한 것은 이미 존재하는 언어적 상태의 개념적 투사일 뿐이다. […] 아리스토텔레스의 개념들 너머에, 즉 범주들을 넘어서서 모든 것을 포괄하는 '존재' 개념이 전개된다. 그 그리이스어 '존재'는 단순히 동사 '있다'에 불과한 것이 아니다. […] 언어는 '존재'로부터, 어떤 다른 개념들과 마찬가지로 철학적 사유를 다루고, 분석하고, 정리할 수 있는, 어떤 객관화가능한 개념이 되는 것을 허용한다."(281f)

제르네는 방브니스트의 연구를 바탕으로 언어와 사유의 관계에 대한 중요한 결론에 도달한다. 그것은 "다양한 철학적 정신적 경험들은 그것이 단지 언어적이고 상징적이기 때문에, 무의식적으로 언어가 전제하는 구분에 종속된다"는 것이다.(282) 즉, 사유경험은 언어에 종속한다는 것이다. 언어와 사유의 연결은 서구인들이 전체역사의 과정에서 "존재"를 추구해온 정열을 통하여 확인된다. 이렇게 언어와 거기서 결과한 사유는 비단 유럽철학 뿐 아니라 기독교 신학 또한 깊이 각인 시켰다. 그런 점에서 H. 오트의 신학에 커다란 영향을 미친 하이데거의 후기 존재론 또한 서구적 사유의 유산으로 간주될 수 있다. 릿치의 선교방법과 그의 사후에 그 때문에 야기된 '전례논쟁'의 관점에서 제르네는 결국 다음의 질문을 확인 시켜주고 있다:

"기독교는 과연, 기독교 신앙이 발전해왔고 그래서 - 원하던 원치 않던 간에- 거기에 불가분리적으로 속해 있는 세계와는, 너무나 근본적으로 다른 정신적 사회정치적인 체제와 하나가 될 수 있을 지가 가장 큰 의문일 것이다."(290)

이런 질문이 한국 토착화 신학자들에 의해서도 제기 되었다. 윤성범과 김광식은 유교의 존재론적 사고방식 내지 신학적 해석학을 동양적 사유를 위한 모델로 생각했다. 그들은 서구적인 그리고 동양적인 현실성들의 관계에만 집중한 나머지, 신앙경험과 신학적 합리성의 관계를 망각했던 것이다. 그래서 유교의 정신에 사로잡힌 집단 정체성이론이나, 문화 아프리오리를 해석학적으로 풀어내는 문화이론을 과제로 받아들였다. 그와 함께 한국 기독교의 특수성이 그런 문화적 전제들과 더불어 정당화되기를 원했다. 그러는 사이에 신학적 통찰이 어떻게 생겨나는 지에 대한 질문은 간과되었거나, 이미 사용된 그 이론들을 통하여 대답되었던 것이다. 그와 함께 토착화 신학에는 문화에 종속됨이 없이, 문화 안에서 전개되는 신학적 사유의 가능성들이 차단된 것이었다.

1.2. 동양적 사유의 합리성

동양적 사유경험의 유연성과 개방성은 그 문자와 그 철학의 기원으로부터 각인된 것이다. 언어와 사유범주 자체가 해석자에게 사유에 있어서의 열린 공간을 요구하는 것이다. 보이지 않는 이면에 대해 유념하지 않고서는 보이는 것을 해석할 수 없다. 동양적 관조의 세계 혹은 동양적 신비주의에 대해 말할 때 흔히 이와 같은 동양적 사유의 특징을 비논리성이나 비합리성과 동일시해 왔었다. 그러나 동양적 합

294 • Ⅳ. 반성 : 토착화신학의 정당성

리성은 서양적 사유와는 다른 합리성인 것은 분명하지만 비합리성인 것은 아니다. 그렇다면 동양적 합리성은 무엇인가?

제르네의 언어와 사유에 관한 연구는 동서의 언어의 차이를 통해 그리스와 중국, 서구와 동양의 사유의 차이는 구별할 수 있었지만, 동양적 사유의 특징이 무엇인지 그 자체로서 밝힐 수는 없었다. 차이에 대한 규명만으로는 그 언어의 운용방식에 대한 원리를 넘어, 언어 뒤에 감추인 것, 즉 동양적 사유경험에 개방성을 부여하는 원리를 드러내주지 못하는 것이다. 동양적 사유경험의 합리성이 밝혀진다면 서구 신학을 극복하고 동양신학을 수립하고자 했던 토착화 신학의 이론적 자리가 재확인될 수도 있을 것이다.

1.2.1. 동양적 사유경험의 개방성

1) **"사례에 따른 추리"** 제르네는 적절히 요약해서 말했다. "중국어는 그 말하는 사람들에게 서양인들이 중요히 여기는 것과는 다른 정신적 과정들을 드러내고, 다른 능력들을 요구한다. 개념들을 논리적으로 정돈하는 것이 아니라, 그것들을 서로 접근시키고 연결하는 것이 중요하다."(281f) 텍스트를 해석할 때에 해석자에게 중요한 것은 당연히 개념들을 서로 접근시켜서 결합하고 아울러 분석하고 정돈하는 일일 것이다. 그러나 동양적 삶을 통해 정화된 사유의 특징은 개념을 정의하고 다른 개념과 융합을 통해 새 개념을 확정하는 방식의 개념적 추리가 아니다. 동양적 사유는 추상화된 개념을 중심으로 이루어지지 않는다. 그것은 오히려 사례

1. 동양적 사유경험과 토착화 문제 • 295

중심적으로 이루어진다. "사례에 따르는 추리(reasoning case by case)"가 그것이다.

> "사례에 의존하는 추리란 귀납적인 절차에서처럼 사례들에 대한 추상화나 일반화를 의미하는 것이 아니라 구체적인 실제의 상황에 주어지는 사례를 통과해 가는 사이에 그것이 암시하는 모범 또는 범례를 유도하고 판단하는 방법이다."385)(132)

박동환은 "동양의 논리는 어디 있는가?"를 집요하게 질문했던 서양 철학 전공 학자이다. 그의 이러한 관심은 동양적인 것을 추구하는 한국 신학자들의 토착화 논의를 통해서 자극받은 것이라는 것을 밝히고 있다.386) 토착화 신학자들이 한국신학의 정체성과 보편성을 찾기 위해 동양종교 연구에 골몰했다면 박동환은 동양적 사유의 논리가 무엇인가를 규명하고자 했다. 그의 논의는 동양적 사유경험과 합리성을 규명하기 위한 유용한 지침을 제공한다. 그는 동양적 사유경험을 설명하기 위한 예로서 전도서의 구절로부터 시작한다.

"내가 다시 해 아래에서 보니 빠른 경주자들이라고 선착하

---

385) 박동환, 「동양의 논리는 어디에 있는가?」, 고려원, 1993, 참고.
386) Ibid., 14. "나는 1960년대로 들어서는 무렵에 신학과에 다니는 친구들로부터 서양에서 들어온 기독교가 우리나라에서 겪고 있는 변화에 대해 새로운 이야기를 들었다. 그것은 기독교가 우리나라의 토속신앙이나 불교나 유교로부터 어떤 영향을 받고 있는지에 대한 신학자와 종교학자들의 연구가 이미 대중적 관심거리가 되고 있음을 말해주는 것이다. 그러한 연구는 물론 기독교가 본래의 순수복음 신앙을 떠나 기복적인 민간신앙으로 화하고 있다는 비판도 포함하고 있었으나, 서양으로부터 온 기독교의 새로운 발전과 토착화의 방향을 제시할 수 있는 연구라고도 볼 수 있었다. 그런데도 60년대의 철학계에서는 서양철학이 우리나라에 들어와서 어떻게 비판되고 새로이 발전될 수 있는가에 대한 반성이나 연구가 이루어지지 않았다."

는 것이 아니며 용사들이라고 전쟁에 승리하는 것이 아니며 지혜자들이라고 음식물을 얻는 것도 아니며 명철자들이라고 재물을 얻는 것도 아니며 지식인들이라고 은총을 입는 것이 아니니 이는 시기와 기회는 그들 모두에게 임함이니라 분명히 사람은 자기의 시기도 알지 못하나니 물고기들이 재난의 그물에 걸리고 새들이 올무에 걸림같이 인생들도 재앙의 날이 그들에게 홀연히 임하면 거기에 걸리느니라."(전 9:11-12).

그는 전도서 기자가 표현하는 은폐성의 노출 혹은 보이지 않는 것에로의 개방성에 주목하고 있다. 전도서의 저자는 '존재와 역사의 은폐된 함정의 질서'를 이렇게 문학적으로 표현한다는 것이다. 하지만 논리학자들은 이런 세계질서의 은폐된 부분, 혹은 '잉여'에 대해 논리적으로 표현하기를 거부해왔다는 것이다. 하이데거도 은폐된 질서의 파악을 기분(Grundstimmung)의 상태에서 시도할 뿐이라고 한다. 박동환은 "세계에 실현된 현실사태는 쉼없이 꺾였다가 세워지며 다시 거두어 사라져가는 은폐된 타자 질서의 부분일 뿐이다"라고 단정한다.(24) 그가 보기에는 -비록 전도서가 다른 문화권에서 유래했을지라도- 이 본문은 동양적 합리성을 나타내준다고 한다. 이는 어쩌면 삶의 근본적인 통찰들은 문화에 종속되지 않는 다는 사실에 대한 지시일 수도 있다.
박동환은 사례적 합리성을 추구하는 중국적 사유에서 논리적 핵심을 찾는다. 그것은 「회남자」의 "인간훈"에 나오는 "새옹지마"라는 이야기를 통해서 규명된다.387)

---

387) 기원전 2세기 중국 전한의 한고조 유방의 손자인 회남왕인 유안(劉安

그것은 아주 운이 좋지 못한 사건이었으므로 이웃 사람들은 모여서 그를 위로하였다. 그러자 그는 「글쎄요」라고 말했다. 다음날 도망갔던 말은 여섯 마리의 야생마를 데리고 돌아왔다. 이웃 사람들은 다시 와서 그의 행운에 대해 떠들었다. 그러자 그는 「글쎄요」라고 말했다. 다음날 그의 아들이 야생마들 가운데 한 마리에 안장을 얹고 타려다가 떨어져서 다리가 부러졌다. 이웃 사람들이 다시 와서 그의 불운을 동정하는 말을 했다. 그러자 그는 「글쎄요」라고 말했다. 전쟁이 일어나자 징병관이 마을에 와서 젊은이들을 병정으로 뽑아 갔다. 그러나 농부의 아들은 부러진 다리 덕에 이를 면했다. 이웃 사람들이 와서 모든 것이 다 행운으로 결말지어졌다고 말하니 그는 「글쎄요」라고 대답했다.

이 이야기를 통해 박동환이 주목하는 것은 "다름으로의 열려 있음"이다.

"모든 사건은 그러하면서도 그렇지 않은 가능태로 주어진다. 말을 잃은 불행한 사건에는 이미 반드시 불행하다고는 볼 수 없는 모양의 사건이 논리적 숙명으로 잠복해 있다. 한 사건 경험의 우연성, 말하자면 다름으로의 가능성이라는 것은 그러니 일어나는 사건의 논리적 무규정성이 아니다. 그것은 다름으로 열려 있음으로 해서 무엇에로인지 알 수

B.C. 179-122)이 빈객. 방술가 수천을 모아서 저술한 책이다. 도가사상인 무위자연설을 포함하여 천문 지리 등의 자연현상과 정치 군사 처세를 포함하는 인간사 전반을 통일적으로 설명하고자 한 일종의 백과사전식 저서이며 도가는 물론 유가법가 음양가 등의 학설도 많이 혼재해 있다고 한다.

없는, 같음으로의 예측 불가능성이다."(89)

그가 주장하는 것은 이 "개방성" 혹은 "같음으로의 예측 불가능성"을 언제나 필수적으로 고려하는 것이 동양적 사유 경험의 핵심이라는 것이다. 그에 의하면 새옹지마 이야기가 보여 주는 것은 곧 "중국적 합리성과 논리적 이상"을 말해 주는 사례이다.

2) **"중심 유도적 논리".** 박동환에 따르면 동양적 사유의 합리성을 구성하는 이 개방성은 다름에로의 열림이며 같음으로의 예측 불가능성이다. 그러나 이러한 개방성은 어떤 특징을 띠게 될 것인가? 우리가 앞에서 김충렬의 논의를 통해 살펴본 대로 동양적 우주관의 특징은 유한공간에 있다. 이 개방성은 유한공간 안에서의 개방성일 수밖에 없다. 중국사상의 대칭적인 두 흐름인 유가나 도가의 사상발전의 동질적인 배경인, '도 道' 개념을 통해, 그 논리적 합리성을 찾고자 할 때, 박동환은 이 측면을 간과하지 않았다. 이 개방성은 "도의 움직임", 즉 "되돌아 옴"과 관련되어 있다. 도덕경의 본문은 이것을 말한다.

"나는 그 이름을 모르니 도(道)라고나 할까. 억지로 이름 지어 크다(大)고나 할까 크다는 것은 두루 간다는 것이요 두루 간다는 것은 멀리(遠)까지 미친다는 것이며 멀리까지 미친다는 것은 되돌아온다(反)는 것이다"(도덕경25). "되돌아옴은 도의 움직임이다"(도덕경 40).

1. 동양적 사유경험과 토착화 문제 • 299

"노자에게 있어 도가 되돌아온다고 하는 것은 그 뿌리인 이름 지을 수 없음으로 돌아온다는 것이다. 유가의 고전으로서 역경이나 중용에서 도는 한 극에서 다른 극으로 끊임없이 반전하는 과정을 함축한다. 도가나 유가 어느 쪽도 양극 사이의 반전이라는 순환의 과정을 벗어날 수 없다."[388] 그러므로 동양적 은폐성 혹은 다름에로의 개방성이란 곧 이 '반전과정' 내지 '순환' 안에서의 개방성을 의미한다. 이것을 박동환은 논리적 형식으로 요약한다.

즉, 도가 사상의 원천을 이루고 있는 노자의 '도덕경'이나 유가의 형이상학을 담고 있는 '중용' 그리고 유가 및 도가의 자연사상의 근거를 제공한 '주역'에 나타난 도의 개념, 특히 그 논리적 형식은 다음과 같이 동일하게 표현될 수 있는 것이다. 1) 하나의 완성된 담론의 영역(the universe of discourse)을 넘어서는 또 하나의(alternative) 담론의 영역은 존재하지 않는다. 2) 따라서 주어진 담론의 영역 안에서 가능한 논리적 형식은 반(反) 혹은 복(復)의 과정이다.(202)

자연의 질서와 운동과정은 중국의 문명과 사상이 넘어설 수 없는 제약조건으로서 '완성된 담론의 영역'이다. "유가나 도가의 도의 개념의 모형이 되었던 자연은 자족하고 완벽하므로 자연 아닌 어떤 가상세계에 대한 사변적 논리적 추적을 할 수 없는 것이다. 말하자면 도의 논리적 형식은 자연의 운동 자체가 지닌 궤도를 벗어 날 수 없다."(203) 동양적 사

---

388) Y.L. Fung, The Spirit of Chinese Philosophy, London 1962, 99ff.

유의 개방성은 자연의 질서와 운동 과정 안에서의 반복을 의미한다. 여기에서 동양적 합리성이 나온다.

"그렇다면 가장 합리적인 행동은 엄밀하게 극단으로 나아가지 않고 중간점에 처하는 것, 곧 '시중(時中)'에 있다. 그래서 전통적으로 (동양에서) 최고의 지혜 또는 가장 합리적인 행위는 '극단을 피하라'는 격률 속에 표현되어 있다. 한 극단으로 달려간 사람은 우주의 총체적 균형에서 떠난 것이며 드러난 전면 배후에 드러나지 않은 이면을 간과하는 것이다. 드러남은 한 극단으로서 드러나지 않는 이면으로 반전하는 반환점일 뿐이다. 중국인을 비롯한 동아시아 사람들은 항상 드러나지 않는 이면을 상상하며 고려하는 데 더 높은 가치를 두어 왔다."(160)

박동환은 극단에 치우치기를 거부하고 절충조화를 추구하는 이러한 동양적 합리성의 특징을 "중심 유도의 논리(center-leading)"라고 규정한다. 그렇다면 동양적 사유의 개방성, 은폐성 혹은 다름에로의 열림은 모두 자연이라는 유한 공간 안에서의 중심을 찾는 논리적 사유형식으로부터 온 것이다. 이것은 서구적 사유의 초월성과 전혀 다른 것이다.

윤성범은 직관적 변증법과 성의 신학을 통해서 동양철학적 개방성을 하나님을 향한 개방성과 동일시하려 했다. 율곡의 성 개념은 하이데거의 기술개념과 동일하고 나아가 이 양자는 신학적으로 바르트의 계시나 성령 개념과 동일하다는 것이 그의 주지이다. 또한 김광식은 탈소외동기라는 문화 아프리오리와 조화전개라는 사고형식을 가지고 기독교 신앙적 실존을 "simul Christianus et paganus"라고 보고자 했

1. 동양적 사유경험과 토착화 문제 • 301

다. 그는 동양적 구원론을 위해 그것을 종교개혁적인 simul iustus et peccator와 동일시화고자 했지만, 그런 칭의론은 절충과 조화를 추구하는 동양적 합리성에 토대함으로써만 비로소 가능한 주장이다.

1.2.2. 사유지평에서의 동과 서

1) **"연역적 일관성"**. 박동환은 동양적 합리성과 대비되는 서구적 합리성을 규명하는 데에도 관심을 기울였다. 근대적 과학혁명이 서구적 합리성 가운데서 일어날 수밖에 없었다는 것이 그 설명을 위한 좋은 예이다. "그런데 우리는 서구적 합리성의 고유한 논리적 특징을 잘 드러내는 것은 근대적 과학혁명이 이루어진 과정 그 자체에 있다고 생각한다. 근대적 과학혁명이 이루어진 과정처럼 서구적 합리성의 핵심을 보여주는 것은 없다."(195) 그러나 그는 과학혁명에 대한 직접적인 원인을 17세기의 직접관찰과 실험정신에서 찾지 않고, 옛 그리스인들의 공헌에서 찾고자 한다. 그것도 그들의 기하학이라고 하는 순수 사변적 연역체계에서가 아니라 오히려 유클리드 이전에 이루어진 피타고라스 학파의 논리적 탐구과정과 그 방법에서 찾는다.389) 수학사에서 무리

---

389) 박동환, op. cit., 196f. "피타고라스 학파의 합리주의 사상은 음악적 화음이나 기하학적 관계가 일정한 정수整數들 사이의 비율에 의해서 이루어진다는 사실로부터 이끌어 낸 것이었다. 그들은 직각을 이루는 삼각형의 두 변의 제곱의 합(a2+b2)이 빗변의 제곱(c2)과 같다고 하는 이른바 피타고라스의 정리가 3:4:5 또는 5:12:13 또는 8:15:17 같은 세 개의 정수들 사이의 비율로써 이루어진다는 것을 발견하였다. 이러한 피타고라스의 수들이 서로 일정한 비율을 이룬다는 것은 그 수들이 일정한 공약수를 내포하고 있기 때문이라고 그들은 생각하였다. 그들은

수의 출현이 관건이 된다. 비빌로니아 사람들도 삼각형의
빗변이 가지는 무리수를 알고 있었으나 그 근사치에 만족하
는 실제적 태도를 취했던 반면에, 그리스인들은 그렇게 할
수 없었다는 것이다.

"그리스인들의 철두철미한 순수 논리적 일관성은 그들로 하
여금 정수들의 비율로써도 정의할 수 없는 √2와 같은 무리
수의 도전에 대하여 실제적 근사치에 만족하도록 내버려 둘
수 없었던 것이다. 우리는 실제적 효용성에 안일하게 양보하
지 않은 그들의 순수 논리적 일관성의 추구 때문에 부딪히
게 된 잉여현상 그리고 그 해결과정에 유의해야 한다."390)

모든 수들이 공약수를 가진다고 하는 수의 원자(Number Atomism)을
믿고 있었던 것이다.
　그러나 피타고라스의 비율이 정수로서 표현될 수 없는 사례들, 말하
자면 어떤 공약수도 존재하지 않는 비율이 존재함을 발견했을 때 그
들의 합리주의(수의 원자론)에 대한 신념은 크게 충격을 받았다. 직각
을 이루는 삼각형의 두변이 각각 1일 때 그 빗변은 √2일 수밖에 없
는데 그들은 1이라는 정수를 가장 작은 공약수로 보았기 때문에 1:1:
√2 라는 비율에 대해 당황하지 않을 수 없었을 것이다. …그들의 논
리적 일관성은 분수조차도 반드시 정수들 사이의 비율로서 정의할 정
도였으므로 √2와 같은 무리수의 발견은 그들의 수 원자론에 대한 정
면 도전이 되는 것이다.(196f)

390) Ibid., 197f. 그들이 이런 추구로 말미암은 첫째 결과로 기하학적 대수
(geometric alsebra)의 탄생을 들 수 있다. 이와 같은 무리수의 위협은 무
한분할이 가능한 (최소단위의 공약수가 필요치 않은) 기하학적 성질을
찾도록 인도하였다. 그리하여 라고 하는 양은 수에 의해서가 아니라
두변의 대각선이라고 하는 기하학적 성질에 의해서 표현될 수 있다고
하는 결론에 도달한 것이다. 대수의 기하학화가 일어난 것이다. 이는
모든 수에 대한 공약수적 정의의 가능성을 믿었던 피타고라스 학파의
수론에 대한 일대 타격이 아닐 수 없다.
　그러나 순수 논리적 일관성을 추구하는 그리스인들의 정신은, 둘째
결과로, 수의 개념정의를 확장 재구성하여 무리수를 포함하는 수의 체
계를 보다 일반화하여 완성하게 한 것이다. 예를 들어 수학자 데디킨
트는 1과 2 사이를 무한한 점들로 분할할 경우 어떤 유리수에도 해당

1. 동양적 사유경험과 토착화 문제 • 303

피타고라스 학파의 수의 원자론은 기하학적 대수에 의해 극복되었고 또한 이것은 무리수를 포함하는 실수 체계에 의해 완성되었다는 수학의 기본지식은 결국 엄밀한 정확성을 추구하는 서구적 합리성을 말해주는 것이다. "실제적 효용에는 지장이 없는 근사치에 양보하지 않는 순수 논리적 일관성의 추구가 어떤 극한점에 도달할 때 그 일관성으로 넘을 수 없는 잉여현상에 부닥치게 되고 여기서 이미 주어진 가정 또는 전제에 대한 재구성의 계기가 이루어진다."(198) 이러한 논리적 추리방법에 대한 고대 그리스인들의 집념이 근대적 과학혁명에 직결된다.[391]

"근대적 과학혁명에 기여한 고대 그리스인들의 논리적 방법의 강점은 실제적 효용치에 타협하지 않는 철두철미한 연

하지 않는 점들이 나타나는데, 그는 이것을 데디킨트 컷(cut)에 의해 정의한다. 그렇게 그는 무리수를 포함하는 포괄적인 실수체계를 완성시킨다. 여기서 우리는 조금의 오차도 허용하지 않고 엄밀한 정확성을 추구하는 서구사유의 전형을 엿볼 수 있다.(197f)

391) Ibid., 188. 그리스인들의 철두철미한 논리적 사고에 비하면 17세기의 관찰과 실험은 이미 존재하고 있는 공약수적 개념 또는 공리의 연역적 극한 또는 한계를 검증하는 부차적인 계기일 뿐이라는 것이다. "여태까지 많은 과학사가들은 고대 그리스인들의 공헌이 단순히 수학적 연역 방법의 발견에 끝났으며 여기에 17세기의 직접 관찰과 실험정신이 결합해서 비로소 근대적 과학 혁명이 이루어진 것이라고 설명하였다. 이는 실험의 방법을 끌어들여 과학혁명을 가능케 한 저 그리스인들의 논리적 방법의 과정을 충분히 이해하지 못했기 때문에 다만 논리외적으로 말하자면, 사회 경제학적 설명을 덧붙이려는 것에 불과하다."(198) 서구적 합리성에 대한 박동환의 이러한 설명은 사회학자 막스 베버나 과학사가인 요셉 니덤을 따른 것이 아니라 알렉산더 코이레나 에른스트 카시러의 입장을 따른 것이라고 할 수 있다. "A. Koyre 나 E. Cassirer에 따르며 피타고라스 학파의 사상이 플라톤을 거쳐 르네상스 이후에 다시 발견됨으로써 옛날 그리스 전통의 수학에 자극된 순수 이론적 탐구를 바탕으로 근대과학이 시작되었다고 한다." 또한 참조, C.F. von Weizsäcker, Die Tragweite der Wissenschaft, Leipyig 1990.

304 • Ⅳ. 반성 : 토착화신학의 정당성

역적 일관성의 추적에 있다고 할 수 있다. 이 철저한 연역적 일관성에 의존하면 이미 가지고 있던 전제나 공리 또는 공약수적 개념과 기준을 가지고는 넘어설 수 없는 어떤 극한 점에 도달하게 된다. 말하자면 이렇게 철저한 연역적 일관성에 의해서만 이미 가지고 있는 공약수적 개념으로서의 공리 혹은 전제가 적용될 수 없는 예외, 특수자, 또는 잉여와 같은 주변적 사태들을 관찰하게 되고 이러한 예외, 특수자, 잉여의 사태와의 끊임없는 부닥침에서 기존의 공약수적 개념 또는 공리체계가 새로운 세계를 향하여 확장되어 가는 것이다."(198f)

2) **"주변 유도의 원리"**. 근대적 과학혁명을 가능케 한 이런 논리적 방법을 박동환은 주변유도의 원리(periphery-leading)라고 명명한다: "만약 고대 그리스인들에 의해서 이러한 주변유도의 논리적 방법의 전통이 세워지지 않았다면, 그 이후 어떤 관찰과 실험 그리고 어떤 사회 경제적 조건이 주어졌어도 근대의 과학혁명은 이루어지지 않았을 것이라고 생각된다."(199)

박동환에 따르면 "주변유도의 원리"와 "중심유도의 원리"가 서와 동의 사유경험의 핵심이다. 그렇다면 동양적 합리성의 입장에서 볼 때, 이런 주변 유도의 원리를 지닌 서구적 합리성은 어떻게 보일 수 있을 것인가? 동양적 합리성은 자연의 유한성의 제약 하에 있기 때문에, 즉 한계 공간을 언제나 인식하고 있기 때문에 극한점에 이르기까지 연역적 일관성을 추구하기보다는, 실제적 효용성을 존중하여 안전한 중심을 붙드는 것, 즉 중용 혹은 시중에 머무르려는 것을 이상적인 것으로 생각하게 된다. 따라서 동양적 합리성에서 볼 때, 순수한 연역적 일관성을 추구하는 것은 지혜롭지 못한 일이다. 그것은 스스로 극단의 위기와 실패를 향해서 달리는 것과 같은 것이다. 따라서 동양에 있어서는, 제르네가 지적한 바 대조, 병렬, 비교를 통한 상대주의적 사고가 특징이라기보다는, 적극적으로 말해서, 치우침 없는 중심을 잡으려는 것이 결정적인 요소라고 할 것이다.

그러나 반대로 서구적 합리성의 입장에서 동양적 합리성을 본다면, 그것은 무척 소극적인 삶의 태도로 보일 수 있다. 그것은 연역적 한계점의 위기와 실패를 실험과 개혁의 계기로서보다는 미리부터 안전하게 회피하여 절충하고 있는 것처럼 보이기 때문이다. 개별적 사례들에 대한 추상적 일반화를 통해 보편본질을 추출하거나 절대화하는 형식논리를 배제하는 사유에서는 결국 더 이상의 역사적 발전이 없는 순환적인 숙명론만이 지배하게 될 것이라는 것이다. 그래서 과학사가 니담은 전제군주 지배하의 농업 관료제로 인해, 중국은 16세기에 이르기까지 수세기 동안 서구 세계보다도 앞선 과학기술을 가졌을 뿐만 아니고, 그 앞선 과학 기술들을 서구세계에 수출하고 있었음에도 불구하고, 근대과학을 탄생시킬 수 없었다고 말할 수 있었던 것이다.[392]

하이데거의 현존재 분석에서 존재 개념에로의 전향(Kehre)은 서구적 합리성의 주변 유도원리을 보여주는 좋은 예로 여겨진다. "Kehre"는 현존재 분석의 한계 너머에서 생겨난다.

---

392) J. Needham, Science and Civilization in China, Cambridge 1954, 3f.

그의 현 존재 분석은 지금까지의 철학인, 전통 형이상학의 종말점으로서의 "무"에 부딪힌다. 형이상학적인 지속적 사유를 포기할 때에만 "존재의 역운"을 위한 사유, 즉 발생(Widerfahrnis)을 위한 사유가 개시된다. 하이데거는 그와 함께 서구적 합리성에 충실하게 머물러 있다고 하겠다. 하인리히 오트가 하이데거의 사유를 본질적 시원적 사유라고 보고 신학적으로 재구성 할 수 있었던 것은 무엇보다 하이데거가 서구적 사유의 이 반복적으로 넘어서야 할 한계경험을 끝까지 궁극적으로 사유했다는 데에 있었다.

김광식은 이러한 하이데거의 해석학적 사유가 조화전개적 사유와 마찬가지로 동서사유의 대립을 넘어서 있다고 주장한다. 또한 그는 오트와 마찬가지로 신학과 철학을 병행시킨다. "하이데거 철학이 수행하는 것과 같은 사유경험의 과정이 신학에서도 *반복된다*는 것이다."393) 그러나 게트만-지퍼트는 "어째서 신학이 철학으로부터 자신의 수행형식을 물려받을 수 있는지에 대한 질문, 다시 말해서 비교적 독립적으로 보이는 체계의 동일한 구조적 설정의 의미와 정당성에 대한 핵심질문은 성찰되지 않았다"394)고 비판한다. 이러한 지적은 또한 하이데거의 "전향"에 대한 김광식의 이해에도 해당된다. 그는 전향을 서구적 논리의 가장 두드러진 결과라고 생각하지 않기 때문이다.

---

393) A. Gethmann-Siefert, Das Verhältnis von Philosophie und Theologie im Denken Martin Heideggers, Freiburg-München 1974, 164.
394) Ibid., 168.

1. 동양적 사유경험과 토착화 문제 • 307

1.2.3. 사유합리성 문제로서의 토착화

1) 앞에서 요약된 바와 같이, **윤성범의 토착화 이론**의 기본 의도는 선교에서 복음을 받아들이는 사람들의 정체성을 추구하는데 있었다. 유교적 성 개념이 계시와 동일시될 수 있다는 데에 그 출발점이 있었다. 그는 하이데거의 기술개념이 바르트의 영 개념과 동일하다고 간주하고 동양철학의 성 개념은 이 양자를 능가하는 신학적 계시개념이라고 주장하였다. 성은 초월과 내재를 동시에 말한다는 것이다. 성은 그에게 한국 신학의 이론형성을 위한 핵심개념이 되었다. 그는 이 유교적 사유경험에 기초해서 복음 수용자로서의 정체성을 확인하고, 그의 신학적 정체성을 확보하고자 시도하였다.(Ⅱ.1.3)

그러나 동양사상의 본질에 대한 논의에서 살펴 본 바로는, 동양적 사유의 특징을 이루는 개방성과 유연성은, 서구철학적 사유의 근간을 이루는 초월성과는 전혀 다른 종류의 사유경험이라는 것이다. 개방성과 은폐성은 자연이라는 유한 공간 안에서의 개방성이요, 아직 드러나지 않은 삶의 이면으로서의 은폐성이다. 그 개방성과 은폐성은 초월적인 것이 아니라, 삶의 세계의 한 중심에 있는 이면적 질서를 지시하는 것이다. 동양인들은 이 삶의 중심을 고려함으로써, 치우친 삶의 일면성에 매몰되지 않는 사유를 발전시켜왔다는 것이다. 그래서 동양적 합리성은 "중심유도"의 특징을 지닌 것으로 요약되었다.

성 개념은 이런 개방성과 은폐성을 지닌 동양적 사유경험을 대변하는 개념에 속한다. 성은 초월과 동일시될 수 없는 사유경험의 맥락에 있는 것이다. 초월은 삶의 '저편'을 지시한다면, 성은 삶의 '이면 裏面'을 지시하는 개념이기 때문이다. 그것들은 동서 사이의 서로 다른 사유경험을 반영한다. 서구적 사유경험은 연연적 일관성의 추구에 있다. 어떤 논리체계가 한계에 부닥치면 언제나 새로운 공리 체계를 가진 패러다임에로 나아간다. 이 연역적 운동의 관점에서 볼 때, 초월은 서양적 합리성의 궁극적 목표로 상정된 개념이다. 초월성을 특징으로 하는 서구적 합리성을 우리는 "주변유도의 원리"라고 요약하였다.

그러므로 서양전통의 '초월'개념이 유교사상의 '성'개념과 동일하다는 윤성범의 전제는 무리가 있다. 초월 개념은 성개념의 개방성과 관련이 없다. 물론 그것들은 모두 지역적 사유경험이라는 유사성을 지닌다. 그러나 이 사유경험은 앞으로 살펴보게 될 신앙경험과는 신학적으로 전혀 다른 것이다. 신학에서의 계시는 신앙경험으로만 인식될 수 있다. 동양적 개방성을 통해 신학적 정체성을 확보하려는 시도는 단지 사유경험의 문제에 불과하다.

2) **김광식의 토착화이론**의 기본의도는 '성령의 역사'를 통해 토착화이론의 보편성을 획득하는 데에 있었다. 복음이 선포되는 선교는 성령의 역사로서 토착화와 동본원적이다. 해석학은 토착화에 유용한 도구를 제공한다. 전통적 해석학이 과거와 현재의 시간적 차이를 해소할 뿐이라면, 그의 토착화 신학의 해석학은 동서간의 지역적 차이를 극복하는

"공간의 해석학"이라고 한다. 성령이 각기 다른 이 공간에서 해석학적 원리로서 기능하기 때문이다. 동서사이의 서로 다른 사유경험이 서로 다른 신학적 이론을 형성하지만 이것은 모두 성령의 역사이다. 해석학은 곧 그의 방법론이며, 성령의 역사는 곧 그의 이론적 공리이다. 지역적 문화 아프리오리의 해석을 통해 이론적 보편성을 획득하는 것이 토착화신학의 과제이다. (III.1.3)

그의 공간의 해석학은 본래 후기 하이데거의 존재론적 해석학에서 온 것이다. "후기 하이데거와 기독교 신학"에서 김광식은 알프레드 예거의 '무'개념과 도덕경의 '무'개념의 대화 가능성을 후기 하이데거와 신학의 관련성에 기초해서 다룬 바 있다.395) 여기서 하이데거의 해석학적 사유는 조화전개와 분석종합의 사유도식 너머에 있는 상위원리로 상정되고 있다. 또한 이 상위원리로서의 해석학적 방법과 그 이론적 토대로서의 조화전개적 사유 사이에는 아무런 갈등관계도 존재하지 않는다. 이러한 사실은 그의 토착화 이론에서의 동서 사이의 사유도식들이 부적절한 개념구분이거나, 혹은 그의 이론이 하이데거 철학과 그에 기초한 해석학에 종속되어 있다는 것을 반증한다.

공간의 해석학은 오히려 동양적 구원론이 서양적 해석학을 통해서 추구될 수 있다는 것을 말하려는 것처럼 보인다. 그래서 그것은 신학의 문제는 동서 사이의 사유경험의 문제

---

395) 김광식, "후기 하이데거와 기독교 신학," op. cit., 269. 그러니까 우리는 이렇게 말할 수 있을 것이다. 즉, 후기 하이데거와 신학의 관계를 연구하다가 결국 우리는 동서양의 만남과 대화의 가능성에까지 도달하였다. 이것도 어쩌면 도나 혹은 존재의 역운인지도 모른다. 그러므로 도와 존재의 만남, 즉 동서 사상의 만남은 하나의 역운적 사건이다.

가 아니리는 것을 암시하고 있는 셈이다.

"공간의 해석학"의 적용인 "도의 존재론적 해석"은 동서 사이의 사유경험에 대한 이러한 토착화 이론의 혼동을 보여주고 있다. 도의 존재론적 해석에서 김광식은 도덕경의 "유생어무", "도생일"을 해설하면서 도를 무로 파악하였다. 그리고 이 도는 예거의 말 "Gott ist Nichts"에 어울린다는 것이다. 예거가 하나님을 존재가 아니라 '무'라고 하는 것은 서구적 사유의 "주변 유도논리"의 한 귀결이라고 볼 수 있다. 하나님을 존재, 최고 원인(casusa sui), 혹은 최고 존재자로 이해하는 전통적인 자연신학이 붕괴된 후, 신학자들은 비형이상학적 하나님 진술의 가능성을 모색해왔다. 그러나 예거는 '무'개념을 통해 하나님을 형이상학적으로 진술할 수 있다고 본다. 존재 대신에 무가 등장한다. 무는 초월과 마찬가지로 어떤 공리 체계가 봉착한 범주적 한계를 완전히 넘어서는 새로운 개념이다.

그러나 이 서양적 무는 동양적 무와 같지 않다. 우선 동양적 사유에서 도는 자연보다 하위 개념이다. "사람은 땅을 본받고 땅은 하늘을 본받고 하늘은 도를 본받고 도는 자연을 본받는다."(도덕경 25) 그래서 다음으로 도의 논리적 형식은 자연의 운동자체가 지닌 궤도를 벗어나지 않는다. 도의 운동은 뿌리로 되돌아오는 것의 운동인데,(도덕경 40) 노자에 있어서 이 뿌리란 무를 의미한다. 즉, 무는 도의 뿌리로서 자연의 이치에 속해 있는 개념이다. 도덕경의 무는 최고 존재자를 넘어서는 개념이 아니라, 자연의 질서 안에 중심을 찾는 "중심유도논리"에 관련된 개념이다. 동서 사이의 논리

1. 동양적 사유경험과 토착화 문제 • 311

적 개념구분은 해석학적 개념구분보다 더 적절하게 동일성과 차이를 보여주고 있다.

성령의 역사라는 개념을 통해 토착화 이론을 신학의 안전한 중심에 머물게 하려는 방식은, 동양적 사유의 합리성에서 나온 논증과정이라는 것을 보여준다. 성령의 역사로서의 토착화 신학은 일종의 문화 아프리오리의 해석학이다. 성령의 활동은 문화 아프리오리의 해석학적 기능으로서 지역적 문화 아프리오리에 신학적 보편성을 부여한다. 서구신학은 서구적 문화아프리오리에 기초해 있기에, 동양적 문화 아프리오리의 해석에 토대한 동양적 신학의 수립이 불가능할 하등의 이유가 없다. 우리가 살펴 본, 신토불이라는 공식과 "그리스도인인 동시에 이방인"이라는 신앙인의 자기이해가 그것이다. 교회 공동체도 그에 따라 해석될 수 있다. 김광식은 라틴 로마교회, 그리스 정교회, 독일 프로테스탄트 교회에 이어서 한국교회를 '제4의 교회'라고 한다. 이 교회는 세 지역교회들과는 다른 문화적 특성을 가졌기 때문이라는 것이다. 그러나 김광식이 토착화의 장소로 지적하고 이론을 제시한 신학과 개인과 교회에 대한 이런 새로운 주장은 문화 아프리오리와 사유경험으로 각인된 결과들에 불과하다.

이런 것들은 우리가 제1장에서 역사적 기술을 통해 살펴본 한국교회의 신앙경험과 신앙합리성을 말해주지 않는다. 그의 이론형성은 현상적 바탕을 지니고 있지 않다. 그래서 성령의 토착화가 추구하는 보편성은 인간적 사유경험의 보편성 내지 해석학적 사유경험의 보편성이지, 신학적 보편성이라고 할 수 없다.

3) 윤성범의 성의 토착화론이나 김광식의 성령의 토착화론은 **신학의 정체성과 보편성**을 사유힙리성의 문제로 다루려고 했다는 점에서 동일하다. 이러한 시도들은 동서 사이의 사유경험을 중재하려는 일반적 관심사에 상응한다. 서양인들은 연역적 일관성의 궁핍한 사유의 대안으로서 동양적 신비주의에서 무언가 새로운 것을 기대하곤 한다. 동양인들은 중심을 찾는 순환 논리의 빈곤의 대안을 서양에서 찾아왔다. 이를테면 "동도서기"라는 표현은 동양의 정신이 서양의 기술로 보충되어야 한다는 말이다. 그러나 이 생각은 서양정신을 잘못 이해하고 있다. 하이데거가 밝혀주었듯이 서양의 기술은 단지 기능적 개념이 아니고 서구적 사유경험의 총체이다. 서양정신이 나름대로 합리성을 지니고 있듯이, 동양정신 또한 나름대로의 합리성을 지니고 있는 것이다. 그러나 동양의 정신이나 서양의 기술이나 공히 인간적 사유경험과 그 합리성을 보여 줄 뿐이다. 신앙경험은 나름대로의 자기 전개의 논리, 즉 신앙의 합리성을 지닌다. 신학의 근거 설정은 사유경험에 기초할 필요도 없고 해서도 안 된다. 신학의 정체성과 보편성은 신앙합리성으로부터의 신학의 과제인 것이다.

2. 토착화 신학의 재구성을 위하여

우리가 제1장에서 살펴본, 1907년 한국 토착교회 the indigous

Church 탄생기의 교회와 개인들의 신앙경험은 한국교회의 현상적 바탕을 이루고 있다. 회개와 단절 그리고 자기 망각과 갱신 경험은 이들의 공통된 신앙경험의 요소들이었고, 그 신앙경험이 삶의 차원 곧 교회적 사회적 문화적 현실로 펼쳐진 것은 그 신앙경험이 지닌 고유의 합리성 때문이다. 이것은 이제 토착화 신학의 재구성을 위한 과제요 동시에 신앙경험으로부터 합리성을 얻는 신학적 이론형성의 과제가 된다.

2.1. 토착화 신학의 문제

토착화 신학은 제도적 교회로서의 한국교회의 특수한 현상적 바탕을 잘 볼 수 있게 해주었다는 점에서 교회의 신학이라 할 수 있을 것이다. 물론 성의 신학(1972)에서는 제 II 장에서 서술된 바와 같이 교회론이 다루어지지 않았다. 교회론은 문화론 아래서 성 개념에 의해 분석될 뿐이다. 이때 유교적 성 개념이 교회비판 원리가 되어 있다. 토착화의 재론(1984)에서는 제 III장에서 서술된 바와 같이 성령의 역사로서의 토착화의 시행 장소가 신앙이며, 개인, 그 시행은 공동체, 신학이라는 세 가지 담지자를 갖는다고 주장되었다. 그러나 그 핵심개념인 성령의 역사로서의 토착화나, "기독교인인 동시에 타종교인" "제4의 교회", "신토불이"를 말하는 논의들은 신앙개념이 문화개념에 종속되어 있다는 것을 보여줄 뿐이다. 이것은 성령의 역사라는 핵심개념의 역할이 그 이론에서 문화 아프리오리의 번역 가능성 이상을 의미하

314 • Ⅳ. 반성 : 토착화신학의 정당성

지 못하고 있다는 데 기인한다.

2.1.1. 인식계기: 문화 아프리오리

1) **'낯섦'이라는 걸림돌.** 한민족으로서의 오랜 역사에 비
하면 상대적으로 짧은 1세기 남짓한 기간에 한국기독교는
괄목할 만한 성장을 이루었다.[396] 그런 성장의 원인을 왈가
왈부 하는 것은 물론 처음부터 한국 신학자들의 관심사가
아니었다. 그들의 관심은 오히려 이러한 성장 배후의 경험
들 속에 들어 있는 신앙의 진리를 밝히고 나아가 수호하는
데 있었다. 이런 신앙경험에서 복음의 내용이 한국인들에게
무척 낯설었다는 데에 주목한 것은 무엇보다 토착화 신학자
들의 공로였다. 그러나 이 낯섦은 그들에게는 신앙의 걸림
돌이었다. 이 낯섦은 한국교회의 신앙의 성숙에 장기적으로
큰 위기를 초래할 것으로 여겨졌다. 그래서 낯선 복음이 뿌
리내리게 하기 위해서 토양이 점검되어야 했다.

60-70년대의 초기 토착화신학자들은 이 낯섦을 낯익음으
로 바꾸는 작업을 자신의 과제로 삼았다. 한국전통 종교와

---

396) 이 현상을 두고 한국 민족의 심성과 문화가 기독교 복음을 받아들이
는 준비된 옥토였기 때문이라거나, 민족을 구원하는 능력을 상실한 기
존종교들에 실망한 종교적 공백을 기독교가 채워주었다거나, 한국에
전래된 기독교는 근대화와 동반되었기 때문에 근대문명을 수용하는
통로로서 한국인들에게 팽창되었다는 식의 설명을 사회학자들이나 종
교학자들이나 역사학자들이 제시하는 것은 납득할 만한 일이다. 그러
나 기독교인이 이 현상을 두고 그런 식으로 말할 수는 없다. 그렇다고
해서 그 성장의 원인을 하나님의 뜻이라거나 성령의 역사라고 숙고
없이 자족적으로 말한다면 양적 성장과 분리될 수 없는 만연된 윤리
결핍증 현상도 역시 동일한 근거들에로 돌려야만 할 것이다.

2. 토착화 신학의 재구성을 위하여 • 315

문화가 갑자기 그리고 뜻밖에 기독교 복음을 위한 비옥한 밭으로 드러났다. 무교(유동식), 유교(윤성범), 불교(변선환)적으로 복음이 해석되었다. 그런 문화적 아프리오리를 가지고 있는 사람들에게 들려지게 하기 위해서, 특히 윤성범은 '성'이라는 주자학의 핵심개념을 가지고, 한국인의 정체성을 규명할 뿐 아니라 기독교신학을 재구성해 보고자 시도하였다. 그리고 자신의 정체성을 강조하는 중에 서구적 문화아프리오리에 대한 평가도 섞여 나왔고, 이것은 제3세계 국가들이 민족적 자의식이 세계적 공감을 얻어가는 추세와 맞물려 정서적으로도 정당화 될 수 있었다.

80-90년대 후기 토착화 신학자들은 대체로 이 경향을 이어 갔지만, 김광식은 밭에 관심을 집중하는 초기 토착화 신학자들의 시도에 반대하면서 출발하였다. 그는 텍스트와 상황 사이에서 본문주도의 해석학을 방법론으로 지니고 있었다. 복음이 토착화되는 것은 인위적 창작의 결과가 아니라, 성령의 역사라는 것이다. 성령의 역사로서의 토착화를 성찰하는 것이 이제 신학의 과제가 되었다. 낯섦이 낯익음으로의 전환을 관찰하는 것을 성령의 사건으로 보게 되자 토착화 사건은 어느 교회나 신학에서도 확인 가능한 보편성을 얻게 되었다. 낯섦은 물론 낯섦과 낯익음 사이의 긴장도 더 이상 이 신학의 관심사가 아니다. 후기로 갈수록 김광식에게는 '낯익게 됨'의 사건의 보편적 성격이 강조된다.

기존신학의 지역적 한계가 지적되면서도 그로 인해 긍정적으로 평가 될 수 있었다. 그래서 이제 서구적 문화에 낯익

온 전통신학과 동양문화에 낯익은 토착화 신학은 에큐메니컬 차원에서 서로 대화의 상대자가 되는데, 이런 에큐메니컬 대화를 성찰하는 것이 장차 문화신학의 과제가 될 것이라고 한다. 더욱이 토속성을 간직한 토착화신학의 이런 대화적 에큐메니컬 성격은, 특수성과 보편성이 조화된 신학, 통칭 "세계화"에 걸맞은 신학으로서, 밝은 미래를 약속받고 있는 것처럼 보인다.

그런데 정체성 확인을 통해 낯섦을 낯익음으로 바꾸고, 낯익음을 추구하는 보편성을 신학의 과제로 삼는 가운데, 우리의 신앙경험이 지닌 가장 중요한 주제 하나가 이런 낯익음의 행진에 밀려서 점점 뒤편으로 밀려나다가 마침내 잊혀지고 말았다. "낯섦" 이라는 주제가 그것이다. 그런 의미에서 낯섦은 확실히 토착화 신학자들에게 걸림돌이었다. 그렇기에 예수는 "내게 걸려 넘어지지 않는 자는 복이 있다(마 11:6)"고 말씀하신다. 복음의 진리는 우리에게 낯설다. 하늘이 땅에서 먼 것 같이 낯선 그것이 본래적 성격이다. 그것이 낯설기에 우리에게 위기로 다가온다. 그 진리는 우리를 심판하고 가차 없이 우리를 가장 낯선 분 앞에 내세우기 때문이다. 이 낯섦과 그로 인한 내 실존의 위기의 성격이 우리 신앙의 근본 경험이다. 이것이 중요하다. 이 경험은 나를 미지의 세계로 데려간다. 낯선 복음을 통해 가장 낯선 분인 하나님을 만나는 경험은, 낯선 분과 익숙해지는 데 목표가 있지 않다. 그 분은 결코 완전히 알려질 수 없는 분이기에, 그 경험은 우선 익숙했던 나를 떠나는 모험인 것이다. 신앙경험은 과거의 나를 스스로 낯설어지게 한다.

이것이 한국교회 초기 교인들이 겪었던 신앙경험의 내용이다. 물론 이들이 일제에 의해 5,000년 단일 민족국가로서의 뿌리가 뽑히는 역사경험 속에서 차라리 스스로 몰아적인 도피심리가 이들을 교회로 발길을 향하게 했을지도 모른다. 그러나 그 역사경험과 도피심리가 하나님 앞에서 자기를 잊게 하는 신앙경험에로 이끌지 못한다. "보라 이전 것은 지나갔으니 새것이 되었도다(고후 5:17b)"라는 신앙의 고백은, 그리스도 안에서 믿음으로 하나님의 행동을 경험한 새로운 피조물에만 가능하다. 하나님만이 참다운 신앙경험에로 이끄신다. 낯선 그분이 내게 오셔서 익숙했던 내게로 동화되는 것은, 그 역과 마찬가지로 진정한 신앙경험이 아니다. 그 사이에는 단절이 있다. 각성운동, 경건주의, 심지어 근본주의가 많은 시행착오를 무릅쓰면서까지 보존하고자 했던 또 우리가 배울 수 있고, 배워야 하는 신앙적 확신은 바로 이것이다.

성서와 교회 전통의 신앙고백적 응답 또한 그런 경험을 결코 정당화하지 않는다. 다윗이 하나님의 말씀을 듣는 순간 자신이 누구인지 깨닫게 된다(삼하12:1-15): "내가 주께 죄를 지었습니다"(13a). 그러나 그것은 "이 일을 행한 자는 마땅 죽을 자라"(12:5b)고 분노했을 때까지는 아니었다. 죄의 고백 속에 하나님 발견과 새로운 자기 발견이 동시에 들어 있다. 이사야의 소명체험에서 "화로다 나여, 망하게 되었도다(사 6:5a)"라는 자기발견이나, 베드로의 "나를 떠나소서 나는 죄인입니다(눅 5:8b)"에서의 신앙고백들은 낯선 분 앞에 드러난 내 실존의 어떠함을 드러내 준다. 신앙경험만이 낯선 분을 만나게 하고 낯선 나를 발견하게하고 익숙했던 나를 넘어서게 한다. 신학의 과제는 이 신앙경험을 해소하는 것이 아니라 증언하고 명확하게 하는 것이다. "하나님으로 하나님 되게 하라"는 루터나, 바르트의 "하나님과 인간 사이의 무한한 질적 차이"라는 표현은 바로 이 낯섦을 특징으로 하는 신앙경험의 성격을 명시한 것이다.

그렇다면 토착화 신학은 조선왕조 멸망기과 일제 식민치하의 선교역사를 통해 알 수 있는 바대로, 역사적으로 뿌리 뽑히는 경험을 통해 비로소 인식할 수 있었던 그 낯선 하나님을, 다시 그 잊어야 할 그 옛 뿌리에로 이어주려고 노력한 것은 아닌지 하는 의구심이 생긴다. 그리고 그렇게 함으로서 도리어 잊지 말아야 할, 신학을 위한 진정한 신앙경험들을 망각의 늪에 빠뜨리게 하는 것은 아닌지 묻게 된다.

2) **문화 아프리오리.** 낯섦에 대한 토착화 신학의 망각, 그로 인한 하나님경험과 자기발견의 결여는 아직 치명적 결점은 아닐 수도 있다. 익숙함 속에 있는 덕목이 신앙경험을 통해 전달된 그 걸림돌의 풍요보다도 궁극적이 아니라는 인식과 배움이 명확하다면, 문화에 대한 연구는 낯선 분의 은총의 풍요를 발견하게 하는 데 기여할 수도 있고, 신앙경험의 내용을 무화시키는 사고방식의 한계를 깨우치게 할 수도 있기 때문이다. 토착화 신학의 더 심각한 걸림돌은 신앙경험과 혼동함으로써 혹은 무의식중에 그것을 대치시킴으로 더 이상 하나님의 은혜의 기적을 보지 못하게 하는 문화적 아프리오리에 있다.

문화적 아프리오리는 사유경험뿐 아니라 신앙경험 역시도

가능케 하는 토착화 신학자들의 공통된 전제이며 그 이론의 가능성의 토대이다. 우리가 앞에서 살펴본 바와 같이, 윤성범은 말할 것도 없거니와 김광식은 특히 동양뿐 아니라 서양의 사유도 이 아프리오리 개념을 통해서 이미 문화적으로 규정될 수밖에 없음을 시사한다. 토착화 신학의 과제는 서구신학에 배타적이고자 하거나, 조화전개적 사유를 절대화하려는 데에 있는 것이 전혀 아니다. 오히려 양 전통을 상호비판 혹은 상호보완적으로 포괄하려는 것이 그 신학의 관심이자 목표이다. 이런 토착화 신학의 시도가 가능한 것은 양 신학전통은 모두 토착화를, 즉 다양한 은사를 주시는 동일한 성령이 각자의 문화 아프리오리를 통해서 역사하시는 사건을 숙고하고자 하기 때문이다.

윤성범과 김광식은 복음이 결실을 맺기 위한 전제들을 표시하는 말로, "문화적 아프리오리"라는 철학적 개념을 끌어온 것이 분명하다. 그러나 그들은 그 용어의 출처와 가능한 의미들을 논하지는 않았다. 그래서 불필요한 오해를 방지하기 위해서라도, 그들이 "문화 아프리오리"로 이해한 것을, 그들이 사용한 용법으로부터 밝힐 필요가 있다. 실상 복음의 "씨"가 묻히고 열매 맺을 수 있는 "토양"으로서의 문화 아프리오리는 칸트의 "Apriori"와는 거리가 멀다. 칸트의 선험적 인식론에서 "Apriori"는 모든 감각경험들로부터 독립해 있는 인식의 구조를 뜻한다. 그것은 인식 가능성의 조건이고 한계이다. 이성적 주체는 아프리오리하게 주어져 있는 범주들 바깥에서는 아무것도 인식할 수 없다. 윤성범과 김광식에게 아프리오리는 역사적으로 주어져 있는 것이다. 여기서 그돌온 물론 에른스트 트뢸취나397) 루돌프 오토의398) 이론에서의 "종교석 아프리오리"를 생각한 것은 아니다. 그 들은 문화 아프리오리를 때때로 "초월적"이라고 했다. 그렇 게 칸트의 의미에 접근하고자 했다. 그 아프리오리는 순전 히 주어져 있는 것이다. 그것은 간과될 수 없는, 어떤 경우 에서 방치되어는 안되는 필수조건(Rahmenbedingung)이다. 그 문화 아프리오리는 종교적 유산을 포괄하고, 이 유산을, 문 화 안에서가 아니라, 문화로서 나타낸다. 윤성범과 김광식은 대부분 이 문화의 통일성을 강조한다. 그러나 그 문화의 종 교적인 차이점이나 대립에 대해서는 말하지 않는다. 예를 들어, 유불선은 각각 그 유교식 교육과 윤리, 불교식 영성과 훈련, 샤마니즘적 축복과 더불어 이 문화에 통합적으로 기 여한다.

윤성범과 김광식은 또 우선 어떠한 구체적 제의들이나 종 교적 삶의 공동체들도 묘사하지 않았다. 종교들은 다만 개 인적이고 집단적인 삶을 형성하는 데 도움을 주는 이념과 힘들을 지녔을 뿐이다. 이것들은 다만 서로 비교될 수 있고 나아가 가능한 일치하는 것으로 입증되어야 하는 것들일 뿐 이다.

그러면 신학은 무엇보다 그리스도인 됨의 진정성에 대한 상대적인 그것도 그런 비기독교적 정황조건들 아래서의 성 찰이 된다. 그래서 김광식은 "토착화 신학은 서양신학을 동

---

397) E. Troeltsch, Das religiöse Apriori, in: Gesammelte Schrifften II: Zur religiöse Lage, Religionphilosophie und Ethik, Tübingen 1913, 754-768.

398) A. Paus, Apriori, religiöses, in: Historisches Wörterbuch der Philosophie I, J. Ritter편, Basel/Stuttgart 1901, 475f.

2. 토착화 신학의 재구성을 위하여 • 321

양적으로 바꾸는 것이 아니라 동양인의 신앙과 삶으로부터 솟아난 신학이어야 한다"399)는 것이다. 여기서 동양인들의 정체성이 신학이 만들어지는 신앙과 삶의 근원이 된다. "조화전개적 사유를 통해서 한국교회의 신앙경험을 비판적으로 검토함으로써 토착화의 진정성을 확인해야 한다"(131)는 주장과 더불어 사유방식의 비교가 신앙경험의 판단근거로 되어버린 것이다.

토착화에서 성령의 역사는 문화 아프리오리와 함께 녹아 있다. 그래서 김광식은 문화 아프리오리가 역사적 전제들과 적어도 동일하고, 그래서 심대한 중요성을 지녔다는 것을, 성령사역의 기적이라고 그토록 강조했던 것이다. 그러나 그에게서 성공적 토착화를 위한 시금석을 찾기는 어렵다. 김광식에게는 성령을 다만 개방성과 창조적인 생동성을 위한 힘으로서, 분열시키고, 폐쇄되고, 그로 인해 불구가 된 "악한 영"에 대립시키는 것으로 충분하다. 이와 같은 시도에서 사유경험과 아프리오리의 관계는 분명하다. 그러나 신앙경험과 아프리오리의 관계, 혹은 신앙경험과 사유경험의 관계는 그의 논의에서 제시되지 않는다. 하지만 신앙경험이 아프리오리로부터 나온다거나 적어도 문화경험과 동일시된다는 것은 전제되어 있다고 할 수 있다. 아프리오리에 기초한 동서양의 사유경험이 토착화 신학의 출처가 되고, 신앙경험에 대한 판단근거로 되어 있는 것이다.

---

399) 김광식, "분석 조화 전개 사이에 선 신학", 130.

2.1.2. 논의주제: 동양적 구원론

1) **소외동기로서의 죄.** 토착화 신학자들의 주된 관심은 처음부터 구원론에 있었다. 하나님의 인간 구원의 의지를 한국 혹은 동양적 문화 아프리오리를 지니고 있는 사람들에게도 들려지게 하자는 것이 그 목적이었다. 그래서 그들은 동양 문화의 아프리오리에는 전혀 들어 있지 않은 서구신학의 죄론이 동양에서 구원을 말하고자 할 경우, 가장 두드러진 차이를 보이는 교리부분임에 일찍 착안하였다. 그리고 자신들의 구원론적 신학 프로그램의 가능성도 이 죄 구원론에 대한 소외동기에 따른 재해석과, 그 한계에 대한 대안으로서 조화전개에 따른 기독론의 재정립을 통해 이루어졌다.

김광식에게는 서구적 구원론의 죄개념이 문화적 낯섦의 걸림돌이었다. 서구 신학은 "죄"를 하나님으로부터의 인간의 "소외"로 이해했다는 것이다. 에덴에서 아담과 하나님 사이에는 아무런 소외가 없었고, 당시에 아담은 하나님과 교제하면서 살았다. 그런데 인간은 하나님으로부터 분리되었다. 이 소외는 예수 그리스도에 의해 그의 죽음을 통해 극복되었다. 그는 하나님과 인간 사이의 관계를 회복시킨 구원자이다. 소외된 인간은 완전히 하나님 없는 가운데 살고, 오직 그리스도만이 거기서 구원하실 수 있다. "죄"와 "구원"은 그렇기에 도덕적으로 법적으로 이해되어서는 안 된다. 서구적 사유동기 때문에 어쩔 수 없이 원상태 분리 재결합을 초래한 것뿐이기 때문이다. 그러나 김광식은 그와 같은 진술들이 서구적 종교성이 지배하는 곳에서는 타당한 신학적 진술

2. 토착화 신학의 재구성을 위하여 • 323

이겠지만, 다른 곳에서는 낯선 것이 될 것이다.[400] 그렇게 때문에 동양 종교성의 토양에 어떤 구원론이 가능한지가 질문되어야 한다는 것이다. 그래서 윤성범의 신학은 "죄"를 "수기치심"이나 "효"라는 동양 문화적 아프리오리의 관점에서 해석하고, 김광식은 "언행일치" 내지는 "조화전개적 사유"를 통하여 이에 답하고자 했던 것이다.

그러나 그로 인해서 기독론은 달라지게 된다. 특히 김광식은 신토불이론에서는 "한국인"으로 오시는 예수를, 언행일치론에서는 "완전한 스승" 그리스도론을 구상하였다.[401] 스승이라는 표상은 완전히 유교적이다. 동양에서는 '군사부일체'에서 보듯 스승의 권위는 압도적이기 때문이다. 유교는 인간의 완성을 신봉한다. 김광식은 성서도 또한 인간의 완전성에 대한 요구를 하고 있다고(마 5:48) 생각한다. 인간은 이런 완전에의 명령 속에서, 완전에의 약속을 받고 사는 자이기에, 완전을 자처해서도 완전을 포기해서도 안된다는 것이다. 이 완전성의 근거가 되는 분이 그리스도이기 때문이다.

김광식은 이런 구원이해를 자력구원을 향한 노력들과는 구별한다. 그는 실로 우리 시대의 정치적, 경제적 그리고 심리적 구원이해 속에 있는 위험을 보고 있다. 그들과는 달리 명백하게 기독론적으로 근거된 구원론을 제시하고자 한다는 것이다.[402] 그러나 토착화 신학은 문화 아프리오리를 넘어

---

400) 김광식, 「선교와 토착화」, 123.
401) Ibid., 119-120. "동양적 종교성에 기초하여 복음을 이해한다는 것은 부정적으로 말하면 죄 구원론적으로 이해하지 않는 것이며, 긍정적으로 말한다면, 언행일치적 인격의 완전성과 불완전성이라는 도식에 의해 이해하는 것을 뜻한다."

324 • Ⅳ. 반성 : 토착화신학의 정당성

서는 신앙경험을 알지 못한다. 인간됨의 완성은 문화신학의 대상이기 때문에 넓은 의미에서 토착화 신학은 문화 신학의 하나라고 부를 수 있다고 한다. 김광식은 과연 예수를 선생님이라고 고백하면서도 기독론적인 의미가 보존될 것인가 하는 질문에 유념했다. 그래서 기독론에 의해 동양적인 것도 수정되어 바르게 고쳐져야 한다는 것이다. 그러나 이 수정은 아프리오리 차원까지에 미치는 것은 아니다. 그것은 사유경험에 종속되어 있다. "따라서 동양의 자력종교가 수정되어서 그리스도 중심적 종교로 나타날 때 복음은 바르게 전해지는 것이다. 그리스도 없는 종교를 그리스도 있는 종교로 만드는 것이 선교이다. 그러나 이것은 결코 죄구원론적인 동기에 의해서 규정되는 것이 아니라 동양적 종교성 즉 언행일치적인 인격의 완전성과 불완전성의 도식에 의해 규정되는 것이다."403)

여기서 언행일치론의 기독론이 나온다. 예수 그리스도의 성육신은 "하나님의 원형적 언행일치"404)이다. 이것은 예수가 완전을 완성하신 분이 아니라, 하나님의 계시로서 완전을 나타내신 분이라는 것을 의미한다. 이러한 계시로서의 완전은 "그리스도의 역사적 언행일치"에서, 즉 그의 믿음과 삶의 일치에서 드러난다. 그는 믿는 대로 가르치신 분이고

---

402) 김광식, 「조직신학 II」, 40. "그러므로 예수 자신에 대한 질문인 기독론은 그분의 의미성을 묻는 질문인 구원론보다 우선해야 한다. 즉 구원론은 기독론으로부터 추론 되어야지 그 반대로 되어서는 안 된다. 그렇지 않다면 구원의 신앙은 그 기초를 잃게 될 것이다."

403) 김광식, "토착화 신학에서 본 문화신학," in: 「한국종교문화와 그리스도」 제1집, 1996. 11-23, 21f.

404) 김광식, op. cit., 342.

2. 토착화 신학의 재구성을 위하여 • 325

가르치신 대로 사신 분이다. 그래서 그는 인간들의 완전을 위한 완전한 스승이 된다. "나를 따르라"는 명령은 공자나 부처의 도를 행하라거나 깨달으라는 요구와 구별되는 약속을 포함한 명령이다. 언행일치하신 분이기에 이런 명령이 그에게는 가능하다는 것이다. 그리스도의 십자가는 "친구를 위하여 목숨을 버리는 사랑"(요 15:3)의 가르치심대로 사신 그의 언행일치의 극단적인 결과이다. 그리고 그리스도의 부활은 언행일치적 삶의 궁극적인 승리를 하나님이 보증해주신다는 것을 의미한다. 이와 같이 스승으로서의 예수 그리스도가 동양인들을 위하여, 죄를 사하여주는 자로 인식되는 것보다, 더 정당하다는 토착화 신학의 진술은 바로 저 문화 아프리오리적 죄 이해에 기인한다.

2) **구원: 속죄와 화해.** 김광식은 "언"과 "행" 그리고 그것들의 일치를 동양적 존재론으로부터 이해했다. 그와 더불어 그는 그런 동양적 종교성에 기초해서 그리스도교 속죄론과 기독론을 해석하고자 했다. 죄와 용서에 대한 서구신학적 이해가 중요하기는 하지만, 그는 그것이 도식적으로 이해되어서는 안되고, "언행일치"와 "신토불이"를 통해 심화되어야만 한다는 것이다. 만일 발터 쾰러가 "서양이 도덕적으로 심화시킨 반면에, 동양은 전적으로 죄 문제를 피상적으로 생각한다"라고 주장했다면,405) 김광식은 그 반대를 입증할 것이다. 그러나 도대체 속죄의 필요성과 구원에 대한 통일된

---

405) W. Köhler, Dogmengeschichte als Geschichte des christlichen Selbstbewußtseins I: Von den Anfängen bis zur Reformation, Zürich 31951, 119.

동양적 표상이 존재하는가? 라는 질문이 제기 될 수 있다. 자력구원을 말하는 불교석 관점에서 이것은 이미 의문스럽다. 서구적 구원론이 "소외동기"에서 유도되었다고 한나면 그것 역시 회의적이다. 그렇게 너무 신학적으로 단순화된 질문들을 배제하게 되면, 여기서 토착화 신학의 전형적인 문제가 드러난다. 그것은 "동기"와 사유방식이 비교되기는 하지만 그것들이 근원적으로 철저하게 해석학적으로 성찰되지 않고 있다는 것이다. 어떤 질문들이 그것들의 근저에 있는 지 분명하지 않은 것이다. 이를 테면 마틴 자일스는 "구원 Heil" 개념에 대해 쓰기를:

> "그것은 그리스도교의 언어에서 [...] 일종의 관계적으로 불특정한, 그러나 또한 그렇기 때문에 예수 그리스도를 통해서 그 안에서 일어난 하나님, 인간 그리고 세계의 관계의 새로운 형태와 새로운 규정에 대해 다양하게 적용될 수 있는 기본어(Grundwort)이다. 그에 비해 "속죄 Erlösung"은 보다 정확히 정의된, 그러나 그에 대해서도 매우 제한된 진술과 적용의 영역들을 갖고 있다. 그것은 저 다양한 관념들 가운데 *하나*를 대변하는 바, 그것들 가운데 그것은, '구원' 이거나 구원을 의미하는 것, 곧 기독교 역사에서 보다 상세히 파악되고 작업된 것이다.406)

죄를 용서하고 죄인식을 일깨우는 예수의 전권이라는 걸림돌은 이런 새로운 규정에 속할 것이다. 죄를 용서하는 권리는 하나님께만 있기 때문이다. 예수가 "아들아 네 죄가 용서함을 받았다"(막 2:5b)고 선언했기에, "하나님을 모독하는

---

406) M. Seils, Heil und Erlösung IV, TRE 14, 622.

구나, 하나님 한분 밖에 누가 죄를 용서할 수 있는가"(막2:7)
라는 혐의를 받았다. 그러나 "인자가 땅에서 죄 사하는 권세
를 갖고 있음을 너희에게 알게 하겠다"(막2:10a)고 대답하셨
기에 그는 고난과 죽음을 당하게 되었다. 그러므로 예수는
불완전성에서 완전성에로 이끄는 스승이 아니고, 단순히 언
행일치를 위한 모범사례인 것만도 아니다.

죄용서는 "옛것은 지나갔으니, 보라, 새것이 되었다."(고후
5:17b)는 것을 의미한다. 이 신앙경험은 한국교회 그리스도
인들에게 초기부터 특별히 중요한 것이었다. 그들에게는 또
한 죄인식과 신앙인식이 서로 분리되지 않는다는 것이 분명
했다. 인간적 실존의 소외된 현실은 아마 자기관찰로도 충
분히 파악할 수 있다. 하지만 하나님 앞에서 분리된 옛 자아
의 현실은 하나님만이 드러낼 수 있다. 죄는, 비록 그것이
한 사람이 다른 사람에게 잘못한 일과 연결되어 있다고 할
지라도, 하나님에 대한 범행이다. 왕으로서 살인을 명령하고
가정을 파괴한, 시편기자인 다윗은 말한다: "내가 주께만 범
죄하여 주의 목전에 악을 행하였사오니"(시51:4a). 이런 죄인
식은 토착화 신학자들에게 주목받지 못했다. 그것은 바울의
고백에 대해서도 마찬가지이다: "내가 그리스도와 함께 십
자가에 못 박혔나니, 그런즉 이제는 내가 사는 것이 아니요
오직 내 안에 그리스도께서 사시는 것이라"(갈2:20a) 여기서
나는 새롭게 인식된다. 그에게 이전에 중요했던 그리고 구
원에 이르기 위해 추구했던, 그 모든 것을 "해로 여김은 나
의 주 예수 그리스도를 아는 지식이 가장 고상하기 때문이
라"(빌3:8a) 그 인식은 이제 그리스도 안에 살고 "그리스도

안에 있는," 새로운 피조물로서 새로운 정체성을 획득한다. (고후5:17a)

이런 신앙경험의 합리성을 루터는 칭의론을 가지고 표현했다. 그의 공식 "simul iustus et peccator"은 하나님의 예스 (yes)와 노우(no)의, 즉 그의 의롭게 하시고 구원하시는 심판의 동시성에 관련된다. 그와 함께 하나님은 "자신의 고유한 의를 전달하시고, 그와 동시에 모든 인간적 자기 의를 극복하신다."[407] 그로 인해 그 인간은 죄의 힘으로부터 자유롭게 된다. 그가 믿음으로 약속을 붙들게 되어, 루터가 죄라고 불렀던 자기폐쇄(Selbstverkrümmung)의 감옥에서 놓여나게 된다. 그 죄인은 자기가 누구인지 말할 수 없다. "우리는 그와 달리 설혹 거기에 오신 그 분을 통해서 우리가 누구인지를 말하게 된다고 하더라도, 그렇게 동시에 우리는 자기 자신으로부터, 말하자면, 우리 자신에 대한 그리고 만물에 대한 '주인-됨-의지'(Herr-sein-Wollen)로부터 벗어나 있게 될 것이다."[408] 김광식의 도식 "simul Chritianus et paganus"에서는 이런 신앙경험의 사건이 읽혀지지 않는다. 동양적 사유경험은 낯선 구원론의 걸림돌에 넘어지지 않을 수 있는 실존의 동일성을 확정하고자 할 것이다. 그리스도인이 된 사람이 동시에 이방인으로 머물러도 된다고 하는 것은, 다시 말해 자신의 문화 아프리오리로부터 자기를 이해한다는 것이다. 구러면 문화 아프리오리는 계속해서 모든 인식, 즉 하나님과 인간 사이의 관계에 대한 인식까지도 규정하게 된다.

---

407) G. Sauter, Rechtfertigung VII, TRE 28, 352.
408) R. Hermann, Luthers These "Gerecht und Sünder zugleich", Güterslohr ²1960, 233.

김광식은 과연 동양의 자기구원적 종교성을 기독론을 통해서 수정하고자 한다. 그러나 그는 그리스도를 화해자나 화해로서, 예수 그리스도안에 있는 하나님의 행동으로 보는 것은 아니다.(고후5:19a) 칼 바르트에 따르면 예수 그리스도 안에서 인간은 자기 앞에 "거울"을 가진다고 한다: 그 거울에서 죄인인 인간이 그러한 존재로서 인식될 수 있다."409) 바르트의 화해론은 서구신학의 구원론은 소외동기와 분리될 수 없게 결합되어 있다는 테제에 반하는 예로서 제시될 수 있다. 바르트는 화해를 죄에 의해 야기된 하나님의 대응행동(Reaktion)이 아니라, "의로우신 하나님의, 긍정적인 사역"으로 이해한다."410)

"그의 의지의 저 방해를 이겨내기 위해서가 아니다. 인간적 죄의 발흥과 침탈에 대항해서, 인간과 모든 피조세계에 대한 그의 관계의 이런 논쟁적−반어적 주장과 정화를 위해서도 아니다. 그가 인간이 되고자 하셨고 그리고 실제로 그가 그것이 되신 것은 그런 까닭이 아니다. 그가 그것을 무엇보다 먼저 그리고 무엇보다 긍정적으로 그것을 원하셨기 때문이다. 인간이 되신 것은, 제 스스로는 그렇게 말할 수 없는, 하지만 이러한 그의 말씀을 듣는, 이러한 그의 말씀으로부터 그의 영광을 위해 살아야 하는 인류의 한 복판에 그 약속: '나는 너희의 하나님이기를 원한다!' 그리고 그 계명: '너희는 내 백성이 되어야 한다!'에 *구체적 현실, 활력*을 주시기 위한 것이다. 그는 이 양자, 곧 그 약속과 계명을 신적인 진리와 권능으로 성취하시기 위해서, 그리고 그것들을

---

409) K. Barth, Die kirchliche Dogmatik IV/1, Zollingen-Zürich 1953, 439.
410) Ibid., 49.

바로 그와 함께 다만 우리 인간들로 하여금 깨닫게 하실 뿐
아니라, 그것들을 우리가 (한 행동 안에서 가장 깊은 겸손
과 가장 높은 위엄을 동시에) 듣고 그것들을 우리의 중심에
그래서 우리가 실행에 옮기도록 하기 위해서 그것을 원하셨
고 그것이 되셨다."(49)

이 화해는 하나님의 자유로부터 근원적으로 "생각되고 규
정되어" 있는 사건이다. 그것은 인간의 죄가 아무런 실제적
역할도 못하는, "우리 인간에 대한 하나님의 관계에서의 근
원적인 의도의 확인과 수행"(50), 곧 '하나님의 행동'으로 이
해될 수 있다. 토착화 신학은 문화신학으로서 하나님의 화
해사역을 성령의 기적으로 관찰한다. 그러나 그 신학은 그
와 함께 문화적 아프리오리를 하나님과 화해시키고 생동적
으로 이해하는 것을 그 과제로 간주하고 있다.

2.2. 신앙합리성

바르트의 화해론은 사유경험의 측면에서 볼 때, 연역적
일관성의 특징을 띠고 있다고 할 수 있다.[411] 그러나 그것은
그의 화해론이 어떤 경험으로부터도 출발하고자 하지 않기

---

411) 김경재, in: 대담, "김광식의 신학사상", 「해석학과 토착화」. 521. "그러
나 성령사건이라고 하는 말을 성령이, 전통적인 바르트의 용어로 하면
계시가, 그 사건을 일으키는 원인 제공자요, 과정 진행자요, 결과론자
라고 보고 그 신비로운 토착화 과정 내지 복음 수용의 전과정이 전적
으로 그리고 배타적으로 성령과 하나님과 계시의 일방적이고도 군주
론적인 영향을 끼친다는 말은 아니라고 보거든요."

때문이라고 할 수 있다. 사유경험과 신앙경험의 차이는 간과될 수 없을 만큼 크다. 신앙경험은 체험이다. 하지만 이것은 단지 주체의 내면적 자기이해의 변화를 말하는 심리적 개념으로 환원될 수는 없다. 신앙경험은 주관성의 변화체험을 동반하지만 그것으로 대체되지는 않는다. 바울의 신학은 이러한 신앙경험의 성격을 잘 보여준다.

성령론과 종말론은 윤성범과 김광식이 각각 정체성과 보편성을 추구하면서 한국신학의 가장 큰 문제와 과제로 부각된 주제들이다. 성령론은 복음에 대한 이해와 더불어 하나님의 영이고 그리스도의 영이라는 사실의 확인에서 바른 방향을 찾을 수 있다. 종말론은 하나님의 행동과 약속에 근거된 소망이라는 관점에서 그 방향이 확인될 수 있을 것이다. 이런 방향지시들은, 초기한국교회 신앙경험에서 나온, 신앙합리성으로 구성된, 한국토착화신학의 미래를 위한, 신학적 시도들에 속한다고 할 것이다.

2.2.1 신앙과 인식

김광식은 "신앙과 교회의 발생을 숙고하는 것을" "지속적인 신학의 과제"라고 했다.(III.1.2.1) 그와 더불어 성령의 기적적인 사역에 대한 숙고를 의미했다. "신앙"은 다른 토착화신학자들에게와 마찬가지로 그에게 세례와 연결되어 있고 새로운 삶의 변화를 보여준다.(III.3.2) 그는 신앙자체보다는 삶의 여정에 미치는 신앙의 영향력에 훨씬 더 몰두했다. 신앙과 사유 사이의 관계는 그에게 신학과 철학의 관계와 함께 동시에 관련되어야만 했다 그래서 독립적인 주제가 아닌 것이다.

여기서도 김광식은, "하지만 신앙이 신학의 배타적인 지평이라면, 신학은 신앙 안에 그 자체로 "들어와" 있는 것을, 사유의 밝음을 위해 전개하는 일과 다르지 않다"412)라고 쓴 H. 오트와 일치한다. "사유의 밝음"은 오트에게 신앙의 합리성을 위한 열쇠에 해당한다. "신앙은 사유의 밝음이라는 수단에서 자기 스스로를 나타내려고 한다. 신앙은 본질적으로 '지성을 찾는 신앙'이다"(31) 오트는 "프로스로기온" 서문에서 안셀름의 공식 'Fides quaerens intellctum'를 가져와 "지성 intellectus"을 "사유하는 이해의, 사유의 밝음"이라고 번역하고자 한다(30). 그는 안셀름의 "Cur Deus Homo?"의 서두에서 인용하고413) 이것을 요약한다: "신학에서는 다른 사람들 앞과 자기 자신 앞에서 이유-제출이 관건이다. 동시에 그러나 그와 일체되어 신학 안에 신앙의 자기관조의 *기쁨*이 사유의 수단에서 생겨난다."(35f.) "*어떻게* 이러한 신앙의 전개와 밝음이 사유 자체 안에서 현실화되는가?"(36)가 강조되고, 신학은 "신앙의 사유운동"으로서 자명해진다고 한다(37 주1).만약 신앙이 이 운동을 통해서 비로소 "밝아"져야 한다면, 신앙은 '어두운 것'처럼 보인다. 오트는 여기서, 안셀름이 암시하는 벧전 3:15 "너희 속에 있는 소망에 관한 이유를 묻는 자들에게 대답할 것을 항상 준비하라"를 간과했다: 이 '이유'

---

412) H. Ott, Was ist systematische Theologie?, in: ZThK Beiheft2 1961, 36.

413) Ibid., Anselm 글의 재인용. "non ut per rationem ad fidem accedant, sed ut erum quae credunt intellectu et contemplatione delectentur, et ut sint, quantum possunt, parati semper ad satisfactionem omni poscenti se rationem de ea quae in nobis est spe."

2. 토착화 신학의 재구성을 위하여 • 333

는 "사유의 수단에서 생겨나는 신앙의 자기관조, 즉 신앙은 자기 스스로 이해한다"로 만족할 수 있을 것인가? 오트는 신앙의 "의미구조"(36), 다시 말해서 신뢰할 만한 신앙의 기초를 찾고자 한 것이다.

칼 바르트는 안셀름의 "신앙"의 "요구(Verlangen)"를 다르게 해석한다. 그것은 결코 "증명"이나 "기쁨"에 대한 신앙의 "결핍(Bedürfniss)"이 아니라고 한다.[414] 신앙은 인식을 강요하는 데, 신앙은 하나님께로 하나님 안으로 향한 노력이기 때문이다.(15) 신앙은 하나님의 진리 안으로 들어간다. 그로 인하여 인식의 기쁨에 도달하는데, 그에게 하나님의 진리가 그 전체 규모로 알려졌기 때문이다.[415] 신앙인식은 종말론적인 하나님봄(Gottesschau)의 "전단계"이고(20), 그렇기 때문에 그것은 "소망에 대한 이유"와 결부되어 있다. 이 인식은 신앙이 대상으로 가지는 것의 현실성을 긍정한다. 그로부터 신앙의 현실성이 생겨난다. "신앙대상의 인식의 근거설정"은 신앙대상 그 자체에 고유한 근거의 인정에 있다."(50) "신앙대상의 인식에 고유한 근거설정은 그 인식의 고유한 이성적합성(Vernünftigkeit)과 함께, 곧 인식적 필연성(noetische Necessität)이 인식적 합리성(noetische Rationalität)과 함께 있다"고 하는데, 거기서 필연성이 합리성에 우선한다.(50) 이런 통찰은 신학적 사유경험이라고 할 수 있는 것이다.[416] 그

---

414) K. Barth, Fides quaerens intellectum, E. Jüngel/I.U Dalferth 편, Zürich 1981, 14.
415) G. Sauter는 "하나님의 행동의 확장"을 말한다. Zugänge zur Dogmatik, Göttingen 1998, 247.
416) Ibid., 64.

것은 오트가 조직신학을 위해 물려받기를 원하는, 하이데거식 "사유의 경험"과 혼동되어서는 안된다.

W. 안츠는 오트의 프로그램에 반대하는 테제를 제시했다: "계시의 말건넴(Anrede)에 순종하는 신앙의 밝혀줌(Erhellung)에서 획득되지 않는, 어떤 신학적 진술도 참이 아니다."[417] 여기서 "밝혀줌"은 "하나님을 통한 말건내짐(Angeredetsein)"에 대한 대답으로서 신앙순종에 관련되고, 이 밝혀줌은 "불신앙적 전이해"로 인해 언제나 시련에 처해 있는 것처럼 보인다.(61) 신앙과 불신앙 사이의 이 논쟁이 오트와 김광식에게 결여되어 있다. 김광식은 "기독교인인 동시에 이방인"이라는 그의 도식에서 이미 그 논쟁을 배제하고 있는 셈이다. 안츠는 신앙의 자기관조에 대비해서 "내적으로 밝혀진 경험 방식"을 말한다.

2.2.2. 바울의 신앙경험

사도 바울의 신앙과 사유 혹은 인식의 관계에 대해 루돌프 불트만은 다음과 같이 진술한다:

> "바울의 신학적 사유"는 "다만 그 신앙 자체 안에 포함된, 자각된 지식의 명확성을 위한 인식"이라고 강조한다. … 신앙의 행위는 동시에 인식의 행위이고, 그래서 상응하게 신학적 인식은 신앙에서 분리될 수 없다."[418]

---

417) W. Anz, Verkündigung und theologische Reflexion, in: ZThK Beiheft 2 1961, 61.

418) R. Bultmann, Theologie des Neuen Testaments, Tübingen ⁹1984, 191.

바울로부터 신앙의 합리성에 대해 무엇을 말할 수 있겠는가? 토착화 신학자들에게 바울은 첫 번째 성공적인 그리스도교 선교사이었을 뿐 아니라, 토착화 신학을 위한 모범인 것은, 그가 "유대인에게는 유대인처럼" 되었고 "율법이 없는 자들에게는 율법없는 자처럼" 되었기 때문이다(고전 9:21). "내가 여러 사람에게 여러 모습이 된 것은 아무쪼록 몇 사람이라도 구원하고자 함이라. 내가 복음을 위하여 모든 것을 행함은 복음에 참여하고자 함이라"(고전 9:22b-23).

복음에 참여하고자 함과 더불어 바울의 신앙을 김세윤은 그 사도의 회심사건에서 찾는다. 그는 한국의 각성운동과 마찬가지로 그의 신앙경험을 옛 삶으로부터의 전환이자 새 삶의 시작으로 이해하고자 했던 것이다. 바울은 그리스도교의 박해자로부터 그리스도의 선교사가 되었다. 바울은 구약성서 전승들과 다양한 종교사적 자료들을 깊이 살펴볼 수 있었을 것이다. "다마스커스-계시와 같은 참다운 체험"이 그렇게 그를 이끌었을 것이다. "구약성경에 빛에서 계시에 대한 더 깊은 성찰들, 실제 선교 현장에서 그의 체험, 그리고 적대자들과 논쟁은 그로 하여금 다메섹 도상에 계시된 복음에 대한 이해를 심화시키고 예리하게 했다."[419] 회심경험은 신학적 통찰을 위한, 그리고 바울이 "복음"으로 선포한 것을 위한 정화제가 되었다.

J. 그리스챤 베커는 그에 반해서 빌 3:4-11, 갈 1:12-17 그리고 고전 15:8-9에 대한 그의 분석에서 바울의 회심경험을 "모든 사람들을 위한 하나님의 철저한 은총의 복음"에 대한

---

419) S.Y. Kim, The Origin of Paul's Gospel, Tübingen 1981, 334f.

자전적 해명으로 본다.420)

"바울에게서 복음은 그의 복음의 선포를 자기의 회심경험의
경건한 재연으로 축소시키는 개인적 주관주의와 연결되지
않는다. … 복음의 대상과 내용으로서의 그리스도는 단순히
개인의 성스러움과 사적인 경험들을 위한 수단이 아니다.
오히려 그는 모든 사람들의 경험 위에 초월적인 주님이요
심판자로 남는다: '우리가 다 하나님의 심판대 앞에 서리라'
(롬 14:10). 그러므로 바울의 회심경험은 그의 모든 피조물
들을 위한 하나님의 구원목적에 의해 채택되며 흡수된
다."(8) "요컨대, 바울의 회심경험은 그의 사상의 입구가 아
니다. 바울은 그의 소명에 의하여 세상을 섬김으로 사도직
과 복음에 사로잡혀 있는 것이지, 그의 회심경험에 의한 것
이 아니다."(10)

비록 베커가 바울의 신앙경험을 정당하게 "예수 그리스도
안에 있는 하나님의 행위"를 통해 상대화시키는 것처럼 보
이지만, 그는 복음의 응집력과 신앙의 합리성을 그리스도
사건의 묵시문학적 해석에 종속시키고자 한다.(18)

"묵시문학적 세계관은 바울사상의 근본적인 운반자이다. …
바울에게 복음의 '실질적 내용'(Sachgehalte)은 묵시문학적
사고의 필수적인 '언어적 수단'(Sprachgehalte)과 분리할
수 없다. … 후기 바울의 교회사는 비묵시사상적 사고형식
들이 복음의 해석학적 운반자가 되었을 때 복음 자체가 위
태롭게 되었던 것을 풍성하게 보여준다."(181)

---

420) J.C. Beker, Paul the Apostle, Edinburgh 1980, 7.

베커는 바울의 사고가 문화적 아프리오리에 종속되었다고
주장하는 것은 아니다. 비록 그가 그리스도교 신학의 처음
에 묵시문학에 종속되어 있었다고 보는 다수의 동시대 신학
자들을 언급하고 있지만[421] 문화 아프리오리를 유대적 묵시
문학에 대해서도 주장할 수는 없을 것이다. 베커는 또한 묵
시문학적 시간과 역사에 대한 이해에서의 바울적인 변용에
유의하고 있다.[422] 그러나 그는 만일 묵시문학적 범주들이
없으면 복음이 쉽게 왜곡될 수 있다고 생각한다: 부활에 대
한 진술이 쉽게 영혼불멸로 되고, 성령이 지나치게 영성화
될 것이라 한다. 묵시사상의 연대기적 긴장을 실존론적으로
해소하게 되면 기독교적 희망의 우주적 차원에 대한 기대가
상실되며, 십자가의 신학은 쉽게 수난 신비주의로 빠지고,
부활은 십자가에서 그리스도의 승리에 대한 의미로 변형된
다고 한다.

이런 위험들은 확실히 옳게 본 것이다. 하지만 '묵시문학
적 세계상'이 기독교 신앙에 구속력 있게 되었다는 것으로
인해, 그 위험들이 극복될 수 있는 것은 아니다. 그렇다고
한다면 다른 문화권에로의 선교나 번역은 거의 불가능할 것

---

421) Ibid., 143. "몰트만과 판넨베르크와 같은 조직신학자들, 케제만, 슈툴마
허와 같은 성서학자들, 그리고 여러 사람들이 묵시문학에 대한 새로운
평가와 새로운 방법으로 초기 기독교와 바울을 이해하는 것에 대한
묵시문학의 적극적인 기여를 나타낸다. 케제만의 주제—묵시문학은 모
든 기독교 신학의 어머니였다—는 새로운 해석의 시대를 열었다."

422) Ibid., 145. 묵시문학의 변용은 바울이 1) '이 시대'라는 전통적 묵시문
학적 용어를 '오는 시대'의 그것과 연결시키지 않는다는 것; 2) 의미심
장하게 마지막 시기에 악한 권세의 소멸이라는 전통적 묵시문학적 관
점을 변경시킨다는 것; 그리고 3) '하나님 나라'(혹은 주의 날)라는 용
어를 거의 사용하지 않으며, 만일 그가 사용한다면, 그것은 주로 전통
적 문맥에서 라는 것이다.

338 • Ⅳ. 반성 : 토착화신학의 정당성

이다. 하지만 바울에게는 무엇보다 그리스도인식이 중요하지 않았던가? 그 인식은 결코 "육체에 따른" 인식일 수 없다.(고후5:16) 예수의 무덤에서, 부활소망을 알고 있었던 제자와 여인들이 부활하신 그리스도의 나타나심 앞에 놀라서, 그것을 그들의 소망의 확증으로 보지 못했다. 하나님의 인간되심, 예수의 죽음과 부활 그리고 오심은 묵시문학적 시간적 도식의 어떤 변용보다 훨씬 큰 의미를 갖는다. 그 인식은 모든 도식들을 의문에 부친다. "이 세상의 외형은 지나감이니라."(고전7:31b) "누구든지 그리스도 안에 있으면 새로운 피조물이라. 옛것은 지나갔으니, 보라 새것이 되었도다."(고후5:17) 이 "그리스도 안에 있음"이 초기 한국교회의 신앙경험이 되었다. 많은 목사와 평신도들이 그들의 옛 생활과 그 "옛것"을, 그들의 새로운 삶의 방식과 그 "새것"으로 동일한 차원에서 생각했다면 그것은 복음화의 외형에만 집착한 까닭이다. 60년대 이래로 복음을 문화적 아프리오리와 결합시키려 했던 토착화 신학자들 또한 이러한 외형도식에 고착되어 있었던 것이다. 하지만 그들은 "새로운 창조"로서의 토착화를 보고자 했을 것이다.

2.3. 성령론과 종말론

2.3.1. 복음과 성령

김광식은 문화 아프리오리와 복음의 결합의 문제를 특별

히 중요하게 생각했다. 이 문제를 해결하기 위해 그는, "복음은 '언명되지 않은 것'"이라는 첨예한 명제를 세웠다. 이는 "순수한 복음"은 없다는 뜻이다. 그런 복음을 찾는 사람은 이념적인 것이나 비현실적인 것을 발견할 따름이라고 한다. 토착화된 혹은 육화된 복음만이 성육하신 그리스도의 복음일 수 있다는 것이다. 이런 토착화는 처음부터 시행되었고 언제나 계속해서 시행되어야할 것이라 한다. 이러한 토착화는 집단적 무의식에서 이루어지는 성령의 기적적인 사역일 것이다.

김광식은 그렇게 해서, 과연 "케리그마"는 부분적으로도 전혀 변하지 않는지, 그리고 그가 어떻게 그 문제를 다루는지에 대한 질문을 비켜갈 수 있었다. 복음의 해석문제가 아니라, 복음의 성육신, 곧 토착화가 그에게는 훨씬 중요하였다. 그렇기 때문에, 비록 그가 언제나 "본문"을 "상황에" 우선 시키고자 하지만, 이것은 문헌해석학과 아무런 관련이 없다. 복음은 "언명되지 않은 것"이라는 그의 명제와 함께 그는 하인리히 오트보다 한 걸음 더 나간다. 오트는 쓰기를:

"… 복음이 '언명되지 않은 것'으로 이해된다는 것은, 우선 충격적일 것이다. 그 복음은 케리그마, 선포, 알려진, 말해진, 공표된 말씀이 아닌가! 다만 우리가 하나님의 말씀이 그때그때 마다 알려진 인간의 말 속에서 말들이 되어 온다고 생각한다면; 그러면 말씀이 그 안에서 소멸되지는 않는다. 그 말씀은 결코 한번도 인간의 말 속에 최종적으로 포착될 수 없다. 그 말씀은 모든 인간적인 말에 대립해서 그때그때 마다 소진되지 않는 새 것이다. … 모든 말해진 것 안에 말해지지 않는 채 남아 있는 무엇이 있다."[423]

340 • IV. 반성 : 토착화신학의 정당성

오트에게 복음은 언어 속에 소진되지 않는 것이다. 그것은 하나님의 말씀이기 때문이다. 하지만 김광식에게 복음은 근원적으로 전혀 말씀이 아니다. 그것은 공동체 안에서 성령을 통하여 역사하고 다만 그의 활동에서 인식된다. "말로되는" 것은 토착화된 복음이다. 그러므로 그는 복음과 성령을 근원적으로 "말없는(wortlos)" 것으로 생각하고 있다. 다만 그렇게 그들은 언제나 다시금 새롭게 구속하면서 문화 속으로 들어 올수 있는 것이다.

윤성범의 토착화 신학에서 주관심사는 기독교 소식의 수용자의 주체성과 복음의 수용과정에 있었다. 그가 "복음의 토착화"를 말한다면, 복음의 내용으로서의 성육신이 아니라 기독교 신학의 뿌리내림이나 기독교 문화를 생각할 것이다. 윤성범도 김광식과 마찬가지로 특수한 해석학적 문제들에 몰두하지 않는다. '성'이라는 "계시" 개념을 복음에 앞세운다. 그 개념이 초월을 위한 개방성에 연결되고, 그렇게 해서 한국 문화 아프리오리에 대한 해석에 접근되기 때문이다.

그와는 달리 신약성서에서 "복음"은 언제나 특정한 내용을 지닌 언명되고 기록된 말씀이다. 그것은 예수 그리스도에 대한 기쁜 소식(막1:1), 예수가 선포한 하나님의 복음, 즉 하나님 나라(막1:14), 그의 아들 예수 그리스도에 관한 하나님의 복음(롬1:1-3)이다. 확실히 그 복음은 이러한 설교에서 소멸되지는 않는다. 하지만 그것은 "언명되지 않은 것"은 아니다. 복음은 들려지고자 한다. 그렇기에 신앙인은 "계시의 말건냄"에 순종한다 (W. Anz).

---

423) H. Ott, op. cit., 27. 각주1.

2. 토착화 신학의 재구성을 위하여 • 341

하나님의 영 또한 근원적으로 "말없는" 채로 있지 않다. 그러나 또한 그는 우선, 그 힘이 작용한다는 점에서 그리고 작용했을 때에만 비로소 "말로 되는", 그런 놀라운 힘이 아니다. "하나님의 영"과 "거룩한 영"의 의미는 성서에서 다양하다. 김광식의 토착화 신학에서는 성령이 주로 토착화와 관련되어 있다. 성령을 통해서만 토착화는 성공적일 수 있다. 성령은 하나님과 인간, 하늘과 땅, 초월과 내재 사이를 중재하는, 소생시키고, 구원하며, 해방시키는 힘이다. 하지만 그 힘의 성취는 언제나 문화 아프리오리 안에서 일어난다. 그 밖에도 김광식의 해석학에서는 성령이 모든 시간적이고 공간적인 간격을 가교한다는 사실이 중요하다.

윤성범은 기독교 삼위일체론과 특별히 칼 바르트의 삼위일체론을 수용하여 그것들이 단군신화와 일치한다는 것을 보이고자 시도했다. 그 밖에도 그는 그의 '솜씨'와 '멋' 그리고 '성'을 성령의 역사로 이해하고자 했다. 성령이 '초월'과 '내재' 사이의 중개자이기 때문이라는 것이다. 윤성범이 성령을 말한다고 한다면, 그것은 동양적 합리성과 삶의 이면에 대한 개방성의 확인으로 보인다. 윤성범과 김광식에게서 성령이 아버지의 영인지 아들의 영인지도 분명하지 않다. 그들의 상호적 관계에 대해서도 관심하지 않는다.

요한복음 "고별사"에서 예수는 제자들을 "모든 진리에로 이끌게"될 보혜사로서의 영을 주기로 약속하신다. 그는 단지 그가 들은 것을, 즉 예수에 의해 말해진 것만을 말한다. 예수가 말한 모든 것은 '아버지'가 하신 것과 그에 의해 오는 것과 동일하다. 그래서 그 "진리의 영"이 예수 그리스도를 영화롭게 할 것이다.(요16:13-15) 그가 세상에 오면, "죄에 대해, 의에 대해 그리고 심판에 대해" 세상을 책망할 것이다.(요16:8) 그와는 달리 김광식에게 성령은 문화적 기억의 힘이고 구속하는 토착화의 힘으로 작용한다. 성령의 사역은 토착화가 그 결실을 맺게 될 때에야 비로소 판단을 받게 된다. 물론 하나님의 영은 교회를 근거시키며 여기서 성결과 갱신의 영으로 역사한다는 사실이 그 배후에 있다.

김광식의 토착화 신학은, 성령이 "힘의 장"(Kraftfeld)으로 회자되는, 최근 성령론의 경향과 흡사하다. 성령은 "단지 인간을 실존적으로 만날 뿐 아니라, "인간을 우주적인 교제에로 이끌어 들이는 힘", 곧 하나의 "정서와 교제의 상태"인 것이다.[424] 윤성범과 김광식은 동양적 합리성과 일치하는 성령론이 에큐메네를 위한 동양신학의 특별한 기여라는 것을 대변하는 것처럼 보인다. 그들은 성령이 온 세상에 역사한다고 본다. 이 성령의 사역이 전체 신학의 기초가 된다. 칼 바르트는 1968년 그가 임종하기 얼마 전에, 바르트는 1968년 슐라이어마허 선집의 뒷자리 글에서, 성령론에서 슐라이어마허와의 주된 차이를 본다고 하면서, 그러나 또한 자기가 보다 더 즐겨 다루었어야 했을, 앞으로의 신학의 과제라고 쓰고 있다.[425] 토착화 신학은 이런 방향으로 나아가

---

424) M. Welker, Gottes Geist. Theologie des Heiligen Geistes, Neukirchen-Vluyn 1992, 231, 233.

425) K. Bart2h, Nachwort, in: Schleiermacher-Auswahl, Heinz Bolli 편, München 1968, 311. 칼 바르트는 슐라이어마허의 신학에 대한 자신의 관계를 밝히면서 가장 큰 차이는 "제 3조항, 즉 지배적이고 결정적인 성령의 신학의 가능성"에 있다고 하였다. 그 자신은 적어도 교회교의학 IV 1-3에서 성령론적으로 교회와 믿음, 소망, 사랑을 설명했다는 것을 밝히고 있다. 게다가 칭의·성화소명을, 창조를, 기독론을 그리고 신론까지도 성

2. 토착화 신학의 재구성을 위하여 • 343

고자 할 것이다. 그러나 그것은 또한 중요한 성서적 교의학
적 해명들이 더 이상 숙고되지 않을 경우에는, 신학적으로
문제의 소지가 있는 일례가 될 수도 있을 것이다.

2.3.2. 소망의 근거

윤성범과 김광식의 토착화 신학은 변증학이고자 한다. 그
러나 베드로전서에서 권면되는 바와 같은, 소망의 변증에는
집중하지 않는다. 벧전 3:14b-16a절에는 고난상황 가운데 지
녀야 할 그리스도인의 태도에 대하여 서술하고 있다.[426] "그
들이 두렵게 하는 것을 두려워하지 말며 근심하지 말고 너
희 마음에 그리스도를 주로 삼아 거룩하게 하고 너희 속에
있는 소망에 관한 이유를 묻는 자에게는 대답할 것을 항상
준비하되 온유와 두려움으로 하고 선한 양심을 가지라."(벧
전 3:14b-16a)

베드로서 기자가 묘사한 이 변증으로부터 신학적 합리성
의 과제와 관련된 두 가지 중요한 관점을 배울 수 있다. 그
하나는, 만일 그리스도인이 고난을 겪어야만 하거나, 위협을
받고 있을 때에, 이러한 변증이 필요하다는 것이다. 하지만
이런 것들이 그들의 답변을 규정하는 것은 아니다. 밖에서
들어오는 질문이 "너희 안에 있는 소망"으로 답변된다는 것

령론적으로 다룰 수 있었고 다뤄야 했다는 것을 아쉬워하고 있다. 그와
함께 그는 성령론이 신학의 각론에 불과한 것이 아니라, 신학전체를 포
괄하는 이론적 기초가 된다는 것이라는 것을 암시한 셈이다.

426) L. Goppelt, Der erste Petrusbrief (KEK 12/1), Göttingen [8]1978, 235. 여기
서 이 본문은 "인간두려움 대신에 적극적 변증학을" 이라는 제목 아래
다루어진다.

이다.

> "요청된다면 … 그리스도인들은 그렇게 답변을 한다는 것,
> 즉 뜻밖에 주어져서, 당연히 두려워하게 된 바를 그들이 말
> 할 줄 안다는 것이다. 그것을 그들은 인지하고, 그래서 무
> 엇에 대해 진술해야 하는 지를 또 그것에 대해 말해야만 한
> 다는 것을 그들은 안다: 그것은 그들에게 와 있는 한, 그들
> 안에서 … 그리고 그들을 '성취시키는' 그 소망에 대한 것이
> 다. 그 '너희 안에 있는 소망'은 우리 자신 밖에 -예수 그
> 리스도안에서 형태가 된, 하나님의 행동 안에 그리고 그의
> 약속 안에- 근거되어 있는, 그의 신실 안에 붙들려 있는,
> 바로 그 소망이기 때문이다.427)

이것이 답변을 규정한다. 어떤 사람으로부터 어떤 의도에
선가 제기된 그 질문이 아니다. "너희 안에" 있는 것은 밖을
향한 고백으로 이끈다. 그래서 이 고백은 이유를 제출하게
되고 분명하게 되는 것이다.

다른 하나는, 변증의 내용에 관련된다. "만일 그리스도인
이 신앙의 핵심에 대해 질문을 받는다면, 그는 바로 그 소망
에 대해 질문 받는 것이다."428) 하나님이 인간들로 하여금
"다시 태어나게 하셔서 죽은 자들 가운데서 살아나신 예수
그리스도의 부활을 통하여 산 희망을" 갖게 하셨기 때문에
(벧전 1:3), 그들은 자유롭게 된다. 그렇지 않으면 자기 자신
에 대한 염려로 인해 기피했었을 책임을 이제 감당할 수 있

---

427) G. Sauter, Einführung in die Eschatologie, Darmstadt 1995, 154f.
428) W. Schrage, Die "Katholischen" Briefe (NTD 10), H. Balz와 공저,
　　　Göttingen 21980, 103.

2. 토착화 신학의 재구성을 위하여 • 345

다. "그렇게 도달된 인간 두려움으로부터의 자유는 세상의 위험구역에서 퇴각함을 통해 구입될 필요가 없고 세상의 한복판에서 보존될 수 있는 것이다.429)

이것을 많은 한국 그리스도인들이 한국교회의 선교초기에서부터 경험하였다. 이러한 이유를 충분히 예비하는 것이 한국교회의 중요한 과제가 되었던 것이다. 이를 테면 회심을 통해 생겨난 "새로운 나"의 분리는, 자신의 옛 삶으로부터 미래를 향한 전환으로서 파악되었지, 옛 상태에 대한 거부는 아니었다. 그러나 너무 철저한 회고는 또한 미래를 위해 중요하게 남아 있어야만 하는 많은 것들을 취소하는 결과를 가져올 수도 있을 것이다.

토착화 신학자들은 무엇보다 한국 백성들을 위해서 이 백성들 가운데 있는 그리스도인들을 위해서 포기되지 말아야 할 문화적 유산을 되살리고자 했다. 그러나 그 때에 "너희 속에 있는 소망에 대한 이유"가 '내성외왕'이라는 동양적 덕목에 따른 기독교 신앙의 변증적 이해로 변질되었다.

토착화 신학에서는 종말론이 주로 '세상의 완성'이라는 전망으로 이해되었다. 북미 선교사들이 그 '완성'을 '세계의 복음화'로 기대했었던 것이 나중까지 영향을 미쳤을 것이다. 그러나 초기 한국교회는 이러한 후천년설적인 낙관주의를 물려받지 않았다. 윤성범과 김광식은 특히 기독교적이고 한국적인 시간관념과 역사이해의 비교에 몰두했다. 그와 동시에 그들은 많은 차이들을 강조하고 전통적 처세방식의 수정을 요구했다. 그러나 본질적으로 그들은 또한 여기서 기독

---

429) Ibid., 102.

교 신앙을 한국적 문화 아프리오리와 일치시키고자 했던 것이다.

어거스틴이 "신의 도성"에서 발전시켰던 기독교적 역사신학은 문화 아프리오리로부터의 신학의 해방을 위한 좋은 예이다. 하나님이 역사에 목표를 두시는 것 그리고 역사가 이 목표로 나아가는 것은, 그의 시대의 문화를 규정했던, 흥망성쇠의 순환적 이해에 모순된다.[430] 이러한 신학을 통해서 역사에서 문화적 유산이 부분적으로 갱신되고 부분적으로 멀어져 가게 되었다. 이것이 장차 미래의 한국 토착화 신학을 위한 모델이 될 수는 없겠는가?

3. 요약과 결론

3.1. 요약

제 4장에서는 동양적 사유의 본질과 신학적 합리성의 과제가 다루어졌다. 동양적 사유가 먼저 다루어진 것은 그것이 윤성범과 김광식의 토착화 이론의 근거와 목표이기 때문이다. 동양적 사유로부터의 신학은 이론형성의 측면에서 볼 때 '어떤 양상을 띠고 나타날 것인가?' 하는 것이 여기서의 질문이었다.

---

430) G. Sauter, Eschatologische Rationalität, in: In der Freiheit des Geistes, Göttingen 1988, 166-197, 177f.

동양사상의 기본이념은 '내성외왕 內聖外王'으로 요약될 수 있다. 일종의 통치철학으로서의 내성외왕은 "천도"로부터 나온 "성"이 통치자에게 내면화되고, 이것이 통치를 통해 사회 속으로 외면화되는 것을 뜻한다. 천인합일은 동양의 우주관과 인간관의 핵심을 담고 있다. 동양은 유한공간과 무한시간이라 기본범주 안에서의 자연변화의 원리를 모본으로 삶의 질서와 사유의 방향을 잡고 있는 것이다. 주역은 그러한 사상 내용을 부호체계로 옮긴 것이다. 즉 내성외왕과 천인합일이라는 기본구도가 동양사상의 기초내용이다. (1.1.1)

동양적 사유의 본질은 역의 원리와 중국문자의 사용에 대한 해명을 통해 더 잘 이해될 수 있다. 언어차이는 이미 16세기 말 이래로 선교상의 문제였다. 동양적 사유와 언어에서는 현상들 배후의 불변하는 무엇에 대한 추구가 아니라 현상들 자체의 생성, 발전, 소멸이 중요하다. 중국어는 글자의 조합과 배열들을 서로 접근 결합시킴으로써 뜻이 소통된다. 이 과정에서 다양한 해석의 여지를 준다는 의미에서 동양의 사유는 개방성을 열어준다.(1.1.2)

동양적 사유의 개방성이 지닌 논리는 그래서 "사례에 따르는 추리"로 요약될 수 있다. 그것은 구체적인 상황이 제공하는 모범과 범례에 따라 판단하는 방법이다. 그래서 "다름에로의 열려 있음"을 뜻하는 개방성과 유연성이 동양적 사유의 특징을 이루게 된다. 여기서 가장 합리적인 행동방식은 "시중"에 있다. 이것은 극단에 치우치지 아니하고 조화를 추구하는 "중심 유도적 원리"를 말해준다.(1.2.1) 반면에 서양적 사유의 존재추구의 논리는 "연역적 일관성"으로 요약된다. 그것은 어떤 전제나 공리를 극한에까지 밀어 붙여서 그것들의 한계 또는 예외들에 부닥치게 함으로써 그 전제나 공리 자체를 수정하고 재구성하는 데에까지 이르는 깃을 의미한다. 서양의 과학혁명의 동인이었다고 할 수 있는 이런 사유경험을 **"주변유도의 원리"**라고 부른다. 서양철학에서 존재나 초월성 추구는 이런 원리의 전형이라 할 수 있다.(1.2.2)

이런 동서 사상의 기본 특징에 따르면 그것들이 기독교 신앙과 지니는 관련성은 극히 작다고 할 수 있다. 개방성이나 초월성의 사유경험들이 신앙경험을 말해주지 않기 때문이다. 그러나 '성의 신학은 성을 계시로 보고, 이를 성육신 개념과 동일시함으로써, 성에 기초한 하나님 진술이 가능하다고 한다. 이는 복음 수용자의 정체성 확보를 위해, '성'개념을 유교사상의 기본범주를 넘어 초월성의 개념으로까지 확장한 결과이다. 성령의 토착화는 도를 무로 번역함으로써 하나님을 무로 번역하는 비형이상학적 해석이 동양철학적으로 가능하다고 생각한다. 그러나 여기서는 "도는 자연을 본받는다"는 도덕경의 기본내용을 간과하고 있다. 즉 도는 창조의 무와 동일시되는 개념이 아니라, 자연법칙을 모범으로 하는, 창조의 하위 개념인 것이다. 따라서 정체성을 추구한 신학이나, 해석학으로 보편성을 추구한 성령의 토착화는 사유경험의 문제에 토대해 있다는 데 공통점이 있다는 것이 확인된다.(1.2.3)

두 번째 부분에서 신앙적 합리성 문제가 다루어졌다. 이를 위해 먼저 토착화 신학의 문제점이 지적되어야 했다. 토착화 신학의 관심은 고유한 문화 아프리오리를 신학이론화 하는 것이다. 그래서 동양적 사유의 근본특징을 '성'으로 '탈소외동기'로 파악했다. 그러나 그것은 성서나 신학전통의 신앙경험을 알려 주지 않는다. 신앙경험은 오히려 옛 자기를 부인하고 그리스도 안에 있는 새 존재를 긍정하는 데 기초한다.(2.1.1) 탈소외동기에 기초한 구원론은 성서와 전통신학에서의 죄인을 도덕적 차원으로 이해함으로써 하나님 앞에서의 자기인식으로서의 신앙 경험의 차원을 간과하고 있다. 게다가 소외동기 없는 화해론은 서구신학에서 불가능하다고 간주한다. 그러나 바르트의 화해론은 그 반례로 제시될 수 있다. 이 과정에서 토착화 신학이 초월과 내재사이의 조화를 추구하는 "중심 유도원리"에 경도된 일종의 동양적 문화 신학이라는 것이 노출된다.(2.1.2)

신앙합리성은 신앙경험으로부터 나온다. 신앙경험은 인식을 만들어 내지만 사유경험은 인식을 필요로 한다는 점에서 차이가 있다. 안셀름의 "Fides quaerens intellectum"에 대한 바르트와 오트의 차이가 그것을 말해준다. 신앙의 인식이 토착화 신학에 결여되어 있음이 드러난다. (2.2.1) 사도 바울의 신학이 그의 회심경험인 다메섹 체험으로 환원될 수 없다. 그러나 또한 그것이 근본적으로 묵시사상으로도 환원될 수 없다. 바울의 신앙경험에서 중요한 것은 그리스도인식이다. 바울은 그리스도를 "육체에 따라" 혹은 "세상의 외형에 따라" 인식하기를 거부했다. "그리스도 안에 있는 새 존재"가 초대 한국교회의 신앙경험에서 기억해야 했던 토착화 신학의 정체성이라 할 것이다.(2.2.2)

신앙합리성으로부터 토착화 신학을 재구성한다고 할 경우에 선결과제는 성령론과 종말론에 있어서의 신학적 인식의 대안적 정당성 문제이다. '성의 신학'과 '성령의 토착화'가 추구하는 정체성과 보편성이라는 목표와 동서비교의 해석학적 방법이 신학적으로 문제시 될 수 있다면 어떻게 새롭게, 어디서부터 시작해서 재구성할 수 있을 것인가에 대한 질문인 것이다. 그래서 무엇보다 성령이 누구이며, 복음이 무엇인가 하는 것이 성서와 신학적 논의와 함께 새롭게 재확인하는 것이 중요했다.(2.3.1) 역사와 문화를 새롭게 볼 수 있는 종말적 차원은 우리의 소망의 근거를 묻는 질문을 통해 성서와 신학적 사유의 전통을 통해 살펴볼 수 있었다.(2.3.2)

3.2. 결론

중국, 일본 그리고 한국은, 유럽 문명에서 가장 멀리 떨어져 있는, 동양의 세 나라이다. 중국대륙문명의 막강한 영향력에도 불구하고 반도국가 한국과 섬나라 일본은 고유한 언어와 수천년의 고유한 역사를 지닌 문화국가로 발전해왔다. 한국에서는 샤마니즘이 일본에서는 신도가 본래 지니고 있던 종교였다. 거기에 더하여 중국의 유교와 도교, 그리고 인도의 불교가 오랫동안 한국과 일본의 정신세계에 큰 영향을 끼쳤거나 지배적이었다. 기독교는 우선 한국 하류층에 전파되었다. 기독교 복음이 서구 제국주의와 동시적으로 도입되었다는 정황이, 선교초기의 동아시아 사람들로 하여금 기독교 신앙과 서양 제국주의에 대해 숙고하게 만들었다. 세 동 아시아 국가들은 서로 다른 방식으로 기독교와 서구 문명에 반응했다. 일본은 완전히 서구 문명을 옹호하기로 결단했다. 그러나 기독교 선교는 다만 일부 식자층에만 이루어졌다. 중국은 처음부터 서구문화와 기독교를 거절하고 마침내 공 산주의의 길로 들어섰다. 한국은 일본의 식민지로서 서구문 명의 혜택에서 배제되었다. 한국인들의 이런 곤궁에 직면해 서 아메리카 선교사들은 교육과 의료적 돌봄에 이르기까지 점점 더, -그로인한 일본 총독부와 본국정부 사이에서의 갈 등을 무릅쓰고- 그들의 사역을 확장하면서 헌신적으로 일했 다. 그들의 헌신은 제국주의의 제물이 되어버린 한국인들에 게 깊은 인상을 남겼다. 기독교를 제국주의와 동일해서는 안된다는 것이 한국인들에게 분명하게 되었다. 이것은 제 3 세계의 식민화된 국가로서는 매우 예외적인 경험이었다.

1907년에 독립적인 개신교회가 태어났다. 이미 일찍이 "토 착교회"로 명명된 이 교회는 계속해서, 특히 일본의 식민지 로 병합(1910), 1950년의 내전, 그리고 냉전과 분단체제로 인 해 커다란 시련에 노출되어 있었으나 꾸준히 성장했다. 이 런 경험들로부터 한국개신교회의 독특한 특징이 형성되었 다. 식민지적 억압에 직면했던 사람들은 교회가 "비정치적" 이라고 자주 개탄하기도 했다. 그러나 한국교회는, 그런 태 도를 통해, 신앙을 생성한다고 주장하는 특정한 역사적 체 험으로부터, 신앙경험이 나올 수 없다는 것을 명확히 하기 를 원했다. 그래서 한국교회 신앙의 기본형식이 형성되었다. 한국교회 초기의 신앙경험은 그리스도인들이 그들의 신앙을 이데올로기와 구별하려는 노력에로 나아갔다.

20세기의 60년대에 이르러서야 신앙경험이 학문적으로 성찰되기 시작했다. 이러한 신학적 시도들은 "토착화 신학"으로 알려졌다. 그 시도들은 서양의 자기반성에 의해 영향을 받았는데, 그 반성은 실상 이차세계대전 이후의 "서구의 몰락"이라는 표어에 함축된 것이었다. 당시 동양적 사고에 대한 관심, 즉 자신의 고유한 문제의 해결을 동양에서 찾던 서구적 오리엔탈리즘은, 제3세계 국가들의 정체성 추구와 긴밀하게 결부되어 있었다. 그들에게는 서양의 빈곤한 정신을 동양의 "풍부한" 문화를 통해 보완하려는 희망이 확산되어 있었던 것이다. 많은 한국신학자들이 이러한 시대정신의 경향에 개방적이었다. 그것은 접근하기 어려운 아시아에 대한 정보자료들을 제공하고 연구한다는 점에서, 서구세계에 도움이 되는 매우 유익한 신학적 과제로 여겨졌다. 그래서 기독교 신앙과 동양적 사고의 조화가 토착화 신학의 목표가 되었다. 기독교가 서구문명과 구별되어야만 한다는, 한국교회의 신앙경험으로부터 획득된 인식은, 기독교 신앙을 동양적 사고와 동일하게 정당화되도록 중재해야 한다는 토착화 신학의 요구로 바뀌었다.

토착화 신학은 한국신학의 일부에 불과했을 뿐, 그 전체를 대변하는 것은 아니었다. 70년대의 반독재투쟁과 80년대의 민주화운동은 정치적 책임에 부응할 것을 요구하는 사회참여의 신학이 전면에 등장하도록 작용했다. 그 신학은 지금까지의 한국교회의 행로를 비정치적이라고 비판하면서 거기서 지금까지의 사회적 갈등에 연루된 정치적으로 무책임한 태도의 원천을 보았다. 정치에 근거한 것으로 이해되는 이 신학은 "민중신학"으로 서구에 알려지게 되었다. 유럽정치신학과 남아메리카 해방신학과 더불어 그 신학은 에큐메니칼 신학의 무대에서 중요한 역할을 담당하였다. 하지만 90년대 초엽에 한국사회의 정치적 문제가 서서히 해결점을 찾게 되자 사회비판적 경향은 크게 감소했다. 마침내 민중신학은 동구라파 몰락의 영향아래 그 의미를 거의 완전히 잃어버렸다. 그 자리에 다시 토착화신학이 들어섰다. 그이전의 토착화 시도들과는 달리 그 신학은 이제 동양적 사고의 신학적 함축성뿐만 아니라 서구신학의 원천을 발견하고 새롭게 해석하고자 했다. 이런 연구경향은 아마도 간문화적 신학이나 종교간 대화에서 계속될 것이다. 민중신학과 토착화 신학이 한국에서 생겨났음에도 불구하고 오늘날까지 한국교회를 대변하는 신학으로 인정받고 있는 것은 아니다. 한국교회 안에는 복음화를 위한 노력들과 에큐메니칼 운동들이 병행적으로 혹은 대립적으로 영향을 미치고 있다. 교회와 신학 사이에 현격한 긴장이 있는 것이다. 이 긴장은 근본주의적 영향력에로 소급되는 데, 민중신학과 토착화신학이 학문성을 근거로, 20세기 초부터 무시하고 투쟁해 왔던 바로 그 경향이다.

지금까지 요약된 발전과정은 세 번째 천년의 초입에 생각해야만 할, 보다 근본적인 질문들을 제기한다. 한국 근대사로부터의 경험들, -그리고 또한 만일 교회의 대표자들이 역사경험에서 본질적인 신학적 통찰을 이끌어내는 것을 결단코 거부한다면- 그것들은 과연 교회와 신학을 위해 어떤 의미를 지니는 것일까? 신학은 과연 교회의 행동을 위한 교회적 입장과 근거를 해명할 수 없는 것일까? 신학이 그 고유한 의도가 교회를 위한 것이라고 본질적으로 설명하는 네 태만했던 것인가? 그렇지 않으면 신학이 다만 "교회를 위한 신학"일 뿐이고, 사회와 문화를 위해서는 아무런 더 이상의 기능을 담당해서는 안되기에, 민중신학과 토착화 신학은 거부되어야 하는 것일까?

본서는 이러한 질문들을 토착화 신학이라는 사례에 접근하여, 이러한 이론의 형성과 논쟁방식이 -그것들이 의존해 있는 이론의 도움을 통해서가 아니라, 그들에 고유한 합리성에서- 잘 드러날 수 있도록, 그것들의 연관성을 탐구하고자 했다. 그렇게 할 경우에만 이 신학의 학문적 규모와 교회생활을 위한 영향력을 평가하고, 그와 함께 간접적으로라도 한국에서 신학과 교회의 관계개선에 기여할 수 있을 것이다.

결론적으로 전체를 요약하자면, 첫째 장에서 한국교회의 탄생은 무엇보다 길선주, 윤치호, 최병헌과 같은 지도적 인물들의 활동에서 그 특징이 드러났다 둘째 장과 셋째 장에서 토착화 신학의 두 대표자의 이론들, 즉, 윤성범의 성의 신학과 김광식의 성령의 역사로서의 토착화 이해가 지닌 사유의 구조가 서술되었다. 두 신학자들은 한국의 토속적 종교성과 서구 선교사들이 도입했던 기독교 사이의 연속과 불연속에 몰두했던 것이다. 두 사람은, 이방인에 의해 한국에 들어와 있는 복음의 "낯섦" 모티브와 관련이 있다. 그들은 이 낯섦을 극복되어야만 하는 것으로 확신했던 것이다. 그

3. 요약과 결론 • 355

래서 그들은 동양적 사고방식과 서구적 사고방식의 차이를 구별하고, 동양적 사고에서 유래한 신학적 관점을 서술하고자 했다. 그들은 복음의 낯섦이 복음에 고유한 것이 아니라 수입된 사고방식의 다른 측면에 소급되어야만 한다고 생각했다. 그리로부터, 동양적 신학은 동양적 사유경험의 토양에 확고히 뿌리내려야만하고, 그래야 이 친근한 토양위에서 자라고 열매 맺을 수 있다는, 토착화 신학의 기본가설이 생겨났던 것이다. 넷째 장은 다만 동양적 사유의 본래적 특성을 통해서만 이해될 수 있는 토착화 신학의 정당성 문제를 다루었다. 다른 방식으로 토착화 신학의 그 가설을 검증하는 것은 불가능하다. 거기에는 무엇보다 신앙경험과 (신학적) 사유경험의 관계를 언급하는 것이 필요했다. 바로 그 두 가지가 토착화 신학에서 구별되지 않기 때문이었다. 토착화 신학은, 예수 그리스도의 복음이 어떤 특정한 의미에서 문화의 어떤 부분에 대립해서 나타나는지를 관찰하고, 그래서 어떻게 복음이 그 문화에 낯설게 나타나야만 하는 지를 묻는 대신에, 그리스도교 신앙의 낯섦을, 낯선 "외국의" 사유조건으로 소급시켰다. 이 "다름"은 문화와 그 사유전통의 대립으로부터 설명될 수 있는 것이 아니라, 자기 자신으로부터 해명되어야만 하는 것이었다. 그런 후에야 저 문화의 범주 안에서, 문화가 신학적으로 숙고될 수 있을 것이었다.

성서적 표상을 이용하자면, 토착화신학의 건축자들에 의해 버려진 '걸림돌'인 "낯섦"이 바로 그 신학적 합리성의 '모퉁이 돌'로 드러나게 된 것이다.

이제 "한국신학의 정체성과 보편성"이라는 제목을 붙이게 된 동기를 밝혀야 하겠다. 토착화 신학은 한국신학의 한 경향일 뿐이다. 한국신학은 다양하게 시도되어야 한다고 생각한다. 요한과 바울이 자기고백적 확신 없이 예수 그리스도를 증언했을까? 루터와 칼빈이 예수 그리스도에 대한 자기고백적 확신없이 가르치고 설교했을까? 한국 그리스도인들의 신앙고백적 경험의 유산은 그 많은 고난과 구원체험들과 더불어 제3세계에서 그 유례가 없을 정도로 풍부하다. 그러나 오히려 교회 안에 왜곡되고 경직된 종파주의로 인해 신앙적 삶에 필요한 적절한 신학적 통찰과 판단력이 상실되어 있는 형편이다. 교회 안의 무질서와 교회 밖의 이단들의 발호는 어제 오늘의 일이 아니지만, 다양한 채널로 제공되는 설교와 성경공부와 제자훈련과 각종 프로그램들이 가동되고 있는데도, 그리스도인의 삶의 질은 그 깊이와 넓이에 있어서 나아지지 않고 있다. 그것은 모두 신앙적 사고력의 결핍으로 인한 신학적 판단능력의 상실로 인한 것들이라 여겨진다. 윤성범과 김광식, 두 분이 염려하고 대안을 제시하고자 한 것도 그런 문제들과 연관되어 있었다. 그 분들의 주장과 의도들이 다양하게 반박되기도 했지만, 한국교회를 사랑하는 그 따뜻한 마음만은 이 책의 새로운 논리전개 속에 고스란히 담고자 했다. 그런 점에서 그분들이 추구했던 토착화 신학의 "정체성과 보편성"은 정당성이 있다. 그러나 "신앙경험으로부터의" 신학적 합리성에 기초한 "한국신학의 정체성과 보편성"은 다른 방식으로 제시될 수밖에 없다는 것이 본서의 논지였다. 그래서 그 제목으로 그 분들의 깊은 애정과

3. 요약과 결론 • 357

헌신적인 노고를 되새기고자 했고, 동시에 한국신학과 교회의 미래를 위한 뜻있는 이정표를 제시하는 표시로 삼고 싶었다. <끝>

| 참고문헌 |

잡지 및 사전 약어표

EKL = Evangelische Kirchenlexikon

EvTh = Evangelische Theologie

KEK = Kritisch-Exegetischer Kommentar über das neue Testament

KM = The Korea Mission Field

NZSTh = Neue Zeitschrift für systematische Theologie

PTh = Praktische Theologie

ThG = Das theologische Denken

ThSt = Theologische Studien.

ThZ = Theologische Zeitschrift

TRE = Theologische Realenzyclopädie

ZThK = Zeitschrift für Theologie und Kirche

사전 및 전집류

The Oxford English Dictionary VIII, Oxford ²1989.

기독교 대백과 사전 XV-XVI, 기독교문사 1985.

Webster's New Encyclopedic Dictionary, New York 1993, rev. edition 1995.

Das neue Chinesisch-Deutsche Wörterbuch, Bejing 1996.

Lokotsch, Karl, Etimologisches Wörterbuch der europäschen Wörter orientalischen Ursprungs, Heidelberg, Universitätsverlag, 1975.

Si bu bei yao, Zurverfügungstellung des Wichtigsten aus der vierteiligen Bibliothek, Beijing 1989. Chinesisch: 孔子論語, 四部備要.

단행본 및 논문

길선주, 「영계 길선주 목사 유고 선집」, 대한기독교서회 1968.

김의환, "성 신학에 할 말 있다. 한국의 신학 사상", in: 「기독교사상」, 1973. 5

김광식, "기독교 복음의 토착화 역사로서의 교리사 이해", in: 「한국 그리스도 사상」, 1994.

_____, "토착화신학에서 본 문화 신학", in: 「한국종교문화와 그리 스도」, 제1집, 1996

_____, 「토착화와 해석학」, 대한기독교출판사 1987.

_____, 「선교와 토착화」, 한국신학연구소 1975.

_____, "성신학에 가능성 있다", in: 「기독교사상」, 1973. 4; 1973년 4월 첫 발표, 현재: 「한국의 신학사상」

_____, "토착화의 재론", in: 「신학사상」, (1984.1 첫 발표); 현재: 「토착화와 해석학」

_____, 「조직신학」, 대한기독교서회, 1988(Ⅰ), 1990(Ⅱ), 1994(Ⅲ), 1997(Ⅳ)

_____, "분석종합과 조화전개 사이에 선 신학", in: 「조직신학논 총」,

제1집, 1995

_____, "대담: 김광식의 신학사상", in: 「해석학과 토착화」, 한들 1999.

김경빈, "천주와 하나님", in: 「해석학과 토착화」, 한들 1999

동아일보 편, 「공자사상과 21세기」, 동아일보사 1996.

_____, 「동양사상과 사회발전」, 동아일보사 1998.

문휴,   "조선어 성경의 유래", in: 「(아빙돈) 단권 성서주석」, 유형기 편, 신생사 1949.

민경배, "초기 윤치호의 기독교 신앙과 개화사상", in: 「국학기요」 I, 1978

_____, "한국 초대교회의 개척자들", in: 「기독교사상」, 1985. 4

_____, 「한국기독교회사」, 대한기독교출판사 1987.

박동환, 「동양의 논리는 어디에 있는가?」, 고려원 1993.

박봉랑, "성서는 기독교 계시의 유일한 소스 -윤성범 박사의 대답에 답함-", in: 「사상계」, 1963. 10

_____, "기독교 토착화와 단군신화 -윤성범 교수의 소론과 관련하여 삼위일체론적 해석의 신화적 문제성을 중심으로-", in: 「사상계」, 1963. 7

변선환, "탁사 최병헌 목사의 토착화 사상", in: 「한국 그리스도 사상」, 제1집, 1993

이덕주/조이제, 「한국 그리스도인들의 신앙고백」, 한들 1997.

유동식, "복음의 토착화와 한국 선교의 과제", in: 「감신학보」, 1962. 10

_____, 「도와 로고스」, 대한기독교출판사 1978.

_____, 「한국신학의 광맥」, 전망사 1990.

여배림, 「(신역)노자 독본, 노자에 대한 두개의 강의」, 박종혁 편 역, 삼민서국 1998.

윤철호, 「예수 그리스도」, 한국장로교출판사 1998.

윤성범, "한국신학 방법입문", in: 「감신학보」 1961. 12.

_____, "환인 환웅 환검은 하나님이다- 기독교 입장에서 본 단군신화", in: 「사상계」, (1963.5)

_____, "복음의 토착화에 대한 전이해", in: 「기독교 사상」, 1963. 6

_____, "하나님 개념의 세계사적 성격-박봉랑 박사의 비평에 답함", in: 「사상계」, 1963. 9

_____, "단군신화는 Vestigium Trinitas이다 -전경연 박사에 답함", in: 「기독교사상」. 1963. 10

_____, 「기독교와 한국사상」, 대한기독교서회 1964.

_____, "Cur Deus Homo와 복음의 토착화", in: 「기독교사상」, 1966. 12

_____, "바르트의 영 이해와 기술의 문제", in: 「기독교사상」, 1969. 10

_____, "정감록의 입장에서 본 한국의 역사관", in: 「기독교사상」, 1970. 1

_____, "성의 신학이란 무엇인가?", in: 「기독교사상」, 1973.

_____, 「성의 신학」, 서울문화사 ²1976, 첫 발표: 한국적 신학, 성의 신학

장병일, "단군신화에 대한 신학적 이해-창조설화의 토착화 소고", in: 「기독교사상,」 1961. 12.

주재용, 「한국그리스도교 신학사」, 대한기독교서회 1998.

전경연, "소위 전이해와 단군신화 -윤성범 박사의 논문 "환인 환웅 환검은 하나님이다"를 비판한다-", in: 「기독교사상」 1963. 10

최병헌, 「성산명경」, 동양서원 1912.

_____, 「만종일련」, 박혜선 역, 성광문화사 1985.

허호익, "김광식의 해석학적 토착화론과 언행일치의 신학", in: 「해석학과 토착화」, 한들 1999.

홍현설, "창간사", in: 「기독교사상」, 1957. 8

Anderson, Gerald H. 편, *Asian Voices in Christian Theology*, Maryknoll, New York 1976.

Anz, Wilhelm, "Verkündigung und theologische Reflexion", in: *ZThK* Beiheft 2. 1961. 47-80.

Balz, Horst/Schrage, Wolfgang, *Die "Katholischen" Briefe* (NTD 10), Göttingen ²1980.

Barth, Karl, "An Dekan Sung Bum Yun", in: 동저자, *Brieff 1961-1968*, J. Fangmeier / H. Stoeversandt 편, Zürich 1975, 367f.

_____, "Die Kirche und die Kultur", in: 동저자, *Vorträge und kleinere Arbeiten 1925-1930*, H. Schmidt 편, Zürich 1994, 6-40.

_____, "Nachwort", in: *Schleiermacher-Auswahl*, H. Bolli 편, München 1968, 290-312.

_____, *Der Römerbrief,*, Zollikon-Zürich ⁷1940, vii.

_____, *Die christliche Dogmatik im Entwurf,* G. Sauter 편, Zürich 1982.

_____, *Die Kirchliche Dogmatik* I /1, Zollikon-Zürich 1955; III/2, 1948; III/3, 1950; III/4, ²1957; IV/1, 1953.

_____, *Dogmatik im Grundriß*, Zürich 1987.

_____, *Einführung in die evangelische Theologie*, Zürich ³1985.

_____, *Fides Quaerens Intellectum*, E. Jüngel / I .U. Dalferth, 편 Zürich 1981.

Bauckham, Richard, Art. "Chiliasmus IV. Reformation und Neu Zeit", in: *TRE* 7, Berlin/New York 1981, 737-745.

Beer, Peter, *Kontextuelle Theologie. Überlegungen zu ihrer systematischen Grundlegung*, Paderborn 1995.

Beker, J. Christiaan, *Paul the Apostle*, Edinburgh 1980.

Benrath, Gustav Adolf, Art. "Erweckung / Erweckungsbewegungen I. Historisch", in: *TRE 10,* Berlin/New York 1982, 205-220.

Benveniste, Emile, *Probleme der allgemeinen Sprachwissenschaft*, aus dem Franz. übers. v. W. Belle, München 1974.

Beyerhaus, Peter, *Die Selbständigkeit der jungen Kirchen als missionarisches Problem*, Wuppertal-Barmen ³1967.

Blair, William Newton, *God in Korea*, Philadelphia 1957.

Bolaji Idowu, Art. "Indigenisierung", in: J. G. Davies 편, *A Dictionary of Liturgy and Worship*, London 1972, 198.

Boman, Thorlief, *Das hebräische Denken im Vergleich mit dem Griechischen*, Göttingen³ 1959.

Bouswell, J. O., "Contextualization: Theory, Tradition and Method", in: D.J. Hesselgrave 편, *Theology and Mission*, Grand Rapids, Michigan 1978, 87-111.

Bultmann, Rudolf, *Theologie des Neuen Testaments*, Tübingen 1984.

Chandran, J. Russel, Art. "Dritts-Welt-Theologen- Konferenzen", in: *EKL* 1, Göttingen ³1986, 941-943.

Chang, Chun-Sheng, *Dann sind Himmel und Mensch in Einheit. Bausteine chinesischer Theologie*, Freiburg 1984.

Clark, Charles Allen, *The Korean Church and the Nevius Methods*, New York 1928.

Cram, Willard Gliden, "A Genuine Change", in: KM3 1907, 68.

Cullmann, Oscar, *Christus und die Zeit. Die urchristliche Zeit- und Geschichtsauffassung*, Zürich 1946.

Daiber, Karl Fritz, "Es könnte ja sein - Koreas Protestanten vor dem neuen Millenium", in: *Die Zeichen der Zeit*, LM 38 (1999), 38-40.

Deichgräber, Reinhard, Art. "Erweckung/Erweckungs- bewegung II Dogmatisch", in : *TRE 10*, Berlin/New York 10, 220-224.

Diem, Hermann, "Gott und die Metaphysik" (ThSt [B] 47), Zürich 1956.

Duss von Werdt, Josef, *Theologie aus Glaubenserfahrung*, Zürich 1969.

Ebeling, Gerhard, "Verantworten des Glaubens in der Begegnung mit dem Denken M. Heideggers, Thesen zum Verhältnis von Philosophie und Theologie", in: ZThK Beiheft 2 (1961), 122-124.

_____, *Das Wesen des christlichen Glaubens*, Tübingen 1959.

Fuchs, Ernst, "Theologie und Metaphysik. Zu der theologischen Bedeutung der Philosophie Heideggers und Grisebachs", in: *Heidegger und die Theologie. Beginn und Fortgang der Diskussion*, G. Noller 편 (TB 38), München 1967, 136-146.

Fung, Yu-Lan, *The Spirit of Chinese Philosophy*, London 1962.

Geldsetzer, Lutz / Hong, Han-Ding, *Grundlagen der chinesischen Philosophie*, Stuttgart 1998.

Gem, Wolfgang, "Entwürfe interkultureller Theologie. Über neue Literatur am Beispiel Asiens", *PTh* 79 (1990), 559-582.

Gethmann-Siefert, Annemarie, *Das Verhältnis von Philosophie und Theologie im Denken Martin Heideggers*, Freiburg/München 1974.

Goppelt, Leonhard, *Der erste Petrusbrief* (KEK 12/1), Göttingen 1978.

Gernet, Jacques, *Christus kam bis nach China. Eine erste Begegnung und ihr Scheitern*, C. Mäder-Viragh 역, München 1984.

Habermas, Jürgen, *Theorie des kommunikativen Handelns I*, Frankfurt 1985.

Hamack, Adolf von, *Das Wesen des Christentums*, T. Rendtorff, 편Gütersloh 1999.

Hao, Yap Kim, Art. Christliche Konferenz Asiens (Christian Conference of Asia, CCA), in: EKL ³1986, 1,695f.

Hegel, Georg Wilhelm Friedrich, *Die Vernunft in der Geschichte*, 편, John Hoffmeister, Bonn 1955.

_____, *Nietzsche II*, Pfullingen 1961.

_____, *Unterwegs zur Sprache*, Pfullingen 1959.

_____, *Phänomenologie und Theologie*, Frankfurt 1976.

Hemann, Rudolf, *Luthers These "Gerecht und Sünder zugleich"*, Gütersloh ²1960.

Idowu, Bolaji, Art. "Indigenisierung", in: J. G. Davies 편, *A Dictionary of Liturgy and Worship*, London 1972, 198-203.

International Missionary Council, *Reports of the Meeting of the International Missionary Council at Jerusalem*, March 24th ~ April 8th 1928, I-III, London 1928.

Jäger, Alfred, *Gott. Nochmals Martin Heidegger*, Tübingen 1975.

Ji, Won Yong, Art. "Korea II. Historisch / Kirchenkundlich", in: *TRE 19*, Berlin/New York 1990, 615-620.

Jonas, Hans, "Heidegger und die Theologie", in: *Heidegger und die Theologie. Beginn und Fortgang der Diskussion*, G. Noller 편 (TB 38), Müchen 1967, 316-340.

Jones, George Heber, "The Growth of the Church in the Mission Field", in: *The International Review of Mission 1* 1912, 416.

Kim, Chung-Choon, The Problem of Indigenization, in: *Theological Education and Ministry*, Reports from The North East Asia Theological Educators Conference, Nov. 28th ~ Dec. 2nd 1966, Seoul 1967, 62-67.

Kim, Kwang-Shik, "Christological Foundation and Pneumatological Actualization", in: Korea Journal of Systematic Theology 1, 1997, 56f.

_____, "Die Koreanische Auseinandersetzung mit Postmodern -ismus und Religionspluralismus", in: *Yonsei journal of Theology 2*, 1997, 85-92.

366 • 참고문헌

_____, "Harmony and Unfolding versus Analysis and Syn- thesis", in: *Yonsei Journal of Theology* 1 1996, 97-106.

_____, "Rethinking of the Soteriological Doctrines in Asian Theology", in: *Theology and Theological Education in Asia: Today and Tomorrow.* The 25th Anniversary theological Symposium of NEAATS (North East Asia Association of Theological Schools), Seoul 1992, 83-89.

_____, "Simul Christianus et paganus", in: *ThZ 54* 1998, 241-258.

_____, *God in Humanity: The Belief in Hananim and the Faith in God,* Seoul 1992.

Kim, Se-Yoon, *The Origin of Paul's Gospel,* Tübingen 1981.

Kim, Yung-Jae, *Der Protestantismus in Korea und die calvinistische Tradition,* Frankfurt a. Main 1981.

Köhler, Walther, *Dogmengeschichte als Geschichte des christlichen Selbstbewußtseins I* : Von den Anfängen bis zur Reformation, Zürich ³1951.

Koyama, Kosuke, Art. "Indigenous Theology", in: Richardson, Alan / Howden, John, *The Westminster Dictionary of Christian Theology,* Philadelphia 1983, 291-295.

Laotse, *Tao to king,* übers. v. R. Wilhelm, Düsseldorf 1957.

Latourette, Kenneth Scott, *The Great Century. A History of Expansion of christianity VI,* New York 1944.

Lee, Graham, "How the Spirit Came to Pyeongyang", KM 3 1907, 33-37.

Lee, Jung-Yong, *The Principle of changes: Understanding the I Ching,* New York 1971.

_____, *Theology of change,* New York 1979.

Legge, James, *The Four Books,* Shanghai 1930.

Liu, An, Hui Nan Zi, in: Zurverfugungstellung des Wichtigsten aus der

vierteiligen Bibliothek LIV, Beijing 1989. Chinesisch: 劉安, 淮南
子, 四部備要 54卷

Martin, Hugh, *Beginning at Edinburgh. A Jubilee Assessment of the World
Missionary Conference 1910*, Edinburgh 1960, 3-13.

Michalson, Carl, *Japanische Theologie der Gegenwart,* der Deutschen
Gesellschaft für Missionswissen- schaften 편, Gütersloh 1962.

Moffett, Samuel Hugh, *A History of Christianity in Asia I. Beginnings to
1500*, San Francisco 1992.

Moore, John Zachariah, "The Great Revival Year", in: *KM 3* (1907), 118.

Mühlen, Karl-Heinz zur, Art. "Luther Ⅱ. Theologie", in: *TRE* 21, Berlin
/ New York 1991, 530-567.

Needham, Joseph, *Introductory Orientations, Science and Civilisation in China
I*, Cambridge 1954.

_____, *Mathematics and the Sciences of the Heavens and the Earth, Science
and Civilisation in China Ⅲ*, Cambridge 1959.

Neil, Stephen, *Geschichte der christlichen Mission*, Erlangen 1975

Noth, Martin, *Das Zweite Buch Mose: Exodus* (ATD 5), Göttingen 1978

Ott, Heinrich, "Existentiale Interpretation und anonyme Chri- stlichkeit",
in: *Zeit und Geschichte. Festschrift für* Rudolf Bultmann zum
80. Geburtstag, E. Dinkier 편, Tübingen 1964, 367-379.

_____, "Was ist systematische Theologie?", in: *ZThK* Beiheft 2 (1961),
19-46

_____, *Das Reden vom Unsagbaren. Die Frage nach Gott in* unserer Zeit,
Stuttgart 1978.

_____, *Denken und Sein. Der Weg Marin Heideggers und der Weg der
Theologie*, Zollikon 1959.

Paik, L. George, *The History of the Protestant Missions in Korea. 1832-1910*,
Pyongyang 1927.

Pannenberg, Wolfhart, *Anthropologie in theologische Perspektive*, Göttingen 1983.

Pascal, Blaise, *Über die Religion und über einige andere Gegenstände* (Pensées), E. Wasmuth 편역, Heidelberg 1963.

Paus, A.. Art. "Apriori, religiöses", in: *Historisches Wörter- buch der Philosophie* 편, J. Ritter, Basel/Stuttgart 1971, 475f.

Reynolds, William Davis, "The Native Ministry", in: *The Korean Repository for May*, 1896, 200f.

Ritchie, John, *Indigenous Church Principles in Theory and Practice*, New York 1946, 13f.

Ritschl, Dietrich, *Westliche Theologie im Licht der Kritik aus der Dritten Welt. Kritisches zum Begriff "Indigenous Theology"*, in: EvTh 39 1979, 451-465.

_____, *Konzepte. Ökumene, Medizin, Ethik*, München 1986.

Robinson, James M., "Die deutsche Auseinandersetzung mit dem späteren Heidegger", in: *Der spätere Heidegger und die Theologie* (Neuland in der Theologie 1), J. M. Robinson /J. B. Cobb, Jr. 편, Zürich 1964, 15-93.

Rutt, Cecil Richard, *James Scarth Gale and his History of the Korean People*, Royal Asiatic Society 편, Seoul 1972.

Sandeen, Ernst R., *The Roots of Fundamentalism: British and American Millenarianism 1800-1930*, London 1970.

Sauter, Gerhard, "Theologie aus Glaubenserfahrungen", in: 동저자, *In der Freiheit des Geistes*, Göttingen 1988, 83-94.

_____, Art. "Rechtfertigung VII. Dogmatisch", in: *TRE 28*, Berlin/New York 1997, 352-364.

_____, *Einführung in die Eschatologie*, Darmstadt 1995.

_____, Eschatologische Rationalität, in: 동저자, *In der Frei- heit des*

Geistes, Göttingen 1988, 166-197.

_____, *Zugänge zur Dogmatik. Elemente theologischer Urteilsbildung* (UTB 2064), Göttingen 1998.

Schick, Erich, "Okkultistische Pseudoeschatologie im geist- igen Austausch zwischen Europa und Amerika", in: ThZ 4 1945, 259-282.

Seils, Martin, Art. "Heil und Erlösung", V. Dogmatisch, in: *TRE 14,* Berlin/New York 1985, 622-637.

Slenczka, Notger, "Kontext und Theologie - Ein kritischer Versuch zum Programm einer kontextuellen Theologie", in: *NZSTh 35* (1993), 303-331.

Störig, Hans Joachim, *Kleine Weltgeschichte der Philosophie,* Stuttgart 1993.

Sundermeier, Theo, "Inkulturation und Synkretismus", in: EvTh 52 (1992), 192-209.

Theological Education and Ministry. *Reports from The North East Asia Theological Educators Conference,* Nov. 28th~Dec. 2nd 1966, Seoul 1967.

Tillich, Paul, "Kirche und Kultur", in: 동저자, *Hauptwerke II: Kulturphilosophische Schriften,* M. Palmer 편, Berlin / New York 1990, 101-113.

_____, *Systematische Theologie II,* Stuttgart 1958.

Troeltsch, Ernst, "Das religiöse Apriori", in: 동저자, *Gesammelte Schriften II : Zur religiösen Lage, Religionsphilosophie und Ethik,* Tübingen 1913, 754-768.

Vinton, Coutter C., "Presbyterian Mission Work in Korea", in: *The Missionary Review of the World 6* (1893), 671-675.

Waldenfels, Hans, Art. "Nordostasien", in : *Einleitung in die Missionsgeschichte. Tradition, Situation und Dynamik des Christentums,* K. Müller / W. Ustorf 편, Stuttgart 1995, 131-142.

_____, Art. "Kontextuelle Theologie", in: *Lexikon Missionstheologischer Grundbegriffe* 편, K. Müller / Th. Sundermeier, Berlin 1987, 224-230.

Weizsäcker, Carl Friedrich von, *Die Tragweite der Wissenschaft*, Leipzig 1990.

Welker, Michael, *Gottes Geist. Theologie des Heiligen Geistes,* Neukirchen-Vluyn 1992.

World Missionary Conference, *Report of Commission*, Edinburgh 1910.

Yun, Sung-Bum, "Theology of Sincerity. An Attempt to Form a Korean Theology", in: 「윤성범 전집」 V, 한국 종교문화와 기독교, Seoul 1998, 360-369.

Zhu zi, Zhu zi yu lei, Gespräche von Zhu zi II, Beijing 1986. 朱子語類, 2券

Zuou yi, "Das Buch der Wandlung aus der Zuou-Zeit", in: *Zurverfügungstellung des Wichtigsten aus der vierteiligen Bibliothek* 1, Beijing 1989. 周易, 四部備要, 1卷

한국신학의 정체성과 보편성

1판 1쇄 인쇄 2016년 2월 20일
1판 1쇄 발행 2016년 2월 25일

지은이 _ 천병석
발행인 _ 이형규
발행처 _ 쿰란출판사

주소 _ 서울특별시 종로구 이화장길6
편집부 _ 745-1007, 745-1301~2, 747-1212, 743-1300
영업부 _ 747-1004, FAX 745-8490
본사평생전화번호 _ 0502-756-1004
홈페이지 _ http://www.qumran.co.kr
E-mail _ qrbooks@gmail.com /qrbooks@daum.net
한글인터넷주소 _ 쿰란, 쿰란출판사
등록 _ 제1-670호(1988.2.27)

© 천병석 2016 ISBN 978-89-5922-558-3 93230

책값은 뒤표지에 있습니다.
이 출판물은 저작권법에 의해 보호를 받는 저작물이므로 무단 복제할 수 없습니다.
파본(破本)은 구입처에서 교환해 드립니다.